우리 주변에서 만나는 곤충의 모든 것

곤충 학습 도감

한영식 지음

책 머리에

톡톡~ 작은 생명체의 조그마한 움직임에 꽃과 잎사귀가 한없이 흔들립니다. 대자연 속에서 바쁘게 살아가는 곤충들이 부지런히 하루를 시작한 모양입니다. 수많은 곤충이 열심히 살아가기에 푸른 지구의 다양한 생물은 다들 행복합니다. 곤충은 수많은 생물과 밀접한 관계를 맺고 살아가는 소중한 존재니까요.

지구촌에는 약 120여 만 종의 곤충이 살고 있으며, 우리나라에는 약 1만 7000여 종이 밝혀져 있습니다. 지구상에서 생물 다양성이 가장 풍부한 곤충은 종류마다 모양과 크기, 빛깔, 먹이, 생태적 특징이 다르며 살아가는 터전이 되는 서식지도 매우 다양합니다. 산길과 풀밭, 숲, 하천, 연못, 인가뿐 아니라 사막이나 극지방에서도 서식할 정도로 생존력과 적응력이 뛰어납니다.

곤충은 종류가 참 많아서 정확한 이름을 찾기가 어렵습니다. 하지만 어떤 장소에서 발견했는지 알면 곤충의 이름을 찾는 데 큰 도움이 됩니다. 《곤충 학습 도감》은 곤충이 사는 곳을 땅, 잎, 꽃, 나무, 물, 도시, 논밭, 밤으로 구분한 다음, 가장 많이 발견되고 대표성을 띠는 곤충 무리별로 배열해 쉽게 찾을 수 있게 구성했습니다. 부록에는 기본적으로 알아야 할 곤충 생태 정보를 실어 곤충 전반에 관한 이해를 도왔습니다.

자연을 벗하며 함께 사는 법을 알고 있는 곤충은 슬기롭고 지혜로운 소중한 생명체입니다. 작은 곤충을 카메라에 담기 위해 숨을 죽이고 셔터를 계속 누르다 보면 자연의 일부가 된 느낌입니다. 여러분도 우리 곁에서 묵묵히 최선을 다하는 다채로운 곤충을 마음껏 만나 보길 바랍니다.

좋은 책을 통해 자연의 신비로움을 알리려고 항상 애쓰시는 허진 사장님께 감사 드리며 많은 사진과 방대한 원고를 정성스럽게 다듬어 좋은 책으로 만들어 주신 진선 가족 여러분께도 고마움을 전합니다. 카메라에 아름답게 담기도록 모델처럼 예쁜 포즈를 잘 취해 준 곤충들, 모두 사랑합니다.

한영식

이 책의 구성 및 활용 방법

《곤충 학습 도감》은 우리나라에 살고 있는 곤충을 서식지별, 무리별로 구분하여 발견한 곤충을 도감에서 쉽게 찾고 해당 곤충과 관련된 다양한 정보를 함께 볼 수 있도록 구성했다. 곤충을 관찰하는 장소를 기준으로 땅, 잎, 꽃, 나무, 물, 도시, 논밭, 밤(시간 기준)의 총 8개 서식지를 선정하였다. 본문에는 각 서식지에서 가장 많이 보이고 대표성을 띠는 곤충 무리를 순서대로 소개하였으며, 곤충 종류마다 분류와 크기, 출현 시기 및 형태와 생태 정보를 상세하게 싣고, 꼭 알아야 할 곤충 학습 정보를 따로 담았다. 부록에는 곤충을 쉽게 이해할 수 있는 기본적인 정보를 '곤충 지식 사전'으로 구성했다.

● 서식지별 표제지 구성

이 책에서는 땅, 잎, 꽃, 나무, 물, 도시, 논밭, 밤까지 모두 8개 서식지의 곤충을 다루었다.

● 본문 구성

각 서식지별로 가장 많이 보이는 곤충 무리 순서로 소개해 총 20개 무리별 874종의 생태 사진과 정보를 실었다.

● 곤충 크기 기준

곤충 종류에 따라서 크기를 측정하는 방법이 다르다. 대표 7개 무리를 선정하여 크기 측정 방법을 소개한다.

딱정벌레류 / 나비류 / 벌류 / 노린재류
파리류 / 메뚜기류 / 잠자리류

● 부록 구성

곤충의 역사와 형태, 집, 먹이, 채집 방법 등 곤충을 이해하는 데 필요한 기본적인 정보를 사진과 세밀화로 담았다.

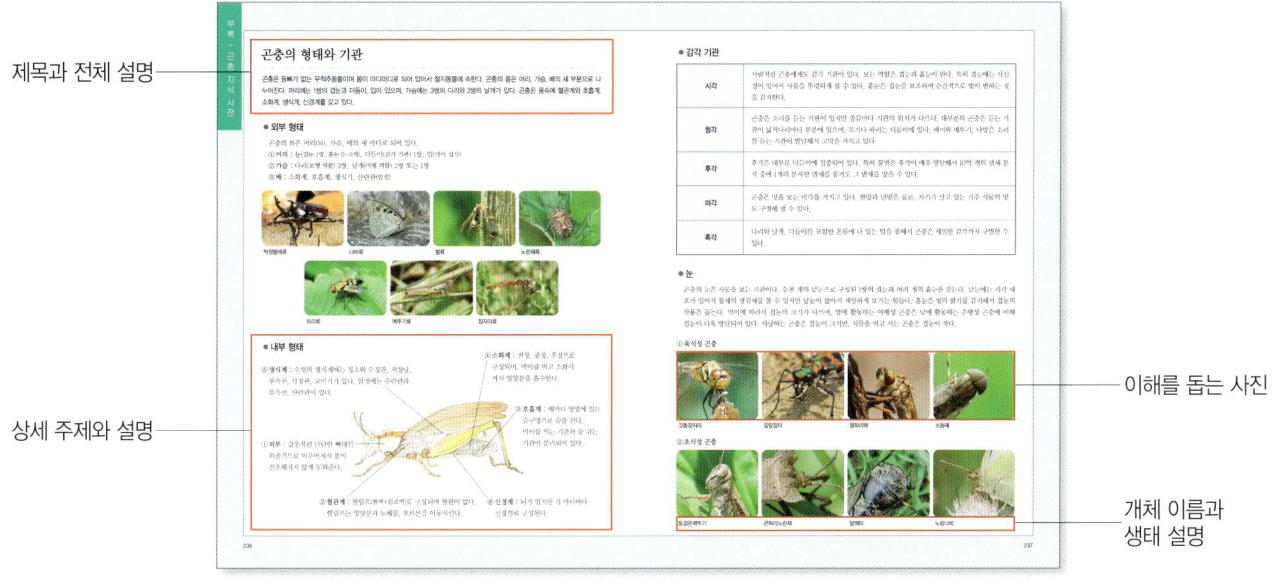

제목과 전체 설명
상세 주제와 설명
이해를 돕는 사진
개체 이름과 생태 설명

● 찾아보기

이 책에서 다루는 곤충 전체의 우리말 이름을 ㄱ, ㄴ, ㄷ 순서로 쉽게 찾을 수 있게 했다.

차례

책머리에 ········· 3
이 책의 구성 및 활용 방법 ········ 4
곤충의 서식지 ········· 8

땅에서 만나는 곤충
딱정벌레목 ············ 12
나비목 ············ 23
노린재목 ············ 28
메뚜기목 ············ 32
벌목 ············ 35
파리목 ············ 38
집게벌레목 ············ 39
바퀴목 ············ 40
사마귀목 ············ 40
밑들이목 ············ 41
약대벌레목 ············ 41
풀잠자리목 ············ 41
돌좀목 ············ 41

꽃에서 만나는 곤충
나비목 ············ 124
딱정벌레목 ············ 130
파리목 ············ 134
벌목 ············ 138
노린재목 ············ 142
메뚜기목 ············ 143

나무에서 만나는 곤충
딱정벌레목 ············ 146
노린재목 ············ 154
벌목 ············ 156
파리목 ············ 157
대벌레목 ············ 157
바퀴목 ············ 157

잎에서 만나는 곤충
딱정벌레목 ············ 44
노린재목 ············ 72
나비목 ············ 92
메뚜기목 ············ 103
파리목 ············ 110
벌목 ············ 117
풀잠자리목 ············ 121
사마귀목 ············ 121
바퀴목 ············ 121

물에서 만나는 곤충
하루살이목 ············ 160
강도래목 ············ 161
날도래목 ············ 162
딱정벌레목 ············ 163
노린재목 ············ 165
밑들이목 ············ 167
풀잠자리목 ············ 167
잠자리목 ············ 168

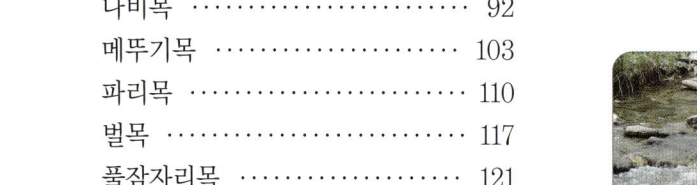

밤에 만나는 곤충

나비목 ·················· 208
딱정벌레목 ·············· 224
노린재목 ················ 228
풀잠자리목 ·············· 228
잠자리목 ················ 229
벌목 ···················· 229

도시에서 만나는 곤충

나비목 ·················· 174
파리목 ·················· 175
노린재목 ················ 178
딱정벌레목 ·············· 179
잠자리목 ················ 180
메뚜기목 ················ 181
벌목 ···················· 181
집게벌레목 ·············· 182
바퀴목 ·················· 183
사마귀목 ················ 183
좀목 ···················· 183

부록 곤충 지식 사전

곤충은 어떤 동물일까? ········ 232
절지동물 무리 ················ 233
곤충의 역사와 발전 방향 ······ 234
곤충의 번성 이유 ············· 235
곤충의 형태와 기관 ··········· 236
곤충의 한살이 ················ 240
곤충의 탈바꿈 ················ 241
곤충의 집 ···················· 242
곤충의 먹이 ·················· 243
곤충의 의사소통 ·············· 244
곤충의 사랑 ·················· 245
곤충의 관계 ·················· 246
곤충의 사냥과 방어 ··········· 247
곤충과 환경 ·················· 248
곤충과 인간 ·················· 249
곤충 탐구와 채집 방법 ········ 250
곤충 사육 방법 ··············· 251

찾아보기 ····················· 252

논밭에서 만나는 곤충

나비목 ·················· 186
노린재목 ················ 193
딱정벌레목 ·············· 197
메뚜기목 ················ 203
파리목 ·················· 205
대벌레목 ················ 205

일러두기

1. 《곤충 학습 도감》은 초등학교와 중학교 교과서에 실린 곤충을 포함해 우리 주변에서 쉽게 만나는 다양한 곤충을 8개 서식지별, 20개 무리별로 구분하여 총 874종을 실었다.
2. 곤충이 살아가는 곳을 한눈에 볼 수 있도록 '곤충의 서식지'를 세밀화로 꾸몄다.
3. 여러 서식지에서 함께 발견되는 곤충은 서식지마다 모두 실었다.
4. 본문의 곤충 사진은 뚜렷하게 식별할 수 있게 실어서 실제 크기와 일치되지 않는다.
5. 곤충 학습 정보에는 애벌레와 번데기, 변이, 계절형, 암컷과 수컷, 한살이, 생태, 이름 이야기, 비슷한 무리 비교 등 다양한 정보를 실었고, 중요한 정보는 굵은 글씨로 표기하였다.
6. 곤충의 우리말 이름은 《한국곤충총목록》(2010년)을 기준으로 작성하였다.
7. 찾아보기에서는 곤충의 우리말 이름을 ㄱ, ㄴ, ㄷ 순으로 정리하였다.

땅에서 만나는 곤충

땅에서 하루가 시작되면

부지런한 곤충들은 잠에서 깨어나 바쁘게 하루를 연다.
밤새 추위에 벌벌 떨며 체온이 떨어진 곤충들은
방긋 웃는 태양을 바라보며 해바라기를 시작한다.
해가 잘 드는 땅에는 다양한 곤충이 살고 있다.

대표 서식지

▲ 공원 길

▲ 포장된 산길

▲ 산길

▲ 물길

땅에서 만나는 대표 곤충

길앞잡이

큰넓적송장벌레

작은모래거저리

나비들이 땅 위에서 일광욕을 즐기고 있어!

애기세줄나비

뿔나비

장수땅노린재

팥중이

팥중이도 활발하게 움직이려면 일광욕이 필수!

일본왕개미

금파리

좀집게벌레

딱정벌레목

땅에서 만나는 곤충

길앞잡이
딱정벌레목 딱정벌레과
크기 18~21mm, 출현 4~9월

몸은 전반적으로 붉은색이며 녹색 광택을 띤다. 몸 빛깔이 매우 아름다워서 '비단길앞잡이'라고도 불린다. 햇빛이 좋은 날에 개울이나 하천을 끼고 있는 산길이나 산간의 밭 주변에서 흔히 볼 수 있다.

아이누길앞잡이
딱정벌레목 딱정벌레과
크기 16~21mm, 출현 4~6월

갈색의 몸 빛깔이 땅과 비슷해서 산길에 앉아 있는지 아닌지 몰라서 찾기 힘들다. 가장 흔히 볼 수 있는 대표적인 길앞잡이다. 수컷은 암컷 위에 재빨리 올라타서 목덜미를 물고 짝짓기를 시도한다.

호랑이딱정벌레 길앞잡이의 사냥

길앞잡이의 사냥 모습

길앞잡이의 큰턱

산길을 걷다 보면 앞으로 날아올라 2~3m 앞쪽에 앉기를 반복하는 길앞잡이를 만날 수 있다. 앞으로 날아가서 앉는 모습이 산길을 안내해 주는 듯해서 '길앞잡이'라고 이름 지어졌다. 서양에서는 날카로운 큰턱으로 사냥하는 모습을 보고 '호랑이딱정벌레(Tiger beetle)'라고 부른다.

길앞잡이는 잘 발달된 다리와 큰턱으로 사냥하는 육식성 곤충이다. 순식간에 달려가 개미와 나뭇잎에서 떨어진 나비류 애벌레를 사냥하는 솜씨가 놀랍다. 그렇지만 길앞잡이는 빨리 걷다 보면 앞이 보이지 않게 되서 중간중간 멈칫하며 쉰다. 이렇게 갑자기 눈이 먼 길앞잡이는 머리를 좌우로 움직이며 시력을 회복하고 나서야 또 다른 사냥감을 찾아 나선다.

꼬마길앞잡이
딱정벌레목 딱정벌레과
크기 8~11mm, 출현 6~9월

몸이 작고 빛깔이 암녹색이어서 땅에 앉아 있어도 발견하기 힘들다. 딱지날개에 가느다란 흰색 줄무늬가 멋지게 장식되어 있다. 낮에도 활동하지만 밤에도 불빛에 잘 유인되어 날아온다.

무녀길앞잡이
딱정벌레목 딱정벌레과
크기 11~15mm, 출현 6~9월

서해안 바닷가의 갯벌이나 염전에서 넓게 분포하며 꼬마길앞잡이와 함께 관찰된다. 강변에서 관찰되는 강변길앞잡이와 닮아 보이지만 자세히 살펴보면 날개의 갈색 무늬가 다르다.

길앞잡이 애벌레와 개미귀신 이야기

길앞잡이 애벌레

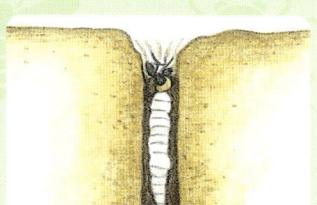
길앞잡이 애벌레의 굴

개미귀신

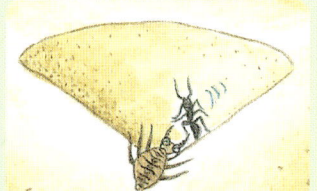
개미귀신의 굴

길앞잡이 애벌레와 명주잠자리 애벌레인 개미귀신은 땅속에 굴을 파고 사냥하는 대표 곤충이다. 모두 개미를 잘 잡아먹지만 땅속에 만드는 굴의 형태는 각각 다르다.

길앞잡이 애벌레는 땅속에 수직으로 된 원통형 굴을 판다. 반면 개미귀신은 깔때기 모양의 굴을 파는데, 이 집을 '개미지옥'이라고 한다.

두 곤충은 굴 형태가 달라서 사냥 방식도 다르다. 길앞잡이 애벌레는 굴속에 숨어 있다가 먹잇감이 지나가면 굴 밖으로 나와 큰턱으로 물고 굴로 끌고 들어간다. 개미귀신은 먹잇감이 깔때기 모양의 함정에 걸려들면 모래를 뿌려 미끄러지게 한 다음, 날카로운 입으로 물어서 사냥한다.

딱정벌레목

홍단딱정벌레
딱정벌레목 딱정벌레과
크기 25~45mm, 출현 4~10월

붉은 구리색 광택이 매우 아름다운 곤충이다. 몸에는 여러 개의 올록볼록한 점이 줄지어 있다. 풀숲의 땅속이나 낙엽 밑에 숨어 있다가 밤이 되면 지렁이나 곤충을 빠른 발과 큰턱으로 사냥한다.

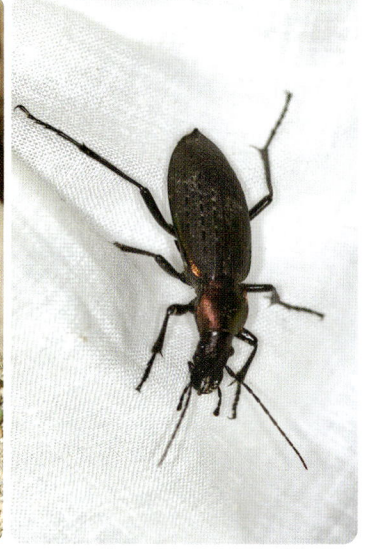

멋쟁이딱정벌레
딱정벌레목 딱정벌레과
크기 28~40mm, 출현 4~10월

딱지날개는 암녹색이며 앞가슴등판은 주홍색이다. 가장 쉽게 만나는 딱정벌레로 주로 밤에 활동하지만 낮에도 모습을 볼 수 있다. 뒷날개가 퇴화되어 날지 못하지만 발이 매우 빠르다.

 보행충 딱정벌레 이야기

홍단딱정벌레   풀색명주딱정벌레

땅에서 생활하는 딱정벌레는 '땅딱정벌레(Ground beetle)'라고 부른다. 튼튼하고 길쭉하게 잘 발달된 다리로 빠르게 이동해서 '보행충'이라고도 한다.
땅에 사는 곤충과 지렁이를 잡아먹고 생활하는 홍단딱정벌레나 멋쟁이딱정벌레 등은 앞날개(딱지날개) 속의 뒷날개(속날개)가 퇴화되어 날 수 없다.
특히 이동할 수 없는 섬에는 다양한 아종이 생겨난다. 홍단딱정벌레는 제주홍단딱정벌레, 홍도홍단딱정벌레, 진홍단딱정벌레, 만주홍단딱정벌레 등의 아종이 있다.
대부분의 딱정벌레와는 달리 풀색명주딱정벌레, 검정명주딱정벌레 등의 명주딱정벌레류는 뒷날개가 있어서 잘 날아다닌다.

풀색명주딱정벌레
딱정벌레목 딱정벌레과
크기 17~25mm, 출현 4~9월

몸은 전체적으로 검은 구릿빛을 띤다. 햇빛이 비치면 테두리에 녹색 광택이 나타난다. 나무와 낙엽 밑, 산길에서 다양한 곤충의 애벌레를 잡아먹는다. 명주딱정벌레류는 뒷날개가 있어서 잘 날아다닌다.

등빨간먼지벌레
딱정벌레목 딱정벌레과
크기 15.5~20mm, 출현 5~10월

머리와 앞가슴등판은 검은색을 띠지만 딱지날개에 둥근 붉은색 무늬가 퍼져 있다. 주로 밤에 활동하며 낮에는 돌이나 낙엽 밑에 숨어서 쉰다. 위험을 느끼면 재빨리 구석으로 숨어 들어간다.

검정칠납작먼지벌레
딱정벌레목 딱정벌레과
크기 10~13mm, 출현 5~10월

몸은 반질반질한 광택이 도는 검은색이지만 더듬이와 다리는 황갈색을 띤다. 숲 가장자리의 들판에서 쉽게 볼 수 있다. 낮에도 활동하지만 밤에는 가로등이나 주유소 불빛에도 잘 모여든다.

미륵무늬먼지벌레
딱정벌레목 딱정벌레과
크기 11.2~13.5mm, 출현 5~11월

몸은 전체적으로 암녹색이지만 다리는 연갈색을 띤다. 주로 밤에 활동하면서 지렁이나 작은 곤충을 잡아먹고 산다. 낮에도 종종 산지 주변의 잔디밭이나 낙엽이 쌓인 곳에서 볼 수 있다.

딱정벌레목

노랑무늬먼지벌레
딱정벌레목 딱정벌레과
크기 12~13mm, 출현 5~8월

딱지날개 끝 부분에 둥근 황색 점이 1쌍 있다. 낮에는 그늘진 풀숲이나 낙엽 밑에 숨어 지내다가 밤이 되면 활발하게 활동한다. 낮에 돌이나 낙엽을 들추면 빠르게 도망치는 모습을 볼 수 있다.

끝무늬녹색먼지벌레
딱정벌레목 딱정벌레과
크기 12.5~17.5mm, 출현 5~8월

몸은 전체적으로 풀색 광택이 난다. 딱지날개 끝 부분에 황색 점무늬가 1쌍 있으며, 배 끝 부분을 따라서 연황색 띠로 고리처럼 연결된다. 황갈색의 긴 다리로 빠르게 이동하는 모습을 볼 수 있다.

왕쌍무늬먼지벌레
딱정벌레목 딱정벌레과
크기 12.5~14mm, 출현 5~8월

몸은 적갈색을 띠며 머리와 가슴등판에는 붉은색 광택이 있다. 딱지날개 끝 부분의 황색 점무늬는 배 끝 부분의 황색 띠무늬와 선명하게 연결된다. 비슷한 종류가 많아서 잘 살펴봐야 한다.

어리노랑테무늬먼지벌레
딱정벌레목 딱정벌레과
크기 13~14mm, 출현 5~10월

몸은 전체적으로 갈색을 띠며 광택이 있다. 딱지날개에는 무늬가 없지만 딱지날개 가장자리를 따라서 황색 테두리가 있는 것이 특징이다. 낙엽 사이나 돌 틈으로 빠르게 기어 다닌다.

먼지벌레류와 딱정벌레류 구별하기

먼지벌레류(검정칠납작먼지벌레)

딱정벌레류(풀색명주딱정벌레)

먼지벌레류와 딱정벌레류는 땅에서 생활하는 보행성 곤충이다. 모두 딱정벌레목의 큰 그룹에 속해서 생김새나 생태적 특성이 비슷하다.
낮에는 보통 나무 밑이나 낙엽 밑에서 숨어 있다가 밤이 되면 작은 곤충이나 지렁이 등을 사냥한다. 그렇지만 종류가 많아서 나무 위에서 생활하거나 동굴에서 생활하기도 하며, 동물질을 먹거나 식물질을 먹기도 한다.
서식 공간이 풀숲의 땅이라서 먼지벌레류와 딱정벌레류를 구별하기 힘들지만 몇 가지 포인트만 잘 관찰해 보면 쉽게 구별할 수 있다.

먼지벌레류 vs 딱정벌레류
① 먼지벌레류의 몸은 작지만, 딱정벌레류는 대부분 몸이 크다.
② 먼지벌레류의 다리는 대부분 황색이고 간혹 검은색인 경우가 있지만, 딱정벌레류는 대부분 검은색이다.
③ 먼지벌레류는 육식성이거나 초식성으로 종류에 따라 먹이가 다양하지만, 딱정벌레류는 대부분 육식성이다.

우수리둥글먼지벌레
딱정벌레목 딱정벌레과
크기 7.5~8mm, 출현 4~8월

몸은 전체적으로 검은색이며 동글동글한 타원형이다. 초봄부터 햇살이 좋은 잔디밭과 들판, 하천가 풀밭 등에서 활동하기 때문에 쉽게 발견된다. 위험에 처하면 다리를 재빨리 움직여 도망간다.

큰둥글먼지벌레
딱정벌레목 딱정벌레과
크기 17.5~21mm, 출현 4~9월

몸 빛깔은 검은색이며 광택이 흐른다. 딱지날개에는 세로로 된 줄무늬가 뚜렷하게 나타난다. 몸집이 커서 딱정벌레처럼 보이기도 한다. 어른벌레로 겨울나기를 해서 초봄부터 볼 수 있다.

 걸음이 빠른 먼지벌레 이야기

땅 위를 기어가는 먼지벌레

구석으로 숨는 먼지벌레

딱지날개가 부서진 먼지벌레

압사당한 폭탄먼지벌레

줄먼지벌레
딱정벌레목 딱정벌레과
크기 22~23mm, 출현 5~8월

몸은 검은색이고 앞가슴등판은 광택이 나는 붉은색이다. 딱지날개에 세로로 된 줄이 선명해서 이름 지어졌다. 들판과 숲속의 돌이나 낙엽 밑에 살면서 다른 곤충을 잡아먹는 매우 큰 먼지벌레이다.

큰줄납작먼지벌레
딱정벌레목 딱정벌레과
크기 8.5~10.5mm, 출현 4~10월

계곡 주변의 축축한 땅에서 생활한다. 땅속이나 낙엽 아래에서 겨울나기를 하기 때문에 초봄부터 일찍 활동한다. 반질반질한 광택이 흐르며 가슴등판의 가장자리는 둥글게 위로 돌출되었다.

먼지벌레가 마른 땅에서 발 빠르게 달리면 당장이라도 먼지가 풀풀 날 것만 같다. 실제로 먼지가 생기지는 않지만 빠르게 기어가는 모습만 봐도 먼지가 날릴 듯하여 '먼지벌레'라고 불린다.

몸 빛깔이 어둡고 빠르게 기어가서 종종 바퀴벌레로 착각하기도 한다. 발 빠르게 기어가서 낙엽이나 흙무덤 사이로 들어가는 솜씨는 최고이다.

그렇지만 원숭이도 나무에서 떨어질 때가 있는 것처럼 도망치기 선수 먼지벌레도 갑작스런 일에는 꼼짝하지 못하고 당한다. 갑자기 떨어진 돌이나 사람의 발 앞에서는 속수무책이다. 굴러가는 자동차 바퀴에 깔려서 한순간에 최후를 맞이하기도 한다.

 폭탄먼지벌레 이야기와 함정 채집법

폭탄먼지벌레

함정 채집 트랩

폭탄먼지벌레는 '곤충계의 스컹크'라고 불릴 정도로 지독한 방귀를 뀌는 곤충이다. 천적들의 공격을 받으면 꽁무니에서 퍽 하는 소리와 함께 독가스가 뿜어져 나온다. 방귀 폭탄은 냄새가 지독하고 100℃가 넘는 열 폭탄 방귀이다.
폭탄먼지벌레를 잡아먹으려던 동물들은 순식간에 방귀 폭탄을 맞고 화들짝 놀라서 뱉어 내고 만다. 폭탄먼지벌레의 몸속에는 뜨거운 방귀를 저장하는 코팅된 저장실과 신속히 반응시켜 발사하는 반응실이 있어서 저장된 방귀를 여러 차례 연속적으로 발사할 수 있다.

함정 채집법 – 땅에서 생활하는 육식성 딱정벌레 채집법
폭탄먼지벌레와 같은 딱정벌레류의 곤충은 주로 밤에 활동하는 육식성 곤충이 많아서 낮에는 쉽게 만나기 어렵다. 그래서 관찰을 하려면 이들이 좋아하는 먹이로 유인해서 포획해야 한다.
육식성이어서 썩은 고기나 당밀(포도주, 설탕, 식초 등을 썩힌 물질)로 잘 유인된다. 저녁 무렵 컵 속에 먼지벌레나 딱정벌레가 좋아하는 먹이를 넣고 땅에 묻어 놓는다. 다음 날 아침에 가 보면 함정에 빠진 먼지벌레와 딱정벌레, 송장벌레, 반날개 등을 볼 수 있다. 이런 채집 방법을 '함정 채집법'이라고 한다.

폭탄먼지벌레
딱정벌레목 딱정벌레과
크기 11~18mm, 출현 5~9월

폭탄처럼 고열의 방귀를 뀐다고 해서 '폭탄먼지벌레'라고 한다. 논두렁이나 경작지 주변의 풀밭, 개울을 끼고 있는 습한 풀숲에 산다. 죽은 곤충이나 동물의 사체에 잘 모여드는 야행성 곤충이다.

큰가시머리먼지벌레
딱정벌레목 딱정벌레과
크기 12.5~14.5mm, 출현 4~7월

몸에는 검은색 광택이 흐른다. 머리는 크게 돌출된 형태이며 딱지날개는 볼록한 타원형이다. 더듬이와 다리의 종아리마디는 적갈색을 띤다. 햇살이 좋은 날 땅 위를 기어 다니는 모습이 보인다.

딱정벌레목

북방머리먼지벌레
딱정벌레목 딱정벌레과
크기 15.1~17.9mm, 출현 7~8월

몸 빛깔은 검은색을 띤다. 머리는 광택이 나지만 딱지날개와 앞가슴등판에는 광택이 없다. 딱지날개에는 세로로 된 주름이 있다. 중국 북부지방이나 시베리아에도 서식해서 이름에 '북방'이 붙었다.

참머리먼지벌레
딱정벌레목 딱정벌레과
크기 9.5~14.5mm, 출현 6~9월

몸은 검은색이며 다리는 갈색이다. 딱지날개는 광택이 없고 볼록하며 타원형이다. 주로 땅 위를 발 빠르게 기어 다니지만 풀잎 위를 오르내리는 모습도 자주 관찰할 수 있다.

윤납작먼지벌레
딱정벌레목 딱정벌레과
크기 15~17mm, 출현 4~10월

몸은 반질반질한 광택이 흐르는 검은색을 띤다. 등쪽이 무거운 물건에 눌린 것처럼 전체적으로 납작한 모습을 하고 있다. 둥근 앞가슴등판의 아랫부분에 1개의 세로줄이 있다.

줄납작밑빠진먼지벌레
딱정벌레목 딱정벌레과
크기 9~10mm, 출현 5~10월

더듬이와 다리는 적갈색이다. 딱지날개 가장자리에는 둥글게 휘어진 암녹색 선이 있다. 머리의 겹눈은 매우 크게 발달되어 있다. 나무에 살면서 작은 곤충을 사냥하는 포식성 먼지벌레이다.

긴조롱박먼지벌레
딱정벌레목 딱정벌레과
크기 15~19.5mm, 출현 5~10월

몸은 매우 가느다란 조롱박 모양이다. 해안이나 하천의 모래밭에 살면서 다양한 곤충을 사냥한다. 낮에는 숨어서 쉬고 밤에는 활발하게 움직이는데 위험하면 죽은 체하는 의사 행동을 잘한다.

 죽은 척하기 선수

죽은 척하는 긴조롱박먼지벌레

죽은 척 안 하는 끝무늬녹색먼지벌레

축구 시합에서 험악한 수비에 공격 선수가 일부러 넘어지는 척하는 것을 '헐리우드 액션'이라고 한다. 딱정벌레 중에서 조롱박먼지벌레류는 헐리우드 액션을 매우 잘 한다. 위기가 닥치면 멋지게 죽은 척 의사 행동을 해서 위기를 모면한다. 천적이 죽은 먹잇감을 사냥하지 않는다는 것을 잘 알고 있나 보다.

엷은먼지벌레
딱정벌레목 딱정벌레과
크기 5~5.5mm, 출현 3~10월

길쭉한 가슴이 '목대장먼지벌레'와 닮았고 딱지날개가 엷은 빛깔을 띤다. 개울가나 습지 주변에 살며 어른벌레로 겨울나기를 하고 초봄부터 활동한다. 크기가 작아 눈에 잘 띄지 않는다.

볕강변먼지벌레
딱정벌레목 딱정벌레과
크기 4~5mm, 출현 4~9월

몸 빛깔은 검은색을 띠며 딱지날개에 황색 점무늬가 2개 있다. 개울이나 하천 같은 강변에서 만날 수 있는 매우 작은 먼지벌레로 강변의 돌을 잘 들추다 보면 빠르게 도망치는 모습을 발견할 수 있다.

꼬마좁쌀먼지벌레
딱정벌레목 딱정벌레과
크기 4.5~5.3mm, 출현 3~9월

딱지날개와 머리, 앞가슴등판은 검은색이며 광택이 있다. 다리와 더듬이는 연갈색을 띤다. 좁쌀처럼 몸집이 매우 작아서 이름 지어졌다. 몸집이 너무 작아서 찾아도 어떤 곤충인지 알기 힘들다.

넉점박이송장벌레
딱정벌레목 송장벌레과
크기 13~21mm, 출현 6~9월

딱지날개는 주황색으로 검은색 점이 4개 있다. 숲에 살면서 새나 쥐 등 동물의 사체를 파묻는 특기를 갖고 있다. 사체를 잘 파묻어서 '매장충', 장례를 치러 준다고 해서 '장의사딱정벌레'로 불린다.

장의사딱정벌레 이야기

넉점박이송장벌레

꼬마검정송장벌레

송장벌레는 특별한 재주가 있어서 다양한 이름으로 불린다. 송장에 잘 모이는 곤충이라서 '송장벌레', 사체를 땅속에 잘 파묻어서 '매장충', 사체를 잘 묻어 장례를 치러 줘서 '장의사딱정벌레'라고도 한다.

사체를 발견한 송장벌레들은 우선 사체의 밑을 파헤친다. 모여든 암수 송장벌레는 함께 힘을 모아 땅을 파서 사체를 묻고, 죽은 동물의 털을 뽑아 고깃덩어리처럼 만든 후 사체에 알을 낳는다. 알에서 깨어난 송장벌레 애벌레는 사체를 먹고 자라서 어른이 된다.

꼬마검정송장벌레
딱정벌레목 송장벌레과
크기 8~15mm, 출현 6~9월

몸은 검은색이며 반질반질한 광택이 있다. 반날개처럼 딱지날개가 배 부분을 모두 덮지 못해서 배 끝 부분이 드러나 있다. 낮은 산지의 숲 근처에서 냄새나는 사체에 모여서 힘을 모아 파묻는다.

큰넓적송장벌레
딱정벌레목 송장벌레과
크기 17~23mm, 출현 5~8월

몸은 검은색이며 청색 광택을 띤다. 등판이 넓고 편평하며 더듬이 끝 부분이 부풀었다. 사체에 모인 곤충을 잡아먹기 위해 작은 동물의 사체나 배설물에 모인다. 낮에도 활동하는 모습을 볼 수 있다.

송장벌레 애벌레와 딱정벌레 애벌레 구별하기

송장벌레 애벌레

딱정벌레 애벌레

송장벌레와 딱정벌레의 애벌레는 사체나 작은 벌레를 잡아먹고 사는 육식성 곤충이다. 송장벌레 애벌레는 어미가 만들어 준 사체 무덤을 먹거나 썩은 물질을 먹고 산다. 딱정벌레 애벌레는 어른벌레처럼 유난히 튼튼한 큰턱으로 작은 곤충이나 지렁이, 달팽이 등을 사냥한다.

두 곤충의 애벌레 모두 몸은 검은색 광택을 띠며 빠른 걸음으로 기어가서 사냥하는 다리가 있지만, 형태가 달라서 쉽게 구별할 수 있다. 송장벌레 애벌레는 가슴 부분이 매우 넓고 배 부분으로 내려갈수록 꼬리처럼 좁아진다. 딱정벌레 애벌레는 몸이 길쭉한 원통형이다. 풀숲 주변의 땅 위를 자세히 살펴보면 먹이를 찾아 부지런히 움직이는 두 애벌레를 만날 수 있다.

딱정벌레목

좀송장벌레
딱정벌레목 송장벌레과
크기 14mm 내외, 출현 5~8월

몸은 검은색이며 더듬이는 암갈색이다. 몸 아래쪽 배 부분에 황색 털이 많으며 딱지날개가 짧아서 배 끝 부분이 보인다. 썩은 동물질이나 부식 물질, 숲에 있는 쓰레기에도 잘 모여든다.

수중다리송장벌레
딱정벌레목 송장벌레과
크기 15~20mm, 출현 6~8월

몸은 적갈색이며 광택이 없다. 회색과 금회색의 짧은 털이 촘촘히 있다. 딱지날개가 배보다 길고 끝이 뾰족하면 암컷이고, 배보다 짧으면 수컷이다. 사체에 모인 구더기를 먹으려고 모여든다.

큰수중다리송장벌레
딱정벌레목 송장벌레과
크기 15~28mm, 출현 6~8월

몸은 검은색이다. 수컷 뒷다리가 굵게 발달해서 '수중다리송장벌레'라고 불린다. 동물 사체에 모여 사체를 먹는 금파리 애벌레와 검정파리 애벌레인 구더기를 잡아먹는 육식성 송장벌레이다.

네눈박이송장벌레
딱정벌레목 송장벌레과
크기 10~15mm, 출현 5~7월

연갈색 딱지날개에 4개의 둥근 검은색 무늬가 특징이다. 사체를 먹는 송장벌레와는 달리 나비류 애벌레를 사냥하는 포식성 송장벌레이다. 땅보다 활엽수의 위를 돌아다니며 먹이를 찾는다.

사체에 모이는 이유가 제각각인 송장벌레

곤봉송장벌레류 넓적송장벌레류

수중다리송장벌레류 네눈박이송장벌레

송장벌레는 사체를 묻는 '매장충'으로 유명하지만 모든 송장벌레가 사체를 묻는 기술이 있는 것은 아니다. 우리나라에 사는 30여 종의 송장벌레는 종류에 따라 독특한 특징을 갖고 있다.
사체 냄새를 잘 맡아서 찾아오는 송장벌레는 종류마다 사체에 모이는 이유와 특기가 각각 다르다.
① 곤봉송장벌레류 : 사체를 묻는 기술이 뛰어나다.
② 넓적송장벌레류 : 썩은 동물에 모이고 달팽이나 지렁이도 잡아먹는다.
③ 수중다리송장벌레류 : 파리류 애벌레인 구더기를 잘 잡아먹는다.
④ 네눈박이송장벌레 : 보통의 송장벌레와 달리 나비류 애벌레를 사냥한다.

풍뎅이붙이
딱정벌레목 풍뎅이붙이과
크기 10mm 내외, 출현 5~8월

몸은 검은색이며 다리가 매우 짧다. 딱지날개에는 날개 끝까지 이어진 5개의 세로줄과 2개의 짧은 세로줄이 있다. 썩은 나무나 고목의 껍질에 살면서 사체나 배설물에 모인 곤충을 잡아먹고 산다.

청딱지개미반날개
딱정벌레목 반날개과
크기 6.5~7mm, 출현 1~12월

머리와 배 끝 두 마디는 검은색이며 딱지날개는 청록색이다. 여름에는 불빛에 잘 날아오고 겨울에는 땅속에서 겨울나기를 한다. 습기가 많은 풀밭에 살면서 다른 작은 곤충을 잡아먹는 잡식성이다.

딱정벌레목

방랑자 반날개

홍딱지반날개

노랑털검정반날개
딱정벌레목 반날개과
크기 16~19mm, 출현 7~8월

몸은 전체적으로 검은색을 띠며 더듬이와 다리는 적갈색을 띠는 몸집이 큰 반날개이다. 머리에는 황색 털이 많아 몸보다 더 밝아 보인다. 배 쪽에 황색 털이 뭉쳐 나서 점무늬가 2쌍을 이룬다.

녹슬은반날개
딱정벌레목 반날개과
크기 13~16mm, 출현 6~8월

몸은 갈색 바탕에 청색 점무늬가 있어 전체적으로 녹슨 것처럼 보인다. 썩은 물질이나 배설물을 먹고 사는 부식성 곤충이다. 풀잎 위에 있으면 잘 보이지만 땅이나 부패된 곳에서는 잘 안 보인다.

홍딱지반날개
딱정벌레목 반날개과
크기 18mm 내외, 출현 5~8월

황갈색의 딱지날개를 가진 몸집이 매우 큰 반날개이다. 딱지날개가 배 부분을 다 덮지 못하고 반쪽만 있어서 '반날개'라고 불린다. 숲이나 들판에 살며 낙엽이나 땅속의 작은 생물을 잡아먹는다.

반날개는 토양에서 유랑 생활을 해서 '방랑자 곤충'이라고 한다. 딱정벌레류와 다르게 딱지날개가 몸 절반만 덮어서 배 부분이 노출된다. 위험해 보이지만 부드러운 토양에서 살고, 몸은 손톱의 주성분인 케라틴이라 단단해서 웬만한 충격에는 상처가 안 난다. 오랜 세월 토양 생활에 적응한 덕분이다.

부식성 곤충 이야기

노랑털검정반날개

큰넓적송장벌레

극동좀반날개
딱정벌레목 반날개과
크기 6.2mm 내외, 출현 5~8월

몸은 전체적으로 검은색이며 짧은 딱지날개 속에 접고 있던 반투명한 막으로 된 긴 뒷날개로 날아다닌다. 비행이 끝나면 뒷날개를 접어 딱지날개 속에 넣는다. 밤에 불빛에 자주 날아온다.

칠흑왕눈이반날개
딱정벌레목 반날개과
크기 11~12mm, 출현 5~8월

몸은 검은색이며 다리는 흑갈색을 띤다. 몸에 비해 머리가 매우 작은 편이다. 딱지날개와 배의 너비가 거의 같다. 낙엽이 많이 쌓인 시냇가 주변의 땅이나 돌 위에서 먹이를 찾아 돌아다닌다.

쌍무늬알뾰족반날개
딱정벌레목 반날개과
크기 4~4.5mm, 출현 6~8월

몸은 전체적으로 흑적색을 띤다. 머리는 작고 가슴 부분이 매우 넓게 발달되어 있다. 검은색 줄무늬가 있는 배 부분은 끝으로 갈수록 얇아져서 꼬리처럼 보인다. 버섯을 먹고 사는 반날개이다.

곤충은 보통 사냥하거나 풀을 먹지만 반날개와 송장벌레는 썩은 물질이나 배설물을 먹는 '부식성 곤충'이다. 이들은 냄새 나는 물질을 분해시켜 흙으로 만드는 데 도움을 준다. 이런 분해자가 없다면 낙엽이나 사체는 결코 분해될 수 없다. 부식성 곤충은 자연의 순리를 지켜주는 고마운 곤충이다.

딱정벌레목

땅에서 만나는 곤충

강변거저리
딱정벌레목 거저리과
크기 10~11mm, 출현 4~8월

몸은 납작하며 검은색을 띤다. 앞가슴등판은 둥글고 딱지날개에는 세로줄이 매우 뚜렷하다. 모래가 많은 강변이나 개울가에서 먼지벌레처럼 기어 다니며 죽은 나뭇가지나 돌 밑에서 많이 보인다.

어둠이 좋은 거저리

어두운 돌 밑으로 숨는 무당거저리

거저리는 부패한 식물질을 주로 먹지만 곡류와 썩은 나무속의 버섯류나 균사를 먹기도 한다.
어른벌레를 칭하는 낯선 이름의 거저리보다는 '밀웜(meal worm)'이라고 불리는 거저리 애벌레가 더 유명하다. 밀웜은 고슴도치나 파충류의 먹이로 사용하려고 오래전부터 사육했다. 최근 식량 문제가 심각해지면서 유럽에서는 거저리를 식량 곤충으로 활용하려고 시식 대회를 열기도 했다.
거저리는 어두운 곳을 좋아해서 구석만 보면 머리를 쳐 박고 들어가려 해서 '어둠의 딱정벌레(Darkling beetle)'라고 부른다.

작은모래거저리
딱정벌레목 거저리과
크기 9mm 내외, 출현 4~5월

몸은 타원형이며 올록볼록한 돌기가 줄지어 나 있다. 초봄부터 산이나 길가를 잘 기어 다닌다. 몸에 흙이 묻어 있는 모습을 자주 볼 수 있다. 위험이 닥치면 다리를 몸에 붙이고 죽은 체한다.

우묵거저리
딱정벌레목 거저리과
크기 9~12.5mm, 출현 4~11월

몸은 길쭉한 모양이며 검은색 또는 적갈색을 띤다. 가슴등판은 반질반질한 광택을 띠며 딱지날개에는 여러 개의 줄무늬가 뚜렷하게 나 있다. 겨울에는 다양한 나무속에서 겨울잠을 잔다.

보라거저리
딱정벌레목 거저리과
크기 14~16mm, 출현 4~11월

몸 빛깔은 검은색이며 햇빛을 받으면 보라색 광택이 난다. 산지의 고목이나 썩은 나무속에 사는 몸집이 큰 거저리이다. 어른벌레로 겨울나기를 하고 봄부터 일찍 활동을 시작한다.

산맴돌이거저리
딱정벌레목 거저리과
크기 15~18mm, 출현 5~9월

몸 빛깔은 검은색을 띠며 광택이 없어서 맴돌이거저리와 구별된다. 썩은 나무 주위를 맴돌 때가 많고 인기척에 잘 놀라지 않는다. 애벌레도 썩은 나무속에서 발견되며 썩은 목질을 먹고 산다.

거저리의 겨울나기

산맴돌이거저리 애벌레

우묵거저리 어른벌레

보라거저리 애벌레

초봄에 나온 보라거저리 어른벌레

거저리는 나무속에서 어른벌레나 애벌레로 겨울나기를 한다. 겨울나기를 하는 모습을 관찰하려면 나무껍질 밑이나 속을 찾아봐야 한다.
거저리는 나무껍질 근처에 있는 경우가 많아서 찾기는 어렵지 않다. 쓰러진 벌채목이나 그루터기 등을 찾아서 살펴보면 거저리가 어떻게 겨울나기를 하는지 관찰할 수 있다.
나무속을 살펴보려면 드라이버나 도끼 같이 날카로운 도구를 활용해야 하므로 꼭 장갑을 껴야 한다. 나무껍질 밑이나 속에서 20mm가 넘는 길쭉한 원통형의 애벌레를 발견했다면 거저리 애벌레라고 생각하면 된다.
애벌레로 겨울을 지낸 거저리는 초봄이면 어른벌레가 되어 활동을 시작한다.

구슬무당거저리
딱정벌레목 거저리과
크기 10mm 내외, 출현 5~9월

몸 전체가 타원형이다. 딱지날개는 붉은 보라색 광택을 띠고 있어서 매우 아름답다. 어른벌레는 죽은 나무의 버섯류나 참나무 진에 잘 모이며 썩은 나무속에서 겨울나기를 하고 봄부터 활동한다.

제주거저리
딱정벌레목 거저리과
크기 7~9mm, 출현 3~9월

몸은 전체적으로 검은색이며 남색 광택이 돈다. 가슴 부분은 둥글둥글하고 넓적하다. 딱지날개에는 세로줄이 있다. 풀숲이나 나무 위, 산길의 땅바닥을 돌아다니는 모습을 볼 수 있다.

북방보라금풍뎅이
딱정벌레목 금풍뎅이과
크기 14~20mm, 출현 6~9월

몸은 보라색 광택을 띠며 보는 각도에 따라서 빛깔이 다르게 보인다. 숲에서 드물게 관찰된다. 배설물을 먹고 살면서 알도 배설물 속에 낳는다. 어른벌레로 겨울나기를 한다.

똥풍뎅이
딱정벌레목 똥풍뎅이과
크기 4.5~7.2mm, 출현 3~10월

몸은 광택이 있는 검은색으로 긴 원통형이다. 딱지날개가 황갈색을 띠기도 한다. 평지와 산지의 배설물이나 부엽토 등에 산다. 배설물에 낳은 알에서 태어난 애벌레는 배설물을 먹고 자란다.

모가슴소똥풍뎅이
딱정벌레목 소똥구리과
크기 7~11mm, 출현 3~10월

몸은 검은색이며 광택이 없다. 앞가슴등판이 삼각형으로 불룩하게 솟았다. 소와 말, 개 등의 배설물에 잘 모이고 동물의 사체에도 모여든다. 소똥구리처럼 똥을 굴리지는 못한다.

뿔소똥구리
딱정벌레목 소똥구리과
크기 20~28mm, 출현 5~10월

몸은 검은색이며 머리는 부채 모양이다. 배설물을 경단으로 만들고 경단에 알을 낳는다. 똥을 굴리는 신비로운 재주를 가졌다. 신비의 곤충이라 생각해서 종교적으로 숭상하기도 했다.

배설물에 사는 다양한 풍뎅이

똥풍뎅이

보라금풍뎅이

곤충은 보통 사냥감을 잡아먹거나 식물을 먹고 살며, 때로는 둘 다 잘 먹는 잡식성 곤충도 있다. 특히 아주 더러운 배설물을 먹이로 삼는 곤충도 있다. 배설물에 잘 모이는 곤충으로는 똥풍뎅이류, 금풍뎅이류, 소똥구리류의 다양한 풍뎅이가 있다.

배설물 하면 떠오르는 소똥구리는 옛날 우마차에서 떨어지는 신선한 똥 덩이를 경단처럼 빚어 알을 낳아 굴리는 재주를 갖고 있다. 그렇지만 요즘은 소똥구리를 보기 힘들다. 신선한 똥을 제공하던 우마차도 사라졌고, 소가 인공 사료를 먹으면서부터 똥을 굴리기에 적합한 배설물을 만날 수 없어서이다.

딱정벌레목

우단풍뎅이 딱지날개

애우단풍뎅이

벨벳은 표면에 짧고 부드러운 솜털이 빽빽한 천으로 '우단(羽緞)' 또는 '비로드(veludo)'라고 한다. 우단풍뎅이의 딱지날개가 벨벳 천과 비슷하게 보여서 이름이 붙여졌다. 그 모습을 보면 딱지날개가 단단하지 않고 푹신할 것만 같다.
벨벳은 이탈리아의 벨루티가(Velluti家)에서 발명하였으며, 14~16세기 르네상스 시기에 대표적인 의복 재료로 인기가 많았다.
독특한 광택과 촉감, 외관 때문에 왕과 귀족, 성직자의 의상뿐만 아니라 실내 장식으로 많이 사용되었고, 오늘날에도 여성복이나 모자, 실내 장식에 고급 직물로 사용된다.

등노랑풍뎅이
딱정벌레목 풍뎅이과
크기 12~18mm, 출현 5~10월

몸은 황색이며 다리는 구리빛을 띠는 검은색이다. 등이 황색이어서 한눈에 알아볼 수 있다. 주로 잎사귀에 앉아 있는 모습이 관찰되지만 나뭇잎 아래로 이동하여 숨을 때 땅에서 발견된다.

애우단풍뎅이
딱정벌레목 검정풍뎅이과
크기 7~8mm, 출현 3~10월

몸은 흑갈색을 띠며 동그란 모습이 알 모양 같다. 더듬이는 적갈색이며 광택이 없다. 머리 부분보다 배 끝 부분이 더 크고 둥그렇다. 애벌레는 식물 뿌리를 갉아 먹고 어른벌레는 불빛에 잘 모여든다.

빨간색우단풍뎅이
딱정벌레목 검정풍뎅이과
크기 8~9.5mm, 출현 5~10월

몸은 기다란 알 모양이며 어두운 적갈색을 띤다. 앞가슴 등판 양옆에 검은색 점무늬가 있다. 딱지날개에는 잔털이 빽빽해서 연한 섬유를 촘촘히 심은 벨벳처럼 보인다. 밤에 불빛에 잘 날아온다.

줄우단풍뎅이
딱정벌레목 검정풍뎅이과
크기 6~8.5mm, 출현 4~10월

몸은 황갈색이며 딱지날개 봉합선 주변에 굵은 검은색 세로줄무늬가 있다. 푹신한 느낌의 벨벳처럼 보여서 이름에 '우단풍뎅이'가 붙여졌다. 숲의 잎사귀나 개망초 꽃 위에서도 잘 발견된다.

참검정풍뎅이
딱정벌레목 검정풍뎅이과
크기 16~21mm, 출현 3~10월

몸은 검은색이며 딱지날개에는 반질반질한 광택이 흐른다. 검정풍뎅이류는 비슷비슷하게 생긴 종류가 많아서 구별이 쉽지 않다. 밤에는 불빛에 잘 날아오며 애벌레는 식물의 뿌리를 먹고 산다.

황갈색줄풍뎅이
딱정벌레목 검정풍뎅이과
크기 11.5~14mm, 출현 4~9월

몸은 긴 원통형이며 전체적으로 황갈색이다. 머리는 적갈색 또는 흑갈색을 띠며 배 부분이 매우 뚱뚱하다. 어른벌레는 활엽수의 잎을 잘 먹지만 애벌레는 식물의 뿌리를 먹고 산다.

알락풍뎅이
딱정벌레목 꽃무지과
크기 16~21mm, 출현 6~9월

몸 빛깔은 갈색을 띠며 둥글고 넓적해서 꽃무지류의 곤충임을 알 수 있다. 딱지날개는 황갈색을 띠며 검은색 점무늬가 불규칙하게 흩어져 있다. 참나무류의 나뭇진에 모이며 땅에서도 발견된다.

나비목

 어른벌레로 겨울나기를 하는 나비

네발나비
나비목 네발나비과
크기 41~55mm, 출현 3~11월

날개 빛깔이 마른풀이나 낙엽과 비슷해서 땅에 앉아 있으면 찾기 힘들다. 어른벌레로 겨울나기를 하기 때문에 초봄부터 매우 일찍 관찰된다. 애벌레는 삼과 작물인 환삼덩굴과 홉을 먹고 산다.

청띠신선나비
나비목 네발나비과
크기 55~64mm, 출현 3~10월

날개 윗면에는 청색 띠무늬가 있다. 인기척에 놀라 훌쩍 날아가도 다시 제자리로 돌아온다. 나뭇진이나 수박, 복숭아 등의 썩은 과일에도 모여든다. 애벌레는 청가시덩굴과 청미래덩굴을 먹고 산다.

네발나비

청띠신선나비

큰멋쟁이나비

뿔나비

나비는 종류에 따라 알, 애벌레, 번데기, 어른벌레로 겨울나기를 한다. 애벌레나 번데기로 겨울을 나는 경우가 많지만, 때로는 어른벌레로 추운 겨울을 이겨내기도 해서 겨울에도 나비를 볼 수 있다. 물론 매서운 추위가 몰아치는 엄동설한에는 보기 힘들지만 봄이 찾아오는 겨울 끝자락에는 종종 나비를 만날 수 있다.

햇볕이 내리쬐면 어른벌레로 겨울을 나던 나비는 슬슬 기운을 차린다. 네발나비와 청띠신선나비, 큰멋쟁이나비, 뿔나비 등도 따스한 낙엽 밑이나 나무껍질 틈새에서 겨울을 나다가 활개를 치며 날아다닌다. 날개 아랫면이 땅 빛깔과 비슷해서 산길을 걷다 나비가 날아가면 화들짝 놀라게 된다.

황오색나비
나비목 네발나비과
크기 55~76mm, 출현 6~10월

오색 빛깔의 화려한 나비로 검은색형과 갈색형이 있다. 평지나 산지에서 볼 수 있으며 버드나무나 참나무 진에 잘 모인다. 애벌레는 수양버들과 갯버들을 먹고 살며 애벌레로 겨울나기를 한다.

왕오색나비
나비목 네발나비과
크기 71~101mm, 출현 6~8월

날개는 검은색이며 날개 가운데에 진한 보라색 무늬가 있다. 대형 나비로 하늘 위를 힘차게 날며 점유 행동도 강하게 한다. 나뭇진이나 배설물에 모인다. 애벌레는 팽나무와 풍게나무 잎을 먹는다.

대왕나비
나비목 네발나비과
크기 63~75mm, 출현 6~8월

날개는 적황색 바탕에 검은색 줄무늬가 많다. 수컷은 햇빛이 비치는 곳을 좋아해서 땅에서 자주 발견된다. 학명의 종명이 군주를 뜻해 '대왕나비'라고 불린다. 애벌레는 참나무류의 잎을 먹고 산다.

 해바라기하는 나비

대왕나비

왕오색나비

태양을 따라다니는 해바라기처럼 나비도 태양이 무척 소중하다. 모든 곤충은 변온동물로 체온이 올라가지 않으면 활동할 수 없기 때문이다. 특히 나비는 체온을 빨리 올려야 날 수 있기 때문에 햇볕이 잘 내리쬐는 땅에 내려앉아 날개를 쫙 펴고 일광욕하며 서서히 날갯짓하여 체온을 높여 준다.

나비목

세줄나비
나비목 네발나비과
크기 54~65mm, 출현 5~7월
날개는 검은색 바탕에 3개의 흰색 가로줄무늬를 갖고 있다. 축축한 땅에 내려앉아 쓰레기와 썩은 과일의 즙, 물을 먹는다. 간혹 꽃에 모이기도 한다. 애벌레는 단풍나무와 고로쇠나무 등을 먹고 산다.

애기세줄나비
나비목 네발나비과
크기 42~55mm, 출현 5~9월
날개에 줄무늬가 있는 줄나비류 중 크기가 가장 작아서 '애기세줄나비'이다. 땅이나 돌에 앉아 있다가 날개를 쭉 펴고 활강하기를 반복한다. '숲속의 요정'이라고 불릴 정도로 나는 모습이 예쁘다.

별박이세줄나비
나비목 네발나비과
크기 50~62mm, 출현 5~10월
날개 아랫면에 박혀 있는 10개의 검은색 점이 별처럼 보여서 붙여진 이름이다. 조팝나무 주위를 맴돌고 산초나무와 조팝나무 꽃에서 꿀을 빤다. 열매와 새똥, 동물 사체에서 즙을 빤다.

제일줄나비
나비목 네발나비과
크기 45~60mm, 출현 5~9월
날개에 굵은 흰색 줄무늬를 갖고 있다. 산지의 계곡이나 물가처럼 습한 곳에 잘 모인다. 동물의 배설물이나 꽃에도 잘 모인다. 애벌레는 인동덩굴과 올괴불나무, 구슬댕댕이 등을 먹고 산다.

줄나비
나비목 네발나비과
크기 45~55mm, 출현 5~10월
날개는 검은색 바탕에 1개의 흰색 줄무늬가 뚜렷하다. 습지에서 물을 먹고 꽃에서 꿀을 빨며, 배설물과 새똥에도 모인다. 애벌레는 올괴불나무와 각시괴불나무 등을 먹고 산다.

큰멋쟁이나비
나비목 네발나비과
크기 47~65mm, 출현 3~11월
알록달록한 날개의 무늬가 멋쟁이처럼 화려하다. 나뭇진과 썩은 과일, 오물에 잘 모이며 국화와 엉겅퀴 등의 꽃에서 꿀을 빤다. 낮은 산지의 풀밭에 많이 살며 어른벌레로 겨울나기를 한다.

부처사촌나비
나비목 네발나비과
크기 38~47mm, 출현 5~8월
날개 아랫면에 크고 작은 눈알 무늬가 있다. 땅 위를 톡톡 튀듯이 활발하게 날아다닌다. 물가나 썩은 과일에 모여서 즙을 빨아 먹는다. 특히 저녁 무렵이나 흐린 날에 매우 활발하게 활동한다.

뱀눈나비의 생존 전략

부처사촌나비

굴뚝나비

네발나비과의 나비 중에서 날개에 눈알 무늬가 있는 뱀눈나비류로는 굴뚝나비와 부처사촌나비, 부처나비, 물결나비 등이 있다. **여러 개의 눈알 무늬가 몸집이 매우 큰 것처럼 보이게 해서 포악한 천적들이 접근했다가 놀라서 도망친다.** 눈알 무늬는 뱀눈나비가 스스로를 보호하는 최고의 방어법이다.

나비가 물을 마시는 이유

큰줄흰나비

큰흰줄표범나비

제비나비

뿔나비

큰흰줄표범나비
나비목 네발나비과
크기 58~69㎜, 출현 6~8월

날개의 얼룩덜룩한 무늬가 표범을 연상시켜서 '표범나비'라고 불리는데 호랑나비와 착각하는 사람이 많다. 꽃에 내려앉아서 꿀을 빨지만 일광욕이나 물을 먹기 위해서 땅에도 자주 내려앉는다.

뿔나비
나비목 네발나비과
크기 32~47㎜, 출현 3~11월

활엽수가 많은 계곡 주변에 살면서 떼 지어 물을 먹는다. 썩은 과일과 동물의 사체에도 모이며 꽃꿀을 빤다. 겨울나기를 무사히 마친 어른벌레는 초봄의 땅 위에서 해바라기를 즐긴다.

나비 하면 꽃을 찾아 날아다니는 모습이 가장 먼저 떠오르지만 땅에도 잘 내려앉는다. 왜냐하면 꽃꿀뿐 아니라 물도 잘 먹기 때문이다. 꽃꿀을 빠는 것은 '흡밀 행동'이며, 물을 먹는 것은 '흡수 행동'이다. 나비가 물을 마실 때는 물을 마심과 동시에 항문으로 물을 배출하는 모습을 확인할 수 있다. 그러면 나비는 왜 물을 마실까?

사실 나비는 물보다 물속의 미네랄 성분을 필요로 한다. 물속에는 나비에게 꼭 필요한 미네랄이 많이 녹아 있어서 물을 꼭 마셔야 한다. 나비는 아침 이슬이나 빗물, 바닷물, 퇴비에서 흘러나온 물까지도 먹는다. 나비가 집단으로 모여 흡수 행동을 하는 모습을 관찰할 수 있다.

계절에 따라 모습이 달라지는 나비의 계절형

거꾸로여덟팔나비의 봄형

거꾸로여덟팔나비의 여름형

네발나비의 여름형

네발나비의 가을형

곤충은 1년에 1회~수회 출현한다. 특히 나비는 1년에 2회 출현하는 경우가 많은데 출현하는 계절에 따라 똑같은 나비도 형태가 조금씩 달라진다. 이것을 '계절형'이라고 부른다. 계절형은 낮의 길이와 온도 등 다양한 조건이 달라지면서 발생한다.

거꾸로여덟팔나비는 봄형과 여름형이 있는데, 봄형은 날개가 주황색을 띠지만 여름형은 날개 가장자리에 가느다란 주황색을 띠며 봄형보다 흰색 띠가 더 두껍게 발달했다. 네발나비는 여름형과 가을형이 있는데, 여름형은 날개의 빛깔이 연하고 가을형은 진하며 무늬도 차이가 있다. 똑같은 나비라도 계절에 따라 형태가 다르므로 관찰한 계절을 알면 구별하는 데 큰 도움이 된다.

거꾸로여덟팔나비
나비목 네발나비과
크기 35~46㎜, 출현 4~9월

날개를 펴고 앉아 있는 모습을 거꾸로 보면 흰색의 팔(八)자 무늬가 보인다. 낮은 산지의 계곡이나 길가 주변에 산다. 습지에 잘 모이며 축축한 땅이나 동물의 배설물에도 잘 모여든다.

푸른부전나비
나비목 부전나비과
크기 26~32㎜, 출현 3~10월

부전나비류 중에서 크기가 매우 작고 회백색의 날개 빛깔이 땅과 비슷해서 눈에 잘 띄지 않는다. 물이 스며들어 있는 습한 땅에 물을 먹기 위해 여러 마리가 내려앉아 있는 모습이 관찰된다.

나비목

 우리나라에서는 부전나비, 북한에서는 숫돌나비

산녹색부전나비 - 날개 윗면

큰주홍부전나비 - 날개 윗면

산녹색부전나비 - 날개 아랫면

범부전나비 - 날개 아랫면

범부전나비
나비목 부전나비과
크기 26~33mm, 출현 4~9월

날개 뒷면의 갈색 줄무늬가 호랑이를 연상시키기 때문에 '범부전나비'라고 불린다. 뒷날개 빛깔은 땅과 비슷해서 땅에 앉으면 눈에 잘 띄지 않는다. 아침에는 물가에서 물을 잘 먹는다.

쇳빛부전나비
나비목 부전나비과
크기 25~27mm, 출현 4~5월

날개 아랫면이 녹슨 쇳빛처럼 보인다. 초봄에 양지바른 활엽수림 주변에서 흔히 관찰된다. 매우 빠르게 날아다니며 물가에도 잘 모이고 꿀을 빨기도 한다. 애벌레는 진달래와 조팝나무를 먹는다.

나비는 날개의 윗면과 아랫면이 매우 달라서 날개를 펴고 있을 때 보이는 날개 윗면과 접고 앉았을 때 보이는 아랫면을 동시에 아는 것이 중요하다. 특히 부전나비는 날개 윗면과 아랫면이 매우 다르다.

부전나비의 날개 윗면은 화려한 빛깔을 띠고 있다. '부전'은 여자 아이의 한복에 달고 다니는 알록달록한 노리개로, 부전나비가 곱고 예쁘다는 뜻으로 이름 지어졌다.

반면 날개 아랫면은 빛깔이 어두워서 북한에서는 '숫돌나비'라고 부른다. 땅에 내려앉아 날개를 접으면 어두운 날개 아랫면이 노출되기 때문에 눈에 잘 띄지 않아서 보호색 역할을 한다.

 꼬리로 위장하는 부전나비의 생존 전략

공격당하기 전의 작은주홍부전나비

공격당한 작은주홍부전나비

먹부전나비
나비목 부전나비과
크기 22~25mm, 출현 4~10월

날개 윗면이 먹물처럼 검은색이어서 '먹부전나비'라고 불린다. 길가의 풀밭 위를 날아다니며 개망초와 토끼풀 등의 꽃에서 꿀을 빤다. 애벌레는 바위채송화와 둥근바위솔, 돌나물을 먹고 산다.

작은주홍부전나비
나비목 부전나비과
크기 26~34mm, 출현 4~10월

날개는 주홍색 바탕에 검은색 점이 있는 예쁜 나비이다. 재빨리 비행하기도 하지만 땅에도 잘 내려앉는다. 산지의 풀밭에 매우 흔하다. 애벌레는 수영과 애기수영, 소리쟁이 등의 잎을 먹고 산다.

알록달록한 작은 부전나비는 호랑나비나 제비나비처럼 꼬리돌기가 매우 발달했다. 이 부전나비의 꼬리돌기에는 생존을 향한 전략이 담겨 있다.

꼬리돌기가 매우 발달한 부전나비는 머리와 꼬리가 잘 구별되지 않는데, 천적은 머리 부분을 공격하려다가 헷갈려서 꼬리를 공격하게 된다. 그 결과 부전나비는 목숨이 걸린 위기를 슬기롭게 벗어날 수 있다. 꼬리 쪽이 공격당해도 목숨에는 지장이 없기 때문이다.

종종 꼬리를 공격당한 채 날아다니는 부전나비를 만날 수 있다. 부전나비는 비록 작은 몸이지만 구조를 알맞게 발달시키는 뛰어난 생존 전략으로 천적으로부터 몸을 지켜낸다.

나비목

산녹색부전나비
나비목 부전나비과
크기 31~37mm, 출현 6~8월

수컷의 날개 윗면은 녹색 광택이 나지만 암컷은 흑갈색을 띤다. 계곡이나 숲에 살면서 물을 먹으려고 땅에 잘 내려앉는다. 애벌레는 신갈나무와 갈참나무, 떡갈나무 등을 먹고 알로 겨울을 난다.

넓은띠녹색부전나비
나비목 부전나비과
크기 33~36mm, 출현 6~7월

수컷은 날개 윗면에 황록색 광택이 있지만 암컷은 흑갈색이다. 아침에는 바위나 나뭇잎에 앉아 일광욕을 한다. 오후 3~4시가 되면 산길이나 능선을 따라 활발하게 날아다닌다. 알로 겨울을 난다.

큰줄흰나비
나비목 흰나비과
크기 41~55mm, 출현 4~10월

흰색 날개에 진한 검은색 줄무늬를 갖고 있다. 낮은 산지나 계곡가의 풀밭에서 가장 흔하게 관찰되는 흰나비과의 나비이다. 축축한 땅에 내려앉아 물을 먹기도 하고 습지에도 잘 날아온다.

대만흰나비
나비목 흰나비과
크기 37~46mm, 출현 4~10월

날개 빛깔이 흰색인 나비로 날개 끝 부분은 검은색을 띤다. 배추흰나비와 가장 많이 닮아서 헷갈릴 때가 많다. 물을 먹기 위해 땅에 잘 내려앉으며 풀밭에 핀 다양한 꽃에도 잘 모여든다.

왕자팔랑나비
나비목 팔랑나비과
크기 33~38mm, 출현 5~9월

엉겅퀴와 개망초 등의 꽃에 잘 날아온다. 수컷은 저녁 무렵 점유 행동을 강하게 한다. 암컷은 풀잎에 앉아 있을 때에도 먹이 식물 잎 앞면에 알을 1개씩 낳는다. 애벌레는 마와 단풍마를 먹고 산다.

멧팔랑나비
나비목 팔랑나비과
크기 31~39mm, 출현 3~6월

날개는 진한 갈색을 띠며 뒷날개에 황색 점무늬가 많다. 초봄에 줄딸기와 제비꽃 등에 모여 꽃꿀을 빨지만 낙엽이나 풀잎 위에도 잘 내려앉는다. 넓게 트인 숲에 많이 보이며, 애벌레로 겨울을 난다.

우리나라와 북한의 나비 이름 비교하기

똑같은 나비를 보고도 어디를 보는가에 따라 전혀 다른 이름이 붙여지고, 어떤 특징에 주목하는지에 따라서도 서로 다르다. 특히 우리나라와 북한은 생각의 차이가 심해서 같은 나비도 서로 다른 이름으로 부른다. 그러나 흰나비와 뿔나비, 뱀눈나비는 서로 똑같은 이름으로 부른다.

우리나라	나비 사진	북 한
호랑나비 호랑이 줄무늬를 닮았다.		**범나비** 호랑이를 뜻하는 옛말이다.
부전나비 날개 윗면이 알록달록한 한복 노리개 같다.		**숫돌나비** 날개 아랫면이 숫돌처럼 어둡다.
네발나비 다리가 2개 퇴화되어 4개의 다리로 이동한다.		**멧나비** 산에 가장 흔한 나비이다.
팔랑나비 팔랑거리며 지그재그로 날아다닌다.		**희롱나비** 어지럽게 날아다니는 모습이 희롱하는 것 같다.

노린재목

땅노린재
노린재목 땅노린재과
크기 7~10mm, 출현 5~9월

몸은 검은색 또는 갈색이며 반질반질한 광택이 있다. 몸 빛깔이 땅과 비슷해서 눈에 잘 띄지 않는다. 대부분을 땅속에서 생활해서 '땅노린재' 라고 불린다. 녹나무에서 떨어진 열매를 즐겨 먹는다.

장수땅노린재
노린재목 땅노린재과
크기 14~20mm, 출현 4~10월

몸 빛깔은 광택이 강한 검은 색을 띤다. 등판에 점무늬가 흩어져 있다. 땅속에서 생활해서 눈에 잘 띄지 않으며 땅노린재류 중에서 몸집이 가장 크다. 전체적인 모습이 물자라와 많이 닮았다.

참점땅노린재
노린재목 땅노린재과
크기 3~6mm, 출현 6~10월

몸은 검은색으로 광택이 흐르고 가장자리에는 흰색 테두리가 있다. 암컷은 단단한 앞날개 좌우에 2개의 흰색 점무늬를 갖고 있지만, 수컷은 2개의 흰색 점무늬가 없어서 구별된다.

땅별노린재
노린재목 별노린재과
크기 9mm 내외, 출현 2~11월

몸은 유선형으로 둥글게 생겼으며 암갈색을 띤다. 햇빛이 잘 비치는 땅 위를 기어가는 모습을 흔히 볼 수 있다. 풀잎이 아닌 땅에서 보이기 때문에 둥그런 먼지벌레로 착각하는 경우도 많다.

톱날노린재
노린재목 톱날노린재과
크기 12~16mm, 출현 6~10월

몸은 갈색이나 암회색을 띤다. 앞가슴등판 앞부분에 뿔처럼 생긴 삼각형의 뾰족한 돌기가 있다. 배의 옆 가장자리가 톱니 모양으로 생긴 것이 큰 특징이다. 박과 식물에서 많이 발견된다.

어리흰무늬긴노린재
노린재목 긴노린재과
크기 7~8mm, 출현 3~10월

몸이 전체적으로 진갈색이어서 땅에 있으면 눈에 잘 안 띈다. 풀잎에서도 발견되지만 땅 위나 식물의 뿌리 근처에서 많이 발견된다. 위험을 느끼면 빠른 발로 매우 재빠르게 도망간다.

노린재의 사는 곳과 먹이의 관계

등빨간뿔노린재 - 초식성(나무) | 넓적배허리노린재 - 초식성(풀숲)

장수땅노린재 - 초식성(땅) | 다리무늬침노린재 - 육식성(나뭇잎)

노린재는 기다란 주둥이로 다양한 먹이를 먹고 산다. 식물질을 먹는 초식성 노린재도 있고, 동물질을 먹는 육식성 노린재도 있다.

초식성 노린재는 식물질의 어떤 부분을 먹고 사는지에 따라 생활 장소가 정해진다. 등빨간뿔노린재처럼 나무 열매의 즙을 빨아 먹는 노린재는 나무 위에서 살고, 넓적배허리노린재처럼 식물의 줄기나 잎을 빨아 먹는 노린재는 풀숲에 산다. 또한 장수땅노린재처럼 식물의 풀뿌리나 떨어진 열매의 즙을 빠는 노린재는 땅에서 산다.

육식성 노린재가 사는 곳은 나뭇잎이나 풀잎인데, 나무나 들판을 날아다니며 사냥한 곤충의 체액을 빨아 먹는다. 대표적으로 다리무늬침노린재가 있다.

에사키뿔노린재
노린재목 뿔노린재과
크기 11~13mm, 출현 4~11월

몸은 황록색이고 앞가슴등판, 앞날개 혁질부와 막질부는 적갈색을 띤다. 앞가슴등판 위쪽은 황색을 띠며 작은 방패판에 흰색 또는 연황색 하트 무늬가 있는 것이 특징이다.

 뛰어난 모성애

에사키뿔노린재

암컷 곤충은 보통 자식이 잘 자랄 수 있는 가장 적합한 장소를 선택해서 알을 낳는다. 그런데 간혹 자식을 돌보는 애틋한 사랑을 과시하는 곤충도 있다.
에사키뿔노린재는 나뭇잎 뒷면에 알을 50~70개 정도 낳은 다음에도 알을 떠나지 않고 계속해서 돌본다. 애벌레가 알에서 부화할 때까지 지키는 것이 자신이 먹이를 먹는 것보다 우선이기 때문이다.
알이 부화될 무렵이면 어미는 힘이 빠져 기진맥진하고, 알이 부화되면 최후를 맞는다. 이렇게 태어난 애벌레는 7월 말 경에 어른이 되어 겨울나기를 한다.

참나무노린재
노린재목 참나무노린재과
크기 12mm 내외, 출현 5~10월

몸은 녹색 또는 연황색을 띤다. 작은주걱참나무노린재와 매우 비슷하지만 배의 숨구멍 색깔이 검은 것이 다르다. 참나무에서 떨어져 산길 위를 이동하는 모습을 볼 수 있다.

작은주걱참나무노린재
노린재목 참나무노린재과
크기 11~13mm, 출현 5~10월

몸은 전체적으로 나뭇잎과 매우 비슷한 녹색을 띤다. 수컷 생식기에 주걱 모양의 돌기가 크게 발달해서 이름이 붙여졌다. 참나무가 많이 있는 낮은 산지에서 매우 흔하게 볼 수 있다.

도토리노린재
노린재목 광대노린재과
크기 9~10mm, 출현 5~10월

몸은 전체적으로 진갈색을 띠지만 연갈색 등 개체에 따라 변이가 매우 다양하다. 몸 빛깔이 땅과 비슷해서 눈에 잘 띄지 않는다. 전체적인 모습이 도토리 열매를 닮았다. 들이나 산의 잡초 지대에 산다.

얼룩대장노린재
노린재목 노린재과
크기 21mm 내외, 출현 4~10월

몸 전체의 무늬가 얼룩덜룩한 대형 노린재이다. 불규칙한 무늬가 죽은 나무껍질에서 자라는 지의류와 비슷해 혼동된다. 상수리나무와 갈참나무에서 발견되며 땅 위를 기어 다니며 이동한다.

풀색노린재
노린재목 노린재과
크기 12~16mm, 출현 3~11월

몸 빛깔이 녹색을 띠어서 '풀색노린재'라고 한다. 노린재는 보통 지독한 방귀를 뀌지만 풀색노린재는 진한 풀잎 향을 풍긴다. 풀잎에서 즙을 빨아 먹다가 땅 위를 이동하는 모습이 자주 목격된다.

 방귀로 만든 향수

큰허리노린재 – 지독한 냄새

풀색노린재 – 풀 향기

향수의 원조 프랑스에서는 노린재 방귀를 천연 향료로 사용해 향수를 만들기도 한다. 노린재 방귀는 사향, 페로몬처럼 동물성 향료가 된다.
지독한 냄새가 향기로 사용되는 것이 잘 이해되지 않지만, 풀잎 향이나 바나나 향을 풍기는 노린재도 있기 때문에 천연 향료로 쓰기에는 손색이 없다.

노린재목

노랑배허리노린재
노린재목 허리노린재과
크기 10~16mm, 출현 4~12월
몸은 진갈색 또는 검은색을 띤다. 넓적다리마디의 반은 흰색이며 나머지는 검은색이다. 배면이 진한 황색이어서 '노랑배허리노린재'라고 불린다. 화살나무와 참빗살나무, 노린재나무 등에 산다.

떼허리노린재
노린재목 허리노린재과
크기 8~12mm, 출현 3~10월
몸은 암갈색을 띠며 광택이 없다. 늘어난 배 옆 가장자리에 황갈색 가로줄무늬가 있다. 식물에 모여서 군집 생활을 많이 하기 때문에 '떼허리노린재'라고 불린다. 엉겅퀴나 말오줌대를 잘 먹는다.

노린재가 함께 모여서 지내는 이유

떼허리노린재 집단 / 떼허리노린재

떼허리노린재는 함께 모여 있기 위해 집합 페로몬을 발산한다. 친구를 부르는 집합 페로몬이 뿌려지면 떼허리노린재들은 한 마리씩 풀 줄기에 모여든다. 노린재는 함께 모이면 유리하다는 것을 잘 알고 있다. 무리를 형성하면 자신을 지킬 수 있는 큰 무기가 되기 때문이다. 특유의 지독한 향기를 풀풀 내뿜으면 천적조차 접근을 꺼린다.
노린재는 좋은 먹잇감에도 모이는데 기다란 주둥이를 꽂고 즙을 빨기에도 유리하다. 특히 암컷과 수컷이 한자리에 모이기 때문에 자연스럽게 짝짓기를 할 수 있다. 노린재는 힘을 합쳐야 큰일을 할 수 있음을 누구보다 잘 알고 있는 곤충이다.

남색주둥이노린재
노린재목 노린재과
크기 6~8mm, 출현 3~9월
몸에 햇볕이 반사되면 청람색 광택이 아름답게 빛난다. 작은방패판은 크게 발달되어 있다. 주둥이노린재류 중에서 크기가 작은 편이다. 풀밭에 살면서 잎벌레나 나방류 애벌레를 잡아먹는다.

주둥이노린재
노린재목 노린재과
크기 12~16mm, 출현 3~11월
몸은 갈색 또는 암갈색을 띠며 더듬이의 3~5마디에 흑갈색 얼룩무늬가 있다. 머리가 앞으로 돌출되어 있고 앞가슴등판 양옆은 뾰족하게 튀어나왔다. 잎벌레나 나비류 애벌레를 사냥하는 육식성이다.

방귀벌레 노린재 이름 이야기

장수허리노린재 / 큰허리노린재

노린재는 '누린내가 풍기는 벌레'라는 의미로 이름 지어졌다. 방귀 냄새가 코를 찌를 듯 강렬한 노린재는 벌레 하면 가장 먼저 떠오르는 이름이다. 특히 '침대벌레'라고도 하는 빈대는 피를 빨아 먹는 흡혈 해충으로, 벌레의 원조라서 '버그(Bug)'라고 불렸다.
시간이 흐르면서 버그는 '냄새 나는 노린재류'라는 뜻으로 사용되었고, 근래에 들어서자 '곤충이나 벌레를 포함하는 말'로 확장되었다. 애니메이션 '벅스 라이프(Bug's Life)'에도 이야기의 주인공은 노린재나 빈대가 아니지만 제목에는 곤충을 뜻하는 '인섹트(Insect)'가 아닌 '버그'라고 되어 있다.

영화 〈벅스라이프〉

왕주둥이노린재
노린재목 노린재과
크기 18~23mm, 출현 4~10월

몸은 녹색 또는 갈색이며 금속 광택이 난다. 더듬이는 흑갈색이며 앞가슴등판 양옆은 뾰족한 돌기가 있다. 앞날개 끝 부분은 반투명하며 암갈색이다. 나방류 애벌레를 잡아먹는 육식성이다.

붉은등침노린재
노린재목 침노린재과
크기 10~12mm, 출현 4~11월

몸 빛깔은 붉은색을 띠고 있어서 매우 아름답다. 날개와 다리는 검은색이며 더듬이는 흑갈색이다. 풀잎이 많은 시냇가 주변이나 땅 위를 기어가는 모습이 보인다. 뾰족한 침으로 곤충을 사냥한다.

다리무늬침노린재
노린재목 침노린재과
크기 13~16mm, 출현 4~10월

다리에 줄무늬가 많아서 '다리무늬침노린재'라고 한다. 앞가슴등판 가운데에 십자 모양으로 파인 홈이 약하게 있다. 산과 풀밭에서 볼 수 있으며 봄부터 가을까지 꾸준히 관찰될 만큼 많다.

왕침노린재
노린재목 침노린재과
크기 20~27mm, 출현 3~11월

몸은 전체적으로 갈색을 띠며 광택이 난다. 우리나라의 육식성 노린재 중 크기가 가장 커서 '왕침노린재'라고 불린다. 땅 위를 잘 기어 다니며 나무껍질 밑이나 동굴 등에서 겨울나기를 한다.

빨간긴쐐기노린재
노린재목 쐐기노린재과
크기 10mm 내외, 출현 5~10월

몸은 전체적으로 적갈색을 띤다. 앞다리 넓적다리마디가 굵게 발달했다. 낙엽 위를 기어갈 때 빛깔이 비슷해서 잘 보이지 않는다. 쐐기노린재류 중에서는 가장 흔하게 볼 수 있다.

노랑날개쐐기노린재
노린재목 쐐기노린재과
크기 9~10mm, 출현 3~11월

몸 빛깔은 전체적으로 광택이 있는 검은색을 띤다. 짧고 단단한 앞날개가 황색이어서 '노랑날개쐐기노린재'라는 이름이 붙었다. 풀밭의 땅 위에서 바쁘게 활동하는 모습을 볼 수 있다.

사냥꾼 노린재의 먹이 사냥

애벌레를 사냥하는 빨간긴쐐기노린재   잎벌레를 사냥하는 다리무늬침노린재

노린재류의 곤충은 대부분 풀 줄기나 풀잎, 열매나 식물의 뿌리에 주둥이를 꽂고 즙을 빤다. 그러나 사냥해서 체액을 빨아 먹는 드라큘라도 많다.

쐐기노린재와 침노린재 등의 육식성 노린재는 풀즙보다 작은 동물의 체액(피)을 좋아한다. 먹잇감을 포획한 사냥꾼은 먹잇감을 다 먹을 때까지 주둥이에 꽂고 다니며 영양분 가득한 체액을 쪽쪽 빨아 먹는다.

사냥꾼들은 먹잇감을 잘 포획하기 위해 앞다리가 두툼하게 발달된 경우가 많다. 주둥이를 꽂기 전에 앞다리로 먹잇감을 잘 포획하는 것이 중요하기 때문이다. 앞다리가 유난히 두툼한 노린재를 발견했다면 사냥꾼 노린재일 가능성이 매우 크다.

메뚜기목

팥중이
메뚜기목 메뚜기과
크기 28~46mm, 출현 7~10월

몸은 갈색으로 팥을 뿌려 놓은 듯한 검은색 점무늬가 많다. 앞가슴등판 위에 1쌍의 X자 무늬가 매우 뚜렷하다. 산길이나 강변의 땅 위에서 매우 흔하게 볼 수 있으며 햇볕이 잘 드는 곳을 좋아한다.

두꺼비메뚜기
메뚜기목 메뚜기과
크기 23~34mm, 출현 7~10월

몸은 전체적으로 흑갈색이다. 가슴 앞부분의 우툴두툴한 돌기가 두꺼비 등판과 닮았다. 들이나 야산의 건조한 땅에서 매우 흔하게 볼 수 있다. 땅과 비슷한 보호색으로 천적에게서 자신을 지킨다.

등검은메뚜기
메뚜기목 메뚜기과
크기 25~42mm, 출현 7~11월

몸 빛깔은 적갈색으로 점무늬가 많아서 지저분해 보이며 '검은등메뚜기'라고도 한다. 가슴등판에 좌우로 황색 선이 선명하다. 야산 풀밭의 땅 위에 앉아 있으면 보호색 때문에 눈에 띄지 않는다.

햇볕 사랑 메뚜기

팥중이

두꺼비메뚜기

메뚜기는 나비처럼 체온을 올려야 활발하게 움직일 수 있어서 양지바른 곳을 매우 좋아한다.

특히 뜨거운 햇볕을 유난히 좋아하는 습성이 있어서 해가 잘 드는 땅이나 묘지에서 쉽게 발견된다.

묘지는 먹이가 될 만한 풀도 많고 알을 낳아 번식하기도 좋기 때문에 메뚜기의 최고 서식지가 된다.

발톱메뚜기
메뚜기목 메뚜기과
크기 21~35mm, 출현 7~10월

몸은 갈색 바탕에 복잡한 점무늬가 흩어져 있어서 '얼룩메뚜기'라고 불렸다. 발톱 사이에 돌기가 잘 발달되어 어디든지 잘 붙는다. 섬과 갯벌, 해안가, 산지의 물가, 습지 주변에서 볼 수 있다.

밑들이메뚜기
메뚜기목 메뚜기과
크기 25~40mm, 출현 5~9월

몸은 전체적으로 녹색이며 꼬리 부분이 위로 들려 올라가 있어서 '밑들이메뚜기'라고 불린다. 텃밭 주변의 잡초 지대에서 많이 서식하여 경작지 땅 위에 내려앉아 있는 모습이 자주 관찰된다.

좁쌀메뚜기
메뚜기목 메뚜기과
크기 4~5mm, 출현 1~12월

몸 빛깔은 검은색으로 몸집이 매우 작은 메뚜기이다. 물가 근처의 땅이나 진흙, 습지에서 발견되며 부스러진 식물질을 먹고 산다. 밤에 불빛에도 잘 모여들며 어른벌레로 겨울나기를 한다.

곡물 닮은 메뚜기

좁쌀메뚜기

콩중이

곤충은 지구촌에서 가장 다양한 종으로 구성된 생물이라서 이름도 매우 다양하다.

모습이 곡물을 닮은 곤충도 있는데, 좁쌀처럼 매우 작은 '좁쌀메뚜기', 콩 빛깔의 무늬가 많은 '콩중이', 팥을 몸에 뿌려 놓은 듯한 '팥중이'가 있다. 팥을 먹는 '팥바구미'와 쌀을 먹는 '어리쌀바구미'도 있다.

땅강아지
메뚜기목 땅강아지과
크기 23~34mm, 출현 1~12월

몸은 황갈색 또는 암갈색을 띠며 부드럽고 짧은 털로 덮여 있다. 앞다리는 땅을 파기에 매우 적합한 돌기가 잘 발달되어 있다. 땅에서 주로 생활하지만 밤에는 불빛에도 잘 유인되어 날아온다.

 수영 선수 땅강아지

물 위에 떠 있는 땅강아지

땅강아지는 땅을 잘 파는 특기도 있지만 헤엄도 잘 친다.
땅 위를 기어가던 땅강아지가 물에 빠지면 몸이 가벼워서 쉽게 물에 뜨며, 땅을 파는 것처럼 발을 움직여서 앞으로 잘 헤엄친다. 혹시나 물에 빠지더라도 주변에 있는 풀까지만 안전하게 도착하면 물밖으로 나가기가 어렵지 않다.
하지만 땅강아지가 헤엄치는 모습을 보면 땅을 팔 때보다 다리를 더 빨리 움직이기 때문에 당황한 듯 보인다. 물에 빠지지 않으려고 온 힘을 다하는 건지 아니면 헤엄치는 방법이 그렇게 요란한 건지 관찰해 보면 재미있다.

꼽등이
메뚜기목 꼽등이과
크기 13~20mm, 출현 5~11월

몸 빛깔은 반질반질한 갈색 광택을 띠며 등판에 검은색 줄무늬가 있다. 등이 굽어서 '꼽등이'라고 이름이 붙었지만 옛날에는 모두 귀뚜라미로 생각했다. 몸 길이의 2배 이상인 더듬이가 특징이다.

알락꼽등이
메뚜기목 꼽등이과
크기 12~18mm, 출현 1~12월

몸은 갈색 바탕에 얼룩덜룩한 점무늬가 불규칙하게 흩어져 있다. 등판이 불룩하게 튀어나와서 '온실낙타귀뚜라미'라고도 불린다. 산기슭의 습기 많은 바위틈이나 동굴을 무척 좋아한다.

장수꼽등이
메뚜기목 꼽등이과
크기 16~25mm, 출현 6~10월

몸은 검은색이고 앞가슴등판은 검은색이며, 다리의 무릎 부근이 검은색이다. 숲에 살아서 꼽등이나 알락꼽등이처럼 집에서는 볼 수 없다. 밤에는 땅이나 썩은 나무 주변에서 먹이를 찾아 활동한다.

알락귀뚜라미
메뚜기목 귀뚜라미과
크기 12~14mm, 출현 7~11월

몸은 검은색이며 얼굴은 둥그렇다. 풀숲 주변의 축축한 땅 위를 빠르게 기어가거나 점프한다. 앞날개는 배 끝보다 짧으며, 뒷날개는 짧거나 긴 두 가지 형태가 있다. 불빛에도 쉽게 모여든다.

왕귀뚜라미
메뚜기목 귀뚜라미과
크기 17~24mm, 출현 7~11월

몸은 갈색빛이 도는 검은색이며 2개의 흰색 띠무늬가 눈썹처럼 그어져 있다. '릴리릴리 릴리리리' 하며 우는 스산한 울음소리는 가을을 알린다. 정원과 주변 풀밭, 습기 많은 곳에서 발견된다.

홀쭉귀뚜라미
메뚜기목 귀뚜라미과
크기 11~12mm, 출현 8~10월

몸 빛깔은 연황색을 띤다. 앞날개가 짧아 배 끝까지 덮지 못한다. 귀뚜라미류에 속하지만 날개를 비벼서 소리를 내지 못하며 종아리마디에는 귀가 없다. 산기슭의 풀밭이나 무덤가 풀밭에 산다.

메뚜기목

땅에서 만나는 곤충

먹귀뚜라미
메뚜기목 귀뚜라미과
크기 15~21mm, 출현 5~8월

몸 빛깔은 전체적으로 검은 색을 띤다. 앞날개가 짧아서 배의 절반 정도만 덮는다. 초봄에 출현하는 귀뚜라미로 애벌레로 겨울을 난다. 산지의 경사면이나 낙엽이 쌓인 곳에 살며 주로 낮에 운다.

모대가리귀뚜라미
메뚜기목 귀뚜라미과
크기 14~18mm, 출현 8~11월

몸은 갈색 또는 흑갈색이며 돌출된 머리가 마치 뿔처럼 보여서 '뿔귀뚜라미'라고도 불린다. 풀밭과 농경지, 공원 등에 살며 잡식성이다. '찌찌찌찌' 울며 알로 겨울나기를 한다.

애여치
메뚜기목 여치과
크기 16~24mm, 출현 6~8월

몸은 갈색을 띠며 머리와 앞가슴등판은 녹색이다. 더듬이는 머리카락처럼 가늘다. 여치류 중에서 애기처럼 작다는 뜻으로 이름이 지어졌다. 습지, 냇가 등 물이 있는 곳에 산다.

갈색여치
메뚜기목 여치과
크기 25~33mm, 출현 6~10월

몸은 갈색을 띠지만 날개 끝이나 배 아랫면은 밝은 녹색이다. 수컷은 암컷을 유인하려고 앞날개끼리 비벼서 울음소리를 낸다. 산지의 풀숲이나 산길에서 관찰되며 알로 겨울나기를 한다.

잔날개여치
메뚜기목 여치과
크기 16~25mm, 출현 5~9월

몸은 전체적으로 갈색을 띤다. 어른벌레가 되어도 앞날개가 매우 짧아서 배의 절반에도 못 미친다. 눈 뒤의 양옆에 흰색 줄과 앞가슴등판 옆에 흰색 테두리가 선명하다. 점프하며 이동한다.

긴꼬리쌕쌔기
메뚜기목 여치과
크기 24~31mm, 출현 7~11월

몸은 전체적으로 녹색이지만 등 부분과 날개는 갈색을 띤다. 몸 길이보다도 긴 암컷의 산란관은 쌕쌔기류 중에서 가장 길다. 풀 줄기에 앉아 있다가 점프하며 땅 위를 돌아다니는 모습을 볼 수 있다.

검은다리실베짱이
메뚜기목 여치과
크기 29~36mm, 출현 6~11월

실베짱이와 매우 많이 비슷하지만 더듬이와 뒷다리가 검은 특징이 다르다. 겹눈은 실베짱이보다 더 튀어나왔다. 풀잎에서 활동하다가 땅에 앉아 있는 모습이 눈에 띈다. 1년에 2회 출현한다.

더듬이 청소하기

검은다리실베짱이

사람과 곤충의 모습을 자세히 살펴보면 사람 얼굴의 가운데에 있는 코가 곤충에게는 없다는 사실을 발견할 수 있다. 그러나 곤충은 더듬이를 갖고 있다.
이 기다란 더듬이는 보통 냄새를 맡는 후각 역할을 한다. 때로는 벌류처럼 맛을 느끼거나 여치류처럼 온도를 감지하기도 한다.
풀숲의 실베짱이와 귀뚜라미는 긴 더듬이로 주위를 살피기 때문에 항상 청결해야 한다. 그래서 풀숲을 이동하는 중간중간에 더듬이를 청소하는 풀벌레를 볼 수 있다.

벌목

개미의 결혼 비행

결혼 비행을 준비하는 여왕개미

결혼 비행을 준비하는 수개미

수개미와 일개미

개미굴에서 복잡하게 얽힌 수개미

곰개미
벌목 개미과
크기 5~9㎜, 출현 5~10월
몸은 검은색 또는 흑갈색을 띠며 온몸에 회갈색 털이 빽빽하다. 건조한 땅에 집을 만들고 죽은 곤충을 끌고 가는 모습이 관찰된다. 잡식성으로 청소부 역할을 한다. 더운 여름에 가장 흔하게 보인다.

일본왕개미
벌목 개미과
크기 7~14㎜, 출현 3~10월
몸 빛깔은 검은색을 띠며 우리나라 개미 중에서 가장 크다. 들판이나 밭 주변의 땅속에 살고 무리 지어 다니는 모습이 관찰된다. 주변에서 매우 흔하게 보이며 5~6월 사이에 결혼 비행을 한다.

개미는 봄이 되면 가장 중요한 결혼 비행을 한다. 결혼 비행은 각기 다른 군체의 여왕개미와 수개미가 만나 짝짓기를 통해 새로운 집단을 세우는 일이다. 결혼 비행의 시기는 종마다 다른데, 일본왕개미는 봄(4~6월), 곰개미와 불개미는 여름(6~8월), 가시개미와 황개미는 가을(9~11월)에 한다.
결혼 비행으로 짝짓기를 마친 여왕개미는 돌 밑과 썩은 나무, 식물의 뿌리 부근에 굴을 파고 들어가서 알을 낳고 자신만의 왕국을 건설한다. 처음 태어난 알이 일개미가 될 때까지는 여왕개미가 돌본다. 그 이후로 여왕개미는 알을 낳는데만 집중하고 개미 왕국의 모든 일은 일개미가 담당한다. 대략 3년 정도가 지나면 완전한 개미 왕국이 형성된다.

가시개미
벌목 개미과
크기 7~8㎜, 출현 4~10월
몸은 검은색이지만 가슴과 배는 흑적색을 띤다. 가슴과 배에 있는 갈고리 모양의 구부러진 돌기가 특징이다. 산길 주변의 땅 위를 줄지어 기어 다니는 모습을 쉽게 볼 수 있다.

한국홍가슴개미
벌목 개미과
크기 7~14㎜, 출현 5~9월
몸은 검은색이고 앞가슴등판은 붉은색을 띤다. 개미산(포름산)을 배출해 자신을 보호하며, 다른 종류의 개미가 접근해도 공격할 만큼 싸움을 좋아한다. 둥지 근처의 작은 무척추동물을 잡아먹는다.

검정꼬리치레개미
벌목 개미과
크기 2.5~4㎜, 출현 4~9월
몸 전체가 검은색이다. 풀밭이나 땅 위를 무리 지어 기어 다닌다. 여왕개미는 7㎜ 정도로 크다. 배 부분은 하트 모양과 비슷하며 배 끝 부분이 뾰족한 것이 특징이다. 건조한 바닷가에 많이 산다.

길잡이 페로몬

줄지어 가는 가시개미

산길이나 나무 위에서 개미가 줄지어 이동하는 이유는 꽁무니에서 화학 물질을 분비하기 때문이다. 뒤따라가는 개미는 앞서 가는 개미의 냄새를 맡고 따라간다.
개미의 꽁무니에서 분비하는 화학 물질을 '길잡이 페로몬'이라고 부르며, 이렇게 냄새를 맡고 이동하는 길을 '냄새 길'이라고 한다.
비가 오는 날에도 개미가 줄지어 이동하는 모습을 볼 수 있는데, 이는 길잡이 페로몬 때문이 아니라 장마나 폭우를 피하기 위해서이다. 대규모로 비가 내리면 개미 집에 물이 들어오기 때문에 다들 안전한 지대로 대피한다.

벌목

 참땅벌과 대모벌의 사냥

박각시를 사냥하는 참땅벌

거미를 사냥하는 대모벌

참땅벌
벌목 말벌과
크기 18mm 내외, 출현 4~10월

몸은 검은색이고 머리, 가슴, 배에 황색 줄무늬가 많다. 들이나 야산의 땅속에 집을 짓고 산다. 나뭇진이나 썩은 과일, 사체에도 모여든다. 말벌류 중에서 가장 작으며 매우 흔하게 볼 수 있다.

벌 하면 보통 꿀을 모으는 꿀벌을 떠올리지만 말벌이나 참땅벌, 대모벌처럼 사냥벌도 있다.
말벌은 꿀벌 사냥꾼으로 매우 유명하고, 참땅벌은 사냥뿐 아니라 사체의 고깃덩어리도 잘 뜯어 먹는다. 사냥벌의 애벌레가 육식성이라서 사냥벌 어른벌레는 자식을 위해 기꺼이 사냥꾼이 된다.

큰뱀허물쌍살벌
벌목 말벌과
크기 15~20mm, 출현 5~10월

몸은 길고 황색을 띠며 적갈색 줄무늬가 많다. 둥근 모양의 둥지를 땅에 짓기 때문에 땅에서 자주 발견된다. 낮은 산지나 숲 가장자리를 날아다니는 모습을 볼 수 있다.

등검정쌍살벌
벌목 말벌과
크기 19~26mm, 출현 4~10월

몸에 황갈색의 줄무늬가 있으며 더듬이는 적갈색을 띤다. 가슴등판에 2개의 황갈색 줄무늬가 있는 것이 특징이다. 야산과 하천, 인가 주변에서 발견된다. 바위나 처마 밑에 종 모양의 집을 매단다.

 진흙으로 항아리를 빚는 기술자

진흙을 모으는 호리병벌

호리병 모양의 호리병벌 집

나방살이맵시벌
벌목 맵시벌과
크기 14mm 내외, 출현 5~6월

몸은 검은색으로 황색 띠무늬가 뚜렷하다. 야산의 경작지 주변에 많이 산다. 다양한 나방류 애벌레에 알을 낳아 기생하는 기생벌이다. 물을 먹기 위해 시냇가에 모여들며 땅에도 자주 내려앉는다.

호리병벌
벌목 말벌과
크기 25~30mm, 출현 6~10월

몸은 검은색이며 황색 무늬가 매우 많다. 배 모양이 호리병 같아서 '호리병벌'이라고 불린다. 꽃에도 모이지만 식물의 줄기와 목재, 땅에 둥지를 짓기 때문에 땅에 내려앉는 모습을 볼 수 있다.

땅바닥에 내려앉아서 땅바닥을 갉아 진흙 덩어리를 만드는 호리병벌을 자주 볼 수 있다. 진흙 덩어리를 모아서 부지런히 나뭇가지에 옮긴 다음, 앞다리로 붙인다. 계속 붙이고 나면 어느덧 호리병 모양의 근사한 집이 되기 때문에 '호리병벌'이라고 불린다.

진흙 항아리가 완성되면 쌀알 모양의 알을 낳는다. 그런 다음 매우 중요한 일을 하는데, 바로 부화된 새끼들이 맘껏 먹고 살 수 있는 먹잇감을 사냥한다. 호리병벌은 나비류 애벌레와 나방류 애벌레를 사냥해서 호리병 집 속에 가득 넣은 후, 진흙 덩어리로 입구를 막는다. 알에서 부화된 호리병벌 애벌레는 어미가 넣어 준 먹이를 먹고 어른이 되면 진흙을 뚫고 나온다.

별대모벌
벌목 대모벌과
크기 10~20mm, 출현 7~9월

몸은 전체적으로 검은색을 띠며 약한 광택이 있다. 더듬이는 굵고 검은색이다. 배 중간 부분 등면에는 흰색 띠무늬가 보인다. 사냥하여 마취시킨 거미류를 끌고 가서 몸속에 알을 낳는다.

왕무늬대모벌
벌목 대모벌과
크기 13~25mm, 출현 6~8월

몸은 검은색이며 다리는 매우 길쭉하다. 배 부분에 황색 무늬가 있는 덩치 큰 대모벌이라서 '왕무늬대모벌'이라고 한다. 황닷거미처럼 덩치가 큰 거미를 귀신같이 마취시키는 최고의 사냥꾼이다.

홍허리대모벌
벌목 대모벌과
크기 9mm 내외, 출현 6~9월

몸은 전체적으로 검은색을 띠며 회백색의 미세한 털이 있다. 배 부분에 붉은 갈색의 띠가 뚜렷하다. 사냥감을 찾으려고 땅 위를 낮고 빠르게 날아다니므로 쉽게 관찰하기 어렵다.

나나니
벌목 구멍벌과
크기 18~25mm, 출현 5~10월

몸은 매우 가늘고 길쭉하다. 들이나 산길의 땅 위를 빠르게 날아다니며 나비류 애벌레를 사냥한다. 땅에 구멍을 파고 사냥감을 넣은 다음 알을 낳는다. 부화된 애벌레는 싱싱한 먹이를 먹고 자란다.

벌의 수분 섭취

꿀벌류

사냥벌류

꽃꿀을 먹는 꿀벌과 사냥하는 말벌이 모두 먹는 건 바로 물이다. 물은 **곤충 몸의 약 90%를 구성하기 때문에 물 없이는 살 수 없다.** 좋은 먹이를 먹더라도 몸에 꼭 필요한 물을 찾는 활동을 게을리하면 안 된다. 그래서 물이 있는 곳에는 꿀벌과 사냥벌 모두 모여들어 물을 먹는 모습을 볼 수 있다.

노랑점나나니
벌목 구멍벌과
크기 14~22mm, 출현 7~10월

몸은 검은색이며 홀쭉하고 등 부분에 황색 점이 있다. 배 끝 부분에는 4개의 황색 줄무늬가 있다. 거미를 사냥해서 마취시킨 후 새끼의 먹이로 삼는다. 땅에 잘 내려앉아 물을 먹는다.

홍다리조롱박벌
벌목 구멍벌과
크기 22~30mm, 출현 6~7월

몸은 검은색이며 다리는 적갈색이다. 야산과 산지 풀밭 주변의 마른 땅에서 많이 활동한다. 땅속에 구멍을 파고 실베짱이와 쌕쌔기 등의 풀벌레를 사냥한다. 애벌레는 이러한 먹이를 먹고 자란다.

구주개미벌
벌목 개미벌과
크기 11~13mm, 출현 6~8월

몸 빛깔은 전체적으로 검은색이며 가슴은 검붉은색이다. 수컷은 날개가 있지만 암컷은 날개가 없다. 땅 위를 기어 다니며 뒤영벌을 사냥한다. 모습이 뚱뚱한 개미 같아서 '개미벌'이라고 불린다.

파리목

사망 사건을 해결하는 법의학 곤충

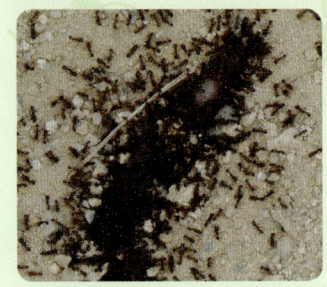
지렁이 사체에 모인 개미

물고기 사체에 모인 금파리와 쉬파리

숲속의 동물이 죽으면 송장벌레와 반날개, 풍뎅이붙이, 개미, 말벌, 파리 등이 모여든다. 이때 곤충마다 사체에 모이는 시간이 각각 다르다. 따라서 사체에 모이는 곤충을 조사하면 사건이 언제 발생했는지 사망 시간을 추정할 수 있다. 또한 사건에 대한 다양한 정보도 얻을 수 있어서 범인을 잡는 데 큰 도움이 된다. 이처럼 사건 해결에 도움을 주는 곤충을 '법의학 곤충'이라고 한다.

사건 순서별로 모이는 곤충
① 금파리, 쉬파리, 검정파리 : 동물이 죽은 뒤 2시간 이내에 냄새를 맡고 날아와서 알을 낳는다.
② 땅벌, 말벌, 개미 : 사체를 뜯어 먹으려고 육식성 곤충이 날아온다.
③ 넓적송장벌레류, 수중다리송장벌레류 : 파리 애벌레인 구더기를 잡아먹으려고 모인다.
④ 곤봉송장벌레류 : 사체가 썩을 때 나오는 유독가스가 줄고 나면 매장충이 나타나서 사체를 묻는다.

금파리
파리목 검정파리과
크기 6~12mm, 출현 4~10월

몸은 광택이 나는 황록색을 띤다. 동물의 사체나 배설물을 먹고 알을 낳기 때문에 땅에서 쉽게 발견된다. '구더기'라고 불리는 애벌레는 사체를 먹고 자라서 어른이 된다.

연두금파리
파리목 검정파리과
크기 5~9mm, 출현 4~10월

몸은 전체적으로 녹색 광택을 띠며, 금파리와 매우 비슷하다. 동물의 배설물이나 사체에 잘 모여들고 썩은 과일도 먹는다. 세균과 바이러스 등 병원체를 사람에게 전파시키는 위생 해충이다.

큰검정파리
파리목 검정파리과
크기 10~13mm, 출현 3~11월

몸 빛깔은 전체적으로 청색이 도는 검은색을 띤다. 몸집이 매우 커서 쉽게 발견된다. 썩은 물질이나 배설물에 매우 잘 모여든다. 햇살이 좋은 땅 위에 잘 내려앉았다가 금방 날아간다.

검정볼기쉬파리
파리목 쉬파리과
크기 7~13mm, 출현 4~10월

몸은 회색이고 검은색 무늬가 매우 다양하다. 배 부분은 검은색과 흰색이 교대로 나타나서 마치 바둑판처럼 보인다. 썩은 음식물이나 쓰레기가 있는 곳에서 가장 쉽게 볼 수 있는 파리이다.

검털파리
파리목 털파리과
크기 11~14mm, 출현 4~8월

몸은 전체적으로 검은색이며 모양이 길쭉하다. 날개는 황갈색이며 다리는 검은색이다. 산지의 계곡 주변에서 쉽게 관찰된다. 어른벌레는 땅에서 서로 반대 방향을 보며 짝짓기를 한다.

뿔들파리
파리목 들파리과
크기 9~11mm, 출현 4~8월

몸은 전체적으로 검은색이며 겹눈은 적갈색을 띤다. 다리의 넓적다리마디는 적갈색이지만 나머지 부분은 흑적색을 띤다. 햇살이 따스한 봄에 잘 날아다니며 돌 위에 내려앉는 모습을 볼 수 있다.

파리목　 집게벌레목

별넓적꽃등에
파리목 꽃등에과
크기 8~10mm, 출현 4~9월

몸은 전체적으로 넓적하며 검은색이다. 배 부분은 검은색 바탕에 황색 무늬가 있다. 애벌레는 아카시아 진딧물과 콩진딧물, 목화진딧물, 복숭아혹진딧물을 잡아먹고 산다.

어리대모꽃등에
파리목 꽃등에과
크기 16~18mm, 출현 5~9월

몸 빛깔은 광택이 있는 검은색으로 몸집이 매우 큰 꽃등에이다. 배 윗부분에 굵은 흰색 띠가 있는 것이 특징이다. 숲이나 들판에 핀 다양한 꽃에 잘 모여든다. 애벌레는 땅벌 등의 벌집에 기생한다.

갈로이스등에
파리목 등에과
크기 19~20mm, 출현 6~8월

야산이나 목장 주변에서 발견된다. 회색의 가운데가슴 등판에는 4개의 검은색 줄무늬가 있다. 등판 가운데에는 삼각형의 커다란 흰색 무늬가 2개 있다. 소등에처럼 소나 말 등 동물의 피를 빤다.

등에 이름 이야기

갈로이스등에

외양간 소가 '음매' 하며 꼬리를 계속 친다. 소가 긴 꼬리로 자신의 엉덩이를 찰싹 때리면 주변에는 무언가 풀썩 하고 날아오른다. 소의 피를 빨아 먹고 사는 소등에이다.
모기가 사람 피를 빨아 먹는 것처럼 소등에는 소나 말 같은 가축의 피부를 뚫고 피를 빨아 먹어 괴롭힌다. 등에 잘 올라타서 '등에'라는 이름이 지어졌고, 유럽에서는 '말파리(Horse-fly)'라고 불린다.
우리나라는 소가 귀중한 재산이지만 유럽에서는 말이 매우 귀중해서 각 나라마다 다른 이름으로 부른다.

빌로오도재니등에
파리목 재니등에과
크기 7~12mm, 출현 4~6월

온몸이 벨벳처럼 부드러운 털로 덮여 있다. 튀어나온 머리와 주둥이가 특징이다. 정지 비행을 하거나 갑자기 방향을 바꾸는 비행술도 매우 뛰어나다. 물가의 바위나 땅, 꽃이나 풀잎에서 관찰된다.

검정파리매
파리목 파리매과
크기 22~25mm, 출현 6~9월

몸 빛깔은 전체적으로 검은색을 띠며 황회색 가루로 덮여 있다. 가슴 등면은 연갈색이며 세로줄무늬가 있다. 햇볕이 잘 드는 땅에 잘 내려앉는다. 땅 위에서 사냥감을 끌고 가는 모습이 관찰된다.

좀집게벌레
집게벌레목 집게벌레과
크기 16mm 내외, 출현 5~9월

몸은 암갈색이며 다리와 집게는 적갈색이다. 돌 밑이나 나무껍질 속에서 어른벌레로 겨울을 난다. 낙엽이 쌓인 나무 밑에 내려가서 알을 낳는다. 집 근처보다는 숲에서 발견되며 1년에 2회 발생한다.

집게벌레 이름 이야기

좀집게벌레

집게벌레는 꽁무니에 집게를 갖고 있어서 '집게벌레'라고 한다.
해방 직후에는 집게의 모습이 가위 같아서 '가위벌레'로 불렸다. 지금도 북한에서는 가위벌레로 부른다.
한편, 우리나라에서는 사슴벌레의 큰턱이 집게처럼 보여서 사슴벌레도 집게벌레로 불렀다고 한다.
우리나라 사람들은 바퀴벌레를 가장 싫어하는 곤충으로 꼽는데, 서양 사람들은 집게벌레를 가장 소름끼치는 해충으로 꼽는다. 사람이 잠을 자고 있을 때 집게벌레가 귀에 들어간다는 속설이 있기 때문이다.

땅에서 만나는 곤충

집게벌레목 바퀴목 사마귀목

고마로브집게벌레
집게벌레목 집게벌레과
크기 15~22㎜, 출현 4~11월

몸은 흑갈색이며 딱지날개와 집게는 어두운 붉은색을 띤다. 활처럼 휘어진 큰 집게를 갖고 있으며 알이 부화될 때까지 잘 돌보는 모성애가 강한 곤충이다. 어른벌레로 겨울나기를 한다.

끝마디통통집게벌레
집게벌레목 민집게벌레과
크기 15~20㎜, 출현 4~11월

몸에는 검은색 광택이 있다. 날개가 전혀 없기 때문에 땅에서만 생활한다. 더듬이 끝은 흰색이며 다리의 시작 부분은 검은색을 띤다. 나무껍질의 틈새에서 자주 발견되며 매우 빠르게 기어간다.

큰집게벌레
집게벌레목 큰집게벌레과
크기 24~30㎜, 출현 4~10월

몸은 적갈색이며 딱지날개에 붉은색 띠무늬가 발달되었다. 수컷의 집게는 크게 벌어져 있으며 가운데에 작은 돌기가 있지만 모양에는 변이가 많다. 하천가와 해안 사구, 농경지 부근에서 발견된다.

먹바퀴
바퀴목 왕바퀴과
크기 25~30㎜, 출현 4~10월

몸은 흑갈색의 광택이 나며 집바퀴보다 더 크고 넓적하다. 암수 모두 날개가 발달했으며 애벌레로 겨울나기를 한다. 야외의 나뭇진이나 썩은 나무에서 잘 발견된다. 잡식성이며 밤에 활동한다.

산바퀴
바퀴목 바퀴과
크기 12~14㎜, 출현 4~10월

몸은 전체적으로 갈색을 띤다. 바퀴와 매우 닮았지만 앞가슴등판 좌우에 굵고 진한 고리 모양의 무늬가 있다. 애벌레로 겨울나기를 하며 산과 들의 낙엽이 많이 쌓인 곳에 산다. 집에는 들어오지 않는다.

바퀴
바퀴목 바퀴과
크기 11~15㎜, 출현 1~12월

몸은 연갈색이며 산바퀴와 매우 닮았다. 앞가슴등판의 진한 무늬가 둥글지 않고 직선이어서 산바퀴와 구별된다. 집 주변의 땅 위를 빠르게 기어간다. 주로 어두운 구석을 매우 좋아한다.

사마귀
사마귀목 사마귀과
크기 65~90㎜, 출현 9~11월

몸은 녹색형과 갈색형이 있으며 '버마재비'라고 불렸다. 왕사마귀에 비해 약간 날씬하다. 앞가슴복판에 진한 주황색 점이 특징이다. 위협을 받으면 날개를 펴고 중국 무술인 당랑권을 선보인다.

사마귀의 공격 자세

위협하는 사마귀

사냥하는 사마귀

사마귀는 풀숲에 숨어 있다가 지나가는 먹잇감을 잘 발달된 날카로운 앞다리로 잡아챈다.
풀밭의 포식자 사마귀도 위험하다고 생각되면 몸집을 더 크게 부풀려 공격할 준비를 한다. 결투 순간이 되었다고 생각한 사마귀는 앞다리를 들어 올리고 뒷날개를 넓게 펴서 적에게 위협하는 자세를 취한다.

사마귀목 외

왕사마귀
사마귀목 사마귀과
크기 68~95mm, 출현 7~11월

사마귀에 비해 몸이 더 굵고 큰 편이다. 앞가슴복판에 밝은 황색 점무늬가 있다. 뒷날개 전체에는 보라색과 갈색의 진한 무늬가 흩어져 있다. 알집은 사마귀의 길쭉한 알집과 달리 크고 볼록하다.

좀사마귀
사마귀목 사마귀과
크기 36~63mm, 출현 8~10월

몸은 회갈색을 띠지만 빛깔이 진해서 검게 보이는 개체도 매우 많다. 사마귀류 중 몸집이 작아서 '좀사마귀'로 불린다. 앞다리 사이의 검은색 무늬와 앞가슴복판의 검은색 띠무늬가 큰 특징이다.

밑들이
밑들이목 밑들이과
크기 12~14mm, 출현 5~6월

주둥이는 길고 황색이며 머리 빛깔은 검은색이다. 투명하고 넓은 날개가 있으며 끝부분에 검은색 줄무늬가 있다. 땅이나 풀잎에 내려앉는 모습이 자주 발견된다. 비행하는 힘이 매우 약하다.

밑들이 이름 이야기

참밑들이

밑들이메뚜기

전갈처럼 꽁무니 끝이 위쪽으로 휘어진 곤충을 '밑들이'라고 부른다. 밑들이는 나비류와 파리류의 조상으로 고생대 페름기에 태어나 지금까지 살고 있어서 '살아 있는 화석'이라고 한다. 계곡 주변에서 천천히 날아다니는 모습을 볼 수 있다.
밑들이메뚜기도 이름처럼 꽁무니가 들려 올라가 있다.

약대벌레
약대벌레목 약대벌레과
크기 10mm 내외, 출현 5~9월

몸은 납작하며 검은색을 띤다. 배 등 부분 각 마디와 다리는 황색을 띤다. 소나무에서 애벌레로 겨울나기를 하고 초봄에 나무껍질 밑에서 번데기가 된다. 작은 곤충을 잡아먹고 산다.

애사마귀붙이
풀잠자리목 사마귀붙이과
크기 8~17mm, 출현 7~8월

몸은 전체적으로 황색을 띠며 검은색 무늬가 있다. 톱니 모양의 앞다리로 사냥하는 모습이 사마귀를 빼닮았다. 낮은 산지나 풀밭에 살며 거미류의 알주머니나 뱀허물쌍살벌 애벌레에 기생한다.

납작돌좀
돌좀목 돌좀과
크기 10~15mm, 출현 4~10월

몸은 암갈색 또는 회색을 띤다. 비늘이 덮인 몸은 광택이 나며 3개의 꼬리가 있다. 물가의 이끼 낀 바위 틈과 낙엽 밑, 나무 틈에 살면서 바위에 붙은 조류와 이끼, 썩은 과일 등을 먹는다.

날개 없는 곤충

납작돌좀

끝마디통통집게벌레

곤충은 보통 2쌍의 날개를 갖고 있지만 다양성이 풍부한 곤충 중에는 날개가 전혀 없는 '무시류'도 있다.
돌좀은 허물벗기를 하여 어른이 되어도 모습이 달라지지 않는 '무탈바꿈(무변태)'을 한다.
또한 땅에서 생활하는 끝마디통통집게벌레는 어른이 되어도 날개가 달리지 않는 날개 없는 곤충이다.

41

잎에서 만나는 곤충

잎에서 하루가 시작되면

기지개를 켜고 일어난 곤충들은 풀잎에 맺힌 이슬을 먹는다.
배고픈 곤충들은 잎사귀를 갉아 먹거나 풀즙으로 배를 채운다.
훨훨 날아다니는 곤충에게 풀잎은 최고의 휴식처가 되어 준다.
아름다운 초원에는 다양한 곤충이 살고 있다.

대표 서식지

▲ 풀밭

▲ 들판

잎에서 만나는 대표 곤충

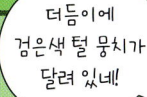
더듬이에 검은색 털 뭉치가 달려 있네!

상아잎벌레

배자바구미

남색초원하늘소

오호~ 침노린재가 사냥감을 노리고 있어!

다리무늬침노린재

우리가시허리노린재

귤빛부전나비

모메뚜기

뚱뚱하고 짧은 몸집을 보니 꼭 난쟁이메뚜기 같군.

노랑털기생파리

장미등에잎벌

칠성풀잠자리

딱정벌레목

잎에서 만나는 곤충

버들잎벌레의 날개돋이

날개돋이 직후의 버들잎벌레

버들잎벌레
딱정벌레목 잎벌레과
크기 6.8~8.5mm, 출현 4~6월

딱지날개는 황갈색 바탕으로 20개의 검은색 점무늬가 있다. 둥그런 몸과 점무늬가 있어서 무당벌레로 착각하는 경우가 많다. 버드나무류에 붙어서 생활하므로 여러 마리를 한꺼번에 볼 수 있다.

버들잎벌레의 날개돋이
버드나무에서 흔히 보이는 버들잎벌레는 딱지날개에 점무늬가 많아서 무당벌레와 매우 닮아 보인다. 그렇지만 방금 날개돋이(우화)를 한 버들잎벌레는 점무늬가 매우 흐릿해서 거의 보이지 않는다. 시간이 흘러 딱지날개가 마르고 굳은 다음에야 비로소 검은색의 선명한 점무늬가 나타난다.

쑥잎벌레
딱정벌레목 잎벌레과
크기 7~10mm, 출현 4~11월

몸은 광택이 나는 검은색이지만 흑청색과 적동색, 청동색 등 변이가 심하다. 먹이식물인 쑥에서 발견되며 잎과 줄기 사이에 머리를 파묻고 쉬는 경우가 많다. 짝짓기 하는 10월에 자주 보인다.

버들꼬마잎벌레
딱정벌레목 잎벌레과
크기 3.3~4.4mm, 출현 5~11월

몸은 진한 청람색으로 광택이 매우 강하다. 버드나무에서 생활하는 매우 작은 잎벌레로 겨울을 난 어른벌레는 봄이면 잎에 알을 낳는다. 버드나무 가지를 흔들면 우수수 떨어진다.

중국청람색잎벌레
딱정벌레목 잎벌레과
크기 11~13mm, 출현 5~8월

몸은 청람색의 광택을 갖는 예쁜 잎벌레이다. 뚱뚱하고 둥글둥글하며 몸집이 큰 편이다. 밭과 들, 야산의 잡초 지대에 산다. 한여름 하천가에 박주가리 잎과 줄기에 여러 마리가 함께 붙어 있다.

사시나무잎벌레
딱정벌레목 잎벌레과
크기 10~12mm, 출현 4~10월

몸 빛깔은 검은색이고 딱지날개의 붉은색이 눈에 띈다. 몸집이 큰 대형 잎벌레이며 초봄부터 버드나무나 황철나무의 잎이나 가지에 모인다. 숲의 가장자리나 경작지 주변에서 볼 수 있다.

비슷하지만 다른 잎벌레류와 무당벌레류

잎벌레류

무당벌레류

잎벌레류와 무당벌레류는 둥그런 형태의 몸에 점무늬가 있는 생김새가 매우 비슷하다. 생활하는 장소도 풀잎이나 나뭇잎으로 비슷하지만, 좋아하는 먹잇감은 전혀 다르다. 잎벌레류는 잎을 갉아 먹고 살지만, 무당벌레류는 진딧물을 잡아먹고 산다.

잎벌레류와 무당벌레류는 전체적인 모습이 매우 비슷하지만 자세히 관찰해 보면 차이점을 발견할 수 있다. 다리와 더듬이, 몸의 형태를 잘 살펴보면 서로를 정확하게 구별할 수 있다.

잎벌레류 vs 무당벌레류
① 잎벌레류는 다리 길이가 매우 길지만, 무당벌레류는 매우 짧다.
② 잎벌레류는 더듬이가 매우 길지만, 무당벌레류는 매우 짧아서 거의 보이지 않는다.
③ 잎벌레류는 몸이 길쭉한 타원형이지만 무당벌레류는 원형이다.

딱정벌레목

청줄보라잎벌레
딱정벌레목 잎벌레과
크기 11~15mm, 출현 6~9월

몸은 광택이 나는 녹색이며 붉은색 줄무늬를 갖고 있다. 햇볕이 비치면 몸이 무지개 빛으로 빛나는 우리나라에서 가장 아름다운 빛깔의 잎벌레이다. 낮은 산지의 풀밭에서 관찰할 수 있다.

밤나무잎벌레
딱정벌레목 잎벌레과
크기 4.8~5.5mm, 출현 4~10월

앞가슴등판과 딱지날개는 적갈색이다. 딱지날개에는 검은색 띠무늬가 있다. 여름에 숲 가장자리나 풀밭 주위에서 관찰된다. 어른벌레는 밤나무 주변에서 많이 발견되지만 애벌레는 참억새를 먹고 산다.

쌍무늬혹가슴잎벌레
딱정벌레목 잎벌레과
크기 4.7~5mm, 출현 5~7월

머리와 더듬이, 다리는 광택이 나는 검은색이며 딱지날개는 적갈색을 띤다. 어른벌레는 낮에 활동하며, 참빗살나무와 화살나무 등 노박덩굴과 식물의 잎을 먹는다. 낮은 산지나 풀밭에 산다.

한서잎벌레
딱정벌레목 잎벌레과
크기 10~11mm, 출현 7~11월

몸은 전체적으로 흑갈색이며 더듬이와 다리도 흑갈색을 띤다. 딱지날개에 줄무늬가 줄지어 있다. 낮은 산지나 풀밭에서 풀잎을 갉아 먹고 살지만 사람에게 피해를 주는 해충은 아니다.

단색둥글잎벌레
딱정벌레목 잎벌레과
크기 4~5mm, 출현 5~6월

몸은 전체적으로 적갈색이며 동그랗고, 다리도 매우 짧아서 전체적인 생김새는 무당벌레를 빼닮았다. 잎벌레의 더듬이가 실 모양이고 길이는 무당벌레의 더듬이보다 훨씬 길어서 구별된다.

딸기잎벌레
딱정벌레목 잎벌레과
크기 3.7~5.2mm, 출현 4~11월

몸은 전체적으로 암갈색을 띤다. 딱지날개의 어깨에서 끝 부분까지 희미한 검은색 줄무늬가 있다. 하천과 논, 들판에 살지만 오염된 환경에도 잘 적응해서 도시 하천이나 도심지에도 나타난다.

남방잎벌레
딱정벌레목 잎벌레과
크기 4.5~5.8mm, 출현 6~8월

머리는 갈색이며 딱지날개는 녹청색을 띤다. 들깨와 박하, 소엽 등에 피해를 주며 근처 땅 위에 분비물로 덮인 갈색의 둥근 알을 낳는다. 연 1회 발생하며 알로 겨울을 나고 6월 중하순에 부화한다.

대표 잎벌레 해충

고구마잎벌레 - 작물 해충

오리나무잎벌레 - 산림 해충

우리나라는 370여 종의 다양한 잎벌레가 사는데, 애벌레와 어른벌레 모두 잎을 갉아 먹어서 농작물과 산림에 심각한 피해를 준다. 고구마잎벌레와 딸기잎벌레, 남방잎벌레 등은 작물 해충이고, 오리나무잎벌레, 사시나무잎벌레, 왕벼룩잎벌레 등은 나무에 피해를 주는 산림 해충이다.

딱정벌레목

잎에서 만나는 곤충

알록달록한 예쁜 옷을 입은 잎벌레

중국청람색잎벌레

사시나무잎벌레

밤나무잎벌레

소요산잎벌레

오리나무잎벌레
딱정벌레목 잎벌레과
크기 5.7~7.5mm, 출현 4~8월

몸은 진한 흑청색을 띤다. 계곡 주변에 자라는 오리나무류의 잎에서 어른벌레와 애벌레를 동시에 볼 수 있다. 겨울나기를 마친 어른벌레는 4월부터 활동한다. 암컷은 황백색의 알을 10여 개씩 낳는다.

노랑가슴녹색잎벌레
딱정벌레목 잎벌레과
크기 5.8~7.8mm, 출현 5~10월

몸 빛깔은 광택이 있는 녹청색을 띤다. 앞가슴등판과 배, 다리는 황갈색이다. 봄에는 겨울나기를 마친 어른벌레가 다래나무 잎을 먹는 모습을 볼 수 있다. 5월이면 잎 뒷면에 알을 뭉쳐서 낳는다.

잎에 살면서 잎을 갉아 먹고 사는 벌레여서 '잎벌레'라고 한다. 동글동글해서 무당벌레처럼 보이기도 하지만 진딧물은 잡아먹지 않고 오로지 잎만 갉아 먹는다. 잎벌레는 단단한 딱지날개를 갖고 있어서 딱정벌레류에 속하지만 장수풍뎅이나 사슴벌레에 비해 몸집이 매우 작다.

특히 잎벌레는 붉은색과 녹색, 남색, 청록색, 갈색 등의 화려한 빛깔을 지닌 종류가 많다. 풀잎에 앉아 햇볕을 받는 잎벌레에 광택이 흐르면 아름다운 광채에 감탄이 저절로 나온다.

그렇지만 잎벌레 몸의 화려한 빛깔과는 달리 농작물의 잎을 갉아 먹는 작물 해충도 많다.

변이형 이야기

십이점박이잎벌레 변이형

상아잎벌레
딱정벌레목 잎벌레과
크기 7.5~9.5mm, 출현 3~8월

몸은 검은색이며 딱지날개에 3개의 황색 줄무늬가 뚜렷하다. 더듬이는 톱니 모양이고 몸 길이의 3분의 2 정도로 길다. 매우 흔히 관찰되는 대표 잎벌레로 초봄부터 여름까지 어른벌레를 볼 수 있다.

검정오이잎벌레
딱정벌레목 잎벌레과
크기 5.8~6.3mm, 출현 4~11월

몸은 황갈색을 띠지만 딱지날개는 푸른색 광택이 도는 검은색이다. 한 장소에서 여러 마리를 한꺼번에 볼 수 있으며 놀라면 일제히 날아간다. 어른벌레로 겨울나기를 하고 초봄에 나타난다.

십이점박이잎벌레
딱정벌레목 잎벌레과
크기 8~10mm, 출현 5~7월

몸은 대체로 검은색이며 딱지날개에 붉은색 점무늬가 12개 있다. 개체에 따라서 점무늬 변이가 많다. 나무껍질 밑에서 겨울을 난 어른벌레는 봄이 되면 짝짓기를 한다. 먹이 식물은 돌배나무이다.

십이점박이잎벌레의 몸은 반원형으로 검은색 바탕에 12개의 붉은색 점무늬가 있다.
십이점박이잎벌레 변이형은 딱지날개에 변이가 많은 무당벌레처럼 붉은색의 몸에 검은색 점무늬가 많아서 모습이 전혀 다르다. 외형은 닮았지만 딱지날개만 보면 같은 종류라고 상상하기 힘들다.

딱정벌레목

열점박이별잎벌레
딱정벌레목 잎벌레과
크기 9~14mm, 출현 5~10월

몸은 황색을 띠며 10개의 둥글고 큰 검은색 점이 있어 큰무당벌레처럼 보인다. 우리나라에서 가장 큰 잎벌레로 여름에 활발하게 활동한다. 기피 물질을 분비해 천적으로부터 자신을 방어한다.

크로바잎벌레
딱정벌레목 잎벌레과
크기 3.6~4mm, 출현 6~10월

머리와 앞가슴은 적갈색이고 딱지날개에는 연황색의 둥근 무늬 1쌍을 갖고 있다. 가지와 쑥, 삼칠초, 들깨, 호박, 보리, 당근, 배추, 무, 싸리, 콩, 토끼풀 등 다양한 식물의 잎을 갉아 먹고 산다.

질경이잎벌레
딱정벌레목 잎벌레과
크기 5~6mm, 출현 5~9월

몸은 황갈색이며 머리와 더듬이, 다리는 검은색이다. 주로 갯버들과 버드나무, 황철나무에 모여 잎을 갉아 먹는다. 어른벌레로 겨울을 나고 다음 해 6~7월에 둥근 황갈색 알을 20개 정도 낳는다.

콜체잎벌레
딱정벌레목 잎벌레과
크기 4~5.2mm, 출현 5~7월

몸은 통통한 원통형으로 검은색을 띤다. 머리와 딱지날개, 다리에는 황색 무늬가 나타난다. 계곡이나 경작지의 풀밭에 살며 쑥 위에 자주 앉는다. 크기가 작아서 자세히 살펴야 볼 수 있다.

소요산잎벌레
딱정벌레목 잎벌레과
크기 3.5~4.5mm, 출현 5~8월

몸은 전체적으로 광택이 있는 청록색을 띠며 매우 통통하다. 보석처럼 빛깔이 매우 아름다운 잎벌레이다. 몸 빛깔과는 달리 다리는 적갈색을 띤다. 장미와 밤나무, 졸참나무, 상수리나무 등을 먹고 산다.

황갈색잎벌레
딱정벌레목 잎벌레과
크기 5~6mm, 출현 5~6월

딱지날개는 어두운 적갈색을 띤다. 머리와 더듬이, 다리는 검은색이다. 움직임이 느리고 인기척에도 별로 민감하지 않다. 건드리면 아래로 잘 떨어진다. 애벌레는 박주가리 뿌리를 먹고 산다.

잎벌레가 알을 낳는 방법

좀남색잎벌레의 짝짓기   왕벼룩잎벌레의 알

잎벌레는 잎에서 생활하는 대표 곤충으로 어른벌레와 애벌레 모두 잎을 갉아 먹고 산다. **짝짓기를 마치고 배가 부풀어 오른 암컷 잎벌레는 적당한 위치를 찾아 알을 낳는다.** 보통 잎에 알을 낳는데, 종류에 따라 낳는 위치가 조금씩 다르다. 잎 위나 잎 속에 낳거나, 줄기에 구멍을 뚫고 알덩이를 낳기도 한다. 때로는 땅속이나 땅 위 식물의 뿌리 근처에도 낳는다.

노랑테가시잎벌레와 남생이잎벌레는 잎에 알을 낳고, 상아잎벌레는 땅속에 알을 낳는다. 남생이잎벌레류는 끈적끈적한 막으로 알을 싸고, 통잎벌레류는 배설물로 알 전체를 싸며, 긴가슴잎벌레류는 끈적끈적한 액체를 알에 바른다.

딱정벌레목

등빨간긴가슴잎벌레
딱정벌레목 잎벌레과
크기 8.5~9.5mm, 출현 5~7월

몸은 전체적으로 검은색을 띤다. 딱지날개에 붉은색 또는 황색의 뚜렷한 무늬가 있는 것이 특징이다. 붉은색 등판에 가슴 부분이 길게 발달되어서 '등빨간긴가슴잎벌레'라고 이름 지어졌다.

배노랑긴가슴잎벌레
딱정벌레목 잎벌레과
크기 5~6.5mm, 출현 4~9월

몸은 청람색으로 광택이 매우 강하다. 더듬이와 다리는 검은색이다. 이곳저곳을 날아다니는 모습이 자주 관찰되며 닭의장풀에 날아와서 잎을 갉아 먹는다. 어른벌레로 겨울나기를 한다.

적갈색긴가슴잎벌레
딱정벌레목 잎벌레과
크기 5~6mm, 출현 4~8월

몸은 전체적으로 적갈색을 띤다. 4월 중순 닭의장풀에 나타나며, 5월 초순 잎 위에 알을 낳는다. 주변 풀에 앉아 쉬는 것도 자주 목격된다. 연 2~3회 나타나며 어른벌레로 겨울을 난다.

잎벌레의 짝짓기

배노랑긴가슴잎벌레의 짝짓기

적갈색긴가슴잎벌레의 짝짓기

잎벌레는 잎에서 잎을 갉아 먹기도 하고, 암수가 짝짓기를 하기도 한다.
짝짓기를 할 때는 하늘소나 무당벌레처럼 수컷이 암컷 위로 올라타는 방식을 취한다.
알을 낳아야 하는 암컷은 수컷보다 배 끝 부분이 넓적하고 몸집이 커서 구별된다.

곰보날개긴가슴잎벌레
딱정벌레목 잎벌레과
크기 7~9mm, 출현 4~5월

머리는 검은색이며 딱지날개와 가슴등판은 어두운 붉은색을 띤다. 딱지날개에 움푹 들어간 점무늬가 매우 많아서 마치 곰보빵처럼 보인다. 백합과 식물의 잎을 갉아 먹고 산다.

홍줄큰벼잎벌레
딱정벌레목 잎벌레과
크기 4.3~4.5mm, 출현 4~7월

몸은 전체적으로 붉은색을 띠며 길쭉하다. 딱지날개에 넓은 청색 띠무늬가 특징이다. 겨울나기를 마친 어른벌레는 매우 활발하게 날아다니며 닭의장풀의 줄기를 갉아 먹는다.

좀남색잎벌레
딱정벌레목 잎벌레과
크기 5.2~6.8mm, 출현 3~5월

몸은 광택이 있는 흑청색이다. 4월 초부터 소리쟁이 잎에 나타나 어린잎을 갉아 먹는다. 강변과 밭, 공원 등의 풀밭에서 흔히 관찰된다. 특히 소리쟁이 잎에 어른벌레와 애벌레가 함께 출현한다.

애벌레 이야기

좀남색잎벌레 애벌레

겨울나기를 마친 좀남색잎벌레는 4월 초부터 활동을 시작한다. 암컷은 소리쟁이 잎에 40~50개의 황색 알을 낳는다. **황색 알에서 부화된 애벌레는 진한 남색을 띠며, 소리쟁이 잎의 잎맥만 남기고 모조리 갉아 먹는다.**
열심히 먹고 다 자란 애벌레는 땅 속으로 들어가서 번데기가 되며, 시간이 흘러 5~6월이 되면 어른벌레가 된다.

점박이큰벼잎벌레
딱정벌레목 잎벌레과
크기 5.5~6mm, 출현 4~9월

몸은 전체적으로 광택이 있는 황색을 띤다. 앞가슴에는 검은색 점이 4개 있으며, 딱지날개에도 4개 또는 2개의 검은색 세로줄무늬가 특징이다. 어른벌레는 5월에 잎 위에 알을 낳는다.

주홍배큰벼잎벌레
딱정벌레목 잎벌레과
크기 6~8.2mm, 출현 5~8월

머리와 앞가슴, 작은방패판은 붉은색이며 딱지날개는 청색 또는 남청색이다. 애벌레는 허물과 배설물을 덮어쓰고 다니며 자신을 보호한다. 낙엽 더미나 고목에서 겨울을 나며 연 2회 발생한다.

열점박이잎벌레
딱정벌레목 잎벌레과
크기 4~6mm, 출현 3~11월

몸은 길쭉하며 머리와 앞가슴등판은 검은색이고 딱지날개는 갈색을 띤다. 딱지날개에는 5쌍의 검은색 점무늬가 있는 것이 특징이다. 구기자나무를 갉아 먹고 살며 연 2회 발생한다.

금록색잎벌레
딱정벌레목 잎벌레과
크기 3~4.5mm, 출현 6~8월

몸은 검은색이며 광택이 강하다. 앞가슴등판은 황색, 청색, 붉은색 등 다양하다. 위협을 느끼면 바닥으로 떨어지는 습성이 있다. 어른벌레는 쑥과 국화의 잎을, 애벌레는 뿌리를 갉아 먹는다.

고구마잎벌레
딱정벌레목 잎벌레과
크기 5.3~6mm, 출현 5~8월

몸 빛깔은 적동색 또는 녹청색을 띤다. 어른벌레는 가늘고 긴 녹색 알을 땅에 1개씩 낳는다. 애벌레는 땅속에 들어가 뿌리를 갉아 먹고 겨울나기를 한다. 먹이 식물은 고구마와 메꽃 등이 있다.

변이형 이야기

고구마잎벌레 몸 빛깔 변이형

똑같은 잎벌레 종류라도 빛깔이 다른 형태가 나타난다. 고구마잎벌레는 적동색과 녹청색, 청동색처럼 몸 빛깔이 매우 다양하다. 빛깔이 다르다고 전혀 다른 곤충으로 생각하면 안 된다. 형태가 똑같으면 모두 고구마잎벌레이다. 잎벌레 중에는 딱지날개의 빛깔과 무늬가 다른 경우가 많아서 종류를 구별할 때는 몸의 전체적인 형태와 더듬이, 다리, 겹눈 등의 구조를 더 주목해야 한다.

노랑테가시잎벌레
딱정벌레목 잎벌레과
크기 3.3~4.2mm, 출현 4~11월

몸은 진갈색이며 더듬이와 다리는 황색을 띤다. 애벌레는 풀잎 속에서 생활한다. 쑥과 산박하, 꿀풀, 사과나무, 벚나무, 버드나무류, 장미, 가시나무, 상수리나무, 졸참나무 등을 먹고 산다.

사각노랑테가시잎벌레
딱정벌레목 잎벌레과
크기 4.5~5.6mm, 출현 4~10월

몸은 검은색이며 뾰족한 딱지날개에는 가시가 돋아 있다. 졸참나무에서 많이 발견되며 애벌레는 잎 속에서 자란다. 굴참나무와 떡갈나무, 상수리나무, 졸참나무, 종가시나무 등 참나무류에 산다.

딱정벌레목

잎에서 만나는 곤충

왕벼룩잎벌레
딱정벌레목 잎벌레과
크기 9~13mm, 출현 5~9월

몸은 적갈색이며 흰색 줄무늬가 있다. 뒷다리의 넓적다리마디는 매우 두툼하며 안으로 접고 있어서 벼룩처럼 뛸 수 있다. 벼룩잎벌레류 중에서 가장 크며 산지의 숲 가장자리에서 볼 수 있다.

점날개잎벌레
딱정벌레목 잎벌레과
크기 3.2~4mm, 출현 3~11월

몸은 광택이 나는 흑청색이며 배는 적갈색을 띤다. 뒷다리가 유난히 잘 발달된 벼룩잎벌레류로 벼룩처럼 잘 튀어서 이동한다. 가장 쉽게 만날 수 있는 대표 잎벌레이다. 어른벌레로 겨울을 난다.

점프 실력이 좋은 곤충들

딸기벼룩잎벌레

점날개잎벌레

쥐머리거품벌레

모메뚜기

잎벌레는 보통 잎사귀와 풀 줄기 사이를 빠르게 기어 다니지만 벼룩처럼 잘 뛰는 벼룩잎벌레도 있다.
벼룩잎벌레와 점날개잎벌레 등의 벼룩잎벌레류는 풀잎이나 꽃에 앉아 있다가 점프하여 이동한다. 잘 발달된 두툼한 뒷다리를 접고 있다가 뻗으면서 높이 점프하는 모습이 놀랍다.
벼룩잎벌레처럼 거품벌레와 벼룩, 모메뚜기, 메뚜기 등은 모두 다리 근육이 매우 잘 발달되어 점프를 잘한다. 그래서 스포츠 과학에서는 운동선수의 능력 향상을 위해서 곤충을 연구한다. 곤충처럼만 점프할 수 있다면 최고의 스포츠 선수가 되는 데 전혀 문제가 없으니 말이다.

큰남생이잎벌레
딱정벌레목 잎벌레과
크기 7.8~8.5mm, 출현 4~8월

몸은 황갈색이며 천연기념물 남생이와 닮았다. 들판이나 숲에서 볼 수 있는 남생이잎벌레류 중에서 가장 흔하다. 애벌레는 천적과 건조로부터 보호하기 위해 허물과 배설물을 뒤집어쓰고 다닌다.

루이스큰남생이잎벌레
딱정벌레목 잎벌레과
크기 5.2~6.8mm, 출현 5~8월

몸은 전체적으로 황갈색이며 더듬이와 다리는 적갈색이다. 어른벌레는 쇠물푸레나무에서 관찰되며 잎 뒷면에 알을 낳는다. 애벌레는 허물과 배설물을 몸에 붙여서 뒤집어쓰고 다닌다.

우리나라 토종 민물 거북 남생이를 닮은 곤충들

남생이무당벌레

꼬마남생이무당벌레

애남생이잎벌레

큰남생이잎벌레

지구촌에서 가장 다양성이 풍부한 곤충은 신기한 무늬도 많이 지니고 있다. 남생이잎벌레와 남생이무당벌레를 본 순간 우리나라 사람들은 '남생이'를 외쳤을 것이다. 남생이잎벌레와 남생이무당벌레가 우리나라 토종 민물 거북인 남생이를 빼닮았기 때문이다. 작은 곤충에게 독특한 거북 무늬가 그려진 것만 봐도 매우 신기하다.
남생이잎벌레 애벌레는 천적으로부터 살아남으려고 몸 위에 배설물이나 허물을 올려놓아서 자신을 위장한다. 남생이무당벌레는 붉은색 딱지날개로 천적에게 경고한다. 천적들은 고약한 냄새 물질을 내뿜는 맛없는 무당벌레 사냥은 꺼리게 된다.

딱정벌레목

모시금자라남생이잎벌레
딱정벌레목 잎벌레과
크기 6.2~7.2mm, 출현 4~11월

황금빛이 나는 황갈색의 딱지날개가 매우 아름답다. 전체적인 모습이 물속에 사는 자라와 비슷하다. 평지나 산가장자리의 풀밭에 살며 1년에 2회 출현한다. 애벌레는 메꽃의 잎을 갉아 먹고 산다.

청남생이잎벌레
딱정벌레목 잎벌레과
크기 7~8.5mm, 출현 4~7월

몸은 전체적으로 연녹색을 띠며 다리는 적갈색이다. 초봄에 나타나는 어른벌레는 5월이 되면 알을 낳고 배설물을 칠한다. 엉겅퀴를 먹고 살며 1년에 1회 출현한다. 어른벌레로 겨울나기를 한다.

줄남생이잎벌레
딱정벌레목 잎벌레과
크기 5.7~8.7mm, 출현 5~8월

몸은 전체적으로 적갈색이며 다리는 황갈색이다. 딱지날개에는 불규칙한 점무늬가 줄지어 있다. 애벌레는 자신의 배설물을 지고 다니며 어른이 될 때까지 천적과 건조로부터 자신을 지킨다.

곱추남생이잎벌레
딱정벌레목 잎벌레과
크기 4.7~6.7mm, 출현 4~7월

몸은 암갈색을 띠며 머리와 더듬이, 다리는 적갈색이다. 겨울나기를 마친 어른벌레는 4월에 나타나서 5월이 되면 알을 낳는다. 애벌레는 배설물 덩어리를 뒤집어쓴 채 잎 표면에서 번데기가 된다.

애남생이잎벌레
딱정벌레목 잎벌레과
크기 5~5.5mm, 출현 4~10월

몸은 원형이며 전체적으로 적갈색을 띤다. 어른벌레는 4월 중순에 나타나서 5월에 알을 낳는다. 쇠무릎과 명아주, 개비름을 갉아 먹고 산다. 1년에 2회 출현하며 어른벌레로 겨울나기를 한다.

남생이잎벌레
딱정벌레목 잎벌레과
크기 6.3~7.2mm, 출현 4~7월

연갈색 바탕의 딱지날개에 검은색 점무늬가 여러 개 박혀 있다. 더듬이 끝의 4~5마디는 검은색이다. 애벌레는 허물과 배설물로 몸을 덮고 다니며 자신을 지킨다. 어른벌레로 겨울나기를 한다.

동물을 닮아서 동물 이름이 붙은 곤충들

메추리노린재

털두꺼비하늘소

사슴풍뎅이

땅강아지

곤충 중에는 모습이 동물과 닮아서 이름이 붙여진 경우가 많다. 민물 거북 남생이를 닮은 '남생이무당벌레'와 '남생이잎벌레', 꽥꽥대는 거위를 닮은 '거위벌레', 메추라기를 닮은 '메추리노린재', 물속에 사는 자라를 닮은 '물자라', 음매 우는 소를 닮은 '소바구미'가 있다.
또한 제비를 닮은 '제비나비', 사슴의 뿔을 닮은 '사슴벌레'와 '사슴풍뎅이', 올록볼록 두꺼비 등판을 닮은 '털두꺼비하늘소', 매처럼 하늘을 잘 날아다니는 '파리매', 표범 무늬를 닮은 '흰줄표범나비', 복슬강아지를 닮은 '땅강아지', 곰처럼 큰 '곰개미' 등이 있다. **동물을 빼닮은 곤충을 보다 보면 동물의 모습이 떠올라 웃음이 나온다.**

딱정벌레목

포도거위벌레
딱정벌레목 주둥이거위벌레과
크기 4.4~4.6mm, 출현 5~7월

몸은 전체적으로 구리색이 도는 검은색이다. 주둥이가 비교적 짧고 굵으며 딱지날개는 울퉁불퉁하다. 포도나 머루에 잘 날아온다. 잎을 말아서 알을 낳기 때문에 포도 재배 농가의 해충이다.

복숭아거위벌레
딱정벌레목 주둥이거위벌레과
크기 7~10.5mm, 출현 4~8월

몸은 보라색에 가까운 자주색이며 빛깔이 예쁘다. 기다란 주둥이로 과일 표면에 구멍을 뚫고 1개씩 알을 낳는다. 애벌레나 번데기로 겨울을 나고 4월에 나와 새잎이나 꽃봉오리에 해를 준다.

주둥이거위벌레류와 거위벌레류의 차이점

주둥이거위벌레류(도토리거위벌레) | 거위벌레류(왕거위벌레)

거위벌레로 불리는 곤충은 바구미처럼 주둥이가 잘 발달된 주둥이거위벌레류와 머리가 매우 길어 목이 긴 것처럼 보이는 거위벌레류로 구분된다. 주둥이거위벌레류와 거위벌레류는 알을 낳는 방법이 다르다. 주둥이거위벌레류는 열매나 새싹 등에 직접 알을 낳는다. 반면 거위벌레류는 잎을 말아서 요람을 만드는 재단사이다. 잎사귀를 정교하게 자른 후 둥글게 한 두 번 말아 올려 알을 낳고 끝까지 말아서 요람을 완성한다.
요람을 만드는 같은 거위벌레류라고 해도 요람 형태와 만드는 방식은 종류에 따라 가지각색이다. 완성된 요람을 떨어뜨리는 종류가 있고, 매달아 두는 종류가 있다.

단풍뿔거위벌레
딱정벌레목 주둥이거위벌레과
크기 5.5~8.5mm, 출현 5~6월

몸 빛깔은 진한 녹색이지만 때로는 붉은색이 돌기도 한다. 반질반질한 광택이 보석처럼 예쁘다. 딱지날개와 앞가슴등판에는 곰보 모양의 홈이 많이 나 있다. 먹이 식물은 단풍나무류이다.

도토리거위벌레
딱정벌레목 주둥이거위벌레과
크기 7~10.5mm, 출현 6~9월

몸은 검은색이며 온몸에 황색 털이 빽빽하다. 주둥이는 가늘고 길며 딱지날개와 점무늬가 매우 강하다. 도토리에 구멍을 뚫고 알을 낳은 후 도토리 가지를 잘라서 나무 아래로 떨어뜨린다.

도토리 가지를 떨어뜨리는 도토리거위벌레

도토리거위벌레

잘라 떨어진 도토리

구멍난 도토리

땅에 떨어뜨린 참나무 가지

도토리거위벌레는 다람쥐와 청설모처럼 도토리를 매우 좋아하는 거위벌레이다. 도토리가 열리는 참나무에 살면서 알을 낳는다.
암컷 도토리거위벌레는 기다란 주둥이로 도토리에 구멍을 뚫고 알을 낳은 다음, 참나무 가지를 잘라서 땅에 떨어뜨린다. 여름철 이후 참나무 숲에 가면 도토리거위벌레가 잘라 놓은 참나무 가지가 수북하게 쌓인 모습을 볼 수 있다.
그런데 어미는 덜 익은 도토리에 구멍을 뚫고 알을 낳는데, 애벌레가 단단한 도토리를 먹을 수 없기 때문이다. 도토리 열매 속에서 부화된 애벌레는 도토리를 먹고 자란 뒤 땅속으로 들어가서 번데기가 된다.

분홍거위벌레
딱정벌레목 거위벌레과
크기 6~6.5mm, 출현 5~7월

몸은 광택이 나는 적갈색이며 더듬이 색깔은 조금 연하고 끝이 곤봉 모양이다. 딱지날개에 홈줄이 9개이다. 버드나무류와 물푸레나무류, 노린재나무류 등에서 짝짓기하고 잎을 말아 알을 낳는다.

어깨넓은거위벌레
딱정벌레목 거위벌레과
크기 5mm 내외, 출현 5~9월

몸은 황색이 나는 검은색이다. 딱지날개에는 가운데에 원뿔 모양의 큰 혹이 솟아 있고, 작은 혹이 여러 개 있다. 평지와 야산의 숲에 살면서 팽나무와 느티나무 등의 잎을 말아 요람을 만든다.

느릅나무혹거위벌레
딱정벌레목 거위벌레과
크기 6mm 내외, 출현 5~8월

몸은 검은색이며 광택이 있다. 더듬이와 배, 다리는 황색이며 뒷다리에 검은색 띠가 있다. 딱지날개에는 오톨도톨한 작은 돌기가 많다. 모시풀과 왕모시풀, 거북꼬리, 좀깨잎나무 등을 먹는다.

앞다리톱거위벌레
딱정벌레목 거위벌레과
크기 4~4.5mm, 출현 5~6월

몸은 암청색이며 광택이 난다. 앞가슴등판과 다리는 검은색이다. 넓적다리마디의 앞부분에는 작은 돌기가 있다. 다양한 참나무류를 먹고 요람을 만드는 매우 작은 거위벌레이다.

등빨간거위벌레
딱정벌레목 거위벌레과
크기 6.5~7mm, 출현 5~9월

몸은 밝은 주황색 또는 붉은색이다. 머리와 배의 가운데는 검은색이다. 딱지날개는 진한 남색 광택이 난다. 어른벌레는 느릅나무와 느티나무 잎 위에서 볼 수 있으며 잎을 반만 잘라서 요람을 만든다.

거위벌레
딱정벌레목 거위벌레과
크기 6.5~10mm, 출현 5~9월

머리는 검은색이며 딱지날개와 앞가슴등판은 적갈색이다. 딱지날개에 곰보 모양의 홈이 많아 거칠어 보인다. 물오리나무와 오리나무, 까치박달, 참개암나무, 자작나무의 잎을 말아 요람을 만든다.

왕거위벌레
딱정벌레목 거위벌레과
크기 8~12mm, 출현 5~8월

몸은 적갈색이며 머리가 매우 길쭉해서 거위와 생김새가 매우 흡사하다. 우리나라 거위벌레 중 가장 크며 쉽게 관찰된다. 상수리나무와 신갈나무, 떡갈나무, 오리나무류 등에서 볼 수 있다.

거위벌레 이야기

거위

왕거위벌레 수컷

거위벌레는 기다란 목과 두루뭉술한 엉덩이, 짧은 다리가 정말 거위와 빼닮아서 붙여진 이름이다. 겉으로 보기에는 목이 길어 보이지만 사실은 머리가 길쭉하게 발달했을 뿐이다.
한편 서양에서는 잎을 잘라서 요람을 만드는 모습을 보고 '잎말이딱정벌레'라고 부른다.

딱정벌레목

북방거위벌레
딱정벌레목 거위벌레과
크기 3.5~4.5mm, 출현 4~8월

몸은 전체적으로 광택이 도는 검은색을 띤다. 야산의 숲에 살면서 멍석딸기 등의 장미과 식물을 갉아 먹는다. 싸리나무 잎을 말아서 요람을 만든다. 개체 수가 많아서 쉽게 볼 수 있는 거위벌레이다.

노랑배거위벌레
딱정벌레목 거위벌레과
크기 3.5~5.5mm, 출현 5~7월

몸 빛깔은 광택이 도는 검은색을 띤다. 배 끝 부분이 황색을 띠기 때문에 '노랑배거위벌레'라고 불린다. 풀잎에 잘 날아오며 위험이 느껴지면 아래로 툭 떨어진다. 숲에서 쉽게 만날 수 있다.

거위벌레가 만드는 요람 이야기

요람 완성 후 자르는 왕거위벌레

왕거위벌레가 떨어뜨린 요람

요람을 말아 올리는 노랑배거위벌레

노랑배거위벌레가 매달아 둔 요람

나뭇잎으로 요람을 만드는 거위벌레는 종류에 따라 요람을 만드는 방식이 다양하다. 잎을 자르는 방식을 보면 잎을 자르지 않는 종류, 한쪽 방향만 자르는 종류, 양쪽 방향을 자르는 종류로 구분된다.
거위벌레와 느릅나무혹거위벌레는 잎을 자르지 않고 요람을 만들며, 알락거위벌레와 등빨간거위벌레, 노랑배거위벌레는 한쪽 방향에서 잘라 만든다. 왕거위벌레와 장다리거위벌레는 양쪽 방향을 잘라서 요람을 만든다. 양쪽 방향에서 잎을 자르는 거위벌레는 요람을 완성한 후 땅바닥에 떨어뜨린다. 그렇지 않은 거위벌레는 요람을 잎에 그대로 붙여 둔다. 거위벌레의 요람을 보고 어떤 거위벌레인지 예측하면 재미있다.

엉겅퀴통바구미
딱정벌레목 바구미과
크기 8~10.5mm, 출현 5~8월

몸은 흑갈색이며 주둥이가 매우 길쭉하다. 더듬이가 길며 가운데 부분이 ㄱ자 모양으로 꺾여 있다. 앞가슴등판에는 3개의 주황색 세로줄무늬가 있다. 땅이나 나무 빛깔과 비슷한 보호색을 갖고 있다.

도토리밤바구미
딱정벌레목 바구미과
크기 5.5~15mm, 출현 4~10월

몸은 전체적으로 황갈색을 띠며 진한 갈색과 검은색 점무늬가 있다. 주둥이가 매우 길쭉한 바구미로 참나무 숲에 산다. 참나무류의 싹이나 어린잎에 피해를 주며 9월에 알을 낳는다.

주둥이가 길어 별명도 다양한 바구미

길쭉바구미

도토리밤바구미

바구미는 주둥이가 길쭉한 특이한 곤충이어서 '주둥이딱정벌레(Snout beetle)'라고 불린다.
길게 나온 주둥이를 본 사람들은 가장 먼저 코끼리를 떠올렸다. 그래서 북한에서는 지금도 '코끼리벌레'라고 부르며, 한자로는 코끼리 코를 닮은 곤충이라서 '상비충(象鼻蟲)'이라고도 한다.
그러나 실제로 코끼리는 코가 길쭉한 것이고, 바구미는 주둥이가 길게 나온 것이어서 서로 다르다. 코끼리보다는 오히려 주둥이가 긴 개미핥기와 더 닮았다. 길쭉하게 나온 주둥이로 개미를 잘 잡아먹는 개미핥기를 작게 축소시키면 바구미와 가장 많이 닮았다.

자신을 지키는 바구미의 생존 전략

배자바구미의 의사 행동

혹바구미의 의사 행동

잎 뒷면에 숨어 있는 길쭉바구미

점박이길쭉바구미
딱정벌레목 바구미과
크기 6.5~12.5mm, 출현 4~9월

몸은 가늘고 길쭉하며, 검은색 바탕에 주황색 가루가 덮여 있다. 오래되면 가루가 모두 벗겨져서 온몸이 검은색으로 변한다. 낮은 산지의 축축한 길가에 있는 쑥이나 여뀌의 잎 위에서 잘 발견된다.

혹바구미
딱정벌레목 바구미과
크기 13~17mm, 출현 5~9월

몸은 검은색과 회흑색을 띠며 딱지날개는 울퉁불퉁하다. 배 끝 부분이 눈에 띄게 솟아 있어서 혹처럼 보인다. 낮은 산지나 들판의 칡과 같은 콩과 식물의 잎 위에서 쉽게 볼 수 있다.

바구미는 천적으로부터 살아남기 위해 다양한 생존 전략을 사용한다. 잎에 붙어 있는 바구미는 인기척이나 작은 낌새만 눈치채도 잎 뒷면으로 또르르 돌아가서 숨는다. 숨바꼭질 잘하는 바구미를 천적들도 찾아내기가 쉽지 않다.

바구미는 죽은 척하는 '의사 행동'도 잘한다. 마치 훌륭한 배우라도 된 것처럼 그럴싸하게 툭 쓰러져 죽은 척하는 멋진 연기를 보여 준다. 의사 행동을 하면 살아 있는 먹잇감을 사냥하는 천적으로부터의 위험에서 벗어날 수 있다. 숨바꼭질과 의사 행동은 험난한 자연에서 스스로를 지키며 살아가려는 바구미의 생존 전략이다.

털보바구미
딱정벌레목 바구미과
크기 8~12mm, 출현 5~7월

몸은 검은색이며 온몸이 긴 털로 가득 덮여 있다. 딱지날개의 가장자리에는 매우 긴 흑회색의 털들이 다발처럼 많다. 집단으로 발생하기 때문에 산길가의 활엽수 줄기와 잎에서 많이 발견된다.

큰뚱보바구미
딱정벌레목 바구미과
크기 7.5~8mm, 출현 4~10월

몸은 전체적으로 갈색이며 가슴등판과 딱지날개가 얼룩덜룩하다. 주둥이가 짧아서 뭉툭하며 딱지날개 가운데가 움푹 들어가 있다. 어른벌레로 겨울나기를 하기 때문에 초봄에 모습을 볼 수 있다.

가슴골좁쌀바구미
딱정벌레목 바구미과
크기 2.5~2.8mm, 출현 4~9월

몸은 전체적으로 갈색이며 둥글다. 딱지날개의 여러 곳에 흰색 줄무늬가 있다. 작은 방패판 부분이 움푹 들어가서 홈이 패어 있고 좁쌀처럼 크기가 작기 때문에 '가슴골좁쌀바구미'라고 불린다.

환삼덩굴좁쌀바구미
딱정벌레목 바구미과
크기 2.8~3.1mm, 출현 4~9월

몸은 전체적으로 암갈색을 띤다. 몸이 좁쌀처럼 매우 작지만 다른 바구미처럼 둥근 몸에 긴 주둥이와 꺾인 더듬이를 갖고 있다. 매우 작아서 돋보기나 확대경(루페)으로 봐야 모습을 알 수 있다.

딱정벌레목

잎에서 만나는 곤충

길쭉바구미
딱정벌레목 바구미과
크기 10~12mm, 출현 6~8월

몸은 전체적으로 길쭉하며 주둥이가 코끼리 코처럼 길게 튀어나왔다. 몸에 적갈색 가루가 덮여 있지만 손으로 만지면 쉽게 벗겨진다. 하천이나 풀밭의 풀잎에 앉아 있는 모습이 자주 관찰된다.

변이형 이야기

길쭉바구미 변이형

길쭉바구미는 풀밭에서 쉽게 만날 수 있는 바구미이다. 몸은 전체적으로 검은색이지만 적갈색 가루가 덮여 있어서 붉게 보인다. 그런데 풀밭에서 오랫동안 활동하다 보면 몸에 붙어 있는 가루가 점점 떨어져서 몸 빛깔이 검은색을 띠기도 한다. 그러다 보니 가루가 일부 떨어진 검은색, 완전히 떨어진 검은색, 새로 태어난 붉은색의 바구미가 관찰된다.
몸 빛깔은 차이가 많이 나지만 모두 주둥이가 길쭉하게 발달된 길쭉바구미이다.

왕주둥이바구미
딱정벌레목 바구미과
크기 6.5~9.5mm, 출현 8~11월

몸은 전체적으로 녹색 털로 덮여 있다. 주둥이가 길쭉하게 나오지는 않았다. 더듬이의 곤봉마디는 가늘고 길다. 다양한 참나무류와 밤나무의 잎을 먹으며 가지나 잎에 딱 달라붙어 있다.

주둥이바구미
딱정벌레목 바구미과
크기 5.4~6mm, 출현 4~8월

몸은 연갈색이다. 바구미류 중에서는 주둥이가 짧은 편이지만 더듬이는 매우 길다. 딱지날개에 검은색 점무늬가 흩어져 있다. 야산의 숲에 살면서 다양한 참나무의 잎을 먹고 산다.

뭉뚝바구미
딱정벌레목 바구미과
크기 4.2~6mm, 출현 4~8월

몸은 갈색이며 점무늬가 흩어져 있다. 주둥이는 짧고 양쪽 눈 주위가 약간 부풀었다. 숲 가장자리에서 자라는 으름덩굴의 잎을 갉아 먹고 산다. 건드리면 쉽게 떨어지므로 주의가 필요하다.

칠주둥이바구미
딱정벌레목 바구미과
크기 5.5~6.8mm, 출현 4~8월

몸은 회갈색의 털로 덮여 있고 딱지날개에는 점무늬가 흩어져 있다. 나뭇잎이나 가지에 붙어 있으면 찾기 힘들다. 위험이 느껴지면 땅에 잘 떨어지기 때문에 조심스럽게 접근해야 관찰할 수 있다.

얼룩무늬가시털바구미
딱정벌레목 바구미과
크기 5~6.2mm, 출현 6~10월

몸은 황갈색이며 전체적으로 얼룩덜룩한 모습이다. 가슴과 배의 윗부분이 온통 가시로 덮여 있어서 이름이 지어졌다. 딱지날개에 검은색 무늬가 뚜렷하게 있는 소형 바구미이다.

땅딸보가시털바구미
딱정벌레목 바구미과
크기 5~5.6mm, 출현 6~10월

몸은 갈색이며 겹눈은 검은색이다. 몸은 매우 작지만 배부분이 뚱뚱해서 '땅딸보'라고 불린다. 더듬이는 ㄱ자 모양으로 꺾여 있다. 산지의 풀밭에 많이 살고 있지만 작아서 눈에 잘 띄지 않는다.

배자바구미
딱정벌레목 바구미과
크기 6~10mm, 출현 4~9월

몸은 전체적으로 검은색이다. 주로 칡 줄기를 꼭 붙들고 앉아 있거나 잎에 앉아 있는 모습을 쉽게 볼 수 있다. 칡덩굴을 붙잡고 있는 모습은 곰인 판다나 새똥처럼 보인다.

 배자바구미의 이름

배자바구미 옆모습

배자바구미 앞모습

배자바구미는 다른 바구미에 비해 주둥이가 짧은 편이다. 주로 칡덩굴에서 많이 보이며 몸에는 검은색과 흰색이 섞여서 판다를 연상시킨다.
딱지날개의 검은색 무늬를 보면 한복 저고리 위에 입는 배자(조끼)를 걸쳐 입은 듯 한데, 그래서 '배자바구미'라는 이름으로 불린다.

회떡소바구미
딱정벌레목 소바구미과
크기 4.2~8mm, 출현 4~10월

몸은 검은색이며 주둥이와 딱지날개에 흰색 털이 있다. 더듬이의 끝은 곤봉처럼 부풀어 있다. 시냇가 주변에 있는 썩은 나무의 버섯에 잘 모인다. 주변과 몸 빛깔이 비슷해서 눈에 잘 띄지 않는다.

소바구미
딱정벌레목 소바구미과
크기 3.7~6.2mm, 출현 6~9월

몸은 검은색이며 딱지날개는 얼룩덜룩한 점이 많다. 머리는 황갈색 털로 덮여 있으며 뭉뚝하다. 더듬이는 몸 길이보다 길며 끝이 부풀어 있다. 주둥이가 길쭉한 바구미와는 다른 소바구미과에 속한다.

엉겅퀴창주둥이바구미
딱정벌레목 창주둥이바구미과
크기 2.8~3.1mm, 출현 4~7월

몸은 검은색이며 광택이 난다. 딱지날개는 청흑색이며 털이 없다. 좁쌀바구미처럼 매우 작은 바구미로 초봄부터 출현한다. 먹이 식물은 지칭개와 엉겅퀴, 자운영 등이며 줄기에 알을 낳는다.

팥바구미
딱정벌레목 콩바구미과
크기 3.5mm 내외, 1~12월 출현

몸은 적갈색이며 회색의 짧은 털로 덮여 있다. 가슴 등면에는 흰색 점무늬가 2개 있다. 암컷은 더듬이가 톱니 모양이며 수컷은 빗 모양이다. 애벌레는 구더기 모양으로 다리가 없는 것이 특징이다.

 생김새가 비슷한 바구미 이야기

왕거위벌레

털보바구미

왕바구미

엉겅퀴창주둥이바구미

바구미와 거위벌레, 소바구미, 왕바구미 등은 모두 바구미류에 속한다. 같은 그룹의 곤충이라서 전체적인 생김새가 매우 비슷해 아직도 북한에서는 모두 '바구미'라고 부른다. 그렇지만 각 그룹마다 생태적인 특징에는 차이가 있다.
바구미는 풀잎이나 나뭇잎에 살면서 식물을 먹고 산다. 거위벌레는 알을 낳기 위해 잎사귀를 오려 요람을 만드는 특기가 있다. 소바구미는 썩은 나무의 버섯에 잘 모인다. 왕바구미는 딱지날개가 매우 단단한 대형 바구미로 나뭇진을 먹고 산다. 이처럼 바구미류는 모습은 닮았지만 종류에 따라 좋아하는 먹잇감과 살아가는 방식은 서로 다르다.

딱정벌레목

 딱정벌레의 독특한 더듬이

늦반딧불이 - 톱니 모양

살짝수염홍반디 - 빗살 모양

넓적사슴벌레 - 팔굽 모양

등얼룩풍뎅이 - 야구 장갑 모양

삼하늘소
딱정벌레목 하늘소과
크기 10~15mm, 출현 5~7월

몸은 검은색이며 온몸이 회백색 털로 덮여 있다. 딱지날개 봉합부와 양옆에 회백색 줄무늬가 뚜렷하다. 하천이나 풀밭에서 쑥 따위의 국화과 식물을 갉아 먹거나 짝짓기 하는 모습을 볼 수 있다.

남색초원하늘소
딱정벌레목 하늘소과
크기 11~17mm, 출현 5~7월

몸은 가늘고 긴 원통형으로 흑청색을 띤다. 몸 길이의 1.5배나 되는 긴 더듬이에는 검은색의 털 뭉치가 있다. 개망초나 엉겅퀴 같은 국화과 식물의 줄기에 붙어 있는 모습을 쉽게 찾을 수 있다.

곤충 중에서 생김새가 매우 다양한 딱정벌레류는 더듬이의 형태도 매우 특별하다. 그래서 더듬이 모양만 유심히 관찰하면 어떤 딱정벌레인지 추측할 수 있다.

딱정벌레의 더듬이는 실처럼 가느다란 실 모양(먼지벌레류), 마디가 구슬처럼 된 염주 모양(송장벌레류), 더듬이 끝이 부풀어 있는 형태의 곤봉 모양(바구미류)이 있다.

또한 톱날 같은 톱니 모양(늦반딧불이)과 나뭇가지처럼 보이는 빗살 모양(홍반디), 팔을 구부려서 알통을 자랑하는 듯한 팔굽 모양(사슴벌레류), 야구 장갑처럼 벌어져 3갈래로 나뉘는 야구 장갑 모양(풍뎅이) 등이 있다.

달주홍하늘소
딱정벌레목 하늘소과
크기 17~23mm, 출현 5~7월

몸은 검은색이며 딱지날개와 앞가슴등판은 주홍색을 띤다. 딱지날개에 3개의 커다란 검은색 점무늬가 있고, 중앙에 있는 점무늬는 매우 크다. 신나무나 사과나무 꽃에 모이거나 떡갈나무 잎에 앉는다.

무늬소주홍하늘소
딱정벌레목 하늘소과
크기 14~19mm, 출현 5~6월

몸은 검은색이고 붉은색의 딱지날개에는 타원형의 검은색 무늬가 있다. 주홍하늘소류 중 가장 쉽게 볼 수 있으며 신나무나 단풍나무 꽃에 모인다. 애벌레는 물푸레나무와 단풍나무를 먹고 산다.

작은청동하늘소
딱정벌레목 하늘소과
크기 6~8mm, 출현 5~7월

몸은 남색이며 푸른색 광택이 있다. 앞가슴등판은 검붉은색을 띤다. 딱지날개에는 점무늬가 많아서 거칠거칠해 보인다. 봄이 되면 다양한 꽃을 찾아 부지런히 날아다니는 모습을 볼 수 있다.

굵은수염하늘소
딱정벌레목 하늘소과
크기 15~18mm, 출현 6~8월

몸은 검붉은색이며 광택이 강하다. 더듬이가 굵고 톱날처럼 생겨서 이름 지어졌다. 나뭇잎이나 풀잎에 앉아 쉬는 경우가 많다. 밤나무와 꼬리조팝나무, 쉬땅나무, 광대싸리에 잘 모인다.

벌호랑하늘소
딱정벌레목 하늘소과
크기 8~19㎜, 출현 5~6월

몸은 원통형으로 길쭉하며 흑갈색이고 황색 털로 덮여 있다. 딱지날개에는 황색 줄무늬가 있다. 산기슭의 풀잎에 앉아 있거나 국수나무와 밤나무, 개망초 등의 꽃에서 꽃가루를 잘 먹는다.

작은호랑하늘소
딱정벌레목 하늘소과
크기 7~11㎜, 출현 5~6월

몸은 전체적으로 검은색이다. 딱지날개에는 2개의 회백색 줄무늬가 있으며 매우 빠르게 기어 다닌다. 애벌레는 다양한 벌채목이나 잎에 날아오며 느티나무와 호두나무, 신갈나무를 먹고 산다.

긴다리범하늘소
딱정벌레목 하늘소과
크기 6~11㎜, 출현 5~7월

몸은 전체적으로 검은색이며 딱지날개에 회백색 줄무늬가 있다. 비슷한 범하늘소 중에서 다리가 매우 길어서 구별된다. 날개를 펴고 날아가거나 빠른 다리를 이용해서 활발하게 움직인다.

육점박이범하늘소
딱정벌레목 하늘소과
크기 7~13㎜, 출현 5~7월

몸은 전체적으로 황색을 띤다. 검은색 무늬가 딱지날개에 6개, 앞가슴등판에 2개 있다. 숲에 살면서 나뭇잎 위에 앉아 있는 모습을 쉽게 볼 수 있으며 다양한 식물을 먹고 산다.

벌 모양으로 위장하는 하늘소

벌호랑하늘소의 의태

육점박이범하늘소의 의태

참땅벌

어리별쌍살벌

곤충은 종류가 다양하고 개체 수가 많지만 호랑이나 독수리처럼 강한 동물은 아니다. 언제 자신을 잡아먹을지 모르는 무수한 천적을 이겨내야만 비로소 살고 번식할 수 있기 때문에, 항상 살아남기 위해 고민한다.
보통 곤충은 천적의 눈을 피하려고 주변 환경과 비슷한 보호색을 띠거나 악취를 풍긴다. 때로는 자신보다 더 힘센 동물의 모양이나 동작을 흉내 내어 비슷하게 꾸미는 '의태(擬態)'를 한다.
벌호랑하늘소와 육점박이범하늘소 등은 침을 갖고 있는 벌을 흉내 낸다. 그렇게 하면 아무리 힘센 천적도 접근을 꺼리기 때문이다. 무서운 벌로 위장한 결과 곤충은 자유를 만끽할 수 있다.

국화하늘소
딱정벌레목 하늘소과
크기 6~9㎜, 출현 4~5월

몸은 검은색이며 배 부분은 적갈색을 띤다. 앞가슴등판에 붉은색 무늬가 있다. 어른벌레는 쑥 잎 위에 앉아 있는 경우가 많다. 산지나 들판의 풀밭에 살면서 쑥 줄기 속에 알을 낳는다.

크기가 다른 하늘소

넉점각시하늘소 - 소형(4~6㎜)

버들하늘소 - 대형(30~55㎜)

하늘소 하면 대형 하늘소를 먼저 떠올리지만 소형 하늘소도 많다. 우리나라에서 가장 큰 장수하늘소는 몸 길이가 120㎜ 정도 되지만, 소형하늘소는 10㎜도 채 안 된다. 몸집이 10배 이상 차이가 나지만 기다란 더듬이를 가진 모습을 보면 모두 하늘소라는 것을 짐작할 수 있다.

딱정벌레목

잎에서 만나는 곤충

털두꺼비하늘소
딱정벌레목 하늘소과
크기 19~25mm, 출현 3~10월

몸은 전체적으로 암갈색이다. 딱지날개가 얼룩덜룩하고 검은색 털 뭉치가 발달한 모습이 두꺼비 등판을 떠올린다. 기다란 더듬이를 지닌 하늘소류의 곤충 중에서 가장 쉽게 볼 수 있다.

우리목하늘소
딱정벌레목 하늘소과
크기 24~35mm, 출현 5~8월

몸은 전체적으로 흑갈색을 띠며 짧은 황백색 털이 몸을 덮고 있다. 딱지날개에는 넓은 가로띠무늬가 2개 나타난다. 다리 힘이 매우 강해서 돌을 잘 들어올리는 놀이를 하기도 했다.

 **하늘소 애벌레와 식흔**

나무를 먹는 하늘소 애벌레

하늘소 애벌레는 오래 전에 죽어서 썩은 나무보다 이제 막 죽은 나무를 더 좋아한다.

애벌레가 목질 속을 파먹어 들어가면 먹이 흔적(식흔)이 만들어진다. 구멍이 뚫리고 먹이 흔적이 많은 나무를 보면 하늘소 애벌레가 살고 있다고 추정할 수 있다.

하늘소 애벌레는 나무속에서 목질만 먹으며 자라서 번데기가 된다. 번데기에서 어른벌레가 되면 튼튼한 큰턱으로 나무를 뚫고 세상 밖으로 나온다.

붉은산꽃하늘소
딱정벌레목 하늘소과
크기 12~22mm, 출현 6~8월

몸은 검은색이지만 딱지날개와 앞가슴등판의 빛깔이 붉은색을 띠기 때문에 전체적으로 붉게 보인다. 비행하다가 풀잎에 자주 내려앉아 쉬는 모습이 관찰된다. 애벌레는 죽은 나무속에 산다.

긴알락꽃하늘소
딱정벌레목 하늘소과
크기 12~23mm, 출현 5~7월

몸은 검은색이며 머리와 가슴에 황색 털이 많다. 딱지날개에는 4개의 황색 무늬가 가로로 나 있다. 매우 흔하게 만날 수 있는 꽃하늘소이다. 물오리나무 등 다양한 나무에 알을 낳는다.

꽃하늘소
딱정벌레목 하늘소과
크기 12~17mm, 출현 5~8월

몸은 전체적으로 검은색이거나 적갈색으로 색깔의 변이가 있다. 낮은 산지나 들판의 꽃, 풀잎에 앉아 있는 모습을 관찰할 수 있다. 애벌레는 오리나무와 은사시나무를 먹고 산다.

 좋아하는 먹이가 각각 다른 하늘소

긴알락꽃하늘소 - 꽃

남색초원하늘소 - 풀잎

하늘소 - 나무

하늘소는 종류마다 서식지가 각기 다르다. 꽃하늘소류는 꽃가루를 먹으며 꽃에서 산다. 풀잎이나 나뭇잎에 모이는 하늘소는 잎이나 줄기를 갉아 먹고 산다. 나무에 사는 하늘소는 나무와 나뭇진을 먹고 산다.

꽃이나 잎사귀에 살면서 지내는 하늘소는 크기가 작고 주로 낮에 활동하는데, 나뭇진이나 목질을 먹는 하늘소는 대형 하늘소가 많고 주로 밤에 활동한다.

① 꽃에 모이는 하늘소 : 긴알락꽃하늘소, 붉은산꽃하늘소, 꽃하늘소 등
② 잎에 모이는 하늘소 : 남색초원하늘소, 국화하늘소, 삼하늘소 등
③ 나무에 모이는 하늘소 : 하늘소, 버들하늘소, 검정하늘소 등

딱정벌레목

넉점각시하늘소
딱정벌레목 하늘소과
크기 5~8㎜, 출현 5~7월

머리와 가슴은 검은색이다. 더듬이와 배, 다리가 날개와 합쳐지는 부분은 황갈색 또는 적갈색이다. 딱지날개에는 작은 황색 무늬가 2쌍 있다. 꽃을 찾아서 모이지만 풀잎에 앉은 모습도 관찰된다.

통사과하늘소
딱정벌레목 하늘소과
크기 15~19㎜, 출현 5~6월

머리와 더듬이는 검은색이고 앞가슴과 다리는 적갈색을 띤다. 앞가슴등판 양옆에 검은색 점을 갖고 있다. 숲의 가장자리를 빠르게 날아다니며, 풀 줄기에 붙어 있으면 눈에 잘 띄지 않는다.

주둥무늬차색풍뎅이
딱정벌레목 풍뎅이과
크기 9~14㎜, 출현 5~9월

몸은 적갈색이며 황백색 털로 덮여 있다. 다양한 활엽수 잎을 먹고 살며 애벌레는 땅속에서 식물의 뿌리를 갉아 먹는다. 상수리나무와 오리나무, 다래나무 등 다양한 낙엽활엽수림에서 볼 수 있다.

연노랑풍뎅이
딱정벌레목 풍뎅이과
크기 8~12.5㎜, 출현 6~8월

몸은 연갈색이며 앞가슴등판에 2개의 검은색 무늬가 뚜렷하지만 개체에 따라 빛깔이 다양하다. 낮은 나무나 풀잎에서 쉽게 보인다. 다양한 식물의 잎을 먹고 살며, 애벌레는 묘목 해충이다.

홈줄풍뎅이
딱정벌레목 풍뎅이과
크기 11~16㎜, 출현 5~11월

몸은 달걀형 또는 원통형이다. 진한 녹색을 띠며 반질반질한 광택이 돈다. 딱지날개에는 10개의 깊은 홈이 패여 있어서 '홈줄풍뎅이'라고 불린다. 낮은 산지나 들판에서 쉽게 만날 수 있다.

풍뎅이
딱정벌레목 풍뎅이과
크기 15~23㎜, 출현 4~11월

몸은 녹색이며 우리나라 풍뎅이 중 광택이 가장 강하다. 활엽수의 잎과 꽃을 먹고 산다. 애벌레는 땅속에서 풀뿌리와 부식토를 먹고 산다. 낮은 산지나 들판뿐 아니라 강변이나 밭에서도 보인다.

굼벵이형 애벌레에서 자란 다양한 풍뎅이

풍뎅이류 애벌레

넓적사슴벌레 애벌레

장수풍뎅이 애벌레

흰점박이꽃무지 애벌레

풍뎅이, 장수풍뎅이, 사슴벌레, 꽃무지, 소똥구리, 검정풍뎅이, 똥풍뎅이, 송장풍뎅이, 소똥구리붙이는 모두 풍뎅이류로, 어른벌레는 각각 모습이 다르지만 애벌레는 모두 C자 모양으로 구부러진 굼벵이형 애벌레이다.

① 풍뎅이 : 풍뎅이, 카멜레온줄풍뎅이, 등노랑풍뎅이, 등얼룩풍뎅이 등
② 장수풍뎅이 : 장수풍뎅이, 외뿔장수풍뎅이, 둥글장수풍뎅이
③ 사슴벌레 : 왕사슴벌레, 넓적사슴벌레, 애사슴벌레 등
④ 꽃무지 : 풀색꽃무지, 호랑꽃무지, 검정꽃무지 등
⑤ 소똥구리 : 왕소똥구리, 애기뿔소똥구리, 모가슴소똥구리 등
⑥ 검정풍뎅이 : 참검정풍뎅이, 줄우단풍뎅이, 주황긴다리풍뎅이 등

딱정벌레목

등얼룩풍뎅이와 참콩풍뎅이 변이형 이야기

등얼룩풍뎅이 변이형　　참콩풍뎅이 변이형

등얼룩풍뎅이
딱정벌레목 풍뎅이과
크기 8~13mm, 출현 3~11월

몸은 갈색 바탕에 검은색 얼룩무늬가 잘 발달되어 있다. 몸 전체가 검은색인 변이도 있다. 더듬이를 삼지창처럼 펼친다. 활엽수의 잎을 먹으며, 애벌레는 뿌리를 갉아 먹는 골프장 해충이다.

참콩풍뎅이
딱정벌레목 풍뎅이과
크기 10~15mm, 출현 4~10월

몸은 진한 남색이며 광택이 난다. 배마디 양옆으로 흰색 털로 된 점무늬가 있다. 풀잎에 잘 앉으며 꽃에 무리 지어 날아와 꽃가루를 먹으며 짝짓기를 한다. 참나무류와 벚나무류의 잎을 먹기도 한다.

등얼룩풍뎅이와 참콩풍뎅이는 몸 빛깔이 서로 다른 변이형이 있다. 옷을 바꿔 입으면 다른 사람처럼 보이듯이 곤충도 빛깔이 다르면 서로 다른 곤충으로 착각하기 쉽다.
풍뎅이류는 빛깔이 다른 형태가 있어서 구별하기가 쉽지 않다. 풍뎅이가 옷을 바꾸어 입을 수는 있지만 몸의 형태가 바뀔 수는 없다. 생김새가 어떻게 생겼는지 눈여겨보면 같은 종류의 풍뎅이라는 것을 알 수 있다.
등얼룩풍뎅이 변이형은 완전히 검은색을 띠고 있다. 참콩풍뎅이 변이형은 딱지날개 빛깔이 청람색이 아닌 갈색을 띠고 있다. 전혀 다른 빛깔을 띠지만 전체적인 형태는 똑같아서 한 종류임을 확인할 수 있다.

콩풍뎅이
딱정벌레목 풍뎅이과
크기 10~13mm, 출현 4~11월

몸 빛깔은 진한 남색이며 생김새가 콩과 같다. 참콩풍뎅이와 닮았지만 배마디에 흰색 털이 보이지 않아서 구별된다. 평지나 낮은 산지의 다양한 꽃에 잘 날아오고 칡이나 나뭇잎에도 잘 앉는다.

녹색콩풍뎅이
딱정벌레목 풍뎅이과
크기 9~12mm, 출현 5~10월

몸 빛깔은 광택이 나는 녹색을 띤다. 풀밭의 다양한 꽃 위에 모여들며 애벌레는 땅속에서 뿌리를 먹고 산다. '왜콩풍뎅이'라고 잘못 알려졌지만 우리나라에는 '녹색콩풍뎅이'만 살고 있다.

카멜레온줄풍뎅이
딱정벌레목 풍뎅이과
크기 12~17mm, 출현 5~10월

몸은 광택이 있는 녹색이지만 황록색부터 청보라색까지 빛깔의 변이가 심하다. 어른벌레는 식물의 잎을 먹고, 애벌레는 뿌리를 갉아 먹는다. 우리나라의 풍뎅이 중에서 가장 흔하게 만날 수 있다.

등노랑풍뎅이
딱정벌레목 풍뎅이과
크기 12~18mm, 출현 5~10월

몸 빛깔이 전체적으로 황색을 띠고 있어서 '등노랑풍뎅이'라고 불린다. 다리는 구리색을 띤다. 낮은 산지의 풀밭에서 쉽게 만날 수 있으며 밤이 되면 불빛에도 잘 날아드는 모습을 볼 수 있다.

별줄풍뎅이
딱정벌레목 풍뎅이과
크기 14~20mm, 출현 5~11월

몸은 녹색을 띠며 카멜레온줄풍뎅이와 비슷하다. 딱지날개에는 4개의 굵고 너비가 좁은 세로 홈이 뚜렷하다. 어른벌레는 소나무 등의 침엽수 잎을 갉아 먹고, 애벌레는 식물의 뿌리를 먹고 산다.

주황긴다리풍뎅이
딱정벌레목 검정풍뎅이과
크기 7~10mm, 출현 4~9월

몸은 황갈색 비늘가루로 덮여 있어서 손으로 만져서 떨어지면 검은색 바탕이 드러난다. 다양한 꽃을 찾아 날아오며 잎사귀에도 잘 내려앉는다. 애벌레는 식물의 뿌리를 갉아 먹고 산다.

줄우단풍뎅이
딱정벌레목 검정풍뎅이과
크기 6~8.5mm, 출현 4~10월

몸은 황갈색이며 앞가슴등판에 2개의 굵은 세로줄이 있다. 딱지날개의 봉합선에도 검은색 무늬가 나타난다. 작은 비늘이 촘촘하게 덮인 모습이 우단을 떠올려서 이름 지어졌다.

풀색꽃무지
딱정벌레목 꽃무지과
크기 10~14mm, 출현 3~10월

몸 빛깔은 풀색이다. 풀잎에서 자주 발견되지만 산과 들의 흰색 꽃에도 잘 날아온다. 애벌레는 썩은 물질을 먹고 산다. 꽃무지류 중에서 개체 수가 많기 때문에 가장 쉽게 볼 수 있다.

호랑꽃무지
딱정벌레목 꽃무지과
크기 8~13mm, 출현 4~11월

몸은 검은색이며 온몸에 황색 털이 빽빽하게 나 있다. 모습이 호랑이의 줄무늬를 닮아서 '호랑꽃무지'라고 불린다. 침이 있는 꿀벌처럼 위장하고 있어서 천적으로부터 자신을 보호한다.

넓적꽃무지
딱정벌레목 꽃무지과
크기 4~7mm, 출현 4~10월

몸은 검은색으로 광택이 있다. 등판이 넓적해서 '넓적꽃무지'라고 불린다. 다양한 꽃에 잘 날아오며 풀잎이나 고목에서도 볼 수 있다. 어른벌레는 썩은 나무껍질 속이나 낙엽 밑에서 겨울을 난다.

비슷하면서도 다른 꽃무지류와 풍뎅이류

꽃무지류(풀색꽃무지) 　　　풍뎅이류(풍뎅이)

풀색꽃무지, 풍이, 사슴풍뎅이가 속하는 꽃무지류와 풍뎅이, 콩풍뎅이, 등얼룩풍뎅이 등이 속하는 풍뎅이류는 모두 풍뎅이상과에 속하는 곤충이어서 모습이 서로 비슷하다.

꽃무지류와 풍뎅이류는 몸 빛깔이 화려하고 광택이 있어서 겉보기에는 헷갈린다. 구별을 하려면 딱지날개의 생김새와 비행할 때의 모습을 잘 관찰해야 한다.

꽃무지류 vs 풍뎅이류
① 생김새 : 꽃무지류는 딱지날개가 편평하게 생겼고, 풍뎅이류는 볼록한 반원형이다.
② 비행 시 : 꽃무지류는 딱지날개를 접은 채 뒷날개가 나와서 날아가며, 풍뎅이류는 딱지날개를 위로 벌린 후 뒷날개를 쭉 펴서 날아간다.

딱정벌레목

네점가슴무당벌레
딱정벌레목 무당벌레과
크기 4~5.1mm, 출현 4~10월

몸은 주황색이며 흰색 또는 황백색의 둥근 점이 찍혀 있다. 앞가슴등판에 4개의 흰색 점무늬가 있어서 이름이 붙여졌다. 사철나무와 배롱나무, 참나무류에 발생한 흰가루병균을 먹고 산다.

노랑무당벌레
딱정벌레목 무당벌레과
크기 3.5~5mm, 출현 4~10월

딱지날개가 황색으로 눈에 띈다. 앞가슴등판은 흰색으로 검은색 점무늬가 2개 있다. 산지와 도시의 정원에서 발견된다. 참나무류와 미국산딸나무, 사철나무에 생긴 흰가루병균을 먹고 산다.

애홍점박이무당벌레
딱정벌레목 무당벌레과
크기 3.3~4.9mm, 출현 3~11월

몸은 광택이 강한 검은색이다. 딱지날개에 1쌍의 작고 둥근 붉은색 무늬가 있다. 등이 우뚝 솟은 모습이 군인이 쓰는 철모 같다. 초봄에 나무껍질에 잘 붙어 있으며 깍지벌레를 먹고 산다.

홍테무당벌레
딱정벌레목 무당벌레과
크기 4.5~5.5mm, 출현 4~5월

몸은 검은색으로 홍색 테두리가 있어서 '홍테무당벌레'라고 이름 지어졌다. 어른벌레와 애벌레 모두 장미과 식물에 기생하는 깍지벌레를 잘 잡아먹고 산다. 초봄에 만날 수 있는 무당벌레이다.

달무리무당벌레
딱정벌레목 무당벌레과
크기 6.7~8.5mm, 출현 4~6월

딱지날개는 주홍색으로 흰색 점이 찍혀 있다. 딱지날개 좌우 양 끝의 흰색 점 안에 검은색 점이 찍혀 있는 모습이 달무리가 진 듯 보여서 '달무리무당벌레'라고 불린다. 왕진딧물을 잡아먹고 산다.

칠성무당벌레
딱정벌레목 무당벌레과
크기 5~8.5mm, 출현 3~11월

머리는 검은색이지만 딱지날개가 붉은색을 띤다. 딱지날개에는 7개의 검은색 점이 박혀 있다. 초봄부터 양지바른 풀밭에서 활동한다. 어른벌레와 애벌레 모두 진딧물을 잡아먹고 산다.

무당벌레와 개미, 진딧물의 삼각관계

무당벌레와 진딧물 – 천적 관계   진딧물과 개미 – 공생 관계

동글동글 귀여운 무당벌레는 진딧물을 잡아먹는 육식성 곤충에서 풀밭에서 자주 볼 수 있다. 풀 줄기와 풀잎에 줄지어 모여 있는 진딧물은 무당벌레가 마음껏 잡아먹기에 좋다.

그렇지만 **무당벌레는 종종 방해꾼 때문에 어려움을 겪는다. 무당벌레를 방해하는 훼방꾼은 진딧물의 꽁무니에서 나오는 달콤한 배설물(감로)을 먹으려는 개미이다.** 개미는 진딧물을 지켜야 하고, 무당벌레는 진딧물을 잡아먹어야 해서 서로 다툼이 벌어진다.

무당벌레는 떼로 몰려드는 개미의 특성 때문에 진딧물을 쉽게 먹지 못하지만, 진딧물의 개체 수가 워낙 많아서 배부르게 잡아먹을 수는 있다.

딱정벌레목

무당벌레 딱지날개 변이형 이야기

무당벌레 변이형

무당벌레 변이형

꼬마남생이무당벌레 변이형

꼬마남생이무당벌레 변이형

무당벌레
딱정벌레목 무당벌레과
크기 5~8mm, 출현 3~11월

몸은 황색 또는 주황색을 띤다. 딱지날개에는 검은색 점무늬가 많지만 개체마다 무늬 변이가 많다. 어른벌레와 애벌레 모두 진딧물을 잡아먹고 산다. 어른벌레는 무리 지어 겨울나기를 한다.

꼬마남생이무당벌레
딱정벌레목 무당벌레과
크기 3~4.5mm, 출현 4~10월

몸은 황색 또는 주황색을 띤다. 딱지날개에 검은색 띠무늬가 남생이의 등판처럼 생겼다. 딱지날개는 개체마다 무늬 변이가 다양하다. 산지나 밭, 하천 주변의 풀밭에서 진딧물을 잡아먹고 산다.

우리나라에 살고 있는 90여 종의 무당벌레 중 가장 흔히 관찰되는 종은 칠성무당벌레와 무당벌레이다. 칠성무당벌레는 붉은색 날개에 검은색 점무늬가 7개 찍혀 있다. 또한 무당벌레는 빛깔과 무늬가 매우 다양한데, 보통 붉은색 딱지날개에 검은색 점무늬가 박혀 있다.

무당벌레 중에는 붉은색 딱지날개에 점무늬가 하나도 없거나, 검은색 바탕에 붉은색 점무늬를 갖는 변이형이 있다. 꼬마남생이무당벌레도 딱지날개에 남생이 무늬가 없는 변이형이 있다. 빛깔과 점무늬가 다르면 서로 다른 무당벌레처럼 보이지만 짝짓기 하는 모습을 보면 같은 종류의 무당벌레라는 것을 알 수 있다.

다양한 무당벌레 애벌레

무당벌레 애벌레

칠성무당벌레 애벌레

꼬마남생이무당벌레 애벌레

남생이무당벌레 애벌레

애곱추무당벌레
딱정벌레목 무당벌레과
크기 1.4mm 내외, 출현 5~6월

몸은 둥근 원형이며 전체적으로 갈색을 띤다. 앞가슴등판은 검은색이다. 딱지날개 좌우에 둥근 점무늬가 1쌍 있고, 중앙에 1개의 둥근 점무늬가 있다. 딱지날개를 가로지르는 굵은 검은색 줄무늬가 있다.

남생이무당벌레
딱정벌레목 무당벌레과
크기 8~13mm, 출현 4~7월

딱지날개는 붉은색으로 검은색 줄무늬가 거북류의 남생이를 보는 듯해서 '남생이무당벌레'라고 이름 지어졌다. 우리나라에서 가장 몸집이 커서 진딧물보다는 잎벌레의 애벌레를 잡아먹는다.

무당벌레는 산이나 들에서 가장 쉽게 만날 수 있는 대표적인 곤충이다. 나비와 나비 애벌레가 전혀 다른 모습인 것처럼 무당벌레도 어른벌레와 애벌레의 모습이 매우 다르다.

무당벌레 어른벌레가 동글동글하고 반질반질한 딱지날개를 가진 것과 달리 애벌레는 모양이 길쭉하다. 이렇게 어른벌레와 애벌레가 서로 모습은 다르지만 진딧물 같은 작은 곤충을 잡아먹는 습성은 똑같다.

진딧물을 먹고 다 자란 무당벌레 애벌레는 풀잎이나 풀 줄기에 매달려서 번데기가 된다. 어른이 된 무당벌레는 애벌레 시절 먹었던 진딧물을 똑같이 먹으면서 생활한다.

딱정벌레목

유럽무당벌레
딱정벌레목 무당벌레과
크기 4.4~6mm, 출현 5~7월

몸은 황갈색이며 딱지날개에는 연황색의 불규칙한 점무늬가 14개 있다. 보리수나무에서 매미류 곤충인 나무이를 먹고 산다. 개울가 주변이나 길가에서 비교적 쉽게 만날 수 있다.

열석점긴다리무당벌레
딱정벌레목 무당벌레과
크기 5.5~6mm, 출현 5~10월

몸은 갈색이며 딱지날개에 검은색 점무늬가 13개 있다. 일반 무당벌레와 달리 몸이 긴 타원형에 가깝고 다리가 길다. 갈대가 자라는 강변이나 습지, 바닷물과 섞이는 곳에 살며 진딧물을 잡아먹는다.

곱추무당벌레
딱정벌레목 무당벌레과
크기 4~5.5mm, 출현 5~6월

몸은 황갈색이며 짧은 털이 빼빽하다. 딱지날개에 다양한 크기의 점무늬가 5쌍 있다. 진딧물과 깍지벌레 등 작은 곤충을 잡아먹는 무당벌레와는 달리 물푸레나무나 쥐똥나무의 잎을 갉아 먹는다.

큰이십팔점박이무당벌레
딱정벌레목 무당벌레과
크기 7~8.5mm, 출현 4~10월

몸은 황갈색이며 잔털이 매우 많다. 광택이 좋은 무당벌레와는 달리 광택이 전혀 없다. 딱지날개에는 검은색 점무늬가 28개 있다. 텃밭이나 풀밭에 살면서 감자나 가지 등 작물을 갉아 먹는다.

목대장
딱정벌레목 목대장과
크기 12~14mm, 출현 5~6월

몸은 연황색을 띠지만 검은색까지 다양하다. 몸과 다리가 가늘고 머리가 작다. 꽃에 잘 모여서 하늘소붙이나 꽃하늘소와 비슷해 보인다. 산지의 다양한 꽃에 모이거나 풀잎에서 발견된다.

목대장과 꽃하늘소

목대장

꽃하늘소

목대장과 꽃하늘소는 꽃가루를 먹고 사는 곤충으로 생김새가 비슷하여 구별이 어렵지만, 몇 가지만 살펴보면 쉽게 구별할 수 있다. 목대장은 목에 해당하는 가슴 부분이 삼각형으로 굵고, 더듬이는 실 모양으로 짧다. 반면 꽃하늘소는 가슴 부분이 작고 더듬이가 긴 점이 다르다.

황녹색호리비단벌레
딱정벌레목 비단벌레과
크기 6.5~8mm, 출현 7~8월

몸은 구리색 광택을 띠는 녹색이지만 빛깔에 변이가 있다. 몸은 가늘고 길며 매우 호리호리하다. 딱지날개 아랫쪽 부분에 독특한 검은색 무늬가 특징이다. 낮은 산지의 풀잎에서 볼 수 있다.

흰점호리비단벌레
딱정벌레목 비단벌레과
크기 5~8.5mm, 출현 5~9월

몸은 흑갈색이며 보라색 광택이 있다. 몸 전체가 가늘고 길며 딱지날개에 6개의 흰색 점무늬가 있다. 숲의 가장자리나 벌채목에 산다. 작은 소리가 들려도 풀숲에 추락하거나 재빨리 도망친다.

딱정벌레목

 방아벌레 이름 이야기

대유동방아벌레

버드나무좀비단벌레
딱정벌레목 비단벌레과
크기 3~4mm, 출현 4~5월

머리와 앞가슴등판은 검은색을 띠며 딱지날개는 흑청색을 띤다. 산길이나 계곡의 버드나무 잎에서 주로 발견되며, 소형 비단벌레로 매우 작다. 풀잎을 건드리면 아래로 떨어지는 습성이 있다.

얼룩무늬좀비단벌레
딱정벌레목 비단벌레과
크기 3~4mm, 출현 5~6월

몸은 검은색이며 황색과 금색, 은백색 털이 빽빽하다. 앞가슴등판에 검은색 털 뭉치가 둥글게 나타나지만 몸집이 너무 작아서 잘 보이지 않으며, 크기 때문에 이름에 '좀비단벌레'가 붙여졌다.

대유동방아벌레
딱정벌레목 방아벌레과
크기 9~12mm, 출현 4~6월

몸은 흑갈색이지만 붉은색 털로 덮여 있어 나뭇가지나 나뭇잎에 앉아 있으면 눈에 잘 띈다. 더듬이는 가느다란 톱니 모양이다. 몸이 거꾸로 뒤집히면 똑딱 소리 내며 튀어 올라 자세를 바로잡는다.

방아벌레를 부르는 이름은 매우 다양하다. 몸이 뒤집혀지면 방아를 찧듯 튀어 올라 자세를 바로 잡는다고 해서 '방아벌레'라고 한다. 방아벌레가 공중제비하여 자세를 바로 잡을 때 똑딱 하는 소리가 들려서 '똑딱벌레'라고도 불린다. 서양에서는 방아 찧는 소리가 마우스 클릭하는 소리와 비슷하다고 해서 '클릭딱정벌레(Click beetle)'라고도 한다.

 방아벌레의 도약 원리

검정테광방아벌레
딱정벌레목 방아벌레과
크기 9~14mm, 출현 7~8월

몸은 황갈색이다. 앞가슴등판 가운데와 딱지날개 양쪽 끝에 세로로 발달된 검은색 줄이 있다. 색깔이 독특해서 쉽게 구별된다. 활엽수의 가장자리 부분에서 활동하며 꽃에도 잘 날아온다.

노란점색방아벌레
딱정벌레목 방아벌레과
크기 8~10mm, 출현 4~5월

머리와 앞가슴등판은 검은색으로 광택이 있다. 앞가슴등판과 딱지날개가 만나는 곳에 있는 반원형의 황색 점무늬 1쌍이 특징이다. 어른벌레는 꽃에도 잘 모인다. 썩은 나무속에서 겨울을 난다.

크라아츠방아벌레
딱정벌레목 방아벌레과
크기 8.5~12mm, 출현 4~5월

몸이 가늘고 길며 광택이 있는 검은색을 띤다. 딱지날개 가운데 부분에 둥근 황색 점무늬가 2개 있는 것이 특징이다. 더듬이가 길며 톱니 모양이다. 봄에는 나무 새순이나 가지 위에서 발견된다.

방아벌레는 다리가 워낙 짧아 땅에 잘 닿지 않아서 몸이 뒤집혀지면 자세를 바로잡기가 매우 힘들다. 땅에 다리가 닿게 되면 다리를 이용해서 몸을 바로잡기도 한다. 대부분의 방아벌레는 방아 찧는 특기를 이용하는데, 뒤집혀진 몸을 젖혀서 가운데가슴을 앞가슴돌기로 끌어당긴다. 끌어당긴 자세가 풀리면 몸이 공중으로 튀어 오르게 된다. 활을 힘껏 당겼다가 풀리면 화살이 발사되는 원리와 매우 비슷하다.

딱정벌레목

겨울나기를 하는 진홍색방아벌레

나무속으로 파고드는 진홍색방아벌레

진홍색방아벌레
딱정벌레목 방아벌레과
크기 10~12mm, 출현 4~7월

몸은 전체적으로 검은색이며 딱지날개는 붉은색을 띤다. 딱지날개에 세로로 홈이 있다. 햇살이 좋은 초봄이면 나무줄기에 붙어 있거나 잘 날아다닌다. 어른벌레로 나무 속에서 겨울나기를 한다.

겨울을 나는 방법

붉은색이 예쁜 진홍색방아벌레는 어른벌레로 추운 겨울을 지낸다. 썩은 나무속에서 잔뜩 움츠리고 겨울잠 자는데 죽은 듯 보이지만 따뜻한 곳에 놔두면 움직인다. 곰처럼 깊이 겨울잠을 자는 것이 아니라 다람쥐처럼 가수면 상태로 겨울을 나기 때문에 따뜻해지면 금방 활동한다.

검정빗살방아벌레
딱정벌레목 방아벌레과
크기 17mm 내외, 출현 5~7월

몸은 광택이 있는 검은색을 띤다. 딱지날개는 매우 가는 회색 털로 덮여 있다. 더듬이는 톱니 모양이며 들과 야산의 풀잎이나 나뭇잎에서 볼 수 있다. 어른벌레로 썩은 나무속에서 겨울나기를 한다.

녹슬은방아벌레
딱정벌레목 방아벌레과
크기 12~16mm, 출현 5~10월

몸은 암갈색 또는 흑갈색을 띤다. 흰색 또는 황갈색 털이 많은데, 얼룩덜룩한 모습이 마치 녹슨 쇠처럼 보인다. 몸빛깔이 땅이나 나무와 비슷해서 다리를 움츠리고 있으면 찾기 힘들다.

왕빗살방아벌레
딱정벌레목 방아벌레과
크기 22~27mm, 출현 4~6월

몸은 전체적으로 진한 갈색이며 황갈색 무늬가 얼룩덜룩하다. 수컷 더듬이는 빗살 모양이고 암컷은 톱니 모양이다. 우리나라에서 가장 큰 대형 방아벌레로 야행성이어서 밤에 불빛에 잘 날아온다.

꼬마방아벌레
딱정벌레목 방아벌레과
크기 4.5mm 내외, 출현 4~9월

몸은 적갈색이며 머리는 검은색이다. 앞가슴등판과 딱지날개 가운데에 검은색 무늬가 있다. 크기가 매우 작아서 '꼬마방아벌레'라고 불린다. 풀밭이나 논밭의 땅을 기어가거나 파고든다.

청동방아벌레
딱정벌레목 방아벌레과
크기 15mm 내외, 출현 5~6월

몸은 검은색으로 청동색의 광택이 강하다. 어른벌레는 6월에 알을 낳는다. 알에서 부화된 애벌레는 땅속에서 2~3년 동안 활동하다가 번데기가 되고, 가을에 어른벌레가 되어 겨울나기를 한다.

연노랑목가는병대벌레
딱정벌레목 병대벌레과
크기 7~10mm, 출현 5~6월

몸은 회색을 띠는 황색이다. 딱지날개에는 미세한 털이 많다. 머리 뒷부분과 앞가슴등판은 검은색이다. 연황색의 앞가슴등판과 머리가 이어지는 부분이 가늘어서 이름 지어졌다.

딱정벌레목

병대벌레 이름 이야기

등점목가는병대벌레

회황색병대벌레
딱정벌레목 병대벌레과
크기 9~11mm, 출현 5~6월

몸은 회황색이며 발톱에 혹처럼 생긴 돌기가 있다. 평지나 강변의 풀밭에 살면서 진딧물이나 잎벌레 애벌레 등을 잡아먹는 포식성 곤충이다. 애벌레로 겨울을 나고 5월 초에 어른벌레가 된다.

노랑줄어리병대벌레
딱정벌레목 병대벌레과
크기 7~9mm, 출현 4~6월

몸은 전체적으로 검은색이며 앞가슴등판은 주황색을 띤다. 가슴 가운데에는 검은색 점무늬가 있다. 낮은 산지나 풀밭의 다양한 꽃에 잘 날아와서 진딧물과 같은 작은 곤충을 잡아먹고 산다.

등점목가는병대벌레
딱정벌레목 병대벌레과
크기 10~15mm, 출현 4~6월

몸은 회황색이며 머리 앞쪽과 가슴등판은 적갈색이다. 활엽수 잎이나 풀잎 아랫면에 붙어 있다가 진딧물을 잡아먹는다. 밤에 불빛에 끌리며 빛에 이끌려 온 깔따구류 같은 곤충을 잡아먹는다.

병대벌레는 진딧물을 잡아먹는 포식성 곤충으로 무리 지어서 발생하는 경우가 많다. 그래서 **무리 지어 발생하는 군사라는 뜻의 '병대(兵隊)벌레'로 불린다.**
서양에서는 곤충을 잡아먹은 포식성 병대벌레를 보고 군인처럼 용맹한 딱정벌레라는 뜻의 '군인딱정벌레(Soldier beetle)'라고 한다.
중국에서는 국화에 오는 호랑이 딱정벌레라는 뜻의 '국호(菊虎)'라고도 부른다.
한편 북한에서는 빛을 내는 반딧불이와 비슷하지만 빛을 내지 못하고 잎에서 볼 수 있다고 해서 '잎반디'라고 한다.

붉은색으로 모방하기

살짝수염홍반디

붉은꼬마꼭지나방

별홍반디
딱정벌레목 홍반디과
크기 5~9mm, 출현 4~7월

몸은 검은색이며 딱지날개는 검붉은색을 띤다. 톱니 모양의 더듬이는 몸 길이보다 짧다. 평지와 산지 계곡 주변의 풀밭을 날아다닙니다. 자세한 생태가 알려지지 않아서 앞으로 많은 연구가 필요하다.

고려홍반디
딱정벌레목 홍반디과
크기 4.5~8mm, 출현 5~9월

몸 빛깔은 연주황색을 띤다. 더듬이와 다리는 검은색이며, 더듬이는 톱니 모양이다. 눈은 크지만 앞가슴등판 아래에 달려 있어서 잘 보이지 않는다. 모습이 불빛을 내는 반딧불이와 매우 닮았다.

살짝수염홍반디
딱정벌레목 홍반디과
크기 9~12mm, 출현 5~6월

몸은 검은색이며 딱지날개가 붉은색을 띤다. 머리와 다리는 검은색이다. 수컷의 더듬이는 빗살 모양이고 암컷은 톱니 모양이다. 수염처럼 생긴 멋진 더듬이를 갖고 있는 매우 특이한 곤충이다.

붉은색을 띠는 홍반디는 맛이 없어서 천적이 잡아먹기를 꺼린다. 이러한 특징을 이용해서 자신을 지키는 곤충이 많다. **붉은꼬마꼭지나방은 홍반디와 닮아서 천적들이 감쪽같이 속아 넘어간다.**
한편 열점박이별잎벌레나 십이점박이잎벌레도 무당벌레의 경고색을 흉내 내서 자신을 지킨다.

딱정벌레목

애벌레 이야기

홍날개 애벌레

홍날개는 초봄부터 하늘을 날아다니는 붉은색 곤충으로 나무속에서 애벌레 상태로 겨울을 나다가 봄이 찾아오면 번데기가 된다.
벌채목이나 썩은 나무 둥치의 나무껍질을 벗겨보면 납작하게 생긴 애벌레를 발견할 수 있다.
홍날개 애벌레의 모습은 어른벌레와 매우 다르지만 겨우내 열심히 자라서 따뜻한 봄이 되면 붉은색을 자랑하며 날아다니는 어른이 된다.

노랑무늬의병벌레
딱정벌레목 의병벌레과
크기 5.2~5.8㎜, 출현 5~6월

몸은 청록색이며 딱지날개 끝에 황색 무늬가 있다. 수컷은 분비샘에서 나온 분비물을 암컷에게 주고 난 다음 짝짓기를 한다. 풀밭의 습지 주변에 살며 작은 곤충을 잡아먹는 포식성 곤충이다.

탐라의병벌레
딱정벌레목 의병벌레과
크기 4~5㎜, 출현 4~5월

몸은 전체적으로 청람색을 띤다. 딱지날개가 배 끝을 넘지 못해서 배의 끝 부분이 보인다. 평지와 야산의 풀밭에 살면서 작은 곤충을 잡아먹는다. 의병처럼 용감하다고 해서 이름 지어졌다.

홍날개
딱정벌레목 홍날개과
크기 7~10㎜, 출현 3~5월

머리는 검은색이며 딱지날개는 붉은색 광택이 있다. 초봄에 햇빛을 받으며 날아다니는 모습이 매우 아름답다. 애벌레는 썩은 나무를 먹고 살며 나무껍질 밑에서 겨울을 나는 모습을 볼 수 있다.

암컷과 수컷 구별하기

시베르스하늘소붙이 암컷

시베르스하늘소붙이 수컷

얇은 몸과 긴 더듬이를 가진 시베르스하늘소붙이는 봄에 핀 야생화에 잘 모여서 꽃가루를 먹는다.
암컷과 수컷이 매우 비슷해 보이지만 다리를 보면 금방 구별할 수 있다. 수컷은 뒷다리의 넓적다리마디가 알통처럼 부풀어서 굵기에 차이가 나지만, 암컷은 다른 다리와 굵기가 비슷하다.

황머리털홍날개
딱정벌레목 홍날개과
크기 8~12㎜, 출현 6~9월

몸은 검은색이며 딱지날개는 주홍색을 띤다. 더듬이는 검은색이며 톱니 모양이다. 모습은 홍날개와 닮았지만 몸집이 크고 앞가슴등판이 검은색을 띠어서 구별된다. 숲에 살며 나뭇잎에 잘 앉는다.

녹색하늘소붙이
딱정벌레목 하늘소붙이과
크기 5~7㎜, 출현 4~5월

몸은 광택이 있는 녹색을 띤다. 산지의 풀밭에 살며 풀잎이나 꽃에 모여 있는 모습을 볼 수 있다. 꽃에서 꽃가루도 먹고 짝짓기도 하기 때문에 꽃가루를 묻히고 다니는 모습을 볼 수 있다.

시베르스하늘소붙이
딱정벌레목 하늘소붙이과
크기 8~12㎜, 출현 4~6월

머리와 딱지날개는 암청색이며 앞가슴등판은 붉은색이다. 수컷은 뒷다리의 넓적다리마디가 알통처럼 두껍게 발달되어 있지만 암컷은 없다. 낮은 산지의 풀잎이나 꽃에 잘 날아든다.

딱정벌레목

황가뢰
딱정벌레목 가뢰과
크기 9~22mm, 출현 6~8월

몸은 연황색을 띤다. 다리 끝 부분만 검은색이기 때문에 신발을 신은 듯 보인다. 낮에는 풀잎이나 꽃에 잘 모이며 밤에는 불빛에도 잘 날아든다. 위협을 느끼면 죽은 척하기도 한다.

석점박이방아벌레붙이
딱정벌레목 방아벌레붙이과
크기 9.5~16mm, 출현 5~6월

몸은 청람색을 띠며 가슴등판은 붉은색을 띤다. 가슴 부분에 3개의 검은색 점무늬가 뚜렷하다. 전체적인 모습이 방아벌레와 매우 닮았지만 뒤집어 놓으면 똑딱 하고 뛰어오르지 못한다.

붉은가슴방아벌레붙이
딱정벌레목 방아벌레붙이과
크기 5~6mm, 출현 5~6월

몸은 검은색이며 남색의 광택이 난다. 앞가슴등판이 주홍색을 띠고 있어서 '붉은가슴방아벌레붙이'라고 불린다. 크기가 작아서 꼬마방아벌레와 닮았지만 전혀 다른 방아벌레붙이다.

털보잎벌레붙이
딱정벌레목 잎벌레붙이과
크기 6~8mm, 출현 4~8월

몸은 검은색이며 딱지날개는 갈색을 띤다. 몸 전체가 황백색 털로 덮여 있다. 숲의 풀잎이나 꽃에 모이기도 하고 낙엽 위를 느릿느릿 기어가기도 한다. 애벌레는 썩은 나무나 껍질 속에서 산다.

무당벌레붙이
딱정벌레목 무당벌레붙이과
크기 4.7~5mm, 출현 3~10월

몸은 전체적으로 붉은색을 띤다. 무당벌레와 많이 닮아 보이지만 다리와 더듬이가 매우 길어서 구별된다. 버섯과 곰팡이를 먹고 살며 나무껍질이나 돌 틈에서 어른벌레로 겨울나기를 한다.

개미붙이
딱정벌레목 개미붙이과
크기 7~10mm, 출현 4~8월

딱지날개에는 가로로 된 줄무늬가 있다. 온몸에 황백색 털이 가득하다. 나무나 벌채목을 빠르게 기어 다니며 나무좀처럼 작은 곤충을 사냥한다. 개미와 무척 닮아서 '개미붙이'라고 불린다.

 모습이 비슷한 곤충 이름 이야기

무당벌레붙이

석점박이방아벌레붙이

알통다리하늘소붙이

털보잎벌레붙이

곤충 이름 중에는 원래의 곤충과 비슷하다는 이유로 '사촌'이나 '사돈', '어리' 등을 많이 붙인다. 부처나비와 부처사촌나비, 개미와 개미사돈, 무당벌레와 어리무당벌레는 서로 모습이 비슷하다.
특히 모습이 매우 닮은 곤충에게 '붙이'라는 이름을 가장 많이 쓴다. 하늘소와 하늘소붙이, 방아벌레와 방아벌레붙이, 무당벌레와 무당벌레붙이, 개미와 개미붙이, 잎벌레와 잎벌레붙이, 풍뎅이와 풍뎅이붙이, 사마귀와 사마귀붙이처럼 이름에 모두 '붙이'가 붙었다.
무당벌레붙이는 무당벌레처럼 보이며, 방아벌레붙이는 방아벌레 같고, 개미붙이는 개미와 똑같아 착각할 수 있다.

노린재목

장수허리노린재
노린재목 허리노린재과
크기 18~24mm, 출현 5~10월

몸은 암갈색이며 몸집이 큰 대형 노린재이다. 뒷다리의 넓적다리마디가 매우 크게 부풀어 있는 점이 특징이다. 특히 수컷의 뒷다리가 매우 심하게 부풀어 있어서 발견하자마자 금방 알 수 있다.

암컷과 수컷 구별하기

장수허리노린재 암컷

장수허리노린재 수컷

장수허리노린재는 몸통이 앞가슴보다 움푹 들어간 대형 허리노린재이다. 보통 노린재는 암수의 외형 차이가 거의 없어서 구별이 힘들지만 장수허리노린재는 다르다. 수컷은 뒷다리가 두툼하게 발달되었지만 암컷은 두툼하지 않다. 전체적인 모습도 달라서 다른 종류의 노린재로 의심되기도 한다.

우리가시허리노린재
노린재목 허리노린재과
크기 9~13mm, 출현 4~11월

몸은 진한 갈색이며 더듬이 아랫부분에 검은색 세로줄이 있는 것이 특징이다. 양쪽 어깨 끝에 있는 가시가 시골가시허리노린재보다 위쪽으로 더 휘어져 있다. 여기저기 잘 옮겨 다니며 풀즙을 빤다.

시골가시허리노린재
노린재목 허리노린재과
크기 9~11mm, 출현 4~11월

몸은 길쭉하며 갈색을 띤다. 벼과 식물을 비롯한 다양한 풀에서 살아간다. 우리가시허리노린재와 비슷하게 생겼지만 더듬이 제1마디의 아랫부분에 검은색 세로줄이 없어서 구별된다.

넓적배허리노린재
노린재목 허리노린재과
크기 11~15mm, 출현 4~10월

몸은 전체적으로 황갈색을 띤다. 배 옆 가장자리가 매우 넓게 늘어나서 '넓적배허리노린재'라고 불린다. 배는 넓적하지만 허리는 움푹 들어갔다. 칡이나 콩과 같은 콩과 식물에서 볼 수 있다.

큰허리노린재
노린재목 허리노린재과
크기 18~25mm, 출현 4~11월

몸은 진한 갈색을 띠며 광택이 없는 대형 노린재이다. 풀줄기나 풀잎에 혼자 매달려 있거나 짝짓기 하는 모습을 흔하게 볼 수 있다. 덩치가 워낙 크기 때문에 방귀 냄새까지 매우 지독하다.

지독한 방귀쟁이 노린재의 방귀 이야기

큰허리노린재 애벌레

큰허리노린재 어른벌레

방귀를 잘 뀌는 노린재는 '방귀벌레'라고 불린다. 노린재의 어른벌레와 애벌레 모두 방귀 뀌는 능력을 갖고 있는데, 방귀가 뿜어져 나오는 위치는 서로 다르다.

노린재 애벌레는 배 등쪽 부분에 냄새 구멍이 있지만, 어른벌레는 뒷다리 밑부분에 1쌍의 냄새 구멍이 있다. 냄새 구멍은 서로 다르지만 냄새 물질을 저장하는 냄새샘은 모두 앞가슴에 있다.

노린재가 분사하는 냄새 물질의 성분은 헥사놀과 옥소헥사놀의 휘발성 물질이다. 냄새 물질이 휘발성이라서 한 번 방귀를 뀌면 순식간에 주변으로 빠르게 퍼져 나간다.

꽈리허리노린재
노린재목 허리노린재과
크기 10~14㎜, 출현 5~10월

몸은 암갈색이며 광택이 없다. 뒷다리의 넓적다리마디가 매우 크게 부풀어 있으며 허리는 잘록하다. 야산이나 들판의 풀잎에서 흔히 볼 수 있으며 경작지 주변의 풀밭에서도 볼 수 있다.

노랑배허리노린재
노린재목 허리노린재과
크기 10~16㎜, 출현 4~12월

몸은 진갈색 또는 검은색이다. 배 부분이 황색을 띠어서 '노랑배허리노린재'라고 불린다. 여름부터 발견되지만 주로 가을에 많다. 화살나무와 참빗살나무, 참회나무의 잎과 열매에서 떼를 지어 많이 발견된다.

두점배허리노린재
노린재목 허리노린재과
크기 12~16㎜, 출현 4~10월

넓적배허리노린재와 매우 닮았지만 단단한 앞날개의 가운데에 검은색 점이 뚜렷해서 다르다. 적갈색의 더듬이도 시작에서 끝으로 갈수록 굵어지는 것도 다르다. 칡이나 콩과 식물에서 보인다.

떼허리노린재
노린재목 허리노린재과
크기 8~12㎜, 출현 3~10월

산야의 풀밭이나 경작지에서 매우 쉽게 볼 수 있다. 단단한 앞날개의 가운데에 2개의 황색 무늬가 뚜렷한 것이 특징이다. 나무나 풀 줄기에 한꺼번에 떼로 모여 있는 모습을 쉽게 볼 수 있다.

애허리노린재
노린재목 허리노린재과
크기 8~11㎜, 출현 3~10월

몸은 암갈색으로 떼허리노린재와 매우 흡사하다. 앞날개가 매우 짧아서 배 끝 부분까지 모두 덮지 못한다. 떼허리노린재처럼 군집 생활을 하지만 개체 수가 적어서 쉽게 보기는 힘들다.

톱다리개미허리노린재
노린재목 호리허리노린재과
크기 14~17㎜, 출현 1~12월

몸은 진한 갈색을 띠며 허리가 개미허리처럼 매우 잘록하다. 뒷다리의 넓적다리마디에 톱날 같은 가시가 있어서 이름이 지어졌다. 어른벌레가 날아다니는 모습이 마치 벌처럼 보인다.

톱날 다리를 가진 톱다리개미허리노린재

톱다리개미허리노린재 애벌레   곰개미

톱다리개미허리노린재 어른벌레   톱다리개미허리노린재의 다리

톱다리개미허리노린재 어른벌레는 훌쩍 날아오르는 솜씨가 매우 뛰어나다. 어른벌레는 잘 날아다녀서 먹이를 찾거나 천적을 피하기 쉽지만, 애벌레는 날개가 없어서 날 수 없다. 그래서 천적으로부터 살아남기 위해 다른 방법을 사용한다.

애벌레는 방귀를 뀌어서 천적을 물리치기도 하지만 특별한 생김새로 자신을 보호한다. 바로 개미 가면을 쓰고 다니면서 개미인 척하는데, 개미가 무리 지어 공격하는 특성 때문에 천적이 접근하길 꺼린다는 점을 활용한 것이다. 그 덕분에 톱다리개미허리노린재 애벌레는 위험한 애벌레 시기를 슬기롭게 헤쳐 나간다.

노린재목

붉은잡초노린재
노린재목 잡초노린재과
크기 6~8㎜, 출현 4~10월

몸은 적갈색을 띤다. 등면과 다리에는 털이 빽빽하게 있으며 흑갈색 점무늬가 흩어져 있다. 들판의 잡초 지대에서 풀즙을 빨아 먹는다. 때로는 벼 이삭도 먹기 때문에 작은 피해를 일으키기도 한다.

삿포로잡초노린재
노린재목 잡초노린재과
크기 6.5~8㎜, 출현 4~10월

몸은 갈색이며 광택이 있다. 미세한 털로 덮여 있으며 배마디 가장자리가 앞날개 옆으로 노출되어 있다. 벼과 및 국화과 식물을 먹고 살며 들판이나 경작지 주변에서 매우 흔하게 보인다.

점흑다리잡초노린재
노린재목 잡초노린재과
크기 6~8㎜, 출현 4~10월

몸은 진한 갈색이다. 등면과 다리에 검은색 점무늬가 흩어져 있다. 뒷다리의 넓적다리마디 안쪽에 검은색 무늬가 있어서 '점흑다리잡초노린재'라고 불린다. 산지의 풀밭이나 하천가에도 많이 산다.

큰딱부리긴노린재
노린재목 긴노린재과
크기 4~6㎜, 출현 4~11월

몸은 검은색이며 머리는 주홍색을 띤다. 몸에 비해 겹눈이 매우 크게 발달했으며 더듬이는 짧다. 산야의 초원 지대나 경작지 주변에서 볼 수 있다. 풀잎에 앉아 있거나 꽃에 모인 모습이 관찰된다.

애긴노린재
노린재목 긴노린재과
크기 3~5㎜, 출현 2~11월

몸은 갈색이며 소형 노린재로 매우 작다. 앞날개가 투명해서 속이 훤히 비친다. 벼과 및 국화과 식물의 꽃에 무리지어 모인 것을 볼 수 있다. 산야의 초원 지대나 경작지 주변에서 흔히 관찰된다.

갈색무늬긴노린재
노린재목 긴노린재과
크기 5~6㎜, 출현 5~7월

머리와 앞가슴등판, 작은방패판은 검은색이며 더듬이와 다리는 밝은 갈색을 띤다. 몸이 매우 길쭉해서 긴노린재류에 속한다. 앞다리의 넓적다리 부분이 크게 부풀어 있는 모습이 눈에 띈다.

더듬이긴노린재
노린재목 긴노린재과
크기 7~10㎜, 출현 4~10월

몸은 황갈색이며 전체적으로 매우 길쭉하다. 긴노린재류 중에서도 더듬이가 매우 긴 것이 특징이다. 수컷의 더듬이는 암컷보다 훨씬 더 길게 발달했으며 더듬이 끝 부분은 곤봉 모양으로 부풀었다.

노린재의 짝짓기

떼허리노린재의 짝짓기

십자무늬긴노린재의 짝짓기

노린재와 딱정벌레는 단단한 딱지날개를 갖고 있어서 비슷해 보이지만, 짝짓기 방식을 보면 어떤 종류인지 쉽게 알 수 있다.
딱정벌레는 대부분 수컷이 암컷 위로 올라타서 짝짓기를 하지만, 노린재는 대부분 암수가 서로 반대 방향을 보고 V자 모양을 이루며 사랑을 나눈다.

노린재목

십자무늬긴노린재
노린재목 긴노린재과
크기 8~11mm, 출현 3~11월

몸은 주홍색이며 검은색 무늬를 갖고 있다. 개체에 따라 검은색 무늬가 다양하다. 박주가리 같은 박과 식물에서 군집 생활을 하며 꽃에도 자주 날아온다. 경작지 주변이나 풀밭에 매우 흔하다.

 모여 사는 노린재

모여 있는 십자무늬노린재

모여 있는 홍비단노린재

노린재 애벌레는 자신이 약하다는 사실을 누구보다 잘 알고 있다. 방귀라는 무기가 있지만 한 마리가 내뿜는 방귀는 너무 약하다. **자신을 보호하려는 노린재 애벌레는 같은 애벌레들을 모으는 집합 페로몬을 분비한다.** 집합 페로몬으로 모인 노린재는 함께 방귀를 뀌면 살아남기에 유리하다.

둘레빨간긴노린재
노린재목 긴노린재과
크기 7~8mm, 출현 4~10월

몸은 전체적으로 검은색이고, 길고 연한 흰색 털이 많다. 몸 전체의 테두리가 붉은색을 띠고 있어서 '둘레빨간긴노린재'라고 불린다. 사위질빵에 살면서 기다란 주둥이로 풀즙을 빨아 먹는다.

미디표주박긴노린재
노린재목 긴노린재과
크기 6mm 내외, 출현 4~10월

몸은 검은색이며 날개는 갈색을 띤다. 전체적인 모습이 표주박을 닮았다고 해서 이름 지어졌다. 앞다리의 넓적다리마디는 알통처럼 두툼하게 부풀었다. 강아지풀에서 가장 많이 발견된다.

표주박긴노린재
노린재목 긴노린재과
크기 8mm 내외, 출현 5~9월

몸은 전체적으로 검은색이다. 앞날개에는 연회색 바탕에 검은색 줄무늬가 있다. 모습이 표주박을 닮았다. 앞날개의 단단한 부분과 반투명한 막 부분이 만나는 곳에 붉은색 점무늬가 1쌍 있다.

어리흰무늬긴노린재
노린재목 긴노린재과
크기 7~8mm, 출현 3~10월

몸은 갈색을 띠며 검은색 무늬가 있다. 가슴등판은 사다리꼴 모양으로 앞부분은 검은색이고 뒷부분은 갈색이다. 작은방패판에는 흰색 점무늬가 1쌍 있다. 풀밭이나 경작지에서 식물의 즙을 빤다.

흑다리긴노린재
노린재목 긴노린재과
크기 7~8mm, 출현 7~10월

몸은 연갈색이며 머리와 앞가슴등판은 짧은 털로 덮여 있다. 다리의 넓적다리마디가 검은색이어서 '흑다리긴노린재'라고 불린다. 서해안 간척지의 논에 대발생하여 큰 피해를 주는 해충이다.

 온난화와 노린재

톱다리개미허리노린재 - 콩 피해

흑다리긴노린재 - 벼 피해

노린재는 열대성 곤충이어서 뜨거운 날씨를 좋아하는데, 지구 온난화로 날씨가 따뜻해지면서 노린재는 제철을 만났다. 1990년대부터 개체 수가 증가하다가 2000년대 들어서 급격히 불어났다.
식물의 잎과 줄기, 열매의 즙을 빨아 먹는 노린재 때문에 농작물 피해는 점점 더 늘고 있다.

노린재목

작은주걱참나무노린재
노린재목 참나무노린재과
크기 11~13mm, 출현 5~10월

참나무노린재처럼 몸 빛깔은 녹색을 띠며 더듬이 길이가 매우 길다. 배의 숨구멍 색깔이 녹색이어서 참나무노린재와 구별된다. 숲이나 야산에서 참나무류의 즙을 빨아 먹고 산다.

 애벌레 이야기

작은주걱참나무노린재 4령 애벌레

작은주걱참나무노린재 5령 애벌레

작은주걱참나무노린재는 신갈나무와 떡갈나무, 갈참나무 등의 참나무류에 산다.
어른벌레와 애벌레는 참나무류의 잎 뒷면에 모여 있으며, 특히 가운데 잎맥 부근에 잘 모인다.
몸 빛깔이 참나무류의 잎과 비슷한 밝은 녹색의 보호색을 띤 덕분에 잘 숨어 지낼 수 있다.

두쌍무늬노린재
노린재목 참나무노린재과
크기 14~16mm, 출현 4~11월

몸은 적갈색을 띠며 편평하다. 화려한 붉은색 바탕에 검은색 점이 박혀 있다. 단단한 앞날개에 점무늬가 2쌍이 있어서 '두쌍무늬노린재'라고 불린다. 숲속의 다양한 활엽수에서 볼 수 있다.

참나무노린재
노린재목 참나무노린재과
크기 12mm 내외, 출현 5~10월

몸이 녹색이어서 참나무 잎에 붙어 있으면 발견하기 쉽지 않다. 5마디의 더듬이 중에서 제3마디는 검은색이고 제4, 5마디는 반만 검은색이다. 참나무에서 어른벌레와 애벌레 모두 발견된다.

뒷창참나무노린재
노린재목 참나무노린재과
크기 12~15mm, 출현 5~11월

몸은 황갈색이며 주둥이 끝은 검은색이다. 전체적인 모습이 참나무노린재와 매우 닮았지만 다리와 더듬이 전체가 붉은색을 띠고 있어서 구별된다. 야산이나 풀숲에서 관찰할 수 있다.

알노린재
노린재목 알노린재과
크기 3~4mm, 출현 6~8월

몸이 매우 작고 동글동글해서 무당벌레라고 착각한다. 등판에 있는 2개의 흰색 점무늬로 다른 알노린재와 구별한다. 산야의 풀밭에 많이 자라는 다양한 콩과 식물에 무리 지어 산다.

동쪽알노린재
노린재목 알노린재과
크기 3~4mm, 출현 7~10월

몸은 검은색이며 광택이 난다. 알노린재와 매우 닮았지만 등판에 있는 2개의 점무늬 끝 부분이 쉼표처럼 뾰족하게 나와 있는 점이 다르다. 전체적인 모습이 알처럼 보여서 이름 지어졌다.

희미무늬알노린재
노린재목 알노린재과
크기 3~4mm, 출현 4~10월

몸은 검은색이며 광택이 있다. 겹눈은 적갈색으로 옆으로 튀어나왔다. 등판에 있는 황백색 점이 매우 작아서 보일 듯 말 듯해서 '희미무늬알노린재'라고 불린다. 매우 작아서 찾기가 힘들다.

노린재목

 광대노린재의 변이형과 애벌레 이야기

광대노린재
노린재목 광대노린재과
크기 16~20mm, 출현 5~11월

몸은 황록색 바탕에 주황색 줄무늬를 갖고 있다. 화려한 모습이 광대의 옷을 연상시키는 둥근 노린재이다. 작은 방패판이 많이 늘어나서 배 부분 전체를 덮은 점이 보통의 노린재와 다르다.

광대노린재 변이형 · 광대노린재 애벌레

광대노린재는 보통 황록색 바탕에 주황색 줄무늬가 있는 광택형이다. 때로는 검은색 바탕이나 청색 바탕에 붉은색 줄무늬를 갖는 무광택형의 광대노린재도 있는데, 빛깔에서는 차이가 많지만 전체적인 형태는 똑같다. 광대노린재 애벌레는 몸 빛깔이 흰색을 띠고 머리와 가슴, 배의 무늬가 검은색을 띤다. 애벌레의 몸 빛깔은 어른벌레와 전혀 다르지만, 전체적으로 둥글둥글한 형태가 어른벌레를 쏙 빼닮았다.
애벌레는 보통 늦가을에 모여 집단을 이루는 경우가 많다. 낙엽 밑이나 나무껍질 속에서 애벌레 상태로 겨울을 보내고 5월이 되면 어른벌레가 된다. 오리나무와 참나무류, 가죽나무, 때죽나무 등의 열매를 먹고 산다.

도토리노린재
노린재목 광대노린재과
크기 9~10mm, 출현 5~10월

봄이 되면 겨울나기를 마친 어른벌레가 식물의 잡초에 많이 나타난다. 벼과 식물인 억새와 개밀 등의 이삭에 모여 즙을 빨며, 벼에도 피해를 준다. 마타리와 개발나물, 솔나무 등의 꽃에도 모인다.

등빨간뿔노린재
노린재목 뿔노린재과
크기 14~19mm, 출현 4~10월

몸은 청록색이며 광택이 있다. 가슴등판이 붉은색이어서 이름이 붙여졌다. 투명한 막 부분의 날개에는 검은색 가로줄이 2개 있다. 층층나무와 말채나무, 벚나무 등에 모여 열매를 빨아 먹는다.

에사키뿔노린재
노린재목 뿔노린재과
크기 11~13mm, 출현 4~11월

활엽수가 많이 있는 숲에 산다. 다리는 황색이며 작은방패판에는 흰색 또는 연황색의 하트 무늬가 있는 것이 특징이다. 층층나무와 말채나무 등의 꽃에 잘 모이며 풀잎에서도 자주 발견된다.

 곤충의 여러 가지 입

길앞잡이 - 씹는 입

가시노린재 - 찔러서 빠는 입

배짧은꽃등에 - 핥는 입

봄처녀하루살이 - 퇴화된 입

곤충의 입은 먹이를 쉽게 먹을 수 있는 다양한 형태로 발달했다. 곤충 종류에 따라 씹는 입과 핥는 입, 빠는 입, 뚫어서 빠는 입, 찌르는 입 등 각기 다른 입을 갖고 있다.
풍뎅이와 하늘소는 잎사귀와 줄기를 씹어 먹고, 길앞잡이와 잠자리를 사냥감을 씹어 먹는다. 꽃등에와 파리는 꽃가루와 음식물을 핥아 먹는 뭉뚝한 입을 갖고 있으며, 나비와 나방은 빨대 모양의 빠는 입을 갖는다.
노린재는 먹잇감을 뚫어서 긴 주둥이로 빠는 입을 가졌으며, 모기는 날카롭게 찌르는 입을 갖고 있다. 장수풍뎅이와 사슴벌레는 솔 모양의 혀로 즙을 핥아 먹으며, 하루살이 어른벌레는 입이 퇴화되어 전혀 먹을 수 없다.

노린재목

잎에서 만나는 곤충

넓은남방뿔노린재
노린재목 뿔노린재과
크기 8~10mm, 출현 7~9월

몸은 황록색 또는 녹색을 띤다. 앞가슴등판은 양옆으로 돌출되어 있지만 돌기가 뭉뚝하다. 작은방패판은 적갈색을 띠며 암적색 점무늬가 있다. 층층나무와 팔손이나무의 꽃과 열매에 잘 모인다.

톱날노린재
노린재목 톱날노린재과
크기 12~16mm, 출현 6~10월

몸은 갈색이나 암회색이며 광택이 있다. 배는 매우 크게 부풀어 있고 옆 가장자리는 톱니 모양이다. 땅속이나 돌 밑에 잘 숨는다. 호박과 수박, 참외 등의 박과 식물의 즙을 빨아 먹어서 피해를 준다.

특별한 이름으로 불리는 노린재 이야기

톱날노린재

알노린재

광대노린재

침노린재

지독한 방귀를 뀌는 노린재는 우리나라에 600여 종이 살고 있을 정도로 다양하다. 노린재의 이름은 특별한 형태와 서식처에 따라 다양하게 지어졌다.

몸이 길쭉하면 '긴노린재', 허리 부분이 잘록 들어가면 '허리노린재', 실처럼 가느다랗게 생겼으면 '실노린재', 어깨 부분에 가시가 뾰족하게 나와서 '뿔노린재', 배 부분이 톱날처럼 생겨서 '톱날노린재', 알처럼 동그랗게 생겨서 '알노린재', 광대처럼 빛깔이 화려해서 '광대노린재'라고 한다.

또한 땅에서 살면 '땅노린재', 잡초 밭의 '잡초노린재', 날카로운 침으로 사냥하는 '침노린재', 홑눈이 퇴화된 '장님노린재' 등 이름이 다양하다.

실노린재
노린재목 실노린재과
크기 6~7mm, 출현 3~10월

몸은 연황색이며 실처럼 매우 가느다란 형태를 갖고 있는 노린재이다. 더듬이와 다리도 매우 가늘어서 쉽게 찾아내기 힘들다. 애벌레는 풀 줄기처럼 연녹색을 띤다. 산지의 잎과 꽃에 잘 모인다.

억새노린재
노린재목 노린재과
크기 14~19mm, 출현 4~10월

몸은 황갈색 또는 주황색을 띤다. 작은방패판이 매우 크게 발달해서 앞날개의 절반을 넘는다. 억새에 살아서 이름이 지어졌다. 겨울나기를 마친 어른벌레는 5월 말에 억새풀에 알을 낳는다.

주둥이노린재
노린재목 노린재과
크기 12~16mm, 출현 3~11월

몸은 갈색 바탕에 암갈색 또는 검은색 점무늬가 흩어져 있다. 작은방패판 양 끝에 황색 점무늬가 있다. 주둥이로 작은 곤충을 찔러 체액을 빨아 먹는 포식성 곤충으로 숲의 활엽수 지대에 산다.

노린재의 주둥이

나비노린재의 주둥이

식물이나 동물을 찌르기 위한 노린재의 주둥이는 뾰족한 침 모양이다. 날카로운 침을 식물에 찔러서 즙을 빨아 먹고, 동물에 찔러서 피를 빨아 먹는다.

그런데 노린재의 주둥이가 너무 길다 보니 평소에는 가지고 다니기가 매우 불편하다. 그래서 구석까지 약을 잘 뿌릴 수 있게 만든 뿌리는 바퀴약처럼, 기다란 주둥이를 몸 아랫면에 뒤쪽을 향하도록 접고 다닌다. 그리고 필요할 때만 꺼내서 사용한다.

노린재목

왕주둥이노린재
노린재목 노린재과
크기 18~23㎜, 출현 4~10월

몸은 녹색으로 금속 광택이 난다. 암컷은 갈색을 띠는 경우가 많다. 작은방패판은 매우 길쭉하게 발달되어 있다. 단단하고 날카로운 주둥이로 나비류 애벌레를 사냥하여 농부에게 도움을 준다.

홍다리주둥이노린재
노린재목 노린재과
크기 14~18㎜, 출현 4~10월

몸은 암갈색을 띠며 검은색 점무늬가 흩어져 있다. 작은방패판 양 끝에는 황색 점무늬가 있다. 다리가 붉기 때문에 '홍다리주둥이노린재'라고 불린다. 다른 곤충을 잡아먹는 육식성 곤충이다.

 친구인지 적인지 구별이 힘든 노린재

알락수염노린재

주둥이노린재

주둥이노린재 애벌레의 사냥

노린재목에 속하는 오각형 노린재는 대표적인 노린재로, 식물질을 먹는 초식성과 사냥을 하는 육식성으로 나뉜다.
육식성인 주둥이노린재는 식물을 먹는 노린재와 모습이 매우 비슷해서 구별하기 힘들다. 주둥이노린재의 먹이 곤충인 나방류 애벌레와 풍뎅이마저도 쉽게 착각하는데, 자신과 똑같은 풀즙을 먹으려고 왔는지 아니면 잡아먹으려고 왔는지 판단하기 어렵다.
별로 꾸미지 않아도 천적으로 오해받지 않는 주둥이노린재는 사냥에 더욱 신이 난다. 어린 사마귀가 사냥술을 익히며 진정한 사냥꾼이 되듯, 주둥이노린재 애벌레도 사냥을 하며 육식성 노린재로 성장한다.

남색주둥이노린재
노린재목 노린재과
크기 6~8㎜, 출현 3~9월

들이나 야산의 잡초 지대에 서식한다. 노린재과의 노린재는 보통 풀즙을 먹고 살지만 주둥이노린재는 육식성이다. 딸기류에 붙은 잎벌레 애벌레를 기다란 주둥이 침으로 찔러 잡아먹는다.

우리갈색주둥이노린재
노린재목 노린재과
크기 13~14㎜, 출현 4~11월

몸은 밝은 갈색이며 납작하다. 앞가슴등판의 가장자리에 톱니 모양의 황색 돌기가 있다. 작은방패판 끝에는 검은색 점무늬가 있다. 다른 곤충을 기다란 주둥이로 찔러 사냥하여 즙을 빨아 먹는다.

메추리노린재
노린재목 노린재과
크기 8~10㎜, 출현 3~11월

몸은 광택이 있는 갈색이다. 머리 모양이 유난히 삼각형이며 아래로 굽어서 새인 메추라기와 매우 닮았다. 작은방패판은 크게 발달했고 끝부분은 둥그렇다. 풀밭에서 흔하게 관찰된다.

느티나무노린재
노린재목 노린재과
크기 11㎜ 내외, 출현 4~10월

몸은 회갈색이며 검은색 점 흩어져 있다. 가슴등판 앞쪽에 황백색 점무늬가 4개 있지만 희미한 경우도 있다. 작은방패판 윗부분 양옆에 황갈색 점무늬가 있다. 배가 넓어서 앞날개 바깥으로 보인다.

노린재목

잎에서 만나는 곤충

깜보라노린재
노린재목 노린재과
크기 7~10mm, 출현 4~11월

몸은 검은색 또는 청색을 띤다. 햇빛을 받으면 아름다운 보라색 광택이 매우 아름답다. 검은색에 보라색 광택이 돈다고 해서 '깜보라노린재'라고 불린다. 풀잎이나 꽃에 잘 모여든다.

반쪽만 단단한 날개

홍비단노린재

노린재는 딱정벌레처럼 단단한 앞날개와 반투명한 막으로 된 뒷날개가 있는데, 노린재의 앞날개는 딱정벌레와 차이가 있다.
딱정벌레의 앞날개는 전체가 딱딱하지만, 노린재의 앞날개는 앞쪽의 반이 단단하고 나머지 부분은 반투명하다. 이렇게 반쪽만 단단하기 때문에 노린재를 '반시류'라고 부른다.
노린재의 겉모습을 보면 단단한 딱지날개가 노린재의 배 부분 전체를 다 덮지 못하는 듯 보인다.

다리무늬두흰점노린재
노린재목 노린재과
크기 16~17mm, 출현 3~9월

몸은 흑갈색 또는 황갈색이며 광택은 없다. 다리는 황백색과 검은색이 교대로 줄무늬를 이룬다. 작은방패판 윗부분 양옆의 황백색 점무늬가 특징이다. 앞가슴등판 가장자리는 약간 뾰족하게 나왔다.

네점박이노린재
노린재목 노린재과
크기 12~14mm, 출현 4~11월

몸은 갈색 또는 황색이며 검은색 점이 흩어져 있다. 앞가슴등판 앞쪽에 4개의 황백색의 작은 점이 있어서 '네점박이노린재'라고 불린다. 풀밭에서 흔하게 관찰되며 늦가을까지 활동한다.

나비노린재
노린재목 노린재과
크기 8mm 내외, 출현 4~10월

몸은 갈색 또는 적갈색을 띤다. 머리부터 작은방패판까지 가운데에 연황색 세로줄무늬가 있다. 작은방패판 끝 부분이 돌출되었다. 앞날개의 단단한 부분은 적갈색, 반투명한 부분은 투명한 갈색이다.

무시바노린재
노린재목 노린재과
크기 8~9mm, 출현 5~11월

몸은 회황색 또는 적갈색이며 점무늬가 있다. 앞가슴등판과 작은방패판에는 얼룩덜룩한 무늬가 있다. '무시바'는 무시바노린재 학명의 종명에서 따왔으며, 스코트노린재의 '스코트'도 마찬가지이다.

노린재는 왜 방귀를 뀔까?

① 몸 보호하기

② 친구에게 위험 알리기

③ 이성 유인하기

④ 노폐물 배출하기

노린재는 여치나 매미처럼 울 수 없고 반딧불이처럼 불빛을 반짝거릴 수도 없지만 그 누구도 흉내 내기 힘든 '방귀'라는 의사 표현 방식이 있다. 방귀 하나로 의사를 표현해서 노린재의 방귀에는 다양한 뜻이 담겨 있다.

노린재가 방귀를 뀌는 이유
① 천적은 냄새나는 먹잇감을 싫어하므로 방귀를 뀌어 몸을 보호한다.
② 휘발성 방귀가 빠르게 퍼져서 친구 노린재에게 위험을 알린다.
③ 짝짓기를 하려고 이성을 유인할 때와 사랑을 전할 때도 방귀를 뀐다.
④ 부글부글 끓는 속을 진정시키려고 방귀로 노폐물을 배출한다.

노린재목

알락수염노린재
노린재목 노린재과
크기 10~14mm, 출현 3~11월
몸은 황갈색 또는 적갈색으로 다양하다. 더듬이가 황갈색과 검은색 줄무늬가 교대로 있어서 '알락수염노린재'라고 불린다. 다양한 노린재 중에서 가장 쉽게 만날 수 있는 대표적인 노린재이다.

가시점둥글노린재
노린재목 노린재과
크기 4~7mm, 출현 3~10월
몸은 갈색 바탕에 흑갈색 점무늬가 흩어져 있고 보라색과 구리색 광택이 있다. 앞가슴등판 옆 가장자리가 튀어나와서 뾰족한 침 모양의 돌기를 이룬다. 작은방패판이 커서 배의 절반을 넘는다.

점박이둥글노린재
노린재목 노린재과
크기 4~6mm, 출현 4~10월
몸은 암갈색이며 광택이 난다. 작은방패판에 매우 큰 점이 있는 것이 특징이다. 몸이 둥그렇고 앞날개에 점무늬가 있어서 '점박이둥글노린재'라고 불린다. 풀밭이나 경작지에서 볼 수 있다.

배둥글노린재
노린재목 노린재과
크기 5~7mm, 출현 4~10월
몸은 연갈색을 띠며 광택이 약간 있다. 점박이둥글노린재와 닮았지만 몸이 더 길다. 작은방패판 윗부분 양옆에 황백색의 작은 점무늬가 있다. 벼과 등의 식물에서 많이 관찰할 수 있다.

둥글노린재
노린재목 노린재과
크기 5~6mm, 출현 3~10월
몸은 광택이 나는 연한 황갈색을 띤다. 앞가슴등판에 2개의 어두운 흑갈색 무늬를 갖고 있다. 작은방패판 윗부분에는 역삼각형의 검은색 무늬가 뚜렷하다. 앞날개는 투명하다.

홍비단노린재
노린재목 노린재과
크기 6~9mm, 출현 3~10월
몸은 주황색과 검은색이 섞여 무늬를 이룬다. 더듬이와 머리, 다리까지 모두 검은색이다. 앞날개에 주황색 줄무늬가 잘 발달되어 있다. 앞가슴등판의 검은색 무늬가 보통 6개이지만 변이가 많다.

북쪽비단노린재
노린재목 노린재과
크기 6~9mm, 출현 3~10월
몸은 광택이 있는 검은색이다. 주황색 무늬가 있다. 홍비단노린재와 생김새가 비슷하지만 앞날개에 삼각형 무늬가 없는 점이 다르다. 경작지나 풀밭에서 매우 흔하게 볼 수 있는 노린재이다.

 사람 얼굴의 노린재

북쪽비단노린재

노린재 중에는 사람 얼굴(안면)을 닮은 재미있는 노린재가 있는데, '사람얼굴노린재'라고 불린다. 우리나라에 있는 **북쪽비단노린재를 거꾸로 보면 수염이 달린 할아버지 얼굴처럼 보인다.**
말레이시아의 사람얼굴노린재는 유명한 가수 엘비스 프레슬리를 빼닮아서 화제가 되었다.

노린재목

노린재 애벌레의 미래 모습은?

가시노린재 애벌레

북방풀노린재 애벌레

북쪽비단노린재 애벌레

풀색노린재 애벌레

가시노린재
노린재목 노린재과
크기 8~10mm, 출현 5~10월

몸은 광택이 있는 갈색이다. 작은방패판이 매우 커서 앞날개의 절반을 차지한다. 숲에서 흔하게 보이는 종이다. 봄에는 애벌레가 눈에 많이 띠며 가을에는 어른벌레가 열매의 즙을 빤다.

북방풀노린재
노린재목 노린재과
크기 12~16mm, 출현 5~11월

몸은 전체적으로 진한 녹색을 띠며 앞날개에 광택이 있다. 풀색노린재와 닮았지만 앞날개의 막으로 된 부분이 암갈색이다. 앞가슴등판 양쪽 끝 부분은 폭넓게 튀어나왔다. 나무 위에서 생활한다.

딱정벌레와 나비는 번데기 시기를 전후로 어른벌레와 애벌레의 모습이 크게 변한다. 그렇지만 노린재는 번데기 시기가 없고, 허물만 벗으며 자라는 **불완전탈바꿈**을 해서 어른벌레가 되어도 크게 달라지지 않는다. 태어날 때부터 어른벌레의 모습이 조금 보이는 노린재 애벌레를 자세히 관찰하면 어른벌레를 짐작할 수 있다.

썩덩나무노린재와 가시노린재의 애벌레는 갈색을 띠며, 풀색노린재나 북방풀노린재의 애벌레 역시 어른벌레처럼 녹색을 띤다. 그렇지만 애벌레 모습에 어른벌레의 특징이 모두 담겨 있지 않고, 허물을 벗으면서 모습이 조금씩 달라지므로 애벌레를 보고 어른벌레를 정확히 맞추기는 어렵다.

얼룩대장노린재
노린재목 노린재과
크기 21mm 내외, 출현 4~10월

몸은 회갈색 또는 회황색 바탕에 흑갈색 또는 검은색의 불규칙한 얼룩무늬가 있어서 '얼룩대장노린재'라고 한다. 더듬이와 다리도 얼룩덜룩하다. 앞가슴등판의 어깨 부분이 돌기처럼 튀어나왔다.

갈색큰먹노린재
노린재목 노린재과
크기 8~10mm, 출현 5~11월

몸은 암갈색을 띠며 흙을 많이 묻히고 다닌다. 앞가슴등판 양쪽 어깨 부분은 뿔처럼 가시가 나 있다. 하천 주변의 갈대숲에 살며 낙엽 밑이나 땅 가까이의 나무 그루터기나 뿌리에 해를 끼친다.

애기노린재
노린재목 노린재과
크기 6~8mm, 출현 5~10월

몸은 갈색이며 검은색 점무늬가 흩어져 있다. 머리에는 점무늬가 매우 많아서 어둡게 보인다. 앞가슴등판 윗부분에는 암갈색 점무늬가 2개 있다. 배 끝 부분이 커튼 레이스처럼 보인다.

스코트노린재
노린재목 노린재과
크기 9~11mm, 출현 5~11월

몸은 암갈색이며 금속 광택을 띠고 각도에 따라 빛깔이 달라 보인다. 앞날개의 반투명한 막 부분이 길어서 배 끝을 넘는다. 작은방패판의 끝 부분은 황백색을 띤다. 늦가을 숲속에서 무리 지어 산다.

노린재목

붉은등침노린재
노린재목 침노린재과
크기 10~12mm, 출현 4~11월

앞가슴등판에 십자 모양의 검은색 홈이 있다. 날개가 짧은 단시형과 긴 장시형이 있지만 주로 단시형이 많다. 풀잎에 살면서 곤충의 애벌레를 사냥하여 체액을 빨아 먹고 사는 포식성 곤충이다.

다리무늬침노린재
노린재목 침노린재과
크기 13~16mm, 출현 4~10월

몸은 검은색이며 흰색 무늬가 있어서 얼룩덜룩해 보인다. 풀잎에 앉아서 먹이가 오기를 기다렸다가 주둥이로 찔러 체액을 빨아 먹는다. 나비류 애벌레뿐 아니라 무당벌레도 사냥한다.

침노린재의 사냥 이야기

무당벌레 애벌레와 파리를 사냥하는 다리무늬침노린재 애벌레

침노린재는 기다랗고 뾰족한 침으로 먹잇감을 찔러서 사냥하여 '침노린재'라는 이름이 지어졌다. 소리도 없이 슬그머니 나타나서 사냥하기 때문에 '암살자노린재(Assassin bug)'나 '자객노린재'라고 불린다.

침노린재는 애벌레부터 어른벌레까지 작은 곤충을 사냥해서 체액을 빨아 먹는 육식성 곤충이다. 애벌레 시기부터 작은 곤충을 사냥해 온 침노린재는 어른벌레가 되면 나방 애벌레나 파리, 무당벌레 등 다양한 곤충을 잡아 체액을 빨아 먹는 진정한 사냥꾼이 된다.

작은 나무의 잎사귀나 풀잎 등 먹잇감이 있는 곳이라면 어디든지 먹이 곤충을 찔러서 가지고 다니는 침노린재를 만날 수 있다.

왕침노린재
노린재목 침노린재과
크기 20~27mm, 출현 3~11월

몸집이 매우 크며 기다란 더듬이를 가지고 있다. 숲속의 나뭇가지나 풀 위에 살면서 다른 곤충을 사냥한다. 침에 쏘이면 매우 아프다. 나무껍질이나 동굴에서 어른벌레로 무리 지어 겨울나기를 한다.

배홍무늬침노린재
노린재목 침노린재과
크기 13~15mm, 출현 4~11월

몸은 검은색이며 가장자리에 붉은색 무늬가 있다. 앞가슴등판에 십자 모양의 홈이 있다. 풀잎 사이를 돌아다니며 곤충을 잡아먹는 사냥꾼이다. 산림이나 초원 지대에서 어른벌레로 겨울을 난다.

다양한 육식성 침노린재의 애벌레

다리무늬침노린재 애벌레   민날개침노린재 애벌레

검정무늬침노린재 애벌레   왕침노린재 애벌레

숲과 풀밭에서 소리 없이 다가서서 곤충의 어른벌레와 애벌레 모두를 뾰족한 침으로 사냥하는 육식성 노린재인 침노린재는 풀즙을 빨아 먹는 보통의 노린재와 다르게 생겼다.

침노린재의 몸은 납작하고 호리호리하며 머리와 다리가 매우 긴 편이다. 애벌레 역시 몸이 납작하며 어른벌레와 달리 몸집이 조금 작고 날개가 없는 것이 특징이다.

침노린재 애벌레와 어른벌레는 매우 많이 닮아서 애벌레를 보면 어떤 종류의 침노린재인지 추측할 수 있을 때가 많다. 어른벌레처럼 애벌레도 나방류 애벌레와 진딧물, 깍지벌레, 무당벌레, 잎벌레 등을 사냥한다.

노린재목

껍적침노린재
노린재목 침노린재과
크기 12~16mm, 출현 4~11월

몸 빛깔은 검은색을 띤다. 앞날개의 막 부분이 길어서 배 끝을 넘는다. 옆으로 넓게 늘어난 배마디의 위쪽 반은 검은색을, 아래쪽 반은 회갈색을 띤다. 다른 침노린재와 달리 행동이 매우 굼뜬 편이다.

빨간긴쐐기노린재
노린재목 쐐기노린재과
크기 10mm 내외, 출현 5~10월

몸은 적갈색이며 더듬이가 몸 길이보다 길고 매우 가늘다. 앞다리가 낫 모양으로 두툼하게 발달되어서 사냥감을 포획하기에 매우 유리하다. 어른벌레와 애벌레 모두 육식성으로 사냥한다.

긴날개쐐기노린재
노린재목 쐐기노린재과
크기 7~9mm, 출현 4~10월

몸은 연황색이며 검은색 점무늬가 있다. 몸이 매우 길쭉하며 날개가 길다. 더듬이는 몸 길이와 매우 비슷하다. 진딧물이나 깍지벌레, 잎벌레처럼 작은 곤충을 사냥한다.

보리장님노린재
노린재목 장님노린재과
크기 8~10mm, 출현 4~7월

몸은 갈색을 띠고 길쭉하다. 몸의 가장자리와 다리는 연녹색을 띤다. 앞가슴등판에는 황갈색의 세로선이 있다. 보리 등의 벼과 식물의 이삭에 모여 즙을 빤다.

참고운고리장님노린재
노린재목 장님노린재과
크기 6~7mm, 출현 5~7월

몸 전체가 광택이 있는 주황색이나 적갈색이다. 온몸이 미세한 털로 덮여 있다. 앞가슴등판 앞부분에 검은색의 작은 점무늬가 2개 있다. 단단한 앞날개 끝 부분은 진홍색을 띤다. 겹눈은 크지만 홑눈이 퇴화되었다.

홍테북방장님노린재
노린재목 장님노린재과
크기 5~6mm, 출현 5~8월

몸은 전체적으로 주황색이고 앞날개는 검은색을 띤다. 더듬이 제2마디는 매우 두툼하지만 제3, 4마디는 가늘다. 다양한 벼과 잡초의 풀즙을 빨아 먹는다. 물가의 버드나무류에서도 볼 수 있다.

목도리장님노린재
노린재목 장님노린재과
크기 6~8mm, 출현 7~10월

몸은 갈색이며 흰색 털이 빽빽하다. 더듬이는 몸 길이보다 더 길다. 가슴등판은 검은색으로 마치 목도리를 두른 듯 보인다. 단단한 앞날개의 끝 부분에 주황색과 황색이 섞인 둥근 무늬가 있다.

장님노린재 이름 이야기

알락무늬장님노린재

참고운고리장님노린재

장님노린재는 길쭉한 타원형으로 앞날개가 매우 부드럽게 생겼다. 겹눈은 있지만 홑눈이 퇴화되어 '장님노린재'라고 불린다. 대부분 식물의 즙을 빨아 먹고 살기 때문에 풀밭에서 쉽게 만날 수 있다. 장님노린재류는 우리나라에 살고 있는 노린재 중 종류가 가장 많은 180여 종이 기록되어 있다.

설상무늬장님노린재
노린재목 장님노린재과
크기 6~9mm, 출현 6~10월

몸은 광택이 있는 갈색 또는 흑갈색이며 앞날개는 갈색이 섞여 있다. 단단한 앞날개의 끝 부분은 무늬가 크고 황백색이기 때문에 눈에 잘 띈다. 풀잎에 모여 즙을 빨기도 하지만 꽃에도 잘 모여든다.

변색장님노린재
노린재목 장님노린재과
크기 6~9mm, 출현 5~11월

몸은 연한 황록색에 갈색 무늬의 털이 덮여 있다. 앞가슴등판에 2개의 검은색 점무늬가 있다. 작은방패판과 앞날개 끝 부분에는 암갈색의 세로줄무늬가 있다. 풀밭에서 쉽게 만날 수 있다.

알락무늬장님노린재
노린재목 장님노린재과
크기 9~12mm, 출현 5~6월

몸은 검은색이며 광택이 있다. 앞가슴등판에는 황백색 반원 무늬가 있고 단단한 앞날개 끝에 황백색 점이 있다. 작은방패판 가운데에 황백색 하트 무늬가 있고 다리마다 황백색 띠가 2개씩 있다.

새꼭지무늬장님노린재
노린재목 장님노린재과
크기 4mm 내외, 출현 1~12월

몸은 전체적으로 갈색이며 가슴등판은 검은색이고 작은방패판 가운데는 흰색을 띤다. 단단한 앞날개에 검은색 무늬가 있어서 얼룩덜룩하다.

 변이형 이야기

밀감무늬검정장님노린재 변이형

밀감무늬검정장님노린재도 광대노린재처럼 빛깔과 무늬가 다른 변이형이 있다.
밀감무늬검정장님노린재는 보통 검은색을 띠고 있는데, 다른 형태의 밀감무늬검정장님노린재는 앞가슴등판 앞부분이 적갈색을 띠며 앞날개의 딱딱한 부위 끝 부분(설상부)도 적갈색을 띤다.
변이형의 몸 빛깔이 전혀 달라 보여도 모두 같은 밀감무늬검정장님노린재 종류이다.

밀감무늬검정장님노린재
노린재목 장님노린재과
크기 7~9mm, 출현 5~8월

몸은 검은색으로 광택이 강하다. 앞가슴등판 앞쪽이 적갈색인 개체도 있다. 단단한 앞날개 끝 부분에 연황색 무늬가 있다. 애벌레는 어른벌레와 닮았지만 하얀 밀가루를 뒤집어쓴 모습이다.

큰흰솜털검정장님노린재
노린재목 장님노린재과
크기 4~5mm, 출현 5~10월

몸은 검은색이며 광택이 있다. 등판에는 온몸에 회백색 솜털이 점무늬처럼 불규칙하게 흩어져 있다. 뒷다리의 종아리마디는 연갈색을 띤다. 평지나 산지의 잡초 사이에서 볼 수 있다.

홍색얼룩장님노린재
노린재목 장님노린재과
크기 4~6mm, 출현 5~10월

몸은 연황색이며 더듬이와 다리의 넓적다리마디는 붉은색을 띤다. 가슴등판에는 검은색 점이 2개 있다. 단단한 앞날개를 따라 붉은색의 X자 무늬가 있다. 하천이나 풀밭에서 볼 수 있다.

노린재목

탈장님노린재
노린재목 장님노린재과
크기 5~8mm, 출현 5~11월

몸은 전체적으로 흑갈색이다. 가슴등판 가운데에 둥근 검은색 점무늬가 1쌍 있다. 작은방패판에는 흰색의 점무늬가 있으며 뒷다리의 넓적다리마디는 황백색과 검은색이 반반씩 섞여 있다.

민장님노린재
노린재목 장님노린재과
크기 8~9mm, 출현 5~6월

몸은 길쭉하며 검은색 바탕에 황색 털이 있다. 앞날개에는 2쌍의 황색 점무늬가 뚜렷하다. 다리는 황록색이지만 뒷다리의 넓적다리마디는 적갈색이다. 풀과 비슷한 몸 빛깔로 자신을 보호한다.

초록장님노린재
노린재목 장님노린재과
크기 4~6mm, 출현 5~10월

몸은 연녹색을 띠며 V자 모양의 검은색 무늬가 뚜렷하다. 몸 전체가 녹색이거나 갈색 점이 줄무늬처럼 있는 변이도 많다. 크기가 작고 녹색을 띠기 때문에 풀밭에 있어도 찾아내기 힘들다.

빨간촉각장님노린재
노린재목 장님노린재과
크기 4~6mm, 출현 4~10월

몸은 가늘고 길며 전체적으로 연녹색을 띤다. 더듬이가 붉은색을 띠어서 '빨간촉각장님노린재'라고 이름 지어졌다. 산지나 평지에 자라는 포아풀 등 벼과 식물에서 풀즙을 빨아 먹고 산다.

게눈노린재
노린재목 뽕나무노린재과
크기 2~3mm, 출현 5~10월

몸은 연갈색이며 튀어나온 겹눈이 게의 눈을 닮아서 이름이 붙여졌다. 콩과 팥, 칡 등 콩과 식물에서 살지만 몸집이 워낙 작아서 눈에 잘 띄지 않는다. 위기가 느껴지면 금방 도망친다.

 동충하초 이야기

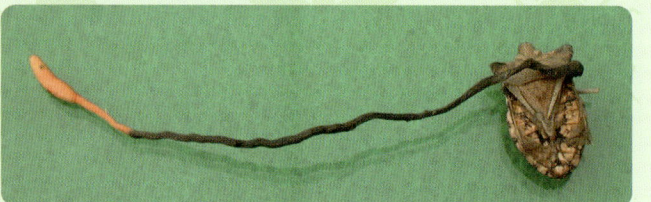
노린재 동충하초

말벌 동충하초

동충하초(冬蟲夏草, Vegetable worms)는 자낭균류 동충하초과의 버섯으로, '번데기버섯'이라고도 불린다. 겨울에는 벌레였지만 여름이 되면 버섯으로 변한다는 뜻이다.
스스로 영양분을 만들지 못하는 버섯은 영양분이 있는 나무나 들풀에 빌붙어 사는데 동충하초는 나비류와 매미류, 노린재류, 벌류, 딱정벌레류, 메뚜기류 등의 곤충에 빌붙어 산다.
여름과 가을에 걸쳐 잡목림 땅속의 곤충에서 주로 발생하며 버섯 균은 곤충을 죽이고 그 속에서 번식한다. 겨울에는 곤충으로 살지만 여름이 되서 균이 번식하면 곤충 전체를 차지하기 때문에 결국 곤충은 죽게 된다.

앞흰넓적매미충
노린재목 매미충과
크기 6~7mm, 출현 6~9월

몸은 황갈색이며 머리는 둥글다. 몸에 비해 겹눈이 크게 발달되었다. 앞날개 가장자리에는 회황색 띠가 있으며 날개 끝으로 갈수록 빛깔이 어두워진다. 숲 시냇가에서 자라는 버드나무류에 산다.

노린재목

울지 못하는 매미충

끝검은말매미충

애매미

지리산말매미충
노린재목 매미충과
크기 8mm 내외, 출현 5~8월

수컷의 몸 빛깔은 광택이 있는 적갈색 또는 흑갈색이지만 암컷의 몸 빛깔은 다소 밝다. 수컷은 날개가 잘 발달했지만 암컷은 뒷날개가 퇴화되어 날지 못한다. 신갈나무가 많은 숲에서 볼 수 있다.

말매미충
노린재목 매미충과
크기 8~10mm, 출현 6~9월

몸은 녹색 또는 청록색을 띠며 변이가 심하다. 다리는 연황색을 띤다. 매미충류 중에서는 몸집이 커서 '말매미충'이라고 한다. 개체 수가 많아서 경작지나 초원 지대에서 흔하게 볼 수 있다.

끝검은말매미충
노린재목 매미충과
크기 11~13.5mm, 출현 4~10월

몸은 황록색을 띤다. 앞가슴등판에는 3개의 검은색 점이 있다. 나뭇잎에서 흔히 볼 수 있으며 날아가는 것도 자주 관찰된다. 뽕나무나 풀잎의 즙을 먹고 산다. 나무껍질 밑에서 겨울나기를 한다.

매미충은 매미처럼 소리 내어 울지 못하지만 생김새가 매미를 닮아서 '매미충'이라고 불린다.
매미충은 나무 위에서 울다가 점프하여 날아가는 매미처럼 점프를 잘한다. 또한 매미가 나뭇진을 빠는 것처럼 매미충도 풀즙을 빨아 먹기 때문에 닮은 점이 많아서 같은 매미류에 속한다.

귀매미 이야기

귀매미 - 귀 모양의 돌기

우리귀매미 - 귀 모양 무늬

알락넓적매미충
노린재목 매미충과
크기 5.2~5.7mm, 출현 5~8월

몸은 검은색이며 황색 점무늬가 가슴등판에 1쌍, 날개에 3쌍, 작은방패판 끝 부분에 1개가 있다. 앞날개는 검은색이고 적갈색의 얼룩무늬가 있다. 잘 발달된 다리로 톡톡 튀어서 관찰이 어렵다.

둥근머리각시매미충
노린재목 매미충과
크기 9.5~11mm, 출현 6~9월

몸은 검은색을 띠며 가슴등판은 황갈색을 띤다. 삼각형의 작은방패판 빛깔이 환한 황색이어서 눈에 띈다. 머리는 둥그렇고 겹눈은 매우 크다. 낮은 산지에서 볼 수 있다.

우리귀매미
노린재목 매미충과
크기 6.2~8mm, 출현 6~9월

몸은 길쭉하고 황갈색이며 날개는 진한 갈색이다. 가슴등판에 귀 모양의 무늬를 1쌍 갖고 있다. 작은방패판은 황색을 띠며 정삼각형이다. 풀잎에 앉아 있으면 떨어진 낙엽 조각처럼 보인다.

귀매미는 앞가슴등판에 귀 모양의 돌기가 넓적하게 튀어나와서 '귀매미'라고 불린다. 특히 우리귀매미의 앞가슴등판에는 귀 모양의 무늬가 있다.
몸이 매우 납작한 귀매미는 잎사귀에 잘 붙어 있으며, 우리귀매미나 금강산귀매미는 몸이 녹색을 띠어서 보호색 역할을 한다.

노린재목

금강산귀매미
노린재목 매미충과
크기 11~14mm, 출현 7~9월

몸 전체가 녹색이며 머리가 앞으로 매우 뾰족하게 나왔다. 날개는 갈색이며 배 끝보다 약간 더 길다. 앞날개에는 검은색 점무늬가 있다. 칡과 신갈나무, 상수리나무, 갈참나무, 졸참나무를 먹고 산다.

외뿔매미
노린재목 뿔매미과
크기 5~6mm, 출현 6~9월

몸은 적갈색 또는 암갈색을 띠며 온몸에 회황색 털이 빽빽하다. 앞가슴등판 어깨 부분에 짧은 뿔 돌기가 양옆으로 발달했다. 경작지나 산야의 버드나무와 뽕나무, 밤나무, 느릅나무 등에 모인다.

띠띤뿔매미
노린재목 뿔매미과
크기 5.7mm 내외, 출현 6~9월

몸은 전체적으로 흑갈색을 띤다. 머리는 둥글고 겹눈은 불룩 튀어 나왔다. 작은방패판의 가장자리에는 황색 점이 1쌍 있으며 뾰족하게 발달했다. 앞가슴등판의 뿔은 약간 돌출되어 있다.

뿔매미
노린재목 뿔매미과
크기 5.5~8mm, 출현 5~9월

몸은 암갈색 또는 흑갈색이다. 앞가슴등판 양옆에 뾰족한 가시가 있어서 '뿔매미'라고 불린다. 들판의 키 작은 나무에 살며 엉겅퀴나 쑥 등의 국화과 식물이나 콩과 식물의 줄기와 잎을 먹고 산다.

부채날개매미충
노린재목 큰날개매미충과
크기 9~10mm, 출현 8~9월

몸은 흑갈색이며 넓적한 날개를 갖고 있다. 투명한 앞날개가 부채를 편 모습처럼 생겨서 '부채날개매미충'이라고 불린다. 앞날개 전체에는 그물 모양의 무늬가 있고 진한 갈색 테두리가 있다.

신부날개매미충
노린재목 큰날개매미충과
크기 9mm 내외, 출현 8~9월

몸은 흑갈색이며 부채날개매미충과 매우 닮았지만 날개 아랫부분에는 진한 갈색 테두리가 없다. 나뭇잎이나 풀잎에 앉아 있다가 위험이 감지되면 뒷다리를 이용해 점프하여 도망친다.

새로 떠오르는 해충, 날개매미충

신부날개매미충

신부날개매미충 애벌레

남쪽날개매미충과 부채날개매미충, 신부날개매미충은 날개가 유난히 커서 큰날개매미충류에 속한다. 큰날개매미충은 산림 해충이었지만 최근에는 작물 해충이 되고 있다. 밀도가 증가한 신부날개매미충은 산림과 가까운 인삼밭에 큰 피해를 일으켰다. 사과와 감, 복숭아, 밤 등에 오래 붙어서 즙을 빨아 먹어 나뭇가지가 말라 죽는다.

신부날개매미충은 줄기 속이나 나무껍질 틈에 알을 낳기 때문에 미리 알아내기 어렵다. 피해를 일으키는 식물도 매우 다양해서 막아내기가 힘들다. 최근 큰 피해를 발생시켰던 꽃매미와 피해가 급증하는 북미산 선녀벌레와 함께 날개매미충은 새로 부각된 해충이다.

노린재목

남쪽날개매미충
노린재목 큰날개매미충과
크기 6~7mm, 출현 8~9월

몸은 연갈색에서 검은색까지 다양하다. 겹눈은 황갈색이다. 앞날개 가운데에는 암갈색의 띠무늬가 선명하다. 날개 끝 부분에도 띠무늬가 있다. 산야의 경작지 주변이나 풀밭에 많이 산다.

일본날개매미충
노린재목 큰날개매미충과
크기 9~11mm, 출현 8~9월

몸은 갈색이다. 앞날개의 가운데와 끝 부분에는 2개의 연갈색 띠무늬가 있다. 날개 가장자리 부근에 움푹 들어간 검은색 점이 있다. 애벌레는 사과와 배, 귤 등 과수의 즙을 먹는 해충이다.

풀멸구
노린재목 멸구과
크기 5~6mm, 출현 5~10월

몸은 전체적으로 연한 황록색을 띠며 겹눈은 황갈색이다. 날개 길이가 배 끝보다 훨씬 더 길다. 하천 풀밭이나 경작지 주변에서 볼 수 있다. 억새와 갈대뿐 아니라 보리와 밀, 귀리 등을 먹고 산다.

주홍긴날개멸구
노린재목 긴날개멸구과
크기 4mm, 출현 6~9월

몸 빛깔은 주홍색을 띠며 종아리마디는 회색이다. 앞날개는 투명하고 황갈색을 띠지만 앞가장자리와 바깥쪽은 갈색이다. 칡에서 많이 볼 수 있다. 날개가 크지만 날지 않고 점프를 잘한다.

끝빨간긴날개멸구
노린재목 긴날개멸구과
크기 6~7mm, 출현 7~9월

몸은 대부분 황갈색이며 날개에 비해 작다. 날개는 길지만 힘이 약해 잘 날지 못한다. 앞날개가 매우 길며 가장자리에 붉은색을 띠고 있어서 '끝빨간긴날개멸구'라고 불린다. 건조한 숲에 산다.

동해긴날개멸구
노린재목 긴날개멸구과
크기 5mm 내외, 출현 7~9월

몸은 황갈색이며 몸에 비해 날개가 매우 크다. 다리는 연황색을 띤다. 직사각형의 날개는 대부분은 투명하지만 날개 가장자리는 붉은색을 띠는 것이 특징이다. 주로 숲에서 보인다.

매미류에 속하는 곤충 이야기

끝검은매미충

띠띤뿔매미

꽃매미

주홍긴날개멸구

매미류의 곤충은 어떤 공통점을 갖고 있을까? 매미 하면 소리 내어 우는 매미가 먼저 떠올라서 우는 것이 공통점이라고 착각하기 쉽다. 그렇지만 매미류 곤충이라고 모두 매미처럼 멋진 노래를 할 수 없고, 노래를 부르는 건 오로지 매미뿐이다.

그렇다면 매미류 곤충의 특징은 무엇일까? 매미류 곤충은 기다란 주둥이로 즙을 빨아 먹는 것이 공통점이다. 귀매미와 뿔매미, 꽃매미, 멸구, 상투벌레, 선녀벌레, 매미충 등은 모두 즙을 빠는 기다란 주둥이를 갖고 있다. 노린재류도 매미처럼 즙을 빠는 점이 똑같아서 최근에는 매미류와 노린재류를 노린재목의 곤충으로 포함시킨다.

노린재목

흰띠거품벌레
노린재목 거품벌레과
크기 9~12mm, 출현 6~10월

몸 빛깔은 전체적으로 암갈색을 띤다. 앞날개의 가운데 부분에 넓은 흰색 띠무늬가 뚜렷한 것이 특징이다. 불빛에도 잘 날아온다. 버드나무와 뽕나무, 사철나무, 포도나무, 사과나무 등의 즙을 빤다.

갈잎거품벌레
노린재목 거품벌레과
크기 10mm 내외, 출현 5~10월

몸은 연한 회황색을 띠며 겹눈은 크고 갈색을 띤다. 가슴등판에는 흰색 점무늬가 많다. 애벌레는 식물의 즙을 빨아서 거품을 만들어 자신을 보호한다. 어른이 되면 거품을 만들지 않는다.

거품 속에서 사는 거품벌레 이야기

거품벌레 애벌레

거품벌레가 만든 거품

햇볕이 따스하게 내리쬐는 봄이 되면 나뭇가지에 연초록 새잎이 돋기 시작한다. 그때 나뭇가지 곳곳에 보글보글 흰색 거품이 놓여 있는 모습을 발견할 수 있는데, 이 거품 속에는 거품벌레의 애벌레가 살고 있다.

흰색 거품을 보면 누가 나뭇가지 사이로 침을 뱉어 놓은 것 같다. 이런 모습 때문에 거품벌레는 '침벌레'라고도 불린다.

거품벌레는 애벌레 시기에 몸을 보호하려고 거품을 만들지만 어른이 되면 더 이상 거품을 만들지 않는다. 거품벌레 어른벌레는 튼튼한 뒷다리로 점프하는 높이뛰기 선수가 되는데, 도약력이 뛰어나서 70cm까지 뛰어오를 수 있다.

설악거품벌레
노린재목 거품벌레과
크기 7mm 내외, 출현 6~9월

몸은 전체적으로 황갈색을 띠고 다리는 연황색이다. 앞날개 끝 부분은 다소 투명하다. 거품을 만드는 애벌레의 특별한 생태 때문에 이름에 '거품벌레'가 붙여졌다. 거품은 좋은 은신처이다.

솔거품벌레
노린재목 거품벌레과
크기 8~10mm, 출현 6~8월

몸은 검은색이며 갈색 점이 있어서 얼룩덜룩하다. 애벌레는 소나무와 잣나무, 전나무, 뽕나무 등의 잔가지에 거품을 만들고 모여 지낸다. 즙을 빨아 거품을 만들면 나무에는 그을음병이 발생한다.

거품벌레 애벌레의 거품 제조법

거품 속의 거품벌레 애벌레

보글보글 거품 만들기

거품벌레 애벌레는 키 작은 나뭇가지나 잎에 거품을 만들어 몸을 감싼다. 주둥이로 나무의 즙을 힘껏 빨아 올리고는 꽁무니에 바람을 불어 넣어 비눗방울을 만들 듯이 거품을 만든다. 거품벌레 애벌레가 몸을 숨긴 흰색 거품을 걷어 내면 금방 거품을 만들어 다시 숨는다. 또한 여러 마리의 거품벌레가 거품 속에 함께 모여 있는 모습도 발견할 수 있다.

거품벌레의 거품 속은 뜨거운 직사광선을 차단하여 거품벌레가 어른이 될 때까지 몸이 손상되지 않게 보호해 주며, 곤충에게 매우 중요한 수분 증발도 막아 준다. 무엇보다도 거품 속은 다른 천적을 피해 숨을 수 있는 최고의 보호막이다.

쥐머리거품벌레
노린재목 쥐머리거품벌레과
크기 5.5~8.5mm, 출현 5~9월

몸은 대체로 흑갈색이지만 적갈색부터 검은색까지 다양하다. 앞날개의 끝 부분이 다소 반투명하다. 숲의 개울가나 계곡 근처의 버드나무 등 다양한 나무의 풀잎에 앉아 있는 모습을 볼 수 있다.

네줄박이장삼벌레
노린재목 장삼벌레과
크기 5~6mm, 출현 7~9월

몸은 대체로 검은색이며 다리는 연황색을 띤다. 반투명한 흰색 날개의 중간 부분과 끝 부분에 흑갈색의 가로띠 무늬가 뚜렷하다. 풀잎에 잘 내려앉은 모습을 볼 수 있으며 먹이 식물은 감자이다.

깃동상투벌레
노린재목 상투벌레과
크기 11~13mm, 출현 8~9월

몸 빛깔은 담황색 또는 회황색을 띠며 등판에 황갈색 또는 흑갈색 무늬가 있다. 날개는 투명하며 몸 길이보다 더 길다. 들이나 야산의 풀밭이나 칡덩굴에 산다. 알로 겨울나기를 한다.

모련채수염진딧물
노린재목 진딧물과
크기 3.1~4.2mm, 출현 7~8월

몸은 주홍색을 띠며 더듬이는 검은색이다. 몸 빛깔 때문에 눈에 잘 띈다. 나무 줄기에 줄지어서 모여 있는 모습을 볼 수 있다. 날개가 있는 유시충도 있지만 날개가 없는 무시충도 볼 수 있다.

엉겅퀴수염진딧물
노린재목 진딧물과
크기 2.5~3.5mm, 출현 4~9월

몸은 전체적으로 녹색을 띤다. 엉겅퀴 풀 줄기에 다닥다닥 줄지어 붙어서 즙을 빨아 먹는다. 얼마 전에 태어난 작은 진딧물부터 몇 번 허물을 벗어서 덩치가 커진 진딧물까지 함께 붙어 있다.

번식력 강한 진딧물 이야기

날개 있는 진딧물(유시충)

날개 없는 진딧물(무시충)

진딧물의 번식력

엉겅퀴수염진딧물

풀 줄기에 다닥다닥 붙은 진딧물은 증식 능력이 뛰어나서 1년에 23세대나 번식한다. 진딧물 암컷은 암수가 짝짓기해서 알을 낳는 일반적인 곤충과 달리 혼자서 새끼를 낳는 단성생식을 한다. 또한 알을 낳는 난생이 아닌 새끼를 낳는 태생을 한다.

진딧물은 날개 없는 무시충과 날개 있는 유시충 두 가지 형태로 나뉜다. 봄에 출현한 진딧물은 날개가 없는 무시충이지만 시간이 지나 먹이 식물이 죽으면 다른 먹이 식물로 날아가기 위해 유시충이 태어난다. 그런 다음 새로운 먹이 식물에 도착한 유시충은 무시충을 낳아 번식하다가 먹이 식물이 죽게 될 무렵이면 봄에 태어난 장소로 다시 이동한다.

사사키잎혹진딧물
노린재목 진딧물과
크기 3~4mm, 출현 5~6월

벚나무를 먹이 식물로 삼으며 매우 작다. 진딧물이 벚나무 즙을 빨기 시작하면 나무는 자신을 보호하려고 특별한 물질을 분비한다. 이 물질 때문에 벌레혹(충영)이 생긴다. 진딧물은 벌레혹 안쪽에 있다.

나비목

귤빛부전나비
나비목 부전나비과
크기 34~37㎜, 출현 5~8월

몸 빛깔은 전체적으로 귤색을 띤다. 풀잎에 앉아서 쉬는 모습이 관찰된다. 해질 무렵 떡갈나무가 많은 숲 사이를 활발하게 날아다닌다. 참나무류에 알을 낳으며 알로 겨울나기를 한다.

시가도귤빛부전나비
나비목 부전나비과
크기 33~36㎜, 출현 6~7월

몸 빛깔은 귤색을 띠며 날개에 검은색 점무늬가 많다. 날개 모습이 도시의 지도 같아서 '시가도귤빛부전나비'라고 불린다. 오후 5시경에 활발하게 날아다니며 갈참나무에서 알로 겨울을 난다.

담색긴꼬리부전나비
나비목 부전나비과
크기 26~28㎜, 출현 6~8월

낮은 산지부터 높은 산지까지 넓게 분포한다. 참나무 숲 주변에 많이 산다. 오후 3시가 넘으면 활발하게 날아다닌다. 애벌레는 떡갈나무와 갈참나무를 먹고 산다. 알로 겨울나기를 한다.

물빛긴꼬리부전나비
나비목 부전나비과
크기 23~31㎜, 출현 6~8월

날개 윗면은 연한 검은색이고 아랫면은 밝은 회색이며 흑갈색 띠무늬가 있다. 마을 근처의 참나무 숲에서 산다. 한낮에는 거의 활동하지 않고 주로 나뭇잎 위에서 쉰다. 알로 겨울을 난다.

검정녹색부전나비
나비목 부전나비과
크기 32~37㎜, 출현 6~8월

수컷의 날개는 황록색 광택이 나지만 암컷은 흑갈색을 띤다. 참나무 숲 주변에 많이 살며 오전 7~9시 전후에 나무 위에서 점유 행동을 한다. 애벌레는 참나무를 먹고 살며 알로 겨울을 난다.

산녹색부전나비
나비목 부전나비과
크기 31~37㎜, 출현 6~8월

수컷의 날개는 청록색 광택이 있지만 암컷은 흑갈색이다. 수컷은 오전 9시에 점유 행동을 하고 고인물을 먹거나 꽃에 모여 꿀을 빤다. 애벌레는 참나무 잎을 먹는다. 겨울눈 아래에 알을 낳는다.

남방부전나비
나비목 부전나비과
크기 17~28㎜, 출현 4~11월

수컷의 날개 윗면은 청람색을 띠고 아랫면은 회갈색을 띠며 점무늬가 많다. 이른 아침에는 날개를 반쯤 펴고 일광욕을 잘 한다. 민들레와 개망초, 쑥부쟁이 등 다양한 꽃에 모여 꿀을 빤다.

부전나비 애벌레

금강산귤빛부전나비 애벌레

금강산귤빛부전나비 애벌레의 몸은 전체적으로 납작한 짚신 모양이다. 애벌레의 머리는 검은색이고, 몸은 연갈색 바탕에 진한 갈색 무늬가 있으며 작은 잔털이 빽빽하다. 다 자라면 24.5㎜에 이를 정도로 크기가 매우 크다.

부전나비류 애벌레는 진딧물과 관련이 깊은 종류가 많다. 바둑돌부전나비 애벌레는 일본납작진딧물을 잡아먹고 살며, 민무늬귤빛부전나비는 밤나무왕진딧물을 잡아먹고 산다.

그렇지만 대부분의 부전나비류 애벌레는 일반적인 나비류 애벌레처럼 식물의 잎을 먹고 산다.

나비목

나비류와 나방류의 차이점

나비류(네발나비)

나방류(흰줄노랑뒷날개나방)

나비류와 나방류는 같은 나비목의 곤충인데 전혀 다른 곤충으로 여기는 경우가 많다. 보통 나비는 화려하고 예쁘다고 생각하는데, 나방은 지저분하고 못생겼다고 생각한다.
나비류와 나방류는 모습이 비슷해서 구별이 어렵지만 몇 가지만 유심히 관찰하면 쉽게 구별할 수 있다.

나비류	특징	나방류
낮에 활동한다.	활동 시간	대부분 밤에 활동하지만, 낮에 활동하는 나방도 있다.
앉았을 때 날개를 배 위로 접는다.	앉는 모습	앉았을 때 날개를 편다.
끝이 부푼 곤봉 모양이나 갈고리 모양이다.	더듬이	실 모양, 빗살 모양, 양빗살 모양 등 다양하다.
앞뒤 날개가 따로 움직인다.	날개 연결	앞뒤 날개가 연결되어 1장처럼 난다.

작은주홍부전나비
나비목 부전나비과
크기 26~34mm, 출현 4~10월

날개 빛깔이 주홍색으로 매우 아름답다. 산지의 풀밭뿐 아니라 도시 주변에서도 볼 수 있다. 토끼풀과 개망초, 민들레 등 다양한 꽃에서 꿀을 빤다. 꽃에 모여 있지만 풀잎 위에도 잘 내려앉는다.

제비나비
나비목 호랑나비과
크기 85~120mm, 출현 4~9월

날개는 청록색을 띤다. 몸집이 크고 제비꼬리를 닮은 꼬리돌기를 갖고 있어서 '제비나비'라는 이름이 지어졌다. 다양한 꽃에 모여 꿀을 빨며 산길과 산꼭대기에 '나비 길(접도)'을 만든다.

나비의 비늘가루가 눈에 들어가면 장님이 될까?

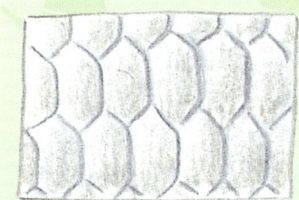
나비의 비늘조각

나방의 비늘털

나비와 나방은 겉보기에 서로 비슷한 옷을 입는 듯 보이지만 자세히 보면 서로 다르다. 나비의 날개에는 물고기 비늘 같은 비늘조각(인편)이 줄지어 나 있지만, 나방은 비늘털(인모)로 되어 있다. 그래서 나비를 건드리면 닿은 부분의 비늘조각만 떨어지지만, 나방은 전체 털이 부스스 날린다.
예로부터 털이 부스스 날리는 나방의 비늘가루가 눈에 들어가면 장님이 된다는 말이 있었다. 비늘가루가 들어가면 위험할 거라는 생각 때문이지만 우리나라 나방의 비늘가루는 간혹가다가 미미한 알레르기만 일으킬 뿐 큰 문제는 없다. 그렇지만 열대 지역의 나비와 나방 중에는 심각한 문제를 일으키는 종류가 많으므로 조심해야 한다.

긴꼬리제비나비
나비목 호랑나비과
크기 60~120mm, 출현 4~9월

산지 숲 가장자리에 살며 흔히 관찰된다. 나무 사이를 낮게 날아다니며 먹이 식물의 잎 앞면에 알을 1개씩 낳는다. 수수꽃다리와 고추나무, 나리, 엉겅퀴 등의 꽃에 잘 모인다. 번데기로 겨울을 난다.

산제비나비
나비목 호랑나비과
크기 63~118mm, 출현 4~9월

힘이 좋아서 계곡이나 산꼭대기 주변에 산다. 철쭉과 자귀나무, 민들레 등의 꽃에서 꿀을 빨며 땅 위에 무리 지어 모여서 물을 먹기도 한다. 애벌레는 운향과의 황벽나무나 머귀나무를 먹고 산다.

나비와 나방의 비늘가루는 만지지 말자!

나비목

잎에서 만나는 곤충

모시나비
나비목 호랑나비과
크기 43~60mm, 출현 5~6월

날개 빛깔이 고운 모시 한복을 보는 듯하다. 일반적인 나비와는 달리 날개에 비늘가루가 없기 때문에 날개를 만져도 아무것도 묻지 않는다. 산지의 풀밭을 낮게 날아다니며 알로 겨울나기를 한다.

배추흰나비
나비목 흰나비과
크기 39~52mm, 출현 3~11월

날개 빛깔은 전체적으로 흰색을 띠며 천천히 날아다닌다. 배추, 무, 양배추, 냉이 등이 자라는 농경지나 공원, 하천 등의 풀밭에서 쉽게 만날 수 있는 나비로 연 4회 발생하며 번데기로 겨울나기를 한다.

남방노랑나비
나비목 흰나비과
크기 32~47mm, 출현 5~11월

날개는 밝은 황색으로 아랫면에 검은색 무늬가 나타나고, 윗면 끝 부분에도 검은색 무늬가 있다. 개망초와 국화 등의 꽃에서 꿀을 빤다. 애벌레는 비수리와 괭이싸리, 자귀나무, 차풀 등을 먹는다.

은줄표범나비
나비목 네발나비과
크기 58~68mm, 출현 5~10월

애벌레는 제비꽃류를 먹고 살며 어른벌레는 엉겅퀴와 큰까치수염의 꽃을 즐겨 찾아 꿀을 빤다. 오전에는 일광욕을 위해 땅에 잘 내려앉는다. 산길 주변의 숲에 살며 애벌레로 겨울나기를 한다.

암끝검은표범나비
나비목 네발나비과
크기 64~80mm, 출현 3~11월

날개에는 검은색 점무늬가 많고 날개 무늬가 표범 무늬를 닮았다. 수컷은 산꼭대기에서 점유 행동을 한다. 엉겅퀴와 큰까치수염 등의 꽃에 날아와서 꿀을 빤다. 애벌레는 제비꽃류를 먹고 산다.

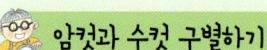

암컷과 수컷 구별하기

암끝검은표범나비 암컷

암끝검은표범나비의 짝짓기

나비는 암수가 매우 닮아서 구별이 힘들지만 때로는 날개 빛깔이 달라서 쉽게 구별되기도 한다. 암끝검은표범나비는 암컷 날개의 윗면 끝 부분이 검은색을 띠며, 수컷의 날개는 보통의 표범나비 빛깔을 띠어서 쉽게 구별된다. 짝짓기 하는 모습을 관찰하면 같은 종류의 나비임을 확인할 수 있다.

애기세줄나비
나비목 네발나비과
크기 45~55mm, 출현 5~9월

날개에 줄무늬가 있는 나비류 중에서 가장 흔하게 볼 수 있다. 숲이나 산지 계곡의 풀잎에 내려앉거나 꽃에 모여 꿀을 빤다. 애벌레는 나비나물과 아까시나무, 칡, 벽오동 등을 먹고 산다.

뿔나비
나비목 네발나비과
크기 32~47mm, 출현 3~11월

날개에는 불규칙한 오렌지색 무늬와 4개의 흰색 점무늬가 있다. 주둥이 부위가 뿔처럼 삐죽하게 튀어나와서 '뿔나비'라고 불린다. 암컷은 봄에 먹이 식물인 팽나무와 풍게나무 등의 잎에 알을 낳는다.

나비목

큰멋쟁이나비
나비목 네발나비과
크기 47~65mm, 출현 3~11월

숲을 날아다니며 풀잎에 잘 내려앉는다. 사람이 접근하면 민첩하게 날아간다. 애벌레는 쐐기풀과의 거북꼬리와 가는잎쐐기풀, 느릅나무 등을 먹고 산다. 천적으로는 좀벌류와 맵시벌류가 있다.

홍점알락나비
나비목 네발나비과
크기 69~92mm, 출현 5~9월

수컷은 나무 사이를 매우 빠르게 날아다닌다. 오후 3시 이후에는 산꼭대기에서 점유 행동을 한다. 꽃보다는 풀잎에서 잘 관찰된다. 애벌레는 팽나무와 풍게나무를 먹고 살며 애벌레로 겨울을 난다.

부처나비
나비목 네발나비과
크기 37~48mm, 출현 4~10월

숲 주변의 경작지에서 산다. 참나무 진이나 썩은 과일에 잘 모이며 먹이 식물의 잎 뒷면에 알을 1개씩 낳는다. 애벌레는 벼과의 벼와 억새, 바랭이 등을 먹고 산다. 애벌레로 겨울나기를 한다.

🔍 부처나비의 이름

그늘진 숲속 길가에서 빠르게 날아다니는 부처나비의 날개에는 다양한 크기의 눈알 무늬가 새겨져 있다. 부처나비는 날개에 눈알 무늬가 많은 뱀눈나비류에 속하지만 이름은 날개 무늬나 칙칙한 날개 빛깔과는 전혀 상관없는 이름인 '부처나비'이다.
나비 박사 석주명 선생이 부처나비 학명의 종명인 '고타마'가 부처의 성을 뜻하는 데서 힌트를 얻어서 이름을 지었기 때문이다.
부처사촌나비는 부처나비와 비슷하게 생겨서 사촌을 더해 '부처사촌나비'라고 이름 지어졌다.

부처사촌나비
나비목 네발나비과
크기 38~47mm, 출현 5~8월

숲 가장자리나 마을 주변에 흔하다. 날개 아랫면의 눈알 무늬로 천적을 쫓아낸다. 이른 아침에는 체온을 높이기 위해 날개를 펴고 일광욕한다. 애벌레는 벼과의 주름조개풀과 실새풀을 먹고 산다.

굴뚝나비
나비목 네발나비과
크기 50~71mm, 출현 6~9월

날개 윗면의 앞날개에는 눈알 무늬가 2쌍, 뒷날개에는 1쌍이 있다. 마타리와 엉겅퀴, 꿀풀, 쉬땅나무 등의 꽃에서 꿀을 빨며 애벌레는 벼과와 사초과의 풀을 먹는다. 풀밭 사이를 쉴 새 없이 날아다닌다.

황알락그늘나비
나비목 네발나비과
크기 47~60mm, 출현 6~9월

날개에는 그물 모양의 무늬가 있고, 눈알 무늬는 7쌍이다. 참나무 숲에 살며 참나무 진에 잘 날아오지만 꽃에는 잘 모이지 않는다. 애벌레는 벼과와 사초과 식물을 먹고 산다. 애벌레로 겨울을 난다.

🔍 눈알 무늬 이야기

굴뚝나비

부처사촌나비

네발나비과에 속하는 **뱀눈나비류**는 날개에 다양한 눈알 무늬가 특징이다. 종류에 따라 눈알의 크기와 모양, 그리고 개수는 다르지만 모두 눈알 무늬를 지녔다.
뱀눈나비의 날개에 있는 **눈알 무늬**는 뱀눈나비를 매우 큰 생물로 보이게 만들어서 천적이 깜짝 놀라게 된다.

나비목

나비와 나방의 중간형

줄점팔랑나비

작은주홍부전나비

풀밭 사이를 지그재그로 날아가는 팔랑나비는 나비와 나방을 골고루 닮았다. 낮에 날아다니며 꽃을 찾는 모습은 나비를 닮았고, 날개에 비해 뚱뚱한 몸과 큰 머리를 갖는 점은 나방을 닮았다.
크기가 비슷한 줄점팔랑나비와 작은주홍부전나비를 비교해 보면 생김새의 차이를 쉽게 알 수 있다.

왕자팔랑나비
나비목 팔랑나비과
크기 33~38mm, 출현 5~9월
날개는 흑갈색 바탕에 흰색 점무늬가 있다. 더듬이는 갈고리 모양이다. 풀잎에 앉아서 쉴 때 나방처럼 날개를 펴고 있다. 어지럽게 팔랑거리며 날아다니고, 산지의 숲 가장자리나 마을 주변에서 산다.

줄꼬마팔랑나비
나비목 팔랑나비과
26~30mm, 출현 6~8월
날개는 주홍색을 띠는 갈색으로 흑갈색 줄무늬가 있다. 몸통이 뚱뚱하고 머리가 커서 나방처럼 보인다. 숲 가장자리의 풀밭에 산다. 팔랑나비류 중에서 크기가 작아서 이름에 '꼬마'가 붙여졌다.

황알락팔랑나비
나비목 팔랑나비과
크기 24~30mm, 출현 6~8월
날개는 흑갈색으로 황색 무늬가 많아서 얼룩덜룩해 보인다. 큰까치수염과 개망초, 갈퀴나물 등의 꽃을 찾아 빠르게 날아다닌다. 풀잎에 앉아 일광욕을 한다. 산지의 풀밭에 많이 산다.

노란줄긴수염나방
나비목 곡나방과
크기 14~17mm, 출현 5~7월
몸 빛깔은 전체적으로 황색이며 날개 가운데에 뚜렷한 흰색 줄무늬가 있고, 아래는 진한 보라색을 띤다. 더듬이 밑부분은 굵지만 끝은 매우 가늘다. 수컷의 더듬이는 몸 길이보다 길지만 암컷은 짧다.

큰자루긴수염나방
나비목 곡나방과
크기 18~20mm, 출현 5~7월
몸은 진한 황색을 띠며 남색 줄무늬가 많다. 수컷의 더듬이는 몸 길이의 4배에 이를 정도로 유난히 길다. 낮에 활동하는 나방으로 풀잎에 내려앉은 모습을 볼 수 있다. 숲의 계곡 주변에서 산다.

그물무늬긴수염나방
나비목 곡나방과
크기 19~21mm, 출현 4~5월
몸은 어두운 회황색을 띤다. 더듬이는 몸 길이의 2배가 넘을 정도로 매우 길며 흰색을 띤다. 뒷날개에도 흰색의 털이 덮여 있다. 더듬이가 긴 수염처럼 보여서 이름에 '수염나방'이 붙여졌다.

붉은꼬마꼭지나방
나비목 감꼭지나방과
크기 5.5mm 내외, 출현 4~6월
몸이 검은색이며 가슴등판과 앞날개는 붉은색을 띤다. 더듬이는 침 모양으로 날카로우며 다리에는 뾰족한 털이 많다. 낮에 활동하면서 풀잎에 앉아 있는 모습을 볼 수 있다. 1년에 2회 출현한다.

나비목

두점애기비단나방
나비목 애기비단나방과
크기 11~14㎜, 출현 6~7월
몸 빛깔은 검은색을 띤다. 앞 날개에 있는 2개의 황색 타원형 무늬가 특징이다. 애벌레는 명아주의 새싹이나 잎을 먹고 산다. 다 자란 애벌레는 고치 속에서 번데기가 되어 겨울을 난다.

복숭아유리나방
나비목 유리나방과
크기 25~30㎜, 출현 6~8월
몸은 원통형이며 어두운 회색을 띤다. 벌과 닮은 모습이어서 천적으로부터 자신을 보호한다. 애벌레는 벚나무 줄기를 먹고 살며 배설물을 밖으로 내놓는다. 애벌레로 겨울나기를 한다.

벌과 닮은 곤충 이야기

복숭아유리나방

뱀허물쌍살벌

꽃등에

양봉꿀벌

모양을 흉내 내는 곤충 중에는 위험한 침이 있는 벌을 닮은 곤충이 많다. 벌을 가장 많이 닮은 곤충으로는 파리류에 속하는 꽃등에를 꼽을 수 있다. 꽃등에는 모습뿐만 아니라 날아다니는 소리까지도 벌과 닮아서 자신을 보호한다.
나비류에 속하는 복숭아유리나방도 벌과 비슷하다. 또한 딱정벌레류에 속하는 벌호랑하늘소도 벌과 많이 닮았다.
벌을 닮은 곤충은 무시무시한 진짜 벌처럼 보이게 하려고 황색 줄무늬를 갖고 있다. 독침을 지닌 벌처럼 황색 줄무늬로 위장하면 안심하고 먹이를 찾아 활동할 수 있다.

포도애털날개나방
나비목 털날개나방과
크기 18~20㎜, 출현 6~9월
몸은 갈색을 띤다. 뒷날개가 3갈래로 가늘게 갈라진 것이 특징이다. 뒷가슴등판에는 황백색 털이 덮여 있다. 애벌레는 포도나무와 새우덩굴, 개머루 등의 꽃과 열매를 갉아 먹어 피해를 준다.

유리주머니나방
나비목 주머니나방과
크기 18~21㎜, 출현 5~9월
도롱이를 만들어서 그 속에 애벌레가 산다. 남방차주머니나방 도롱이와 형태는 비슷하지만 훨씬 더 가늘다. 풀과 나무를 가리지 않고 잘 먹으며, 산지의 콩밭에서 대량으로 발생해서 피해를 준다.

남방차주머니나방
나비목 주머니나방과
크기 27~35㎜, 출현 5~8월
애벌레는 도롱이 속에서 살며 이동할 때도 항상 갖고 다닌다. 도롱이 바깥쪽에 잎 조각을 붙일 때가 많다. 자극을 받으면 집 안으로 들어가 꼼짝하지 않는다. 도롱이 집 안에서 번데기가 된다.

도롱이벌레 이야기

유리주머니나방

남방차주머니나방

도롱이벌레는 비올 때 쓰는 '도롱이'처럼 생겼다고 해서 이름이 붙여졌다. 나뭇가지나 잎으로 도롱이 모양의 주머니를 만들고 그 속에서 생활한다.
수컷은 어른이 되면 날아다니지만 암컷은 평생 도롱이 속에서 생활한다. 짝짓기 하면 도롱이 속에 알을 낳고 그 속에서 죽는다.

나비목

잎에서 만나는 곤충

깜둥이창나방
나비목 창나방과
크기 16~18mm, 출현 5~8월

머리는 검은색이고 황색의 털로 덮여 있다. 날개에는 흰색 무늬가 많으며 더듬이는 빗살 모양이다. 개망초 등의 다양한 꽃에 모여든다. 1년에 2회 출현하며 낮에 활동하는 나방 중 가장 흔하다.

상수리창나방
나비목 창나방과
크기 16~21mm, 출현 4~8월

몸은 연갈색이며 더듬이는 회백색으로 실 모양이다. 낮에 나뭇잎 위에 앉아 있는 모습을 볼 수 있다. 애벌레는 줄기 속이나 잎을 말고 그 속에서 생활한다. 식물에 벌레집을 만들기도 한다.

여덟무늬알락나방
나비목 알락나방과
크기 19~22mm, 출현 6~7월

몸은 검은색이며 날개에 8개의 황색 무늬가 있다. 산지 주변의 풀밭에서 매우 흔히 관찰되는 주행성 나방이다. 다양한 꽃에도 잘 모여들며 참억새와 갈대 등 벼과 식물이 많은 곳에 산다.

사과알락나방
나비목 알락나방과
크기 26~30mm, 출현 6~7월

몸과 날개는 전체적으로 연한 검은색을 띤다. 수컷은 더듬이가 빗살 모양이며 암컷은 실 모양이다. 애벌레는 사과나무와 배나무, 벚나무 등의 잎살을 잘 갉아 먹는 해충으로 매우 유명하다.

굴뚝알락나방
나비목 알락나방과
크기 10~12mm, 출현 5~6월

몸이 전체적으로 검은색을 띠기 때문에 '굴뚝알락나방'이라고 불린다. 수컷은 더듬이가 빗살 모양이고 암컷은 실 모양이다. 날개에는 무늬가 전혀 없으며 낮은 산지에서 볼 수 있다.

알락나방류 애벌레

뒤흰띠알락나방 애벌레

실줄알락나방 애벌레

알락나방류는 종류에 따라 낮에 활동하거나 밤에 활동한다. 밝은 빛깔의 무늬를 갖고 있는 알락나방류 애벌레는 낮에 풀잎 위에서 자주 관찰된다.
특히 뒤흰띠알락나방 애벌레는 사각형의 황색 무늬로 경고한다. 자극을 받으면 등 쪽에서 액체를 뿜어서 자신을 보호하기도 한다.

별박이자나방
나비목 자나방과
크기 32~47mm, 출현 6~7월

몸은 흰색이며 날개에 점무늬가 많고 낮에 천천히 날아다닌다. 애벌레는 쥐똥나무와 물푸레나무, 층층나무 등을 먹는다. 겨울나기를 마친 애벌레는 5월이 되면 거미줄 사이에서 번데기가 된다.

붉은다리푸른자나방
나비목 자나방과
크기 19~24mm, 출현 6~8월

몸은 전체적으로 연녹색이며 날개는 녹색이다. 수컷은 더듬이가 빗살 모양이며 암컷은 실 모양이다. 붉은색의 앞다리 때문에 이름이 지어졌다. 자벌레가 어른이 되면 자나방이 된다.

앞노랑애기자나방
나비목 자나방과
크기 25~29mm, 출현 5~8월

날개는 연갈색을 띤다. 날개에는 연갈색 줄무늬가 매우 많고 작은 점들이 흩어져 있다. 풀잎 위에 앉아서 쉬고 있는 모습을 자주 볼 수 있다. 크기가 작아서 애기자나방류에 속한다.

홍띠애기자나방
나비목 자나방과
크기 22mm 내외, 출현 5~8월

날개는 갈색을 띤다. 앞날개 가운데 부분에 붉은색 가로띠무늬가 있어서 '홍띠애기자나방'이라고 불린다. 낮에 산지의 풀숲이나 하천에서 볼 수 있다. 애벌레는 버드나무류의 잎을 먹고 산다.

넓은홍띠애기자나방
나비목 자나방과
크기 33mm 내외, 출현 5~9월

날개는 연갈색이며 회색 점무늬가 흩어져 있다. 날개 가운데 부분에 붉은색 가로띠무늬가 있는 것이 특징이다. 낮은 산지의 풀밭 속에서 앉아 있는 모습을 볼 수 있다. 1년에 2회 발생한다.

붉은날개애기자나방
나비목 자나방과
크기 23mm 내외, 출현 6~8월

몸은 연갈색을 띠며 날개에 점무늬가 많다. 날개 가운데에 붉은색의 굵은 가로띠무늬가 있다. 띠무늬 아래로 날개 테두리를 따라 붉은색 무늬가 이어진다. 풀잎에 붙어 있는 모습을 볼 수 있다.

점줄흰애기자나방
나비목 자나방과
크기 39~44mm, 출현 6~8월

몸과 날개는 모두 흰색을 띤다. 앞날개의 앞부분은 연한 검은색을 띤다. 날개에 둥근 회갈색 무늬가 4개 있으며 그 속에는 고리 모양의 무늬가 있다. 앞날개의 둥근 무늬 아래쪽에 황갈색 점이 있다.

배노랑물결자나방
나비목 자나방과
크기 38~46mm, 출현 6~8월

몸은 황색이고 날개는 흰색이다. 앞날개에는 줄무늬가 많이 있어서 마치 물결처럼 보인다. 뒷날개는 주황색 바탕에 검은색 점무늬가 있다. 더듬이는 실 모양이며 풀숲에서 볼 수 있다.

자로 재는 것처럼 기는 자벌레 이야기

고리 모양으로 휘어진 자벌레   가슴다리와 꼬리다리로 기어가는 자벌레

자벌레는 보통의 나방류 애벌레와는 달리 특이한 모습으로 기어간다. 옷감 길이를 한 자 두 자 재는 것처럼 기어간다고 해서 '자벌레'라는 이름이 붙여졌다. 나방류 애벌레는 보통 가슴다리와 배다리, 꼬리다리로 꼬물꼬물 기어가지만, 자벌레는 배다리가 없어서 특이한 걸음걸이로 기어갈 수밖에 없다.

자벌레는 가슴다리를 멀리 뻗은 다음, 다시 꼬리다리를 붙이면서 기어간다. 꼬리다리를 붙일 때 자벌레의 몸은 고리 모양처럼 휘어진다. 길쭉하게 몸을 늘렸다 모았다를 반복하며 기어가는 모습이 나뭇가지의 길이를 재는 것처럼 보인다.

나비목

각시얼룩가지나방
나비목 자나방과
크기 32~36mm, 출현 6~8월

날개는 전체적으로 흰색이지만 날개 테두리는 회색을 띤다. 앞날개의 밑부분과 윗부분에는 황갈색의 점무늬가 뚜렷하다. 가지나방이나 자나방 모두 애벌레 시절에는 '자벌레'라고 불린다.

노랑띠알락가지나방
나비목 자나방과
크기 50~58mm, 출현 6~8월

날개는 흰색이며 앞뒤 날개의 밑 부분에 황색 띠무늬가 있다. 날개 테두리에는 회백색 점무늬가 있다. 나뭇잎에 앉아서 날개를 펴고 있는 모습을 보면 나방이라는 것을 알 수 있다.

뒷노랑점가지나방
나비목 자나방과
크기 40~48mm, 출현 5~8월

뒷날개는 황색으로 검은색 점무늬가 많고 커서 '뒷노랑점가지나방'이라고 불린다. 수컷은 더듬이가 빗살 모양이고 암컷은 실 모양이다. 어른벌레는 밤에 불빛에 잘 모여들며 1년에 2회 출현한다.

날개물결가지나방
나비목 자나방과
크기 27~36mm, 출현 5~8월

몸과 날개는 회색 또는 회갈색을 띠며 개체에 따라 빛깔과 무늬에 변이가 많다. 날개에 있는 연속적인 물결무늬가 특징이다. 애벌레는 자작나무의 잎을 먹고 살며 1년에 2~3회 출현한다.

뿔무늬큰가지나방
나비목 자나방과
크기 48~56mm, 출현 5~8월

앞날개는 암갈색을 띠며 날개 가운데 부분에 검은색 줄무늬가 있다. 수컷의 더듬이는 양쪽으로 빗살처럼 펼쳐져 있다. 산지나 평지에서 낮에 볼 수 있으며 애벌레의 먹이 식물은 사과나무이다.

먹세줄흰가지나방
나비목 자나방과
크기 35mm 내외, 출현 7~10월

날개는 흰색이며 앞날개에 암갈색 줄무늬가 비스듬하게 3개 있는 것이 특징이다. 낮에 잘 활동하는 나방으로 쑥부쟁이 등의 다양한 꽃에 모여 꽃꿀을 빤다. 여름부터 가을까지 깊은 산지에서 산다.

자벌레의 이유 있는 변신

고리 모양으로 몸이 굽는 자벌레

나무껍질과 비슷한 자벌레

새똥 모양의 자벌레

나뭇가지로 변신한 자벌레

고리 모양을 그리며 기어가는 자벌레 중에는 유난히 몸집이 크고 굵은 자벌레가 있다. 크기가 작은 자벌레는 보통 자나방이 되고, 크기가 큰 자벌레는 가지나방이 된다.

자나방과 가지나방은 모두 자나방류에 속한다. 자나방 애벌레는 새싹이나 줄기와 비슷해서 풀잎이나 줄기에 붙어 있으면 눈에 잘 띄지 않는다.

가지나방 애벌레는 꼬리다리를 나뭇가지에 붙이고 몸을 쭉 펴면 나뭇가지와 정말 닮았다. 때로는 배설물처럼 위장해서 스스로를 보호하기도 한다. 특이한 걸음걸이를 가진 자벌레는 빛깔과 모양까지 완벽하게 위장하고 천적을 유유히 따돌린다.

나비목

 갈고리 모양의 날개를 가진 나방과 나비

참나무갈고리나방

갈구리나비

참나무갈고리나방
나비목 갈고리나방과
크기 27~35㎜, 출현 5~9월

몸은 전체적으로 황갈색을 띤다. 날개 끝 부분이 갈고리처럼 휘어져 있는 것이 특징이다. 어른벌레는 1년에 2회 출현하며 개체 수가 많아 쉽게 볼 수 있다. 애벌레는 졸참나무 등의 잎을 먹고 산다.

황줄점갈고리나방
나비목 갈고리나방과
크기 25~37㎜, 출현 5~9월

몸 빛깔은 연회색을 띤다. 날개에 2개의 갈색 가로줄무늬가 뚜렷한 것이 특징이다. 참나무갈고리나방처럼 날개 끝이 갈고리처럼 휘어져 있다. 애벌레는 참나무 잎을 갉아 먹고 산다.

나비류 곤충에는 특별한 형태를 한 경우가 있는데, 나비 중에는 날개가 갈고리처럼 휘어진 갈구리나비가 있다면 나방 중에는 날개 끝 부분이 휘어진 갈고리나방이 있다.

갈구리나비는 흰나비류에 속하기 때문에 날개가 전체적으로 흰색을 띠지만, 참나무갈고리나방은 날개가 연갈색을 띠기 때문에 빛깔만 봐도 구별된다.

두 곤충 모두 날개 끝 부분이 고리처럼게 휘어진 형태라서 한 번 보면 오랫동안 기억된다. 다만 갈구리나비와 갈고리나방을 서로 바꿔서 착각하는 것만 조심하면 된다.

 잎을 둘둘 마는 기술

잎말이나방 애벌레

잎말이나방의 집

왕갈고리나방
나비목 갈고리나방과
크기 50~64㎜, 출현 5~9월

날개 빛깔은 흰색으로 회갈색 무늬가 많아서 얼룩덜룩해 보인다. 낮에는 나무 그늘 사이를 천천히 날아가는 모습을 볼 수 있으며 밤에는 불빛에 날아온다. 어른벌레는 연 2회 출현한다.

네줄애기잎말이나방
나비목 잎말이나방과
크기 11~15㎜, 출현 4~8월

날개 빛깔은 갈색을 띠며 앞날개 가장자리에는 톱니 모양의 흰색 줄무늬가 있다. 날개 끝 부분에 4개의 둥근 흰색 선이 뚜렷한 것이 특징이다. 애벌레는 환삼덩굴과 대마, 홉 등의 줄기를 먹는다.

감나무잎말이나방
나비목 잎말이나방과
크기 20~25㎜, 출현 4~5월

날개는 주황색을 띠며 오각형이다. 숲의 신갈나무와 벚나무, 버드나무, 단풍나무, 신나무 등의 잎에 앉아 있는 모습을 볼 수 있다. 애벌레가 사과나무와 배나무를 갉아 먹지만 피해는 적은 편이다.

잎말이나방은 애벌레가 잎을 둘둘 마는 뛰어난 특기가 있어서 이름 붙여졌다.

가지와 잎에 모인 애벌레는 누에가 견사를 뽑듯 실을 내어 잎을 둘둘 말아 고정시켜 집을 짓는다.

피해를 입은 줄기는 생장이 억제되고 열매가 잘 열리지 않으며 심하면 말라 죽게 된다.

나비목

점박이불나방
나비목 불나방과
크기 42~47mm, 출현 6~8월

날개는 흰색이며 검은색 점무늬가 매우 많아서 '점박이불나방'이라고 이름 지어졌다. 머리와 가슴은 흰색 또는 회백색을 띠며, 배 부분은 회백색 바탕에 갈색 털이 나 있다. 1년에 2회 발생한다.

줄점불나방
나비목 불나방과
크기 38~44mm, 출현 5~8월

날개 빛깔은 황회색이며 검은색 점무늬가 줄지어 있다. 날개 빛깔과 점무늬는 개체나 암수에 따라 매우 다양하다. 불빛에 날아오기 때문에 불나방이지만 풀잎에 앉아 있는 모습도 볼 수 있다.

다양한 모습으로 살아가는 나방류 애벌레

송충이형

자벌레형

거세미벌레형

만두벌레형

우리나라에는 3,000여 종의 나방이 살아서 애벌레도 매우 다양하게 살고 있다. 보통 나방류 애벌레로 털이 많은 송충이형 애벌레를 떠올리지만 길이를 재듯 기어가는 자벌레형, 몸이 길쭉하고 털이 없이 매끈한 거세미벌레형, 몸이 길고 잔털이 있는 배추벌레형, 만두처럼 생긴 만두벌레형 등 다양하다.

① 송충이형 : 복슬복슬한 털이 달린 애벌레(솔나방, 불나방, 독나방 등)
② 자벌레형 : 고리 모양으로 기어가는 애벌레(자나방, 가지나방)
③ 거세미벌레형 : 털 없이 매끈한 애벌레(밤나방, 거세미나방, 뒷날개나방 등)
④ 만두벌레형 : 배 쪽은 편평하고 등 한가운데서 솟은 애벌레(쐐기나방)

흰무늬왕불나방
나비목 불나방과
크기 75~85mm, 출현 5~8월

앞날개는 검은색 바탕에 흰색과 주홍색 무늬가 발달했고, 뒷날개는 주홍색 바탕에 검은색 무늬가 발달했다. 낮에 꽃꿀을 빨고 밤에 불빛에 모여든다. 수컷의 더듬이는 톱니 모양이고 암컷은 실 모양이다.

노랑배불나방
나비목 불나방과
크기 27~35mm, 출현 7~9월

날개는 회황색 또는 주황색을 띤다. 머리와 가슴은 붉은 빛이 도는 황색이며 다리는 검은색이다. 날개를 접고 풀잎에 앉아 있는 모습을 볼 수 있다. 애벌레는 이끼류를 먹고 산다.

노랑테불나방
나비목 불나방과
크기 39mm 내외, 출현 5~9월

머리와 가슴, 몸통의 옆면은 회황색이며 앞날개는 갈색을 띤다. 개체에 따라 회갈색을 띠기도 한다. 몸 전체에 황색 테두리가 보인다. 다리도 날개와 빛깔이 비슷하다. 1년에 2회 출현한다.

노랑애기나방
나비목 애기나방과
크기 31~42mm, 출현 7~8월

몸통은 황색으로 검은색 줄무늬가 있고 날개에 비해 매우 뚱뚱하다. 더듬이와 다리는 검은색이다. 낮에 활동하는 주행성 나방으로 풀잎에 앉아 짝짓기 하는 모습을 볼 수 있다.

여치
메뚜기목 여치과
크기 30~37mm, 출현 6~10월

몸이 뚱뚱하며 날개가 짧은 우리나라의 대표적인 여치이다. 산지나 들판의 풀밭에 산다. 암컷의 산란관은 아래로 약간 굽어 있고 비교적 짧다. 다양한 작은 곤충을 잡아먹는 육식성 곤충이다.

잔날개여치
메뚜기목 여치과
크기 16~25mm, 출현 5~9월

풀잎 위에 앉아 있는 모습을 쉽게 볼 수 있다. 습지와 하천가 제방처럼 물기가 많은 풀밭에 많이 산다. 수컷은 낮에 '치릿치릿' 하며 작은 소리로 운다. 식물질과 동물질을 모두 먹는 잡식성이다.

 여치와 실베짱이 비교하기

잔날개여치   검은다리실베짱이

가을의 풀숲에서 아름답게 우는 풀벌레 중에는 여치와 실베짱이가 있다. 그런데 두 곤충의 정확한 형태를 알지 못해서 여치와 실베짱이를 착각하는 경우가 많다. 그렇지만 몇 가지만 주의 깊게 살펴보면 여치와 실베짱이를 금방 구별할 수 있다.

여치는 몸에 비해 머리가 크고 몸통이 뚱뚱하지만, 실베짱이는 몸에 비해 머리가 작으며 몸이 실처럼 가느다랗다. 여치는 뒷다리가 많이 길지 않지만, 실베짱이는 다른 다리에 비해 뒷다리가 2배 이상 길어서 눈에 잘 띈다. 여치는 그늘진 풀숲에 숨기를 좋아하지만, 실베짱이는 나뭇잎 위에 앉기를 좋아한다. 이처럼 여치와 실베짱이는 서로 다른 점이 많다.

긴날개중베짱이
메뚜기목 여치과
크기 40~56mm, 출현 6~9월

몸은 선명한 녹색을 띤다. 어른벌레는 육식성으로 다양한 곤충을 사냥한다. 산지의 계곡 주변이나 물가 주변의 풀밭에 산다. 손으로 잡으면 날카로운 큰턱으로 깨문다. 육식성이어서 매우 아프다.

베짱이
메뚜기목 여치과
크기 31~40mm, 출현 7~10월

몸은 녹색이며 산지의 풀밭이나 인가 근처에 산다. 앞다리와 가운뎃다리의 날카로운 가시는 먹이를 사냥하는 데 쓰인다. '스이익-쩍' 하고 우는 소리가 베 짜는 소리와 비슷해서 '베짱이'라고 불린다.

 베짱이 이야기

먹이를 먹는 베짱이

이솝 우화 《개미와 베짱이》로 유명한 베짱이는 울음소리가 베를 짤 때 나는 '쓰윽 쨱 쓰윽 쨱' 소리와 매우 비슷하다. 그래서 '뵈(베) + 짜(짜다) + 앙이(작은 것)'를 합쳐 '베짱이'라고 이름 지었다.

베짱이는 풀밭에 살며, 풀뿐만 아니라 작은 곤충까지 잡아먹는 잡식성 곤충이다.

실베짱이
메뚜기목 여치과
크기 29~37mm, 출현 6~11월

몸 빛깔은 전체적으로 연녹색을 띤다. 몸 길이보다 날개 길이가 훨씬 더 길다. 나무껍질 속이나 나뭇잎 조직에 알을 낳는다. 산지의 들판이나 경작지 주변에 많이 살며 풀을 갉아 먹는다.

메뚜기목

풀벌레가 몸 색깔이 변하는 이유는?

줄베짱이 녹색형

줄베짱이 갈색형

매부리 녹색형

매부리 갈색형

검은다리실베짱이
메뚜기목 여치과
크기 29~36mm, 출현 6~11월

몸에 비해 다리가 무척 길고 몸이 납작하며 다리는 검은색을 띤다. 숲 가장자리의 풀잎 위에 앉아 있거나 풀 줄기를 오르는 모습을 볼 수 있다. 낮에 활동하며 식물의 잎이나 꽃가루를 즐겨 먹는다.

줄베짱이
메뚜기목 여치과
크기 35~40mm, 출현 7~11월

몸은 보통 녹색형이지만 갈색형도 발견된다. 날개 접합 부분에 수컷은 갈색 줄무늬가 있고, 암컷은 흰색 줄무늬가 있어서 '줄베짱이'라고 부른다. 야산이나 풀밭, 잎사귀에서 쉽게 발견된다.

풀벌레는 메뚜기와 모메뚜기, 여치, 실베짱이, 쌕쌔기, 귀뚜라미, 꼽등이 등을 모두 포함한다. 여름이 끝나갈 무렵이면 풀벌레는 어른벌레가 되어 등장한다.

여름에는 풀숲이 초록 빛깔이지만 가을이면 누릇누릇하게 변해간다. 그래서 풀벌레는 자신을 숨기는 보호색을 갖으려고 몸 빛깔을 녹색 또는 갈색으로 만들기 위해 고민이 많다.

가을 풀밭은 녹색과 갈색이 골고루 섞여 있어서 어떤 빛깔이 나와도 몸을 잘 숨길 수 있다. 그래서 가을의 대표 곤충인 풀벌레는 보통 녹색형과 갈색형이 뚜렷하게 나타난다.

풀벌레의 식성

베짱이 - 잡식성

실베짱이 - 초식성

큰실베짱이
메뚜기목 여치과
크기 34~50mm, 출현 7~11월

몸은 녹색이며 앞날개에 그물 모양의 날개맥이 발달한다. 더듬이는 검은색이며 일정 간격으로 흰색 무늬가 있다. 실베짱이류 중에서 가장 크며 숲 가장자리의 풀잎 위에 있는 모습을 볼 수 있다.

날베짱이
메뚜기목 여치과
크기 46~57mm, 출현 7~10월

몸은 전체적으로 녹색이다. 산길 주변의 풀밭이나 나뭇잎에서 잎을 먹고 산다. 주로 낮에 활동하지만 밤에도 불빛에 모여든다. 앞날개 밑부분의 발음기에서 '찌지지지' 하고 낮은 소리로 운다.

매부리
메뚜기목 여치과
크기 40~55mm, 출현 7~11월

몸은 녹색형과 갈색형이 있다. 식물의 씨앗과 곤충까지 먹는 잡식성이다. 논밭 주변과 습지, 하천 제방 등의 풀밭에 산다. 수컷은 '찌~' 하며 연속적으로 운다. 암컷의 산란관은 날개 끝을 넘는다.

메뚜기류의 곤충은 대부분 풀을 먹고 사는 초식성이다.

그렇지만 귀뚜라미나 여치, 베짱이 등은 작은 곤충을 잡아먹거나 사체를 먹는 잡식성이다.

소리로 의사소통 하는 점은 풀벌레 모두가 똑같지만, 먹이의 종류와 먹이를 먹는 방식에는 차이가 있다.

긴꼬리쌕쌔기
메뚜기목 여치과
크기 24~31㎜, 출현 7~11월

몸 빛깔은 녹색을 띠며 등면은 연갈색이다. 산란관이 매우 길어 꼬리처럼 보여서 '긴꼬리가는여치'라고 불렸다. 강변과 논밭, 산길 주변의 풀밭에서 풀 줄기를 붙잡고 있는 모습을 볼 수 있다.

쌕쌔기
메뚜기목 여치과
크기 14~20㎜, 출현 6~11월

몸은 연녹색이며 매우 가늘다. 앞날개가 길어서 배 끝부분을 넘는다. 암컷은 산란관이 짧아서 날개 밖으로 나오지 않는다. 경작지나 하천가의 초원에 매우 흔하다. 연 2회 출현한다.

점박이쌕쌔기
메뚜기목 여치과
크기 19~27㎜, 출현 8~10월

몸 빛깔은 녹색형과 갈색형이 있다. 날개가 긴 장시형과 짧은 단시형도 있다. 날개에 검은색 점무늬가 있어 '점박이쌕쌔기'라고 불린다. 경작지 주변이나 풀밭의 풀 줄기에 붙어 있는 모습이 보인다.

긴꼬리
메뚜기목 긴꼬리과
크기 14~20㎜, 출현 8~10월

몸은 연한 연두색이다. 머리는 가늘고 길며 암컷의 산란관은 배 끝 부분보다 길다. 나뭇잎 사이에 앉아 앞날개를 수직으로 들고 비벼서 소리를 낸다. 산지의 풀을 먹고 식물 줄기에 알을 낳는다.

먹종다리
메뚜기목 귀뚜라미과
크기 4~5㎜, 출현 5~7월

몸은 전체적으로 진한 검은색을 띤다. 눈은 붉은색이며 다리는 연갈색이다. 귀뚜라미 종류는 맞지만 날개에 발음기가 없어서 울지 못한다. 야산의 건조한 풀밭에 살며 애벌레로 겨울나기를 한다.

알락방울벌레
메뚜기목 귀뚜라미과
크기 7~8㎜, 출현 6~11월

몸은 작고 얼룩덜룩하다. 풀밭이나 잔디밭에서 풀이나 곡물, 곤충까지 먹는 잡식성이다. 풀밭의 돌이나 낙엽 밑에서 작은 소리로 운다. 1년에 2회 출현하며 '알락방울귀뚜라미'라고도 불린다.

풀벌레가 소리 내는 방법

귀뚜라미류 - 오른쪽 날개가 왼쪽 날개 위로   여치류 - 왼쪽 날개가 오른쪽 날개 위로

메뚜기류 - 날개와 뒷다리   먹종다리 - 울지 못함

가을에 우는 소리 곤충에는 메뚜기와 귀뚜라미, 여치 등이 있다. 모두 소리로 의사소통을 하는데 종류마다 울음소리와 소리 내는 방식이 다르다.
귀뚜라미류는 오른쪽 날개가 왼쪽 날개 위로 겹쳐지지만, 여치류는 왼쪽 날개가 오른쪽 날개 위쪽으로 겹쳐진다. 위쪽으로 겹친 날개의 바깥쪽에는 꺼칠꺼칠한 줄이 있어서 아래쪽 날개에 비비면 마찰음이 생긴다. 소리는 작게 나지만 날개와 등 사이의 공간을 울리면서 더 커진다.
귀뚜라미류는 날개를 수직으로 들어 올려서 비벼 대지만, 여치류는 날개를 올리지 않고 좌우로 펼친 후 비벼서 소리를 낸다. 메뚜기류는 날개와 뒷다리를 비벼서 소리를 낸다.

메뚜기목

꼬마모메뚜기
메뚜기목 모메뚜기과
크기 8~13mm, 출현 1~12월

몸은 매우 가늘고 길며 황갈색을 띤다. 날개가 긴 장시형이 많다. 습한 환경의 풀밭에서 많이 산다. 애벌레나 어른벌레로 겨울나기를 하기 때문에 초봄부터 늦가을까지 관찰된다.

모메뚜기
메뚜기목 모메뚜기과
크기 8~13mm, 출현 1~12월

몸은 회갈색을 띠지만 다양한 변이가 있다. 크기가 작은 메뚜기라고 해서 '난쟁이메뚜기'나 '작은메뚜기'로 불렸다. 산지나 들판의 풀밭이나 논밭에서 낙엽과 이끼, 부식물을 먹고 산다.

모메뚜기 변이형 이야기

검은색 점무늬가 2개인 모메뚜기 / 흰색 점무늬가 2개인 모메뚜기

검은색 작은 점무늬가 있는 모메뚜기 / 무늬가 없는 모메뚜기

곡식이 누렇게 익어가는 가을철은 메뚜기의 계절이다. 그렇지만 초봄부터 평지나 논밭에서 톡톡 튀는 모메뚜기를 만날 수 있다.

모메뚜기는 등면의 양옆이 발달하여 모가 난 것처럼 보여서 이름이 붙여졌다. 메뚜기처럼 뒷다리가 굵고 크며 몸이 작고 가벼워서 점프를 잘하지만 몸 길이가 매우 짧아서 메뚜기처럼 보이지 않는다.

몸 빛깔은 흑갈색형이나 회갈색형이 많지만 사는 곳에 따라서 변이가 심하다. 특히 모메뚜기 애벌레는 빛깔과 무늬가 가지각색이다. 모메뚜기류의 전체적인 모습은 모두 비슷하지만 개체마다 몸 빛깔과 등면의 무늬가 매우 다양하다는 것이 특징이다.

장삼모메뚜기
메뚜기목 모메뚜기과
크기 11~16mm, 출현 1~12월

몸은 회갈색을 띠지만 몸 빛깔에 변이가 많다. 머리 위의 눈은 위쪽으로 돌출되어 있다. 뒷날개가 길게 발달해서 잘 날아다닌다. 논밭이나 물가 주변의 습한 풀밭에 살며 어른벌레로 겨울을 난다.

섬서구메뚜기
메뚜기목 섬서구메뚜기과
크기 23~47mm, 출현 7~10월

몸 빛깔은 녹색형과 회녹색형, 갈색형 등 다양하게 나타난다. 머리는 원추형으로 길며 생김새가 방아깨비와 많이 닮았다. 더듬이는 두꺼운 실 모양이다. 암컷의 몸에 비해 수컷은 상당히 작다.

메뚜기류의 암컷과 수컷 구별하기

방아깨비 암컷 / 방아깨비 수컷

섬서구메뚜기 암컷 / 섬서구메뚜기 수컷

메뚜기류의 곤충은 암수의 크기 차이가 심한 편이다. 보통은 수컷의 몸에 비해 암컷의 몸이 크다. 특히 방아깨비와 섬서구메뚜기는 암수의 크기 차가 더욱 심하다.

수컷 섬서구메뚜기가 암컷의 등에 올라타고 다니는 모습을 볼 수 있다. 그 모습을 보고 흔히 어미가 새끼를 태우고 다닌다고 말하지만 사실 암컷 등에 올라탄 건 새끼가 아니라 수컷 메뚜기이다.

짝짓기를 하려고 암컷 등에 올라탄 수컷 섬서구메뚜기는 오랜 시간 동안 함께 지내면서 계속 짝짓기를 한다. 심지어 먹이를 먹을 때도 결코 내려오지 않는다.

메뚜기목

좁쌀메뚜기
메뚜기목 좁쌀메뚜기과
크기 4~5mm, 출현 1~12월

두꺼운 뒷다리로 벼룩처럼 잘 뛰기 때문에 '벼룩메뚜기'라고 불린다. 앞다리로 땅을 잘 파고 헤엄도 잘 치는 모습이 땅강아지를 빼닮았다. 논밭의 풀밭에 많지만 크기가 작아서 쉽게 찾기 힘들다.

밑들이메뚜기
메뚜기목 메뚜기과
크기 25~40mm, 출현 5~9월

어른벌레가 되어도 날개가 매우 짧아서 날지 않고 주로 점프하며 이동한다. 숲속의 잡초 지대에 흔하게 서식한다. 주로 낮은 나무의 잎 위에서 발견되며 큰 나무껍질에 앉아 있기도 한다.

원산밑들이메뚜기
메뚜기목 메뚜기과
크기 22~33mm, 출현 6~10월

몸은 전체적으로 진녹색을 띤다. '긴날개밑들이메뚜기'와 비슷하지만 앞날개가 배 끝을 넘지 않아서 구별된다. 산지의 풀숲이나 나무 위의 잎사귀에 앉아 있는 모습을 볼 수 있다.

긴날개밑들이메뚜기
메뚜기목 메뚜기과
크기 24~35mm, 출현 6~11월

몸은 전체적으로 녹색이다. 앞날개는 배 끝을 넘을 정도로 매우 길며 적갈색을 띤다. 애벌레 시절에는 풀잎에 떼지어 모이는 습성이 있다. 물이 잘 빠지는 땅속에 알을 낳고 알로 겨울나기를 한다.

참북방밑들이메뚜기
메뚜기목 메뚜기과
크기 24~37mm, 출현 6~10월

몸은 진한 적갈색을 띤다. 앞가슴등판 좌우의 볼록 튀어 나온 선에서 짧고 가는 앞날개 가장자리까지 황색 띠무늬가 잘 발달한다. 산지의 풀밭이나 떨기나무 위에서 발견된다.

수염치레애메뚜기
메뚜기목 메뚜기과
크기 23~30mm, 출현 5~10월

몸은 밝은 황갈색이다. 수컷의 더듬이는 매우 길어서 수염 같아 보인다. 날개가 길어서 배 끝을 넘으며 뒷다리 무릎 부분은 검은색이다. 물가 주변의 벼와 식물 근처에서 많이 발견된다.

메뚜기 어른벌레와 애벌레 비교하기

등검은메뚜기 어른벌레   등검은메뚜기 애벌레

메뚜기는 알-애벌레-어른벌레로 변하면서 어른이 되는 불완전탈바꿈을 하기 때문에 알에서 부화된 애벌레는 어른벌레와 매우 닮았다.

어린 메뚜기는 열심히 먹고 허물벗기를 하면서 점점 더 자라다가 마지막 허물을 벗으면 어른벌레가 된다. 어른벌레와 애벌레가 매우 닮았지만 날개를 보면 쉽게 구별할 수 있다.

메뚜기 애벌레는 날개가 없으며 앞으로 날개가 될 부위에 '날개 싹'이 있다. 날개 싹은 허물을 벗을 때마다 조금씩 자라서 마지막 허물을 벗으면 날개로 변한다. 반면 어른벌레는 점프 실력도 좋지만 날개로 날 수 있어서 훨씬 더 멀리까지 이동할 수 있다.

메뚜기목

등검은메뚜기
메뚜기목 메뚜기과
크기 25~42mm, 출현 7~11월

몸 빛깔은 적갈색 또는 갈색을 띤다. 겹눈에는 섬세하고 가는 줄무늬가 있다. 산지나 들판의 풀잎이나 땅 위에서 많이 관찰된다. 저수지 주변이나 경작지에도 자주 나타나서 콩과 작물을 먹는다.

우리벼메뚜기
메뚜기목 메뚜기과
크기 23~40mm, 출현 7~11월

몸은 녹색 또는 황록색을 띠지만 빛깔에 변이가 다양하다. 논이나 경작지 주변의 벼과 식물이 많은 곳에 산다. 벼의 잎을 갉아 먹어 피해를 준다. 알은 논둑이나 땅속에 100여 개를 낳는다.

해충에서 친환경 홍보 대사가 된 우리벼메뚜기

벼를 갉아 먹는 우리벼메뚜기

짝짓기를 하는 우리벼메뚜기

누렇게 익은 황금 들판이 춤을 추면 제철을 만난 우리벼메뚜기가 뛰어다닌다. 옛날에는 벼를 갉아 먹는 우리벼메뚜기가 매우 흔했는데, 농약을 살포하면서 개체 수가 급격히 줄어들었다.

다행히 최근에는 우리벼메뚜기가 다시 늘어나고 있다. 농약을 치지 않고 벼를 재배하는 논이 늘어났기 때문이다. 이렇게 농약을 쓰지 않는 친환경 농업이 발달하면서 메뚜기가 많은 논에서 생산한 쌀이 주목받고 있다. 사람들은 우리벼메뚜기 잡기 행사까지 열어서 친환경 유기농 쌀을 홍보한다. 한때 해충으로 미움을 받았던 우리벼메뚜기가 이제는 친환경 유기농 쌀의 홍보 대사가 된 것이다.

두꺼비메뚜기
메뚜기목 메뚜기과
크기 23~34mm, 출현 7~10월

햇볕이 잘 드는 산길이나 텃밭 주변의 길가에서 흔하게 관찰할 수 있다. 태양이 강하게 내리쬐는 뜨거운 땅을 무척 좋아한다. 텃밭 주변의 들풀이나 작물에 앉아 있는 모습도 많이 관찰된다.

각시메뚜기
메뚜기목 메뚜기과
크기 34~60mm, 출현 1~12월

몸은 연갈색이다. 눈 아래에 진한 줄무늬가 있다. '땅메뚜기'나 '흙메뚜기'로 불렸으며 특히 '송장메뚜기'라고 불리던 메뚜기이다. 메뚜기류 중에서 특이하게 어른벌레로 겨울나기를 한다.

송장메뚜기 이름 이야기

두꺼비메뚜기

팥중이

메뚜기는 '멧(산)+뛰기'가 합쳐진 이름으로 '산에서 뛰어다니는 곤충'이라는 뜻이다. 여러 종류의 메뚜기 중에서 '송장메뚜기'라고 불리는 메뚜기가 있는데, 실제 있는 메뚜기가 아니라 몸 빛깔이 시꺼멓고 묘지에 많은 메뚜기를 뜻하는 것으로 한국 전쟁 후 묘지에 많이 살고 송장처럼 생긴 메뚜기를 모두 송장메뚜기라고 불렀다.

각시메뚜기가 송장메뚜기의 원조이지만 중부 지방에서는 보기 힘들다. 중부 지방에서 송장메뚜기라고 불렸던 메뚜기는 땅 빛깔과 매우 닮은 팥중이와 두꺼비메뚜기, 등검은메뚜기가 있다. 송장메뚜기는 우리벼메뚜기와는 달리 맛이 없어서 식용으로도 쓰이지 않았다.

팥중이
메뚜기목 메뚜기과
크기 28~46mm, 출현 7~10월

몸은 갈색형과 녹색형이 있으며, 녹색형은 가슴등판에 X자 무늬가 희미하다. 뒷날개에는 황색 바탕에 검은색 띠무늬가 엷게 나타난다. 산지의 들판이나 햇볕이 잘 드는 무덤가에서 많이 보인다.

콩중이
메뚜기목 메뚜기과
크기 37~59mm, 출현 7~10월

몸은 녹색형과 갈색형이 있지만 대부분 녹색형이다. 앞가슴등판 가운데에 볼록 튀어나온 선이 매우 뚜렷하다. 산지의 풀밭이나 무덤가에 많이 산다. 주로 벼과 식물을 먹고 산다.

삽사리
메뚜기목 메뚜기과
크기 19~32mm, 출현 5~8월

몸 빛깔은 수컷은 밝은 황갈색이며 암컷은 회갈색을 띤다. 수컷은 한낮에 앞날개와 뒷다리를 비벼서 울음소리를 낸다. 산지의 양지바른 들판이나 무덤가에 많으며 벼과 식물을 먹고 산다.

검정무릎삽사리
메뚜기목 메뚜기과
크기 18~30mm, 출현 6~10월

몸은 갈색을 띤다. 뒷다리의 넓적다리마디 끝이 검은색이다. 수컷의 날개는 배 끝을 넘지 않는다. 수컷은 앞날개와 뒷다리를 비벼서 연속적으로 '삽사리 삽사리' 하고 울며 암컷을 부른다.

딱따기
메뚜기목 메뚜기과
크기 34~57mm, 출현 8~10월

모습은 방아깨비와 매우 비슷하지만 몸집이 작고 연약하며 뒷다리도 짧다. 머리와 앞가슴등판이 거의 직선 형태로 편평하다. 초본 식물의 잎에 붙어 있으면 찾기 힘들 정도로 위장을 잘한다.

방아깨비
메뚜기목 메뚜기과
크기 42~86mm, 출현 6~10월

몸 빛깔은 녹색형과 갈색형이 있으며 암컷은 수컷에 비해 몸집이 매우 크다. 수컷은 앞날개와 뒷날개를 서로 마찰시켜 '따다닥' 소리를 내서 '따닥깨비'라고도 불린다. 논밭이나 하천가에 많이 산다.

메뚜기류 변이형 이야기

방아깨비 갈색형(수컷)

방아깨비 갈색형(암컷)

섬서구메뚜기 갈색형(암컷)

팥중이 녹색형(암컷)

메뚜기류는 몸 빛깔에 변이가 많다. 보통 녹색형과 갈색형이 있지만 때로는 녹색과 갈색이 섞인 경우도 있다. 녹색 작물이 자라는 환경에서는 녹색형 메뚜기가 태어나고, 풀이 시들어 갈색이 있는 환경에서는 갈색형이 태어난다. 주변 환경에 잘 적응해서 살아남기 위한 메뚜기의 지혜다.

메뚜기는 적절한 보호색을 갖고 태어나야 생존에 유리하다는 것을 누구보다 잘 알고 있다. 방아깨비, 섬서구메뚜기, 팥중이 등은 녹색형과 갈색형을 모두 볼 수 있다. 몸 빛깔만 달라도 다른 곤충으로 착각되지만 같은 종류의 메뚜기도 빛깔이 다양하다는 것을 안다면 메뚜기를 구별하는 데 큰 도움이 된다.

파리목

잎에서 만나는 곤충

황각다귀
파리목 각다귀과
크기 12~14mm, 출현 5~7월

몸 빛깔은 황색을 띠지만 배는 암갈색이다. 더듬이는 가늘고 길며 흑갈색이고 밑부분의 2마디는 황색이다. 큰황나각다귀와 비슷하지만 몸에 비해 날개가 길다. 경작지에서 보리에 해를 준다.

각다귀 이야기

매달려 있는 황각다귀

각다귀는 호리호리한 몸과 긴 다리를 갖고 있는 풀밭에 사는 곤충이다. 전체적인 모습이 모기와 닮았기 때문에 사람들은 보통 '왕모기'라고 부른다.

그렇지만 각다귀는 모기처럼 사람이나 짐승의 피를 빨지 않으며, 파리류가 아닌 각다귀류에 속하는 전혀 다른 곤충이다.

각다귀는 긴 다리를 풀잎이나 나뭇잎에 붙여서 매달려 있을 때가 많아서 '크레인파리(Cranefly)'라고도 부른다.

다리가 몸에 비해서 매우 길어 불편해 보이지만 매달려 있는 데는 안성맞춤이다.

큰황나각다귀
파리목 각다귀과
크기 20mm 내외, 출현 5~7월

몸 빛깔은 전체적으로 황색을 띤다. 가슴등판에는 검은색 줄무늬가 3개 있는 것이 특징이다. 들판이나 야산의 시냇가나 계곡 주변의 풀잎에 앉아 있는 모습을 볼 수 있다.

줄각다귀
파리목 각다귀과
크기 12~16mm, 출현 5~10월

모기와 닮았다고 해서 '왕모기'라고 불리기도 하지만, 침이 없어서 쏠 수 없다. 숲과 들판의 물가나 하천가에서 매우 흔하게 관찰된다. 애벌레는 수생 생물의 먹이가 되며 썩은 식물을 먹고 산다.

검정날개각다귀
파리목 각다귀과
크기 19mm 내외, 출현 5~7월

몸 빛깔은 검은색을 띤다. 날개는 크고 반투명하며 다리에는 센털이 있다. 꽁무니의 산란관이 매우 뾰족하게 나온 모습을 볼 수 있다. 모기로 오해해서 잘못 건드리다가 산란관에 찔리기도 한다.

장수각다귀
파리목 각다귀과
크기 24~34mm, 출현 5~10월

몸은 전체적으로 갈색을 띤다. 날개는 투명하고 회색을 띠며 검은색 줄무늬와 점이 있다. 몸집이 매우 큰 각다귀로 물가에 앉아 있는 모습을 볼 수 있다. 날아다닐 수는 있지만 잘 날지 못한다.

파리류의 특징 - 평균곤 이야기

각다귀의 평균곤

황각다귀의 평균곤

파리류에 속하는 각다귀와 모기, 꽃등에, 동애등에, 검정파리, 기생파리, 초파리 등은 공통점이 있는데, 뒷날개 1쌍이 퇴화되어서 앞날개 1쌍만 남아 있다. 흔적만 남아 있는 퇴화된 뒷날개는 '평균곤'이라고 부르는데 매우 작아서 잘 보이지 않는다.

그렇지만 각다귀처럼 몸집이 큰 파리는 평균곤을 쉽게 확인할 수 있다. 평균곤은 작아서 쓸모없어 보이지만 비행할 때 균형을 맞추어 주는 중요한 역할을 한다. 평균곤 덕분에 파리류 곤충은 매우 빠르게 날 수 있다. 날개가 1쌍이면 2쌍으로 제각각 날갯짓하는 것보다 효율적으로 비행할 수 있다는 장점도 있다.

파리목

흰줄숲모기
파리목 모기과
크기 4.5mm 내외, 출현 6~9월

몸 빛깔은 전체적으로 검은색을 띠며 다리에는 흰색 줄이 있어서 '아디다스 모기'라고 불린다. 숲에서 가장 흔하게 볼 수 있는 대표적인 모기로 낮에도 동물과 사람을 문다. 무서운 뎅기열을 옮긴다.

열대 풍토병을 옮겨요

뎅기열을 옮기는 흰줄숲모기

열대성 곤충 모기는 지구 온난화와 함께 개체 수가 점점 늘어나고 있다. 모기가 증가하면서 말라리아와 뎅기열, 황열병 등의 질병도 더욱 증가한다.
현재 우리나라에는 중국얼룩날개모기가 질병을 옮겨서 경기 북부와 강화도 등에서 해마다 말라리아 환자가 발생하고 있다.
뎅기열은 이집트숲모기가 매개하지만 다행히 우리나라에는 살지 않는다. 그러나 **아디다스 모기 또는 아시아호랑모기로 잘 알려진 흰줄숲모기가 뎅기열 매개 모기**이며 현재 우리나라에 살고 있어서 언제든지 발생할 위험이 있다.

장수깔따구
파리목 깔따구과
크기 6~7mm, 출현 4~9월

전체적인 모습이 모기와 매우 닮았다. 수컷의 더듬이에는 털이 빽빽하게 나 있다. 야산의 계곡 부근이나 하천가에서 볼 수 있다. 애벌레는 수생 생물의 먹이가 되며 낚시 미끼로도 쓰인다.

얼룩점밑들이파리매
파리목 얼룩점밑들이파리매과
크기 20mm 내외, 출현 5~6월

몸은 전체적으로 검은색을 띤다. 가슴등판에는 황색 점무늬가 있다. 앞다리와 가운뎃다리는 황색을 띠지만 뒷다리는 황색에 검은색 무늬가 있다. 매우 빠르게 날아다녀서 자세한 관찰이 힘들다.

광대파리매
파리목 파리매과
크기 17~20mm, 출현 4~6월

몸은 전체적으로 검은색이지만 종아리마디가 황갈색을 띤다. 짧은 더듬이와 주둥이는 검은색이다. 매우 빠르게 날아다니며 나비류와 매미류를 사냥한다. 낮은 산지나 들판에서 흔히 관찰된다.

홍다리파리매
파리목 파리매과
크기 20~22mm, 출현 5~7월

몸은 전체적으로 흑갈색을 띤다. 얼굴은 가늘고 길며 황색 가루로 덮여 있다. 낮에 날아다니며 작은 곤충이나 절지동물을 잽싸게 포획하여 잡아먹는 포식성 곤충이다. 번데기로 겨울을 난다.

파리매
파리목 파리매과
크기 23~30mm, 출현 6~8월

몸은 대체로 검은색이다. 수컷의 배 끝 부분에 흰색 털뭉치가 있는 것이 특징이다. 다양한 곤충을 사냥하여 체액을 빨아 먹는다. 특히 풍뎅이를 잘 사냥하며 애벌레도 풍뎅이 애벌레를 먹고 산다.

왕파리매
파리목 파리매과
크기 20~28mm, 출현 6~8월

몸은 황갈색 또는 적갈색이며 겹눈은 청록색을 띤다. 산지의 계곡 주변이나 들판에서 볼 수 있다. 공중에서 먹잇감을 낚아채는 솜씨가 최고다. 먹잇감을 다 먹을 때까지는 다리로 붙들고 다닌다.

파리목

잎에서 만나는 곤충

검정파리매
파리목 파리매과
크기 22~25mm, 출현 6~9월

몸 빛깔은 전체적으로 검은색을 띤다. 낮은 산지나 들판을 날아다니며 나방과 나비, 파리 등을 사냥한 후 풀잎에 앉아 있는 모습을 볼 수 있다. 풀잎에 앉아서 짝짓기 하는 모습도 많이 관찰된다.

🔍 파리매의 놀라운 사냥 기술

풍뎅이를 사냥하는 왕파리매

꿀벌을 사냥하는 파리매

공중에서 먹잇감을 잡아채는 파리매의 사냥 실력은 최고이다. 부리부리한 눈은 사냥감을 정확하게 볼 수 있고, 소쿠리처럼 생긴 긴 다리는 사냥감을 정확하게 낚아챌 수 있다. 창공을 비행하는 독수리가 빠르게 달려들어 날카로운 발톱으로 먹잇감을 낚아채는 솜씨와 흡사하다. 그래서 '파리류 중의 매'라는 뜻에서 '파리매'로 불린다.

파리매는 나방과 파리, 풍뎅이, 잎벌레는 물론이고 피를 빨아 먹는 등에와 동족인 파리매까지도 사냥한다. 사냥한 먹잇감은 소화액을 내뿜어 녹여 먹으며, 다 먹을 때까지 다리로 감싸서 들고 다닌다. 이렇게 곤충을 사냥하는 파리매는 해충을 잡는 자연 천적으로도 중요하다.

장다리파리
파리목 장다리파리과
크기 5~6mm, 출현 6~9월

몸은 녹색이며 금속 광택이 난다. 다리가 매우 길어서 '장다리파리'라고 한다. 야산의 풀잎에서 많이 날아다니며 풀잎에 앉지만 몸이 얇아서 눈에 잘 띄지 않는다. 야산의 떨기나무에서 보인다.

얼룩장다리파리
파리목 장다리파리과
크기 6mm 내외, 출현 6~9월

몸 빛깔은 광택이 있는 녹색을 띤다. 더듬이는 검은색이며 주둥이는 황색이다. 가슴등판은 금색이 나는 녹색을 띤다. 날개가 장다리파리처럼 투명하지 않고 검은색 무늬가 있어 얼룩덜룩하다.

황등에붙이
파리목 등에과
크기 12~14mm, 출현 6~9월

몸은 뚱뚱하며 전체적으로 황갈색을 띤다. 겹눈은 매우 연황색이며 날개는 투명하고 연갈색을 띤다. 산지나 목초지에서 매우 빠르게 날아다니며 가축의 피를 빨아 먹고 산다.

소등에
파리목 등에과
크기 17~29mm, 출현 6~9월

몸은 크고 회갈색을 띤다. 가슴등판에는 3개의 세로줄이 있다. 소나 말의 피를 빨아 먹어 가축을 괴롭힌다. 산과 들, 시골집 주변에서 볼 수 있다. 애벌레는 지렁이 같은 작은 동물을 잡아먹고 산다.

🔍 최고 비행사의 실수

소등에

망에 걸린 소등에

아프리카등에는 시속 145km로 비행한 기록이 있는 가장 빠른 곤충 비행사로, 왕잠자리의 비행 속도인 58km와 비교하면 엄청나다.

등에는 쏘는 듯 날아서 그만큼 사고도 많다. 틈을 보지 못하고 날다가 머리가 걸리면 꼼짝달싹 못한다. 등에의 비행은 최고지만 사고가 나면 죽음을 맞을 수밖에 없다.

파리목

동애등에 활용하기

동애등에

파리류에 속하는 동애등에는 일반 파리가 병을 전파하는 것과는 달리 인간에게 해를 끼치지 않는다. 오히려 음식물 쓰레기와 배설물을 분해해 주는 유익한 곤충이다. 음식물 쓰레기 10kg에 약 5,000마리의 동애등에 애벌레를 넣은 다음 3~5일이 지나면 음식물 쓰레기의 80%가 분해된다.
이렇게 분해된 쓰레기는 퇴비가 되어 자원으로 활용할 수 있다. 또한 동애등에 애벌레와 번데기의 몸에는 항균 물질이 들어 있어서 무항생제 토종닭 사육에도 활용할 수 있는 좋은 자원이 된다.

방울동애등에
파리목 동애등에과
크기 7~9mm, 출현 6~7월

몸은 광택이 있는 검은색이다. 작은방패판 뒤 가장자리에는 짧은 가시가 있다. 다리는 흑갈색이며 종아리마디는 황백색이다. 적갈색의 눈은 매우 둥그렇고 날개는 몸 길이보다 훨씬 길다.

아메리카동애등에
파리목 동애등에과
크기 12~20mm, 출현 7~10월

몸은 검은색이며 앞가슴등판에 회백색의 털이 세로띠를 형성한다. 투명한 날개에는 검은색 또는 보라색 광택이 돈다. 퇴화된 뒷날개인 평균곤은 흰색이다. 풀잎에 앉아 있다가 재빨리 날아간다.

동애등에
파리목 동애등에과
크기 15~20mm, 출현 5~10월

몸은 전체적으로 검은색이다. 평지와 야산의 동물 배설물과 썩은 채소 더미의 주변을 날아다닌다. 애벌레는 배설물과 쓰레기를 분해하여 좋은 퇴비를 만들어 주는 고마운 유용 곤충이다.

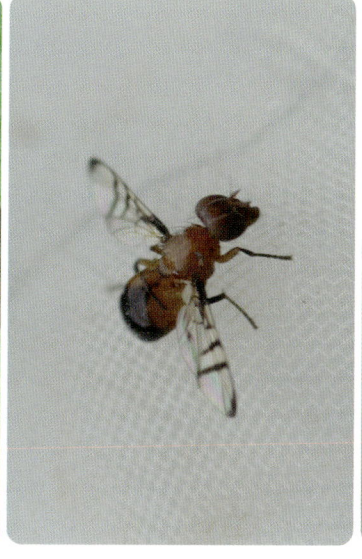

날개알락파리
파리목 알락파리과
크기 10mm 내외, 출현 6~7월

몸은 검은색이며 둥근 타원형이다. 머리와 입은 진한 주황색이다. 투명한 날개에는 검은색 줄무늬가 많아서 얼룩덜룩해 보인다. 알록달록한 모습 때문에 알락파리류에 속한다.

끝검정콩알락파리
파리목 알락파리과
크기 4~5mm, 출현 7~9월

몸은 전체적으로 어두운 붉은색을 띤다. 배 끝 부분은 검은색이며 다리는 흑적색이다. 투명한 날개에는 3개의 줄무늬가 뚜렷하다. 콩과 식물 뿌리를 갉아 먹어 피해를 준다.

민무늬콩알락파리
파리목 알락파리과
크기 4~5mm, 출현 7~9월

몸은 전체적으로 검은색이며 다리는 연갈색을 띤다. 투명한 날개의 끝 부분은 검은색이며 날개에 무늬가 없다. 크기가 매우 작아서 날파리나 초파리 정도로만 보인다. 콩과 식물에 피해를 준다.

배무늬콩알락파리
파리목 알락파리과
크기 4~5mm, 출현 7~9월

몸은 전체적으로 붉은색을 띤다. 배 부분에 2개의 검은색 줄무늬가 있어서 '배무늬콩알락파리'라고 불린다. 투명한 날개에는 검은색 줄무늬가 있으며 날개의 끝 부분도 검은색을 띤다.

파리목

잎에서 만나는 곤충

닮은줄과실파리
파리목 과실파리과
크기 8~9mm, 출현 5~11월

몸은 황갈색이며 날개에 검은색 무늬가 있다. 다리와 가슴은 대체로 황갈색을 띤다. 가슴 부분에는 세로줄무늬, 배 부분에는 가로줄무늬가 있다. 달콤한 과일을 좋아해서 과수원에 잘 모여든다.

산알락좀과실파리
파리목 과실파리과
크기 3~5mm, 출현 5~8월

몸은 회색이며 머리와 다리의 일부는 황갈색이다. 투명한 날개에 그물 모양의 검은색 무늬가 많아서 전체적으로 알록달록해 보인다. 숲에 열리는 다양한 열매에 모여든다.

 굴을 파는 광부 굴파리

굴파리가 만든 터널   굴파리로 피해를 입은 식물

굴파리는 두더지처럼 굴을 잘 판다고 해서 이름 지어졌다. 그런데 굴을 파는 장소가 땅이 아니라 잎사귀라는 점이 다르다. 굴파리는 얇은 잎사귀에 터널을 뚫는 특별한 솜씨를 가졌다.
굴파리가 적당한 잎에 구멍을 내고 알을 낳으면 알에서 부화된 애벌레가 잎을 갉아 먹기 시작한다. 그러면 구불구불한 터널이 생겨난다. 잎굴파리류는 수박과 참외, 멜론, 오이, 호박, 배추, 무, 감자, 가지, 고추, 토마토, 상추, 당근, 시금치 등에 발생한다.
구불구불한 터널이 많이 생기면 잎은 잘 자라지 못하고 죽거나 병에 걸리고 만다. 그래서 굴파리가 늘면 다양한 작물이 몸살을 앓는다.

왕벌붙이파리
파리목 벌붙이파리과
크기 16~20mm, 출현 6~8월

머리가 매우 크며 전체적인 모습이 벌과 비슷하다. 더듬이는 흑갈색이고 다리는 적갈색이다. 가슴등판은 붉은색을 띠는 검은색이다. 산지 주변에 핀 다양한 꽃에 모여든다.

조잔벌붙이파리
파리목 벌붙이파리과
크기 10mm 내외, 출현 8~9월

몸은 검은색이며 황색 줄무늬가 있다. 몸에 비해서 머리가 매우 크다. 벌을 닮았지만 더듬이가 짧다. 애벌레는 벌 몸속에 기생한다. 숲이나 들판의 풀잎이나 꽃에 잘 모여든다. 1년에 1회 출현한다.

벌붙이파리
파리목 벌붙이파리과
크기 14~15mm, 출현 4~8월

몸은 흑갈색이며 머리가 크고 겹눈 사이가 넓다. 더듬이는 가늘고 길며 황적색을 띤다. 모습이 벌과 흡사해서 '벌붙이파리'라고 불린다. 애벌레는 벌류와 파리류, 메뚜기류 등의 곤충에 기생한다.

동해참머리파리
파리목 머리파리과
크기 9~12mm, 출현 6~7월

몸은 금록색을 띠며 매우 길쭉하다. 머리는 서로 붙어 있으며 공 모양으로 매우 커서 이름에 '머리파리'가 붙여졌다. 더듬이는 매우 짧고 날개는 검은색이다. 애벌레는 멸구나 노린재류에 기생한다.

파리목

똥파리
파리목 똥파리과
크기 10mm 내외, 출현 6~10월

몸은 회갈색이며 황색의 긴 털이 많아서 황갈색으로 보인다. 어른벌레는 작은 곤충을 잡아먹지만 애벌레는 배설물이나 퇴비를 먹고 산다. 들이나 산에 사는 동물의 배설물과 퇴비 더미에 산다.

푸른등금파리
파리목 검정파리과
크기 8~10mm, 출현 4~10월

몸은 청록색이며 광택이 있다. 들이나 산의 동물 사체나 배설물, 썩은 열매에 모인다. 어른벌레는 여름에 활발하게 활동한다. 썩은 고기와 동물의 배설물에 모여들어 알을 낳고 병균을 옮긴다.

연두금파리
파리목 검정파리과
크기 5~9mm, 출현 4~10월

몸은 연녹색 광택을 띤다. 낮에 활동하면서 사람이나 동물의 배설물에 잘 모여든다. 부패된 사체나 썩은 과일에도 모여든다. 배설물과 사체에 잘 모여들기 때문에 '똥파리'라고도 불린다.

 똥파리의 진실

배설물에 모인 금파리류

물고기 사체에 모인 검정파리

금파리류는 배설물이나 썩은 물질을 분해해서 사람과 동물의 배설물이나 썩은 사체, 썩은 과일에 잘 모여든다.

이렇게 배설물에 자주 모이니 종종 똥파리로 오해를 받는데, **진짜 똥파리는 털이 많고 누렇다**. 녹색을 띠는 금파리는 배설물에 모이지만 진짜 똥파리는 아니다.

검정뺨금파리
파리목 검정파리과
크기 8~13mm, 출현 4~10월

머리 양쪽 부분이 광택 있는 검은색이어서 '검정뺨금파리'라고 이름 지어졌다. 애벌레와 어른벌레 모두 동물 사체나 배설물을 먹고 사는 생태계의 분해자이다. 산지나 농지에서 많이 볼 수 있다.

점박이꽃검정파리
파리목 검정파리과
크기 5~7mm, 출현 6~11월

몸은 암녹색을 띠며 주둥이가 매우 기다랗게 나왔다. 뭉뚝한 주둥이로 꽃을 찾아 꽃가루를 핥아 먹기도 하지만 풀잎에 앉아 있는 모습도 자주 눈에 띈다. 가까이 접근해도 별로 예민하지 않다.

초록파리
파리목 검정파리과
크기 9~10mm, 출현 6~11월

몸은 흑갈색이며 가슴등판이 예쁜 녹색을 띤다. 배 끝 부분에 털이 매우 많다. 겹눈이 매우 크며 뭉뚝한 주둥이로 꽃에 모여들어 꽃가루를 핥아 먹는다. 풀 줄기에 앉아 있는 모습도 볼 수 있다.

북해도기생파리
파리목 기생파리과
크기 9~15mm, 출현 6~9월

몸은 금색처럼 보이는 황갈색을 띤다. 배 부분에는 뾰족한 털이 매우 많다. 머리를 숙이고 배 끝 부분을 위로 올리고 잎사귀에 앉아 있는 모습을 자주 볼 수 있다. 다른 곤충에 기생한다.

파리목

검정수염기생파리
파리목 기생파리과
크기 15~19mm, 출현 6~9월
몸은 전체적으로 검은색이며 날개와 다리는 흑갈색이다. 가슴등판은 황백색 가루로 덮여 있고 가운데에 검은색 세로줄무늬가 4개 있다. 배 등판 가운데는 흰색 가루로 덮여 있고 은백색 광택이 난다.

됫박털기생파리
파리목 기생파리과
크기 18~22mm, 출현 4~8월
몸은 흑갈색을 띠며 배 부분은 밝은 주황색을 띤다. 뾰족한 털이 수없이 나 있는 배는 매우 크고 둥그렇다. 주황색 배에는 검은색 줄무늬가 있다. 풀 줄기 사이로 날아다니는 모습을 볼 수 있다.

노랑털기생파리
파리목 기생파리과
크기 15mm 내외, 출현 4~10월
몸은 황갈색이며 몸에 갈색 털이 복슬복슬하고 매우 뚱뚱한 모습이다. 산지나 들판의 초원 지대에서 흔히 볼 수 있다. 꽃에도 잘 모여들고 잎사귀에도 잘 앉는다. 나방류 애벌레에 기생한다.

중국별뚱보기생파리
파리목 기생파리과
크기 8~12mm, 출현 5~10월
몸은 연주황색을 띤다. 보통의 기생파리와 달리 배 끝 부분에 털이 없어서 매끈하다. 꽃에 모여 꿀을 빨거나 풀잎이나 풀 줄기 끝에 내려앉는다. 곤충 애벌레의 몸속이나 피부에 알을 낳는다.

뚱보기생파리
파리목 기생파리과
크기 13mm 내외, 출현 5~10월
배 가운데에 3개의 검은색 점무늬가 뚜렷하다. 어른벌레는 노린재류의 몸속에 알을 낳고, 애벌레는 노린재류의 몸속에서 피를 빨아 먹고 자란다. 다 자라면 노린재는 죽고 기생파리만 나온다.

표주박기생파리
파리목 기생파리과
크기 8mm 내외, 출현 6~9월
몸은 검은색이고 다른 기생파리에 비해 몸이 유난히 가늘다. 배의 등 쪽에 긴 털이 많다. 들판에 많이 사는 노린재에 기생한다. 국화과나 산형과 식물의 꽃에 날아와 꽃가루도 먹는다.

생물에 기생하며 살아가는 기생파리

노랑털기생파리

됫박털기생파리

뚱보기생파리

중국별뚱보기생파리

기생파리는 지저분한 환경에 사는 보통의 파리와 달리 깨끗한 숲에서 산다. 꽃꿀을 먹고 살기 때문에 봄부터 가을까지 두루 볼 수 있다.
기생파리는 곤충이나 절지동물의 몸에 기생하며, 먹이 곤충의 몸 표면과 몸속에 알을 낳는다. 부화된 기생파리 애벌레는 먹이 곤충을 먹으며 자라서 어른이 된다.
먹이 곤충으로는 나비류의 어른벌레나 애벌레가 가장 많고, 벌류와 딱정벌레류, 메뚜기류, 매미류, 노린재류 등 매우 다양하다.
농작물과 산림에 피해를 주는 해충에 많이 기생해서 사람에게 유용한 자연 천적이 된다.

흰등줄집파리
파리목 집파리과
크기 7~8mm, 출현 6~8월

몸과 가슴등판은 검은색이며 배 끝에는 털이 매우 많다. 가슴등판에 흰색 줄무늬가 있다. 산과 들에서 많이 발견되며 풀잎 위에 앉아 있는 모습을 볼 수 있다. 병균을 옮기는 위생 해충은 아니다.

검정큰날개파리
파리목 큰날개파리과
크기 5mm 내외, 출현 5~8월

몸은 전체적으로 검은색이며 날개는 무늬가 없고 투명하다. 겹눈은 어두운 붉은색을 띤다. 날개 길이가 매우 길어서 배 끝 부분을 지난다. 산지의 풀잎 위에 앉아 있는 모습을 볼 수 있다.

뿔들파리
파리목 들파리과
크기 9~11mm, 출현 4~8월

길쭉한 몸과 기다란 다리를 갖고 있다. 보통의 파리와는 모습이 달라 보이지만 1쌍의 날개가 퇴화되었고 짧은 더듬이를 갖고 있어서 파리류에 속한다. 산과 들의 풀잎과 꽃 사이를 잘 날아다닌다.

검정띠꽃파리
파리목 꽃파리과
크기 4~6mm, 출현 5~6월

몸에는 회색 가루가 덮여 있다. 겹눈은 적갈색이며 가슴등판에 가로로 된 굵은 검은색 띠가 뚜렷하다. 풀잎에 앉아 있는 모습이 흔히 관찰되며 산지나 들판에 많고 집 주변의 습기 많은 곳에 모인다.

별넓적꽃등에
파리목 꽃등에과
크기 8~10mm, 출현 4~9월

배마디에는 양쪽으로 황색 무늬가 있다. 애벌레는 농작물에 병을 일으키는 진딧물을 잡아먹고 어른벌레는 식물의 꽃가루받이를 도와준다. 풀잎이나 꽃에 모여 있는 모습을 볼 수 있다.

테수염검정잎벌
벌목 잎벌과
크기 12mm 내외, 출현 5~6월

몸 빛깔은 전체적으로 검은색을 띤다. 큰턱과 더듬이의 끝 부분, 작은방패판, 뒷다리의 시작 부분은 흰색을 띤다. 날개는 암수 모두 투명하며 회백색을 띤다. 산지의 작은 나무 사이를 날아다닌다.

잎벌류 애벌레와 나방류 애벌레 비교하기

잎벌류 애벌레   나방류 애벌레

잎벌은 가장 원시적인 벌로 수많은 벌의 조상이다. 암컷은 산란관을 식물의 잎이나 줄기에 꽂고 그 조직 안에 알을 낳는다. 부화한 **애벌레**는 식물의 잎을 먹고 자라며 다 자라면 땅속으로 들어가서 번데기가 된다.
잎벌류 애벌레는 잎사귀를 갉아 먹기 때문에 나방류 애벌레와 함께 풀잎에서 발견된다. 각각 다른 무리에 속하는 두 애벌레는 모습이 비슷해서 헷갈리지만 **잎벌류 애벌레와 나방류 애벌레의 배다리 수**를 살펴보면 쉽게 구별할 수 있다.

- 잎벌류 애벌레 : 배다리가 6~9쌍으로 매우 많다.
- 나방류 애벌레 : 배다리가 2~5쌍이다.

 벌목

잎벌류와 벌류의 차이점

잎벌류(흰입술무잎벌)

벌류(꿀벌)

벌류(참땅벌)

벌류(개미)

구리수중다리잎벌
벌목 잎벌과
크기 14~15mm, 출현 4~8월
몸은 흑갈색 바탕에 강한 구리색 광택을 띤다. 더듬이와 다리는 갈색이며 날개는 투명한 황색이다. 더듬이는 끝부분이 부푼 곤봉 모양이다. 잎벌의 애벌레는 나방 애벌레처럼 잎을 갉아 먹고 산다.

황호리병잎벌
벌목 잎벌과
크기 12mm 내외, 출현 4~6월
머리와 가슴은 검은색이고 배는 황갈색이다. 앞날개에 2개의 검은색 점무늬가 있다. 산지의 키 작은 나무를 날아다니며 활동한다. 애벌레는 별꽃과 쇠별꽃, 점나도나물류를 먹고 산다.

벌은 크게 잎벌류와 벌류로 나눈다. 잎벌류는 보통의 벌과는 달리 허리가 잘록하지 않은 원시적인 벌이다. 나무나 풀 줄기에 알을 낳고 잎이나 나무 속을 갉아 먹고 산다. 산란관이 매우 짧아서 공격용으로 쓰지 않기 때문에 손으로 잡아도 쏘지 않는다. 톱처럼 생긴 산란관 때문에 '톱날파리(Sawfly)'라고도 불린다.
그렇지만 벌류의 70% 이상은 허리가 잘록한 벌로 사회성 벌과 기생성 벌로 구분된다. 사회성 벌에는 꿀벌과 말벌, 개미 등이 있으며 집을 짓고 집단생활을 한다. 꿀벌과 말벌은 산란관이 쏘는 침으로 변형되었지만, 땅에 사는 개미는 침이 퇴화되어 쏠 수 없다.

흰입술무잎벌
벌목 잎벌과
크기 5.1~7.2mm, 출현 5~7월
머리는 검은색이며 딱지날개는 붉은색을 띤다. 머리방패와 윗입술이 흰색이다. 산지의 풀밭에 잘 날아다니지만 파리로 보는 경우가 많다. 벌들이 갖고 있는 침이 없는 원시적인 벌이다.

검정날개잎벌
벌목 잎벌과
크기 8.9mm 내외, 출현 5~10월
몸은 검은색이고 배 부분과 머리는 황색이며, 겹눈 주변은 검은색이다. 숨구멍을 따라 검은색의 큰 점이 있다. 자극을 받으면 몸을 둥글게 말고 배 끝을 쳐든다. 풀잎 사이를 빠르게 날아다닌다.

장미등에잎벌
벌목 등에잎벌과
크기 8mm 내외, 출현 4~10월
머리와 가슴은 검은색이며 광택이 난다. 더듬이는 검은색이며 다리의 종아리마디와 발목마디는 갈색이다. 더듬이 사이에 불룩 나온 부분은 Y자 모양이다. 애벌레는 장미의 잎을 갉아 먹고 산다.

극동등에잎벌
벌목 등에잎벌과
크기 9mm 내외, 출현 4~9월
몸과 다리는 광택이 있는 청람색이다. 더듬이는 검은색이며 끝 부분이 넓다. 애벌레는 진달래류의 잎을 갉아 먹고 산다. 1년에 여러 차례 발생하며 가끔 대규모로 발생해서 문제가 된다.

벌목

줄무늬감탕벌
벌목 말벌과
크기 18mm 내외, 출현 6~9월

몸은 검은색이며 황회색의 털이 많다. 배 부분에는 2개의 황색 줄무늬가 있어서 '줄무늬감탕벌'이라고 불린다. 산지의 들판에 핀 꽃을 찾아 날아다니기도 하며 풀잎에도 잘 내려앉는다.

참땅벌
벌목 말벌과
크기 18mm 내외, 출현 4~10월

들판이나 논두렁, 밭두렁 등 마을 주변에서도 흔히 보인다. 죽은 곤충의 사체를 뜯어 먹는다. 참땅벌 집을 잘못 건드리면 벌떼가 공격을 하므로 조심해야 한다. 해마다 벌초하다가 사고가 많이 생긴다.

위험한 벌에 대처하기

도심의 쌍살벌집

참땅벌

말벌은 가장 무서운 벌로 크고 뚱뚱한 벌이라 해서 '왕퉁이'라고 불린다. 한자로는 '오랑캐벌(胡蜂)'이라 하고, 황색 줄무늬가 많아서 '옐로우자켓(Yellowjacket)'이라고도 불린다. 말벌류에 속하는 벌은 먹잇감을 사냥하는 해적이다.

참땅벌은 한꺼번에 떼 지어 몰려들어서 매우 위험하다. 해마다 산소에서 벌초하다가 참땅벌 때문에 사고를 당할 때가 많다.

최근에는 벌들이 도심 속에 집을 짓는 경우가 많아서 자주 마주친다. 벌집을 발견하면 직접 손을 대는 행동은 매우 위험하므로 119 구조대를 불러서 제거하는 것이 바람직하다.

뱀허물쌍살벌
벌목 말벌과
크기 13~18mm, 출현 4~9월

야산의 숲속에 산다. 작은 나뭇가지 아래에 기다란 집을 짓는 모습을 볼 수 있다. 집 주변에 머물며 새끼를 돌본다. 비가 오면 입으로 물을 빨아 내서 습기를 없앤다. 날갯짓하여 더위도 식힌다.

어리별쌍살벌
벌목 말벌과
크기 15mm 내외, 출현 4~10월

몸은 검은색이며 더듬이는 흑갈색을 띤다. 발목마디의 옆면에는 2개의 황색 무늬가 있다. 나비류 애벌레를 사냥하는 포식성 곤충이다. 최근에는 도심지에 쌍살벌집이 많이 늘어나고 있다.

집을 잘 짓는 쌍살벌 이야기

벌집 만드는 쌍살벌

대롱대롱 매달린 쌍살벌집

조각상에 만든 쌍살벌집

처마에 만든 쌍살벌집

쌍살벌은 말벌이나 땅벌처럼 말벌류에 속하지만 사람을 잘 쏘지는 않는다. 쌍살벌이 다가오더라도 여유 있게 대처하면 전혀 문제가 없다.

쌍살벌은 말벌과 집 짓는 형태가 다르다. 말벌은 둥글게 집을 짓고 벌집의 구멍이 보이지 않지만, 쌍살벌의 집은 벌집의 형태가 그대로 드러나서 구멍이 뽕뽕 뚫려 있는 모습을 볼 수 있다.

처음에는 여왕벌이 집을 짓지만 그 이후로는 일벌이 도맡는다. 쌍살벌은 풀 줄기나 처마 밑에도 집을 짓는다. 때로는 기둥이나 동상의 빈 공간에까지 집터로 사용한다. 어떤 곳에서든 집을 잘 짓기 때문에 쌍살벌의 집을 가장 쉽게 찾아볼 수 있다.

벌목

민호리병벌
벌목 말벌과
크기 15mm 내외, 출현 6~8월

몸은 검은색이며 허리가 매우 잘록하다. 날개는 투명하며 연한 회갈색을 띤다. 배 부분 아래쪽에 굵은 황색 줄무늬가 있다. 진흙을 모은 후 입에서 나온 타액으로 호리병 모양의 둥지를 만든다.

대모벌
벌목 대모벌과
크기 22~25mm, 출현 7~9월

몸은 검은색이며 머리와 가슴등판, 작은방패판은 황색이다. 더듬이와 날개도 황갈색이다. 수컷은 몸이 작고 가늘다. 곤충을 잘 잡아먹는 거미를 마취시켜서 사냥하는 포식성 벌이다.

단색자루맵시벌
벌목 맵시벌과
크기 25mm 내외, 출현 5~7월

몸은 전체적으로 연황색을 띤다. 더듬이는 실 모양이며 길쭉하고 겹눈은 검은색이다. 산지의 나뭇가지 사이를 날아다니며 잎 뒷면에 잘 붙어 있다. 배저녁나방 등의 곤충에 기생한다.

흰줄박이맵시벌
벌목 맵시벌과
크기 13~15mm, 출현 5~7월

몸은 전체적으로 검은색이며 광택이 있다. 더듬이는 검은색이며 중간 부분에 흰색 줄무늬가 있는 것이 특징이다. 다리에 부분적으로 흰색 줄무늬가 있다. 다른 곤충에 기생하는 벌이다.

나방살이맵시벌
벌목 맵시벌과
크기 14mm 내외, 출현 5~6월

몸은 검은색이며 황색 줄무늬가 있다. 낮은 산지나 경작지 주변에 많이 산다. 나방류 애벌레를 사냥하려고 풀잎에 내려앉아 접근한다. 나방류 애벌레 몸속에 알을 낳으면 애벌레는 죽고 벌만 나온다.

등빨간갈고리벌
벌목 갈고리벌과
크기 9~11mm, 출현 7~10월

몸은 전체적으로 검은색이며 가슴 윗부분은 빨간색이다. 배 윗부분에는 황색 띠가 있다. 암컷의 산란관이 갈고리처럼 굽어서 이름에 '갈고리벌'이 붙여졌다. 말벌류나 나비류 애벌레에 기생한다.

기생벌이 살아가는 방법

참나무잎혹벌 벌레혹 / 밤나무혹벌 벌레혹

단색자루맵시벌 / 흰줄박이맵시벌

혹벌류는 나무 등의 식물 조직에 혹을 발생시키는 기생벌이다. 혹벌이 식물에 알을 낳으면 그 자극이 식물 조직을 변형시켜서 혹처럼 부풀어 오르는데 이것이 '벌레혹(충영)'이다. 애벌레는 부푼 조직을 먹고 자라서 어른이 된다.

맵시벌과 고치벌, 좀벌, 알벌 등은 곤충이나 작은 동물의 몸속, 혹은 몸 밖에 알을 낳아 기생한다. 알에서 부화한 애벌레는 먹이 동물을 먹고 자라는데, 모두 먹고 나면 어른이 된다. 해충이 많은 농작물이나 과수원에 자연 천적인 기생벌을 놓아 주면 해충 방제에 큰 도움이 되고 친환경 농산물을 수확할 수 있다.

풀잠자리목 사마귀목 바퀴목

칠성풀잠자리
풀잠자리목 풀잠자리과
크기 14~15mm, 출현 5~8월

몸 빛깔은 녹색을 띤다. 애벌레와 어른벌레가 진딧물류와 응애류, 총채벌레류를 잡아먹는다. 7~8mm의 타원형 알을 무더기로 20~30개 낳는데, 가는 실 끝에 매달아 잎 뒷면이나 줄기에 붙인다.

애사마귀붙이
풀잠자리목 사마귀붙이과
크기 8~17mm, 출현 7~8월

모습이 사마귀 같아서 이름에 '사마귀붙이'가 붙여졌다. 산지에서 주로 발견되며 밤에 불빛에도 날아온다. 암컷은 평생 1만 개 이상의 알을 낳는다. 애벌레는 애어리염낭거미의 알집에 기생한다.

노랑뿔잠자리
풀잠자리목 뿔잠자리과
크기 20~25mm, 출현 4~7월

몸은 검은색 털로 덮여 있으며 날개는 황색을 띤다. 초봄부터 낮은 산지나 풀밭에서 날아다니는 모습을 관찰할 수 있다. 날개 빛깔이 예뻐서 나비로 착각하기도 한다. 1년에 1회 발생한다.

왕사마귀
사마귀목 사마귀과
크기 68~95mm, 출현 7~11월

낫처럼 생긴 앞다리로 먹잇감을 사냥하기 위해 풀숲에 숨어 있다. 머리를 획획 돌리며 요리조리 사냥감을 노린다. 주로 산지 주변의 떨기나무에 많이 살며 덩치가 커서 '큰사마귀'라고도 불린다.

사마귀
사마귀목 사마귀과
크기 65~90mm, 출현 9~11월

사마귀보다 몸집이 약간 홀쭉하지만 큰 차이는 없다. 풀숲에 숨어서 지나가는 곤충을 잡아먹는다. 알집은 나뭇가지나 바위 밑에 붙이며, 단단하고 따뜻한 알집에서 겨울나기를 한다.

 사마귀의 겨울나기

대리석 위에 만든 사마귀 알집

나뭇가지에 있는 왕사마귀 알집

사마귀의 알 무더기에는 사마귀 알이 200~400개 정도 들어 있다. 알 무더기는 처음에 거품처럼 보이지만 점차 단단해진다.
단단한 사마귀 알집은 애벌레가 추운 겨울을 따뜻하고 안전하게 보낼 수 있게 도와준다. 사마귀의 알집을 보면 어떤 종류의 사마귀가 태어날지 추측할 수 있다.

산바퀴
바퀴목 바퀴과
크기 12~14mm, 출현 4~10월

모습이 집에 사는 바퀴와 매우 닮았지만 앞가슴 좌우에 있는 줄무늬가 둥그렇고 진해서 구별된다. 집에는 들어오지 않고 산의 낙엽 밑에 살면서 식물질을 분해시킨다. 애벌레로 겨울나기를 한다.

 바퀴벌레는 해충?

산바퀴

산바퀴 애벌레

집에 사는 바퀴는 병균을 옮기는 유명한 위생 해충이며 혐오감까지 주기 때문에 보는 사람마다 질색한다.
산에 사는 산바퀴는 죽은 동식물을 분해시켜 생태계 순환에 큰 도움이 되는 곤충이다.
바퀴벌레도 종류에 따라 해충이 되기도 하고 익충이 되기도 한다.

꽃에서 만나는 곤충

꽃에서 하루가 시작되면

배고픈 곤충들은 꽃꿀이나 꽃가루를 먹기 위해 활짝 핀 꽃을 찾아 모여든다. 꽃에 모인 곤충들은 알록달록 예쁜 꽃처럼 몸 빛깔이 매우 다양하다. 향기로운 꽃이 있는 꽃밭에는 다양한 곤충이 살고 있다.

대표 서식지

▲ 고마리 군락

▲ 들국화

▲ 망초

꽃에서 만나는 대표 곤충

나비 중에서 머리가 가장 크시군요!

노랑나비

호랑나비

줄점팔랑나비

나비처럼 보이는데 나방이었네!

뿔나비나방

풀색꽃무지

점날개잎벌레

배짧은꽃등에

꽃에서 만나면 늘 무리 지어 모여 있어요.

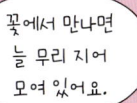

어리흰줄애꽃벌

양봉꿀벌

애긴노린재

나비목

꽃에서 만나는 곤충

꼬리명주나비
나비목 호랑나비과
크기 42~58mm, 출현 4~9월
야산 근처의 논밭 주변이나 하천 주변의 습기 많은 풀밭에서 산다. 잘 날지 못해서 바람이 많이 부는 날이나 흐린 날에는 거의 날지 않는다. 애벌레의 먹이 식물은 쥐방울덩굴이다.

호랑나비
나비목 호랑나비과
크기 56~97mm, 출현 3~11월
진달래와 나무딸기, 민들레, 참나리, 산초나무, 무궁화, 엉겅퀴, 백일홍, 코스모스 등 여러 꽃에서 꿀을 빤다. 애벌레는 산초나무와 초피나무, 탱자나무, 귤나무, 황벽나무, 머귀나무 등을 먹고 산다.

호랑나비의 한살이

호랑나비 3령 애벌레(새똥 모양)   호랑나비 종령 애벌레(녹색)

호랑나비는 알-애벌레-번데기-어른벌레의 과정을 거치는 '완전탈바꿈'을 한다. 황색 알은 공 모양으로 겉면이 매끈하다. 부화가 가까워지면 알은 진한 갈색으로 변한다.
알에서 깨어난 1령 애벌레는 새똥 모양이다. 먹이를 먹고 허물벗기를 반복하여 2령, 3령, 4령 애벌레가 될 때까지 모두 새똥의 빛깔을 띤다. 그러나 마지막 애벌레인 종령(5령) 애벌레가 되면 진한 풀색으로 변한다.
호랑나비 애벌레는 대부분 움직이지 않지만 먹이를 먹을 때는 활발하게 움직인다. 머리에 '취각'이라는 냄새 뿔도 갖고 있다. 뱀처럼 보이는 큰 눈은 자신을 무섭게 보이게 만들어서 스스로를 보호한다.

애호랑나비
나비목 호랑나비과
크기 39~49mm, 출현 3~6월
낮은 계곡이나 숲 가장자리에 서식한다. 진달래와 얼레지, 제비꽃 등 봄꽃에 4월 초부터 모여 꿀을 빤다. 애벌레의 먹이 식물은 족도리풀과 개족도리풀이다. 암컷의 배 끝에 짝짓기주머니를 만든다.

모시나비
나비목 호랑나비과
크기 43~60mm, 출현 5~6월
엉겅퀴와 자운영, 토끼풀, 기린초 등의 꽃에 모여 꿀을 빤다. 수컷은 짝짓기를 하고 난 후 분비물을 암컷의 배 끝에 매달아 짝짓기주머니를 만든다. 애벌레는 현호색과 들현호색 등을 먹고 산다.

짝짓기주머니를 만드는 애호랑나비와 모시나비

애호랑나비의 짝짓기주머니

모시나비의 짝짓기주머니

짝짓기주머니

엉겅퀴와 진달래, 서양민들레 등의 다양한 봄꽃에 모여든 애호랑나비와 모시나비는 꽃꿀도 빨고 짝짓기도 한다. 수컷은 짝짓기를 마친 다음 분비물로 암컷의 꽁무니에 '짝짓기주머니(수태낭)'라는 독특한 구조물을 만든다. 짝짓기주머니가 완성되면 암컷은 더 이상 짝짓기를 할 수 없다.
수컷은 짝짓기를 마친 암컷이 또 다른 수컷과 짝짓기를 못하도록 방해해서 자신의 유전자를 지키려고 노력한다. 그렇지만 암컷은 짝짓기를 1번만 하기 때문에 사실은 수컷이 열심히 만든 짝짓기주머니가 필요 없다.
짝짓기를 마친 암컷은 먹이 식물 부근에서 지내다가 마른 잎이나 줄기, 돌 등에 알을 하나씩 낳아 붙인다.

제비나비
나비목 호랑나비과
크기 85~120mm, 출현 4~9월

몸집이 매우 커서 제비처럼 보인다고 해서 '제비나비'라고 불린다. 축축한 땅에 잘 내려앉아서 물을 먹는 모습을 볼 수 있다. 애벌레는 운향과의 산초나무와 황벽나무, 상산 등을 먹고 산다.

긴꼬리제비나비
나비목 호랑나비과
크기 60~120mm, 출현 4~9월

제비나비류 중에서 꼬리돌기가 가장 길어서 '긴꼬리제비나비'라고 불린다. 물을 먹기 위해 습지나 축축한 땅에 잘 내려앉는다. 애벌레는 산초나무와 초피나무, 탱자나무 등을 먹고 산다.

푸른부전나비
나비목 부전나비과
크기 26~32mm, 출현 3~10월

날개 윗면은 청색을 띠지만 아랫면은 회백색을 띤다. 산지나 풀밭에서 매우 흔하며 새똥에도 잘 모이고 꽃꿀도 빤다. 부화한 애벌레는 꽃을 먹고 산다. 번데기로 겨울나기를 한다.

암먹부전나비
나비목 부전나비과
크기 17~28mm, 출현 3~10월

날개 아랫면은 암수 모두 회백색이지만 날개 윗면은 수컷이 청색이고 암컷이 검은 색이다. 민들레와 갈퀴나물, 개망초 등의 꽃에 모여 꿀을 빤다. 애벌레는 매듭풀과 갈퀴나물 등을 먹고 산다.

부전나비
나비목 부전나비과
크기 26~32mm, 출현 5~10월

낮은 산지의 풀밭이나 논둑에 살며 개망초와 사철쑥, 메밀, 갈퀴나물 등의 꽃꿀을 빤다. 애벌레는 갈퀴나물과 낭아초 등을 먹고 산다. 날개를 반쯤 펴고 비비면서 일광욕을 하는 모습을 볼 수 있다.

큰주홍부전나비
나비목 부전나비과
크기 26~41mm, 출현 5~10월

날개 윗면이 주홍색을 띠는 매우 예쁜 나비이다. 강과 하천, 논 주변의 습한 풀밭에서 볼 수 있다. 개망초와 여뀌, 민들레 등의 꽃에서 꿀을 빤다. 애벌레는 참소리쟁이와 소리쟁이를 먹고 산다.

범부전나비
나비목 부전나비과
크기 26~33mm, 출현 4~9월

평지나 산지까지 넓게 분포해서 쉽게 볼 수 있다. 특히 봄에 개체 수가 많다. 습지에도 잘 모이고 개망초와 사과꽃에 모여 꿀도 빤다. 애벌레는 고삼과 조록싸리, 아까시나무, 갈매나무를 먹고 산다.

나비 이름 이야기

나풀거리며 날아다니는 호랑나비

꽃을 찾아 나불나불 날아다니는 모습을 보고 '나비'라고 이름 지었다. 1481년 《두시언해》에서는 '나비'와 '나뵈', 1527년 《훈몽자회》에서는 '나뵈', 숙종 때 《시몽언해물명》에서는 남이로 기록되었다. 그 후 '나븨'였다가 '나비'가 되었다.

영문명인 'Butterfly'는 나비의 빛깔이 버터 빛깔과 닮았다고 하여 영국에서 유래되었다. 그리스어인 'Lepidoptera'는 나비의 비늘가루(lepodps=scale)와 날개(pteros=wings)를 합친 말로 '비늘가루 날개를 가진 곤충'이라는 뜻이다. 북한에서는 나방이라는 말은 없고, '낮나비'와 '밤나비'라고 부른다.

나비목

노랑나비
나비목 흰나비과
크기 38~50mm, 출현 3~11월

마을 주변과 논밭, 산지의 해가 잘 드는 풀밭에 살며 정원에 있는 꽃에도 날아온다. 비행 솜씨가 흰나비과의 배추흰나비나 큰줄흰나비에 비해 매우 빠르다. 번데기로 겨울나기를 한다.

변이형 이야기

노랑나비 암컷 흰색형

노랑나비의 짝짓기

노랑나비는 황색이 상징이지만 때로는 흰색을 띠고 있어서 배추흰나비와 헷갈리기도 한다.
수컷 노랑나비는 황색을 띠지만 암컷은 황색형과 흰색형 두 가지가 있다. 암컷 노랑나비는 황색형보다 흰색형이 더 많은데, 수컷 노랑나비는 같은 빛깔의 황색형 노랑나비를 더 좋아한다.

남방노랑나비
나비목 흰나비과
크기 32~47mm, 출현 5~11월

콩과 식물이 많은 숲 가장자리나 들판에 산다. 낮게 날아다니며 습지에서 무리 지어 물을 먹기도 한다. 개망초나 꿀풀, 털도깨비바늘, 국화 등 다양한 꽃에 모여 꿀을 빤다. 어른벌레로 겨울을 난다.

갈구리나비
나비목 흰나비과
크기 43~47mm, 출현 4~5월

날개가 갈고리처럼 휘어져 있는 것이 특징이다. 수컷의 날개 끝은 주황색을 띤다. 초봄 계곡이나 논밭 주변에서 볼 수 있으며 민들레와 냉이, 장대나물, 유채, 씀바귀 꽃에서 꿀을 빤다.

대만흰나비
나비목 흰나비과
크기 37~46mm, 출현 4~10월

경작지와 산림의 경계에서 주로 발견된다. 냉이와 개망초, 엉겅퀴 등의 꽃을 찾아서 꿀을 빤다. 습지에도 잘 모여든다. 애벌레는 나도냉이와 속속이풀 등의 십자화과 식물을 먹고 산다.

큰줄흰나비
나비목 흰나비과
크기 41~55mm, 출현 4~10월

햇볕이 잘 드는 엉겅퀴와 개망초, 큰까치수염, 꿀풀, 미나리냉이 등의 꽃꿀을 먹는 모습을 흔히 볼 수 있다. 애벌레는 십자화과에 속하는 미나리냉이와 속속이풀, 배추, 무, 냉이를 먹고 산다.

큰줄흰나비의 짝짓기 거부 행동

큰줄흰나비의 짝짓기 거부 행동

숲에 가장 많이 사는 큰줄흰나비는 흰색 날개에 굵은 줄무늬가 선명하다. 훨훨 날던 암컷 큰줄흰나비 곁에 또 한 마리의 큰줄흰나비가 날아왔다. 서로 팔랑거리며 날아가는가 싶더니 금방 나뭇잎에 앉아 몸을 뒤집으며 배 끝을 높이 치켜든다. 이미 짝짓기를 했기 때문에 귀찮게 하지 말라는 의미이다. 수컷은 눈치를 챘지만 포기하지 않고 여러 번 시도해 본다. 그렇지만 변함없는 암컷의 모습에 포기를 하고 날아가 버린다.
이처럼 짝짓기를 마친 암컷이나 아직 성숙하지 않은 암컷은 수컷을 향해 거부 행동을 하는데 이를 '짝짓기 거부 행동'이라고 한다. 배추흰나비와 대만흰나비도 종종 거부 행동을 한다.

나비목

거꾸로여덟팔나비
나비목 네발나비과
크기 35~46㎜, 출현 4~9월

날개 아랫면의 복잡한 그물무늬가 거미줄처럼 보인다. 어른벌레는 고추나무와 쉬땅나무, 마타리 등의 꽃에 잘 모여 꿀을 빠는데, 특히 흰색 꽃을 좋아한다. 애벌레는 쐐기풀과 거북꼬리를 먹는다.

작은멋쟁이나비
나비목 네발나비과
크기 43~59㎜, 출현 4~11월

'화장한 여인'이라는 영어 이름처럼 빛깔이 매우 화려해서 '멋쟁이나비'라고 이름 지어졌다. 백리향과 토끼풀, 지칭개, 국화, 엉겅퀴, 코스모스 등에서 꿀을 빤다. 축축한 땅에는 잘 앉지 않는다.

은줄표범나비
나비목 네발나비과
크기 58~68㎜, 출현 5~10월

산지의 숲길 주변에 흔하게 서식하는 나비로 매우 활발하게 날아다닌다. 다른 표범나비류처럼 7월 말~8월 초까지는 여름잠을 자고 가을에 다시 활동한다. 암컷은 그늘진 숲에 알을 낳는다.

긴은점표범나비
나비목 네발나비과
크기 57~72㎜, 출현 6~9월

날개 윗면은 표범 무늬가 있고 아랫면에는 은색 점무늬가 있다. 산지의 풀밭에서 볼 수 있으며 엉겅퀴와 큰까치수염, 개망초, 백리향 등의 꽃에 잘 날아온다. 애벌레는 털제비꽃을 먹고 산다.

흰줄표범나비
나비목 네발나비과
크기 52~63㎜, 출현 6~10월

알록달록한 표범 무늬를 가진 나비 중에서 가장 흔하게 볼 수 있다. 해가 잘 드는 풀밭이나 하천가에 많이 산다. 엉겅퀴와 개망초, 까치수염 등의 꽃꿀을 빤다. 애벌레는 제비꽃류를 먹고 산다.

큰흰줄표범나비
나비목 네발나비과
크기 58~69㎜, 출현 6~8월

날개에 점무늬가 많아서 네발나비와 닮아 보인다. 풀밭의 다양한 꽃에 날아와 꿀을 빠는 모습을 볼 수 있다. 흰줄표범나비와 섞여 살지만 개체 수는 더 적다. 애벌레는 제비꽃을 먹고 산다.

나비를 가까이서 볼 수 있는 곳

나비 하우스의 전경

먹이 식물에 앉은 남방노랑나비

카메라에 앉은 암끝검은표범나비 수컷

나무에 붙어 고치를 튼 호랑나비 번데기

나비는 아름다운 곤충의 상징이다. 이러한 **나비를 가까운 곳에서 만날 수 있는데** 바로 나비 하우스와 나비 정원이다.

나비 하우스 안에는 나비의 먹이 식물과 흡밀 식물이 심어져서 천천히 걸으면서 자연스럽게 나비를 볼 수 있다. 나비 정원의 야외에도 먹이 식물과 흡밀 식물을 심어서 나비가 자연스럽게 날아오게 만들었다.

두 곳 모두 나비가 날아다니는 모습을 자연스럽게 관찰할 수 있고, 먹이 식물을 재배하는 기술과 나비의 산란, 애벌레의 생존 등 사육 기술이 발전하면서 나비가 더 가까운 곤충이 되었다. 나비 하우스와 나비 정원은 캐나다와 미국, 호주, 유럽에 많고, 우리나라에는 인천나비공원과 남해나비공원 등이 있다.

나비목

암끝검은표범나비
나비목 네발나비과
크기 64~80mm, 출현 3~11월

길가의 빈터와 밭 주변의 풀밭, 마을 산꼭대기 등에 산다. 수컷은 산꼭대기의 빈터에서 텃세 행동을 한다. 엉겅퀴와 코스모스, 익모초, 큰까치수염 등의 꽃에서 꿀을 빤다. 애벌레로 겨울을 난다.

애벌레 이야기

암끝검은표범나비 애벌레

암끝검은표범나비 번데기

암끝검은표범나비는 한살이 기간이 짧고 사육이 쉽다. 먹이 식물로는 제비꽃류를 먹지만 인공 사육을 할 때는 팬지도 잘 먹는다.

다 자란 종령 애벌레는 등판에 붉은색 세로줄무늬가 선명하다. 앞가슴부터 배 제1마디까지는 검은색 돌기가 있으며, 배 끝에 난 돌기의 끝은 검은색이고 아랫부분은 붉은색이다.

굴뚝나비
나비목 네발나비과
크기 50~71mm, 출현 6~9월

들판에 매우 많은 검은색의 나비이다. 길을 걷다 보면 풀숲에서 불쑥 튀어나오는 모습을 볼 수 있다. 날개 빛깔이 어두워서 나방으로 착각하는 경우도 많다. 날개에는 눈알 무늬가 있다.

줄점팔랑나비
나비목 팔랑나비과
크기 33~40mm, 출현 5~11월

날개에 비해서 머리가 크고 몸이 두툼해서 나방처럼 보인다. 마을 주변이나 산지의 풀밭, 하천이나 논밭에서 산다. 국화와 메밀, 고마리, 엉겅퀴, 산부추, 구절초 등의 꽃에 모여 꿀을 빤다.

산줄점팔랑나비
나비목 팔랑나비과
크기 26~35mm, 출현 4~8월

날개는 흑갈색 바탕에 흰색 점무늬가 있어 줄점팔랑나비와 매우 비슷하다. 날개 가운데에 1개의 흰색 점무늬가 있어 다르다. 애벌레는 참억새를 갉아 먹고 살며 참억새의 잎을 말아서 번데기가 된다.

줄꼬마팔랑나비
나비목 팔랑나비과
크기 26~30mm, 출현 6~8월

숲의 풀밭 사이를 매우 빠르게 날아다니는 나비로 개망초와 큰까치수염 등의 꽃에 모여서 꿀을 빤다. 몸에 비해서 눈이 매우 크다. 애벌레는 갈풀과 강아지풀, 큰조아재비 등의 벼과 식물을 먹는다.

멧팔랑나비
나비목 팔랑나비과
크기 31~39mm, 출현 3~6월

팔랑거리며 매우 빠르게 날기 때문에 나뭇잎에 앉았다가도 금방 날아간다. 줄딸기와 제비꽃, 고추나무 등의 꽃에 모여 꿀을 빤다. 애벌레는 떡갈나무와 졸참나무, 신갈나무 등을 먹고 산다.

애벌레 이야기

멧팔랑나비 애벌레

팔랑나비 애벌레는 마른 떡갈나무 잎을 포갠 뒤 그 속에서 겨울나기를 한다. 때로는 땅에 떨어진 낙엽을 엮고 지내며 그 속에서 번데기가 되어 다음 해 봄에 등장한다.

1령 애벌레는 머리가 검은색이고 몸은 연황색을 띠지만, 다 자라면 머리가 갈색이고 몸은 연녹색을 띠며 몸 길이가 24mm 정도 된다.

두점애기비단나방
나비목 애기비단나방과
크기 11~14mm, 출현 6~7월

몸은 얇고 길쭉하며 더듬이는 톱니 모양이다. 황색과 흰색처럼 밝은 빛깔의 꽃에 잘 모여든다. 다 자란 애벌레는 흰색의 고치 속에서 번데기가 된다. 어른벌레는 1년에 2회 출현한다.

깜둥이창나방
나비목 창나방과
크기 16~18mm, 출현 5~8월

산지의 풀밭에서 매우 빠르게 날아다니는 모습을 볼 수 있다. 풀밭의 다양한 꽃에 모여 꿀을 빨고, 습지에 모여들어 물을 마시기도 한다. 풀밭에서 낮에 볼 수 있는 주행성 나방이다.

노랑애기나방
나비목 애기나방과
크기 31~42mm, 출현 7~8월

풀밭의 꽃에 모여 있는 모습을 흔히 볼 수 있다. 낮이면 꽃에 잘 모이며 빛깔이 화려해서 나비로 착각하기도 한다. 배에 황색 줄무늬가 있어서 전체적인 모습이 벌처럼 보이는 나방이다.

뿔나비나방
나비목 뿔나비나방과
크기 29~33mm, 출현 4~8월

앞날개 끝은 뾰족하고 주홍색 반달무늬가 있다. 날개를 접고 앉아 있는 모습이 뿔나비를 닮아서 '뿔나비나방'이라고 불린다. 꽃에 앉아서 꿀을 빠는 모습은 나비처럼 보인다.

벌꼬리박각시
나비목 박각시과
크기 50mm 내외, 출현 7~9월

공중에서 정지 비행을 하며 매우 빠르게 날아다니는 솜씨가 뛰어나다. 기다란 주둥이를 내밀어 꽃꿀을 빠는 모습이 벌새 같다. 우리나라에는 벌새가 살지 않기 때문에 모두 '박각시'라고 한다.

작은검은꼬리박각시
나비목 박각시과
크기 42~45mm, 출현 7~10월

'박꽃에 모이는 예쁜 각시'여서 붙여진 '박각시'라는 이름처럼 빛깔이 매우 화려하다. 꽃을 찾아다니며 기다란 주둥이를 내밀어 꽃꿀을 빤다. 애벌레는 꼭두서니 등을 먹고 산다.

낮에 활동하는 주행성 나방

작은검은꼬리박각시

노랑애기나방

두점애기비단나방

여덟무늬알락나방

나방은 모두 밤에 활동하는 야행성 곤충일까? 우리나라에 살고 있는 3,000여 종의 나방은 종류에 따라 활동하는 시간이 다양하다. 주로 밤에 활동하는 나방이 많지만 낮에 활동하는 주행성 나방도 많다.

주행성 나방은 밤에 활동하는 나방과 다르게 빛깔이 매우 화려하다. 꽃에 모여서 꿀을 빨기 때문에 꽃처럼 화려한 빛깔을 띠어야 천적의 눈에 잘 띄지 않는다.

꽃에 모여든 빛깔이 화려한 나방은 겉모습이 나비와 닮았지만, **날개를 접지 않고 펴고 앉는 점이 다르다.** 나방은 다양성이 풍부해서 생김새가 닮았다고 생활하는 방식까지 모두 같지는 않다.

딱정벌레목

꽃무지 이름과 변이형 이야기

꽃가루를 먹는 호랑꽃무지

꽃가루를 먹는 풀색꽃무지

꽃에서 뒹구는 풀색꽃무지

풀색꽃무지의 개체 변이형

호랑꽃무지
딱정벌레목 꽃무지과
크기 8~13mm, 출현 4~11월

개망초와 까치수염, 엉겅퀴 등의 여러 꽃에 잘 모여서 꽃가루를 먹는다. 날개를 펴자마자 매우 날쌔게 날아간다. 전체적인 모습이 호랑이를 닮았다. 애벌레는 죽은 나무 속에서 목질을 먹고 산다.

풀색꽃무지
딱정벌레목 꽃무지과
크기 10~14mm, 출현 3~10월

길가에 핀 개망초와 야생화 등에 모여 파묻혀서 꽃가루를 먹는다. 여러 마리가 떼로 꽃에 모여들기도 한다. 꽃가루를 먹으면서도 짝짓기를 하는 모습이 보인다. 빛깔과 무늬에는 변이가 많다.

꽃 속을 파고들며 꽃을 씹어 먹는 꽃무지는 '꽃+묻이'가 합쳐진 이름이다. 예쁜 꽃에 모인 여러 마리의 꽃무지는 모두 꽃을 먹는 일에 흠뻑 빠져 있다. 검정꽃무지와 호랑꽃무지, 넓적꽃무지, 풀색꽃무지는 가장 흔하게 볼 수 있는 꽃무지이다.

몸 빛깔이 검은색인 검정꽃무지와 벌을 닮은 호랑꽃무지, 꽃 속에 파묻힐 정도로 작은 넓적꽃무지는 모두 빛깔에 변이가 없다. 그렇지만 풀색꽃무지는 무당벌레만큼이나 빛깔과 무늬에 변이가 많다. 녹색형도 있지만 갈색형과 적갈색형도 있다. 또 딱지날개의 무늬도 동그란 무늬부터 하트 무늬가 그려진 것까지 다양하다.

변이형 이야기

꽃하늘소

꽃하늘소 갈색형

검정꽃무지
딱정벌레목 꽃무지과
크기 11~14mm, 출현 4~10월

몸은 검은색이며 딱지날개 가운데에 연황색 무늬가 있다. 국수나무와 개망초, 찔레 등의 꽃에 잘 날아와서 꿀과 꽃가루를 먹는다. 애벌레는 썩은 나무껍질 속에 살며 그 속에서 번데기가 된다.

넓적꽃무지
딱정벌레목 꽃무지과
크기 4~7mm, 출현 4~10월

꽃무지류 중에서 크기가 매우 작은 편이다. 꽃 속을 파고 들어가서 꽃가루를 먹고 있으면 쉽게 발견하기 힘들다. 꽃 속에서 움직이는 모습을 유심히 관찰해야만 발견할 수 있다.

꽃하늘소
딱정벌레목 하늘소과
크기 12~17mm, 출현 5~8월

신나무와 국수나무, 엉겅퀴 등의 꽃에 매우 잘 날아온다. 꽃가루를 먹거나 풀잎에 앉은 모습을 흔히 볼 수 있다. 꽃가루를 먹을 때는 한곳에서 오랫동안 먹기 때문에 자세히 관찰할 수 있다.

꽃하늘소는 찔레와 보리수나무, 나무딸기 꽃에 모여 꽃가루를 먹는다. 꽃하늘소는 보통 몸 전체가 검은색을 띤다.

때로는 몸은 검은색이더라도 딱지날개가 적갈색을 띠는 변이형이 있다. 빛깔과 무늬가 약간 다르지만 전체적인 생김새가 같으면 같은 종류의 꽃하늘소이다.

딱정벌레목

긴알락꽃하늘소
딱정벌레목 하늘소과
크기 12~23㎜, 출현 5~7월

숲의 가장자리에 살며 매우 흔하게 관찰된다. 봄과 여름 사이에 핀 다양한 꽃에 모여든다. 특히 신나무와 산딸기, 개망초, 백당나무 등의 꽃에 잘 모인다. 꽃가루를 먹으면서도 짝짓기를 한다.

붉은산꽃하늘소
딱정벌레목 하늘소과
크기 12~22㎜, 출현 6~8월

몸이 전체적으로 붉은색을 띠는 꽃하늘소로 해당화와 꼬리조팝나무, 어수리, 쉬땅나무 등의 꽃에 잘 날아온다. 꽃에도 잘 모이지만 풀잎에 앉아 있는 모습을 더 많이 볼 수 있다.

알통다리꽃하늘소
딱정벌레목 하늘소과
크기 11~17㎜, 출현 5~7월

몸은 검은색이고 주황색의 딱지날개에 검은색 점무늬가 10개 있다. 수컷의 뒷다리가 굵게 발달되어서 '알통다리꽃하늘소'라고 불린다. 노린재나무와 신나무 등의 꽃에 날아와 꽃가루를 먹는다.

산각시하늘소
딱정벌레목 하늘소과
크기 7~11㎜, 출현 5~6월

하늘소류 중에서 몸집이 매우 작은 편이며 대체로 흑갈색을 띤다. 딱지날개에는 황색 줄무늬 4개가 규칙적으로 있다. 소형 하늘소로 몸집이 작고, 5~7월 사이에 산과 들에 핀 꽃에 모여든다.

육점박이범하늘소
딱정벌레목 하늘소과
크기 7~13㎜, 출현 5~7월

산에 핀 꽃이나 나뭇잎에 앉아 있는 모습을 볼 수 있다. 국수나무와 층층나무, 밤나무, 꼬리조팝나무 등의 꽃에 잘 날아온다. 꽃과 나뭇잎 사이를 매우 활발하게 움직여서 관찰하기 힘들다.

하늘소의 흉내 내기와 보호색

벌호랑하늘소 - 의태

육점박이범하늘소 - 의태

긴알락꽃하늘소 - 보호색(꽃)

털두꺼비하늘소 - 보호색(나무)

하늘소류 중에는 꽃등에처럼 벌의 모습으로 위장을 잘하는 종류가 많다. 벌호랑하늘소나 육점박이하늘소는 벌과 매우 닮았다. 무서운 침을 가진 벌의 모습을 닮았다면 위험한 천적으로부터 몸을 보호해서 위기를 넘길 수 있으므로 살아남는 데 유리하다.

하늘소는 사는 곳에 따라 다양한 보호색을 갖는 경우가 많다. 꽃에 사는 하늘소는 매우 화려한 빛깔을 띠고 있다. 꽃에 살기 때문에 모습이 꽃처럼 화려해야 오히려 눈에 잘 띄지 않는다. 또한 나무에 사는 하늘소는 대부분 나무 빛깔로 위장한다. 이처럼 하늘소는 사는 곳에 따라 알맞은 보호색으로 스스로를 지켜낸다.

녹색하늘소붙이
딱정벌레목 하늘소붙이과
크기 5~7㎜, 출현 4~5월

몸 빛깔이 녹색으로 광택이 나기 때문에 무척 예쁘다. 산지의 풀밭에 핀 엉겅퀴와 곰취 등 다양한 꽃에서 볼 수 있다. 꽃에 모여서 꽃가루도 먹고 짝짓기도 한다. 생김새가 작은 하늘소를 닮았다.

딱정벌레목

꽃벼룩 이름 이야기

꽃벼룩

꽃벼룩의 꼬리

밑검은하늘소붙이
딱정벌레목 하늘소붙이과
크기 5.5~8mm, 출현 4~6월

몸 빛깔은 흑청색을 띠며 호리호리하게 생겼다. 황색이나 흰색 꽃에 모여 꽃가루를 먹기 위해 분주히 움직인다. 시베르스하늘소붙이나 점날개잎벌레와 함께 모인 모습을 볼 수 있다.

시베르스하늘소붙이
딱정벌레목 하늘소붙이과
크기 8~12mm, 출현 4~6월

초봄에 세잎양지꽃과 버드나무, 민들레의 꽃에 잘 모여서 꽃가루 먹는 모습을 볼 수 있다. 몸이 호리호리해서 꽃 속에 파묻혀 있으면 잘 보이지 않는다. 한 꽃에 함께 모여 짝짓기를 하기도 한다.

꽃벼룩
딱정벌레목 꽃벼룩과
크기 5~6.5mm, 출현 5~7월

몸 빛깔은 검은색을 띠며 뒷다리가 굵게 발달되어서 벼룩처럼 잘 뛸 수 있다. 개망초와 해당화, 찔레나무, 양지꽃 등에 날아오며 건드리면 툭 하고 튀어 오르거나 날아가는 습성이 있다.

꽃벼룩은 꽃 위에 앉아 있다가 약간의 인기척만 느껴져도 벼룩처럼 잘 뛰기 때문에 이름이 붙여졌다.
꽃에서 점프하는 모습이 마치 텀블링 하는 것처럼 보여서 '텀블링꽃딱정벌레'라고도 한다.
또한 배 끝 부분에 가시처럼 생긴 꼬리를 갖고 있어서 '가시꼬리딱정벌레'라고 불리기도 한다.

추락해야 살아남는 곤충 이야기

꽃벼룩

버드나무좀비단벌레

딸기벼룩잎벌레

점날개잎벌레

밤갈색꽃벼룩
딱정벌레목 꽃벼룩과
크기 5.2~5.5mm, 출현 5~7월

몸은 검은색이며 딱지날개에 갈색 무늬가 있다. 길쭉한 몸의 배 끝 부분이 가시처럼 뾰족하게 튀어나왔다. 꼬리 부분이 뾰족한 모습을 하고 있어서 '가시꼬리딱정벌레'라고도 부른다.

점날개잎벌레
딱정벌레목 잎벌레과
크기 3.2~4mm, 출현 3~11월

겨울나기를 마친 어른벌레는 양지꽃과 진달래, 버드나무 등의 꽃에 날아와서 꽃잎과 꽃가루를 먹고 산다. 여러 마리가 한꺼번에 민들레에 모이기도 한다. 애벌레는 삼나무의 이끼류를 먹고 산다.

곤충은 보통 몸집이 작아서 위험하다고 생각하면 자신에게 알맞은 방법을 총동원해서 본능적으로 도망친다.
재빨리 날아가는 비행사가 되기도 하고, 나뭇잎 뒤에 꼭꼭 숨기도 한다. 점프해서 이동하거나 주변과 비슷한 빛깔로 위장하기도 한다. 때로는 죽은 척 연기해서 위험을 벗어나기도 한다.
특히 크기가 작은 곤충일수록 다이빙 선수처럼 뛰어내리는 경우가 많다. 꽃벼룩과 벼룩잎벌레, 비단벌레는 위험을 느끼면 풀숲으로 몸을 던진다. 풀숲에 추락하면 제 아무리 눈이 좋은 천적도 찾기 힘들기 때문이다. 더욱이 추락한 곤충은 풀숲 안쪽으로 파고들기 때문에 더욱 찾아내기 힘들다.

딱정벌레목

흰점박이꽃바구미
딱정벌레목 바구미과
크기 4.8~5.6mm, 출현 5~9월

몸은 검은색이며 황백색의 털이 빽빽하다. 딱지날개에 황백색 털이 두드러진다. 평지나 낮은 산지의 다양한 꽃에 모여들어 꽃가루를 먹는다. 꽃 위에서 짝짓기 하는 모습을 볼 수 있다.

버들깨알바구미
딱정벌레목 바구미과
크기 1.8~2.6mm, 출현 6~8월

몸은 전체적으로 적갈색을 띤다. 크기가 매우 작아서 '깨알바구미'라고 불린다. 주둥이가 길쭉하게 발달된 모습에서 바구미류라는 것을 알 수 있다. 꽃에 모여 꽃가루를 먹는다.

목대장
딱정벌레목 목대장과
크기 12~14mm, 출현 5~6월

산길 주변의 들판이나 나무의 다양한 꽃에 잘 모여든다. 꽃가루를 먹는 모습이 꽃하늘소와 비슷하다. 풀잎에 앉아 있는 모습을 자주 볼 수 있으며 밤에는 불빛에도 잘 날아온다.

애알락수시렁이
딱정벌레목 수시렁이과
크기 2~3mm, 출현 4~6월

몸은 동글동글하며 딱지날개에 흰색과 황색 가루가 물결무늬를 이룬다. 낮에는 국화과 식물의 다양한 꽃에 날아와 꽃가루를 먹는다. 애벌레는 건조한 동물성 물질이나 곤충 표본을 해친다.

호리납작밑빠진벌레
딱정벌레목 밑빠진벌레과
크기 2.4~3.7mm, 출현 5~7월

몸은 황갈색으로 더듬이는 암갈색이다. 등면 전체에 담갈색 털이 아주 많다. 꽃과 수액, 떨어진 열매, 썩은 나무, 썩은 고기 등에 잘 모인다. 꽃에 모여서 짝짓기를 한다.

꼬마넓적비단벌레
딱정벌레목 비단벌레과
크기 3~5mm, 출현 5~7월

몸 빛깔은 검은색을 띠며 전체적으로 넓적하다. 가슴 부분의 양옆에 붉은색 테두리가 있는 것이 특징이다. 위기가 닥치면 툭 떨어져 추락하거나 포르르 날아서 위험으로부터 슬기롭게 벗어난다.

곤충의 이름에 숨겨진 비밀

아이누길앞잡이

장수풍뎅이

고마로브집게벌레

대유동방아벌레

곤충 이름에는 뜻이 담겨 있는데, 이름의 유래와 곤충 모습을 잘 살펴보자.

- 아이누길앞잡이 : '아이누'는 일본 홋카이도의 원주민 아이누족을 뜻하는데, 몸에 털이 많은 종족이어서 아이누길앞잡이와 어울리는 이름이다.
- 장수풍뎅이 : '장수'는 장군 중의 장군인 최고 우두머리 장수를 일컫는다. 풍뎅이 중에서 가장 힘이 세서 장수풍뎅이라는 이름이 붙여졌다.
- 고마로브집게벌레 : '고마로브'는 러시아 식물학자인 고마로브(Komarov)를 뜻한다. 고마로브의 업적을 기리기 위해 후배 학자들이 이름을 붙였다.
- 대유동방아벌레 : '대유동'은 평안북도 삼각산 느릅나무 골짜기(大榆洞) 지역으로, 대유동 지역에서 처음 발견되어 붙여진 이름이다.

파리목

알통다리꽃등에
파리목 꽃등에과
크기 8~10㎜, 출현 5~10월

숲이나 들판에 핀 다양한 꽃에 모여서 꽃가루를 먹는다. 뒷다리가 알통 모양이라서 '알통다리꽃등에'라는 이름이 지어졌다. 애벌레는 퇴비나 거름처럼 부패된 유기 물질을 먹고 산다.

꽃등에
파리목 꽃등에과
크기 14~16㎜, 출현 4~11월

몸은 진한 흑갈색을 띠며 배 부분에는 적갈색 무늬가 선명하다. 들이나 야산의 다양한 꽃에 모여들어 꽃가루를 먹고 산다. 꿀벌과 매우 비슷하게 생겼지만 파리류의 곤충이어서 침을 쏠 수 없다.

🔍 정지 비행을 하는 꽃등에의 이야기

꽃가루를 먹는 꽃등에 　　　정지 비행을 하는 꽃등에

꽃등에는 꽃가루를 잘 먹고 살아서 꽃을 찾아 여기저기를 날쌔게 돌아다니는 습성이 있다. 꽃 주변을 서성거리며 제자리에서 정지 비행을 하는 꽃등에를 쉽게 볼 수 있다. 이렇게 꽃을 찾아 돌아다니는 꽃등에를 보고 '떠돌이파리(Hover flies)'라고도 부른다.

맘에 드는 꽃을 발견하고 꽃에 앉아 꽃가루를 먹는 모습은 꿀벌과 매우 비슷하지만 꽃등에는 벌류가 아닌 파리류의 곤충이라서 벌침이 없다. 그저 자신을 안전하게 보호하려고 꿀벌의 모습으로 위장할 뿐이다. 그렇지만 천적들이 접근하지 못하도록 꿀벌의 날갯짓 소리까지 흉내 낼 정도로 꽃등에의 위장술은 뛰어나다.

왕꽃등에
파리목 꽃등에과
크기 12~16㎜, 출현 6~10월

몸은 전체적으로 검은색을 띠며 가슴등판은 짧고 어깨는 주황색이다. 배는 짧고 굵으며 가운데에 검은색 줄무늬가 있다. 가을에 가장 흔하게 피는 국화과 식물의 꽃에서 쉽게 발견된다.

물결넓적꽃등에
파리목 꽃등에과
크기 10~12㎜, 출현 4~11월

배 부분에 황색 줄무늬가 3개 있다. 배 끝 부분에 줄무늬가 2개 붙어 있지만 나머지 1개는 떨어져 있다. 낮은 산지나 야산의 꽃에 산다. 애벌레는 진딧물을 잡아먹는 포식성 곤충이다.

🔍 모습이 비슷한 꽃등에류와 꿀벌류 구별하기

꽃등에류(물결넓적꽃등에) 　　　꿀벌류(양봉꿀벌)

꽃등에류와 꿀벌은 모습이 닮아서 쉽게 구별하기 힘들다. 몸 빛깔과 줄무늬의 모양도 비슷하고 비행하는 날갯짓 소리까지도 닮았다. 꽃등에류는 뭉툭한 주둥이를 갖는 파리목에 속하지만, 꿀벌류는 뾰족한 침을 갖는 벌목에 속하기 때문에 다른 점이 많다.

꽃등에류 vs 꿀벌류

① 날개 : 꽃등에류는 날개가 1쌍이고, 꿀벌류는 날개가 2쌍이다.
② 입 : 꽃등에류는 뭉툭한 주둥이로 핥고, 꿀벌류는 뾰족한 입으로 빤다.
③ 눈 : 꽃등에류는 겹눈이 붙어 있고, 꿀벌류는 겹눈이 떨어져 있다.
④ 비행 : 꽃등에류는 정지 비행을 잘 하고, 꿀벌류는 여유롭게 잘 날아다닌다.

알락허리꽃등에
파리목 꽃등에과
크기 10~11mm, 출현 5~8월

산지나 하천 부근의 꽃에 날아와서 꽃가루를 먹는다. 뒷다리는 알통처럼 굵으며 황적색을 띤다. 썩은 나무에 모이는 습성이 있다고 알려져 있지만 자세한 생태는 알려지지 않는다.

배세줄꽃등에
파리목 꽃등에과
크기 11~13mm, 출현 5~7월

날개 위쪽은 연갈색이고 아래쪽은 암갈색이다. 배는 밑부분이 약간 좁고 배마디등판에는 황색 가루로 된 줄무늬가 선명하다. 비교적 깨끗하고 잘 보전된 숲에서 꽃가루를 먹고 산다.

장수말벌집대모꽃등에
파리목 꽃등에과
크기 15~16mm, 출현 7~9월

몸 빛깔은 전체적으로 붉은색을 띠며 배 부분은 청람색을 띤다. 땅벌과 말벌, 황말벌, 장수말벌 등의 둥지에서 발견된다. 말벌의 사체 위에 알을 낳고 애벌레는 말벌의 사체를 먹고 자란다.

덩굴꽃등에
파리목 꽃등에과
크기 11mm 내외, 출현 4~11월

암컷의 몸은 검은색이고 가슴등판은 회갈색 가루로 덮여 있다. 얼굴은 뺨과 입 가장자리 부분을 제외하고 회색 가루로 덮여 있다. 가슴등판의 털은 회갈색이고 회색 세로줄이 1쌍 있다.

눈루리꽃등에
파리목 꽃등에과
크기 11~12mm, 출현 5~11월

몸은 검은색이며 겹눈은 황색을 띤다. 다리는 검은색이지만 부분적으로 황색이다. 날개는 털이 없이 투명하며 어깨판과 평균곤은 황색이다. 암컷의 날개는 수컷에 비해 폭이 더 넓다.

배짧은꽃등에
파리목 꽃등에과
크기 10~13mm, 출현 4~10월

몸 빛깔은 검은색이며 황갈색 줄무늬가 있는 배 부분이 꿀벌과 매우 닮아 보인다. 꿀벌처럼 들이나 야산에 핀 다양한 꽃에 잘 모이며 흔하게 발견된다. 뭉툭한 주둥이로 꽃가루를 핥아 먹는다.

 꽃등에 변이형 이야기

배의 줄무늬가 황색인 배짧은꽃등에 　 배의 줄무늬가 흰색인 배짧은꽃등에

배의 줄무늬가 굵은 수중다리꽃등에 　 배의 줄무늬가 가는 수중다리꽃등에

배짧은꽃등에와 수중다리꽃등에는 개체 수가 많아서 꽃이 핀 곳에서는 어디든지 볼 수 있다. 산지에 핀 꽃에 잘 모이지만 도시 주변의 꽃에도 매우 잘 날아온다.

배짧은꽃등에와 수중다리꽃등에 모두 무늬에 변이가 있는 변이형이 있다. 전체적인 모습은 비슷해서 같아 보이지만 자세히 보면 배 부분의 줄무늬가 다르다는 점을 발견할 수 있다.

그렇지만 무늬가 다르다고 다른 종류의 꽃등에로 착각해서는 안 된다. 잘 살펴보면 무늬만 다를 뿐 닮은 부분이 더 많기 때문이다. 꽃등에를 관찰할 때는 전체적인 생김새를 더욱 눈여겨서 살펴봐야 한다.

파리목

청소를 매우 잘하는 파리

다리를 비비는 검정뺨금파리   다리를 비비는 수중다리꽃등에

호리꽃등에
파리목 꽃등에과
크기 8~11mm, 출현 4~11월

몸이 매우 호리호리해서 이름이 지어졌다. 배에 검은색 줄무늬가 많다. 매우 흔하게 관찰되는 꽃등에로 크기와 색깔, 배 무늬 등에 변이가 심하게 나타난다. 애벌레는 다양한 종류의 진딧물을 잡아먹고 산다.

수중다리꽃등에
파리목 꽃등에과
크기 12~14mm, 출현 3~11월

몸은 검은색이며 배에는 황색 줄무늬가 있다. 수컷의 뒷다리가 굵어서 '수중다리꽃등에'라고 불린다. 들이나 산의 물가에 있는 바위와 땅, 잡초 등에 잘 날아온다. 초봄에 출현하는 꽃등에이다.

꽃등에와 파리, 모기, 각다귀 등은 모두 파리류의 곤충이다. 그중에서 꽃등에와 파리는 앞다리를 자주 비벼 대는 모습을 볼 수 있다.
여러 가지 부패된 물질에 내려앉은 파리는 한참 활동하고 나면 잎에 내려앉아 앞다리를 청소한다. 꽃을 찾아 돌아다니는 꽃등에 역시 꽃이 아닌 풀잎이나 돌 위에 앉아서 쉴 때면 앞다리를 열심히 움직이고 비비면서 청소하는 모습을 볼 수 있다.
파리와 꽃등에가 열심히 청소하는 이유는 앞다리로 음식물의 맛을 보기 때문이다. 제대로 음식 맛을 보려면 청소가 필수이고, 나중에는 뒷다리까지도 열심히 청소한다. 다리를 잘 청소하는 곤충이 있다면 파리류라고 보면 된다.

검정넓적꽃등에
파리목 꽃등에과
크기 10~12mm, 출현 5~11월

몸 빛깔은 검은색을 띠며 다리는 가늘고 적갈색 또는 황갈색이다. 배에는 흰색 가루로 덮인 흰색 줄무늬가 있다. 애벌레는 다양한 종류의 진딧물을 잡아먹고 산다.

쟈바꽃등에
파리목 꽃등에과
크기 7.5~10mm, 출현 4~10월

얼굴과 더듬이는 전체적으로 황색을 띤다. 가슴은 광택이 있는 검은색을 띤다. 애벌레는 목화진딧물과 흡사마귀진딧물, 콧호왕진딧물, 낙엽송왕진딧물, 복숭아혹진딧물 등을 잡아먹고 산다.

꼬마꽃등에
파리목 꽃등에과
크기 8~9mm, 출현 4~11월

몸은 가늘고 검은색을 띤다. 가슴등판은 구리색을 띠는 검은색이며 가장자리는 주황색이다. 초봄부터 늦가을까지 꽃에 있는 곳이라면 쉽게 관찰된다. 애벌레는 다양한 종류의 진딧물을 포식한다.

스즈키나나니등에
파리목 재니등에과
크기 20mm 내외, 출현 8~9월

몸이 가느다랗고 길어서 벌인 나나니와 매우 닮아 보인다. 몸에 비해서 머리와 가슴이 크며 몸통에 황색 줄무늬가 특징이다. 한여름에 낮은 산지 주변이나 물가 주변에서 볼 수 있다.

파리목

빌로오도재니등에
파리목 재니등에과
크기 7~12㎜, 출현 4~6월

몸 빛깔은 진갈색을 띠며 매우 긴 연황색 털이 빽빽하게 나 있다. 전체적인 모습이 벌처럼 생겼다. 공중에서 정지 비행을 잘한다. 물가의 바위나 땅 위, 꽃이나 작은 나무의 잎에도 잘 내려앉는다.

좀털보재니등에
파리목 재니등에과
크기 10㎜ 내외, 출현 4~5월

몸은 검은색이며 연황색의 긴 털이 촘촘하다. 날개는 투명하다. 초봄에 산지 계곡 부근 풀밭에 핀 꽃에 많이 모여들어 꿀을 빠는 모습을 볼 수 있다. 제자리에서 정지 비행을 하며 꿀을 빤다.

🔍 재니등에의 놀라운 비행 솜씨

정지 비행을 하는 좀털보재니등에   꽃꿀을 빨러 돌진하는 좀털보재니등에

하늘 위에서 놀라운 비행 솜씨를 선보이는 곤충으로는 재니등에와 꽃등에를 꼽을 수 있다. 제자리에서 머문 상태로 날갯짓만 하는 정지 비행의 기술자 재니등에와 꽃등에의 솜씨는 그 어떤 비행체도 모방하기 힘들다. 헬리콥터처럼 정지 비행을 하다가도 순간적으로 방향까지 바꾸는 비행술을 선보이기 때문이다.
재니등에는 날갯짓을 계속하면서 기다란 주둥이로 꽃에서 꿀까지 빤다. 이 모습은 마치 꼬리박각시나 벌새와 비슷하다. 항공 역학 분야에서는 더 좋은 비행체를 만들기 위해 이렇게 비행 솜씨가 좋은 두 곤충을 대상으로 꾸준히 연구하고 있다.

점박이꽃검정파리
파리목 검정파리과
크기 5~7㎜, 출현 6~11월

몸 빛깔이 어두운 검정파리류 중에서 꽃에 잘 모여드는 파리이다. 특히 가을에 국화과 식물의 꽃에 잘 모인다. 주변에 핀 여러 꽃을 돌아다니며, 꽃등에처럼 꽃에 모여 꽃가루를 핥아 먹는다.

초록파리
파리목 검정파리과
크기 9~10㎜, 출현 6~11월

초록색 광택이 도는 몸은 매우 예쁘다. 파리 하면 쉬파리나 금파리처럼 더럽고 지저분한 음식이나 배설물에 모인다고 생각하지만 초록파리는 꽃등에처럼 꽃에 잘 모여들어 꽃가루를 먹고 산다.

🔍 산업 공학에 활용되는 초소형 비행 로봇 파리

초소형 비행 로봇 파리

파리는 크기가 작지만 1초에 300회나 날갯짓을 하기 때문에 비행 실력이 매우 좋다. 최근에는 이런 파리를 본떠서 매우 작은 비행 로봇 파리를 개발하였다. 미국 하버드 대학의 로버트 우드 교수팀이 개발한 비행 로봇 파리는 무게가 0.056g이고 날개 길이가 2㎝에 불과한 초소형 비행체이다. 이 비행 로봇 파리는 크기가 매우 작기 때문에 여러 분야에서 활용될 수 있다.
먼저 초소형 비행 로봇은 기동성이 좋아서 아무도 모르게 살피는 군사 목적으로 활용될 수 있다. 또한 위험한 곳에서 수색하거나 구조하는 데 활용될 수 있다. 그리고 위험한 화학 물질을 감지하거나 우주 탐험 등에도 활용할 수 있어서 기대하는 바가 크다.

🪰 파리목 🐝 벌목

중국별뚱보기생파리
파리목 기생파리과
크기 8~12mm, 출현 5~10월

몸 빛깔은 전체적으로 주황색을 띤다. 작지만 뚱뚱하고 배가 매우 납작하다. 숲에 핀 다양한 꽃에 잘 모여든다. 곤충 애벌레의 몸속이나 피부에 알을 낳아서 기생하는 파리이다.

뚱보기생파리
파리목 기생파리과
크기 13mm 내외, 출현 5~10월

몸은 주황색이고 배 가운데에 3개의 검은색 점무늬가 있다. 몸은 통통하며 몸에 비해 겹눈이 크다. 산지나 들판에 핀 꽃에 잘 날아와 앉는다. 흰색 꽃에 앉아 있으면 몸의 주황색 때문에 눈에 매우 잘 띤다.

노랑털기생파리
파리목 기생파리과
크기 15mm 내외, 출현 4~10월

몸은 전체적으로 뾰족한 털이 가득하다. 뚱뚱한 꽃등에보다도 훨씬 더 뚱뚱하다. 산지나 들판에 핀 꽃에 잘 모여들어 꽃가루를 먹는 모습도 보인다. 나방류 애벌레의 몸에 알을 낳아 기생한다.

조잔벌붙이파리
파리목 벌붙이파리과
크기 10mm 내외, 출현 8~9월

허리는 잘록하지만 배 끝 부분으로 갈수록 굵어진다. 몸에는 황색 줄무늬가 많다. 수컷이 암컷 위에 올라가서 짝짓기 하는 모습이 보인다. 굵은 침처럼 생긴 더듬이가 뾰족하게 앞으로 뻗어 있다.

흰줄꼬마꽃벌
벌목 꼬마꽃벌과
크기 8mm 내외, 출현 6~10월

몸은 검은색을 띠며 회백색의 짧은 털로 덮여 있다. 몸집이 매우 작은 꽃벌이라서 꽃 속에 들어가 있으면 쉽게 발견하기 힘들다. 작은 꽃벌이라서 이름에는 '꼬마'가 붙여졌다.

어리흰줄애꽃벌
벌목 꼬마꽃벌과
크기 9mm 내외, 출현 6~10월

몸은 검은색이고 배 부분에 흰색 줄이 뚜렷하게 있는 것이 특징이다. 특히 흰색 꽃에 많이 모여들어 꿀과 꽃가루를 모은다. 꿀벌처럼 뒷다리에 모은 꿀과 꽃가루를 땅속에 지은 집으로 나른다.

꽃벌과 꿀벌의 생활 방식 비교

단독 생활을 하는 꽃벌   집단생활을 하는 꿀벌

양봉꿀벌을 기르는 벌통

꽃벌과 꿀벌은 꿀과 꽃가루를 모으는 공통점이 있지만 생활 방식에는 차이가 있다. 꽃벌은 단독 생활을 하지만, 꿀벌은 집단을 만들어서 생활한다.
꽃벌은 모든 일을 혼자 힘으로 해결한다. 꽃벌은 땅속에 구멍을 파서 집을 만들고 집 속에 애벌레 방을 2~3개 만든다. 그리고 나서 정성껏 꿀과 꽃가루를 모아 반죽하고 집에 저장한 다음, 꽃가루 덩어리에 알을 낳는다. 알에서 부화된 애벌레는 꽃가루 덩어리를 먹고 자라서 어른이 된다.
반면에 꿀벌은 여왕벌을 중심으로 일벌이 열심히 꿀과 꽃가루를 모아서 공동으로 애벌레를 기른다. 일벌 중에는 애벌레 보육만 담당하는 일벌이 있을 정도이다.

홍배꼬마꽃벌
벌목 꼬마꽃벌과
크기 8~10mm, 출현 4~7월

몸 빛깔은 전체적으로 검은색을 띠지만 배 부분이 붉은색을 띠어서 '홍배꼬마꽃벌'이라고 이름 지어졌다. 더듬이와 다리는 끝 부분으로 갈수록 흑갈색으로 변한다. 몸에는 짧은 털이 나 있다.

털보애꽃벌
벌목 털보애꽃벌과
크기 13mm 내외, 출현 8~9월

몸 빛깔은 검은색을 띠며 어깨 부분은 갈색, 발목마디는 황갈색이다. 가슴등판은 흑갈색 털로 덮여 있으며 각 배마디 끝 부분에는 황백색 털로 된 가로줄무늬가 있다. 다리에도 황백색 털이 매우 많다.

구리꼬마꽃벌
벌목 꼬마꽃벌과
크기 8mm 내외, 출현 8~9월

몸에는 전체적으로 구리색 광택이 돌아서 '구리꼬마꽃벌'이라고 불린다. 꽃에 모여 꿀과 꽃가루를 모으지만 땅에도 잘 내려앉는다. 산지나 들판의 다양한 꽃에 모여들기 때문에 쉽게 관찰된다.

루리알락꽃벌
벌목 꿀벌과
크기 15mm 내외, 출현 4~10월

몸은 검은색과 청색의 짧은 털이 빽빽하게 나서 무늬를 이룬다. 청색 줄무늬가 칠보의 하나인 청보석을 닮았다고 해서 '루리'라는 이름이 붙여졌다. 꿀벌처럼 꽃에 모여 꽃꿀과 꽃가루를 모은다.

양봉꿀벌
벌목 꿀벌과
크기 10~17mm, 출현 3~10월

꽃에서 꿀과 꽃가루를 모은다. 넓적한 뒷다리의 종아리마디에 꽃가루를 붙여서 운반한다. 암꽃과 수꽃을 연결해서 열매를 맺도록 돕는 '화분 매개 곤충'으로 사람에게 큰 도움을 준다.

재래꿀벌
벌목 꿀벌과
크기 11mm 내외, 출현 3~11월

양봉꿀벌과 모습이 비슷하지만 검은색을 띤다. '토종꿀벌'이라고도 불리며 썩은 나무 속이나 땅속에 둥지를 짓고 집단생활을 한다. '낭충봉아부패병'이라는 바이러스에 감염되어 거의 멸종했다.

양봉꿀벌과 재래꿀벌 실종 현상

벌꿀을 생산하는 모습 　　　집단 폐사한 꿀벌들

양봉꿀벌은 여왕벌과 일벌, 수벌이 각자의 일을 분담하여 생활하는 사회성 곤충이다. 대부분의 일은 일벌이 담당하는데 2007년 꿀을 모으러 나간 일벌이 한꺼번에 실종되는 '꿀벌 집단 실종 현상'이 발생했다. 일벌이 갑자기 사라지자 아기 꿀벌은 굶어 죽고 여왕벌도 더 이상 견디지 못해 죽으면서 꿀벌 집단이 붕괴되고 말았다.

2010년에는 토종꿀을 만드는 재래꿀벌에게도 똑같은 현상이 찾아왔다. 바이러스에 감염된 재래꿀벌이 90% 이상 죽고 말았다. 오랜 세월에 걸친 양봉으로 면역이 약해진 것이 원인이었다. 이렇게 몸이 약해진 양봉꿀벌과 재래꿀벌은 바이러스 감염에 견디지 못하고 한꺼번에 죽게 되었다.

벌목

수염줄벌
벌목 꿀벌과
크기 12~14mm, 출현 4~6월

몸은 검은색을 띠며 긴 털이 빽빽하다. 더듬이가 길어 마치 수염처럼 보인다고 해서 '수염줄벌'이라고 불린다. 꿀과 꽃가루를 모아서 땅속이나 나무속에 지은 집에 애벌레의 먹잇감으로 저장한다.

일본애수염줄벌
벌목 꿀벌과
크기 14mm 내외, 출현 4~6월

머리는 잔털로 촘촘히 덮여 있으며 가슴과 배 부분 모두 검은색을 띤다. 머리의 앞부분과 뒷부분은 황색을 띤다. 어른벌레는 초봄에 활동을 시작하여 꽃에 잘 모이며 땅속에 집을 지어 알을 낳는다.

어리호박벌
벌목 꿀벌과
크기 20~23mm, 출현 4~8월

몸 빛깔은 검은색이며 머리와 큰턱 밑부분, 더듬이의 자루마디 등은 담황색을 띤다. 날개는 검은색으로 흑자색 광택이 난다. 호박벌보다 훨씬 크고 뚱뚱해서 날아다니는 모습이 매우 위협적이다.

호박벌
벌목 꿀벌과
크기 12~23mm, 출현 4~10월

몸이 뚱뚱하며 호박꽃 속에 파묻혀 있기를 좋아한다. 들판과 숲, 마을 주변에서 흔하게 보인다. 해바라기와 호박, 오이, 참깨, 팥, 자운영, 때죽나무, 감나무, 물봉선, 고마리, 파 등의 꽃을 찾는다.

장미가위벌
벌목 가위벌과
크기 12~13mm, 출현 6~9월

몸은 검은색을 띠며 가슴등판은 갈색이다. 장미 등의 나뭇잎을 잘 오려서 둥글게 집을 만드는 것이 특징이다. 가위로 오리듯이 잎을 잘 자른다고 해서 이름에 '가위벌'이 붙여졌다.

극동가위벌
벌목 가위벌과
크기 12mm 내외, 출현 5~8월

몸은 검은색이며 털은 연한 황갈색을 띤다. 배 윗면은 보라색과 녹색이 섞인 빛깔이 나고 모든 마디의 끝 부분으로 가면 담황색 털이 있다. 꽃등에나 꿀벌처럼 꽃에 잘 모여든다.

🔍 꿀벌을 대체할 꽃가루받이 곤충

장미가위벌 / 호박벌

꿀벌은 꽃가루받이를 하는 매우 중요한 곤충이다. 꿀벌이 수술의 꽃가루를 암술에 옮겨 주는 수분을 해 주지 않으면 식물은 열매를 맺을 수 없다. 최근 꿀벌의 개체 수가 줄면서 식물에게도 위기가 찾아왔다. 최근 발생한 꿀벌 집단 실종 현상으로 꽃가루받이 꿀벌이 줄면서 열매가 줄어들고 있기 때문이다.

과학자들은 꿀벌 문제를 해결하려고 다양한 꽃가루받이 곤충을 연구하고 있다. 가위벌과 호박벌, 꽃등에는 꿀벌처럼 꽃가루를 매개하는 역할을 할 수 있어서 주목받고 있다. 그렇지만 꿀벌에 비해서 꽃가루 매개 능력이 턱없이 부족한 실정이라서 꽃가루받이 곤충으로 활용하려면 앞으로 더 많은 연구가 필요하다.

점호리병벌
벌목 말벌과
크기 10~13mm, 출현 7~9월

몸은 검은색이며 머리와 몸에 황색 무늬가 많다. 호리병 모양의 집을 만들고 나방류 애벌레를 사냥해서 저장한다. 알에서 깨어난 애벌레는 나방류 애벌레를 먹고 자라서 어른이 된다.

호리병벌
벌목 말벌과
크기 25~30mm, 출현 6~10월

들이나 야산의 잡초 지대에 살며 인가 주변에서도 발견된다. 진흙으로 항아리 모양의 집을 만들고 나비류와 잎벌류, 잎벌레류 등을 잡아서 저장한다. 애벌레는 사냥한 먹잇감을 먹으며 자란다.

민호리병벌
벌목 말벌과
크기 15mm 내외, 출현 6~8월

몸 빛깔은 검은색을 띠며 매우 작은 호리병벌이다. 물을 먹기 위해 땅에 내려앉는 모습을 볼 수 있다. 식물 줄기에 흙을 붙여서 항아리 모양의 벌집을 만든 후, 먹잇감을 사냥해서 넣고 알을 낳는다.

줄무늬감탕벌
벌목 말벌과
크기 18mm 내외, 출현 6~9월

몸 빛깔은 검은색을 띠며 황색 줄무늬 2개가 선명하다. 어른벌레는 진흙으로 방을 만든다. 애벌레가 먹고 살 수 있도록 잎말이나방류와 명나방류, 밤나방류의 애벌레를 마비시켜 저장한다.

한국꼬마감탕벌
벌목 말벌과
크기 10mm 내외, 출현 7~10월

몸은 검은색이며 배 부분에 황색 줄무늬가 2개 있다. 냇가에 깔린 질퍽질퍽한 진흙을 뜻하는 '감탕'과 우리나라 고유종이며 크기가 작다는 뜻의 '한국꼬마'가 합쳐져서 이름이 붙여졌다.

별쌍살벌
벌목 말벌과
크기 11~17mm, 출현 4~10월

몸은 검은색이며 더듬이는 흑갈색이다. 날개와 다리, 가슴 등에는 황색 점무늬가 있다. 들이나 야산의 잡초 지대에 산다. 배추흰나비 등의 나비류 애벌레를 사냥하며 어른벌레로 겨울나기를 한다.

대모벌
벌목 대모벌과
크기 22~25mm, 출현 7~9월

산지나 들판을 빠르게 날아다니는 모습이 보인다. 잎사귀나 꽃에 앉았다가도 부리나케 이동한다. 침으로 찔러 마취된 귀신거미의 배에 알을 낳는다. 애벌레는 마취된 귀신거미를 먹으며 자란다.

쌍살벌 이름 이야기

등검정쌍살벌

뱀허물쌍살벌

쌍살벌은 비행할 때 뒷다리를 축 늘어뜨리고 날아가는 점이 특징이다. 그 모습이 마치 대나무 살을 들고 가는 듯 보인다고 해서 '쌍살벌'이라고 이름 지었다.

쌍살벌은 말벌보다 허리가 호리호리하며 몸은 가냘프다. 별쌍살벌과 등검정쌍살벌, 뱀허물쌍살벌, 두눈박이쌍살벌 등을 쉽게 볼 수 있다.

벌목 / 노린재목

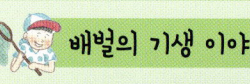
배벌의 기생 이야기

배벌

배벌
벌목 배벌과
크기 19~33mm, 출현 5~8월

몸 빛깔은 검은색이며 가슴 등판에 황갈색 털이 촘촘히 있다. 배마디에는 흰색 줄무늬가 있다. 더듬이는 짧고 굵으며 앞날개의 2분의 1 정도 길이다. 풍뎅이 애벌레에 알을 낳아 기생한다.

긴배벌
벌목 배벌과
크기 21~30mm, 출현 5~8월

몸은 검은색이며 전체적으로 호리호리하다. 가슴등판에는 황갈색 털이 수북하며 배마디에는 황색 줄무늬가 있다. 몸에 비해 배 부분이 매우 길다. 야산과 평지의 경작지 주변에 많다.

배벌은 배 부분이 매우 길쭉한 벌로 말벌처럼 덩치가 커서 겉보기에 매우 위험해 보인다.
실제로 배벌은 매우 온순한 벌이다. 산란관이 변형된 침으로 쏘는 말벌과는 달리 사냥감을 마취시킬 때만 침을 사용하기 때문이다.
배벌은 풍뎅이와 꽃무지 등의 애벌레를 찔러 마취시킨 후 알을 낳는다. 부화된 애벌레는 굼벵이를 먹고 자라서 어른이 된다.

애긴노린재
노린재목 긴노린재과
크기 3~5mm, 출현 2~11월

산지나 들판에 핀 국화과 식물의 꽃에 무리 지어 모여 있는 모습을 볼 수 있다. 크기가 매우 작아서 작은 꽃 위에도 여러 마리가 떼 지어 모여 있다. 짝짓기를 하면서 이동도 한다.

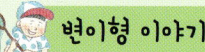
변이형 이야기

십자무늬긴노린재

십자무늬긴노린재 변이형

십자무늬긴노린재
노린재목 긴노린재과
크기 8~11mm, 출현 3~11월

들판이나 야산의 경작지에 많이 산다. 등 부분은 주황색이며 날개 가운데에 X자 무늬가 있다. 길가에 핀 망초 등 국화과 식물에 많이 모인다. 특히 쑥이나 박주가리 등에서는 큰 무리를 이룬다.

십자무늬긴노린재는 붉은색을 띠고 있어서 풀잎이나 꽃에 모여 짝짓기하는 모습이 쉽게 관찰된다.
십자무늬노린재 중에는 붉은색 바탕에 검은색 무늬가 적은 형태와 많은 형태 등 변이형이 있다.
검은색 무늬가 다르면 서로 다른 노린재 같지만, 전체적인 모습을 보면 같은 종류임을 확인할 수 있다.

큰딱부리긴노린재
노린재목 긴노린재과
크기 4~6mm, 출현 4~11월

산과 들의 풀밭에서 흔히 볼 수 있다. 꽃 위에 앉아 있는 모습도 쉽게 발견된다. 머리의 폭이 매우 넓고 아름다운 주홍색을 띤다. 겹눈은 매우 크게 발달했으며 더듬이는 몸 길이의 절반 이하로 짧다.

붉은잡초노린재
노린재목 잡초노린재과
크기 6~8mm, 출현 4~10월

들판이나 야산의 잡초 지대에 많이 산다고 해서 '잡초노린재'라고 불린다. 몸 빛깔은 개체에 따라 칙칙한 황색에서 붉은색을 띤 연갈색 등 변이가 많다. 잡초 지대에서 풀즙을 빨아 먹는다.

노린재목 메뚜기목

삿포로잡초노린재
노린재목 잡초노린재과
크기 6.5~8mm, 출현 4~10월

산지나 풀밭에서 매우 흔하게 볼 수 있는 잡초노린재이다. 국화과나 벼과 식물의 꽃에 모여서 즙을 빨아 먹는다. 꽃이나 풀 줄기에 앉아 있다가 인기척이 느껴지면 훌쩍 날아오른다.

목도리장님노린재
노린재목 장님노린재과
크기 6~8mm, 출현 7~10월

몸은 매우 납작한 모습이다. 가느다란 더듬이는 몸 길이와 비슷할 정도로 매우 길고, 가슴 부분이 진한 검은색이다. 들판에 핀 꽃에 잘 날아들지만 몸집이 작고 얇아서 쉽게 발견하기 힘들다.

밀감무늬검정장님노린재
노린재목 장님노린재과
크기 7~9mm, 출현 5~8월

검은색 광택이 있는 장님노린재로 풀잎에도 잘 내려앉지만 꽃에도 잘 날아든다. 여기저기 훌쩍 잘 날아다니며 풀즙을 빨아 먹는다. 이름의 '장님노린재'는 홑눈이 퇴화되어서 붙여졌다.

희미무늬알노린재
노린재목 알노린재과
크기 3~4mm, 출현 4~10월

노린재의 몸은 보통 뾰족하게 각이 져 있지만 알노린재는 알 모양으로 둥그런 것이 특징이다. 작은 꽃 위에 앉아 있는 알노린재는 마치 점이 찍힌 것처럼 보여서 발견하기 쉽지 않다.

대성산실노린재
노린재목 실노린재과
크기 8mm 내외, 출현 3~10월

몸 빛깔은 갈색을 띠며 매우 얇다. 다리는 실처럼 가느다랗고 길다. 풀잎에 무리 지어 붙어 있기도 한다. 대성산에서 처음으로 발견되어 이름이 붙여졌다. 우리나라에서만 볼 수 있는 고유종이다.

가시노린재
노린재목 노린재과
크기 8~10mm, 출현 5~10월

갈색의 몸에 햇빛이 비치면 광택이 반질거린다. 어깨 부분에 가시가 뾰족하게 나와 있어서 뿔노린재처럼 보이기도 한다. 꽃에 주둥이를 꽂고 즙을 빤다. 숲에서 매우 흔하게 관찰되는 노린재이다.

노린재 애벌레 이야기

가시노린재 애벌레

썩덩나무노린재 애벌레

노린재는 애벌레와 어른벌레 모두 풀즙을 빨아 먹고 산다. 애벌레 시절부터 작물의 즙을 빨아 먹어서 식물에 발생하는 피해가 지속된다.
노린재 애벌레는 어른벌레와 달리 날개가 없어서 날아다니지 못한다. 다만 방귀벌레답게 어린 시절부터 방귀를 잘 뀌는 특징만 갖고 있을 뿐이다.

긴꼬리
메뚜기목 귀뚜라미과
크기 14~20mm, 출현 8~10월

매우 길쭉하게 생긴 몸이 꼬리처럼 뾰족해서 '긴꼬리'라고 이름 지어졌다. 나뭇잎 사이에 숨어 있는 경우가 흔하지만 꽃 위에 올라온 모습도 볼 수 있다. 주로 풀을 먹고 산다.

나무에서 만나는 곤충

나무에서 하루가 시작되면

영양 만점의 나뭇진을 먹으려는 곤충들이 앞 다투어 모여든다.
해가 지고 밤이 찾아오면 밤에 활동하는 야행성 곤충들은
나뭇진을 놓고 나무 위에서 한바탕 결투를 벌인다.
울창한 숲의 나무 위에는 다양한 곤충이 살고 있다.

대표 서식지

▲ 나무숲

▲ 벌채한 목재

▲ 죽은 나무

▲ 그루터기

나무에서 만나는 대표 곤충

암컷일까? 수컷일까?

장수풍뎅이

넓적사슴벌레

사슴풍뎅이

털두꺼비하늘소

말매미

꽃매미

끝검은말매미충

목소리가 가장 큰 매미를 발견했어!

가시개미

말벌이다! 진짜 조심해야 해~

말벌

흰개미

딱정벌레목

하늘소
딱정벌레목 하늘소과
크기 34~57mm, 출현 6~8월

몸은 흑갈색을 띠며 황토색 털이 덮고 있어서 녹회색 곤충처럼 보인다. 수컷의 더듬이는 매우 길어서 몸 길이의 2배 정도이지만 암컷은 짧다. 어른벌레는 밤이면 불빛에 잘 날아온다.

버들하늘소
딱정벌레목 하늘소과
크기 32~60mm, 출현 6~8월

몸은 암갈색 또는 적갈색을 띤다. 숲에 많이 살지만 도시의 공원이나 야산에도 산다. 밤에 불빛에 잘 날아오며 애벌레는 오리나무, 황철나무 등의 활엽수와 죽은 소나무나 전나무도 먹고 산다.

알락하늘소
딱정벌레목 하늘소과
크기 25~35mm, 출현 6~8월

몸은 검은색이며 딱지날개에 흰색 점무늬가 매우 많다. 활엽수림이나 도시의 가로수와 정원에서도 관찰된다. 애벌레는 플라타너스와 버드나무, 단풍나무 등을 갉아 먹고 산다.

애청삼나무하늘소
딱정벌레목 하늘소과
크기 5~14mm, 출현 4~7월

암컷과 수컷의 몸 빛깔에 변이가 매우 많다. 어른벌레는 삼나무 등의 침엽수 벌채목에 잘 모여든다. 나무 위에 앉아 있는 모습을 볼 수 있다. 몸 빛깔은 나무와 비슷한 보호색을 띠고 있다.

작은넓적하늘소
딱정벌레목 하늘소과
크기 8~15mm, 출현 5~8월

몸 빛깔은 검은색 또는 흑갈색을 띠며 온몸이 짧은 털로 덮여 있다. 더듬이는 짧다. 딱지날개는 갈색 또는 적갈색이며 표면에 미세한 알갱이가 촘촘히 있다. 2~4개의 세로줄이 있다.

우리목하늘소
딱정벌레목 하늘소과
크기 24~35mm, 출현 5~8월

참나무류의 벌채목이나 쓰러진 죽은 나무 주변에서 볼 수 있다. 애벌레는 참나무류와 버드나무류를 먹고 산다. 나무 빛깔과 비슷한 보호색을 갖고 있어서 천적으로부터 자신을 지킬 수 있다.

하늘소 이름 이야기

하늘소의 얼굴 / 하늘소의 긴 더듬이

덩치가 큰 하늘소는 얼굴이 기다랗게 생겨서 소를 닮았고, 날개가 있어서 하늘도 잘 날아다닌다.
손으로 잡고 있으면 끽끽 하는 울음소리를 내기 때문에 한자로 '천우(天牛)'라고 불렸다. 서양에서는 하늘소의 긴 더듬이가 특징이라고 생각해서 '긴뿔딱정벌레(Long horn beetle)'라고 부른다.
우리나라에서는 지방마다 하늘소를 다르게 부르는 명칭이 매우 많다. 예를 들어 하늘쏘와 하눌소, 하늘새, 하늘찍게, 찍게 등으로 다양하다. 하늘소가 이렇게 여러 가지 이름으로 불린 이유는 그 생김새와 특징이 매우 특별해서 사람들에게 관심이 많았기 때문이다.

털두꺼비하늘소
딱정벌레목 하늘소과
크기 19~25mm, 출현 3~10월

참나무류의 벌채목이나 버섯 재배장에서 볼 수 있고, 도시 근처의 숲에서도 쉽게 발견된다. 어른벌레로 겨울나기를 해서 초봄부터 관찰된다. 애벌레는 상수리나무와 밤나무, 감나무를 먹고 산다.

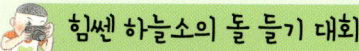
힘쎈 하늘소의 돌 들기 대회

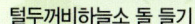
털두꺼비하늘소 돌 들기   고추좀잠자리 돌 들기

나무에 사는 하늘소는 튼튼한 다리와 발톱으로 나무를 잘 오르내린다. 다리의 힘이 워낙 강해서 돌을 잘 집어 올리는 특기도 갖고 있다. 하늘소를 손으로 붙잡고 돌멩이를 가져다 대면 꽉 움켜쥐기 때문에 돌을 쉽게 들어 올린다. 그래서 하늘소를 '돌드레'라고 부른다.

돌드레를 부르는 이름도 돌다리, 돌집게, 돌드레미 등 지방마다 다양하다. 돌을 잘 움켜잡는 하늘소의 특기는 아이들에게 재미있는 놀잇감이 되었고 그 덕분에 하늘소는 매우 친숙한 곤충이 되었다.

잠자리도 하늘소처럼 돌을 잘 집어 올리기 때문에 하늘소와 잠자리로 누가 더 큰 돌을 집어 올리는지 시합해 보는 것도 재미있다.

깨다시하늘소
딱정벌레목 하늘소과
크기 10~17mm, 출현 5~8월

몸 빛깔은 검은색을 띠며 불규칙한 황갈색 털은 점 찍힌 듯이 보인다. 어른벌레는 참나무류의 벌채목에 살며 애벌레는 죽은 칡이나 신갈나무 줄기 속에 산다. 발톱이 있어서 나무를 잘 오르내린다.

흰깨다시하늘소
딱정벌레목 하늘소과
크기 10~18mm, 출현 5~8월

몸은 전체적으로 갈색을 띠며 딱지날개 윗부분과 가운데에 가로로 된 흰색 무늬가 있다. 호두나무와 밤나무, 물오리나무, 굴피나무 등에 알을 낳는다. 벌채목에서 잘 발견된다.

북방수염하늘소
딱정벌레목 하늘소과
크기 11~19mm, 출현 5~8월

몸은 흑갈색을 띠며 적갈색 무늬가 있다. 더듬이는 몸 길이의 2배가 넘는다. 숲에 살며 침엽수의 벌채목이나 죽은 가지에 날아와서 알을 낳는다. 애벌레는 소나무와 잣나무 등의 침엽수를 먹는다.

장수하늘소
딱정벌레목 하늘소과
크기 55~110mm, 출현 7~8월

애벌레는 나무에 구멍을 뚫고 파고 들어가 나무를 갉아 먹고 산다. 서어나무와 참나무, 상수리나무 등이 큰 나무가 자라는 자연림에서만 산다. 애벌레는 3~5년 정도 자라야 어른벌레가 된다.

귀한 곤충 장수하늘소

장수하늘소

장수하늘소는 멸종위기 동식물이며 천연기념물이다. 현재 우리나라 숲에서는 거의 볼 수 없어서 멸종위기 동식물이 되었다. 우리나라와 아메리카 대륙이 먼 옛날에는 붙어 있었다는 대륙이동설의 증거로써 가치가 있어서 1968년 11월 20일 천연기념물 218호로 지정되었다.

경기도 광릉과 강원도 소금강, 춘천, 화천, 양구 등에 널리 살았지만 최근에는 거의 멸종된 상태이다. 최대 서식지인 춘천 지역이 소양강 댐 건설로 수몰된 다음, 불빛에 모여들어 죽으면서 개체 수가 급격하게 줄어들었다.

딱정벌레목

열두점박이꽃하늘소
딱정벌레목 하늘소과
크기 11~15mm, 출현 6~8월
몸에 12개의 황색 점무늬가 있는데 합쳐지거나 없어져서 8개처럼 보이기도 한다. 점무늬에는 변이가 많은 편이다. 암컷은 활엽수의 벌채목에 알을 낳는다. 애벌레는 죽은 나무를 먹고 산다.

벌호랑하늘소
딱정벌레목 하늘소과
크기 8~19mm, 출현 5~6월
몸은 검은색을 띠지만 황색 털로 덮여 있어서 벌처럼 보인다. 국수나무와 개망초 등의 꽃에도 잘 날아오지만 나무 위에서도 보인다. 애벌레는 쓰러진 호두나무와 버드나무, 신갈나무 등에 산다.

사는 곳이 다른 하늘소 관찰하기

① 포충망으로 들판의 풀숲을 마구 휘둘러서 잡는다.
② 꽃에 모여 꽃가루를 먹는 하늘소를 관찰한다.

③ 목재를 쌓아둔 곳이나 쓰러진 나무에서 하늘소를 관찰한다.
④ 전망이 좋은 곳에 불빛을 켜서 등불에 모여드는 하늘소를 관찰한다.

하늘소는 우리나라에 300여 종이 살아서 종류에 따라 풀잎과 꽃, 나무 등 사는 곳도 다양하다. 풀밭에 사는 하늘소는 들판으로 가서 찾고, 꽃에 사는 하늘소는 꽃이 핀 곳을 찾아봐야 한다. 나무에 사는 하늘소는 쓰러진 나무 더미를 찾고, 밤에 활동하는 하늘소는 불빛을 켜서 유인해야 한다.

소나무하늘소
딱정벌레목 하늘소과
크기 12~20mm, 출현 10월~다음 해 5월
몸은 갈색을 띠며 얼룩덜룩해 보인다. 소나무 등 침엽수의 고사목이나 벌채목에 잘 모인다. 나무에 앉아 있으면 나무껍질과 매우 비슷해서 눈에 잘 안 띈다. 주로 봄에 침엽수림에서 많이 보인다.

새똥하늘소
딱정벌레목 하늘소과
크기 6~8mm, 출현 2~7월
몸은 검은색이고 딱지날개에 흰색 무늬가 있다. 초봄에 많이 나타나며 산지의 숲이나 인가 주변의 두릅나무에서 많이 발생한다. 생김새가 새똥을 닮아서 '새똥하늘소'라고 불린다.

배설물처럼 위장하는 곤충

배자바구미   극동버들바구미

호랑나비 애벌레   가시가지나방 애벌레

천적도 더러운 배설물처럼 보이면 거들떠보지 않고 그냥 지나쳐 간다. 그래서 곤충 중에는 자신의 모습을 배설물처럼 보이게 위장하는 경우가 많다.
특히 흔한 새똥처럼 위장하는 곤충이 많다. 새똥하늘소와 배자바구미, 극동버들바구미 등은 모두 새똥 모양으로 위장하고 풀잎에 앉아 있다. 잎에 새똥이 떨어진 것처럼 보이기 때문에 일단 안전하다.
행동이 굼뜬 호랑나비 애벌레도 새똥 모양으로 위장해서 자신을 보호한다. 가시가지나방 애벌레 역시 새똥처럼 보이기 때문에 천적으로부터 자신을 지킬 수 있다. 곤충은 자신을 지키기 위해서라면 더러운 배설물이라도 아랑곳하지 않고 흉내를 낸다.

벚나무사향하늘소
딱정벌레목 하늘소과
크기 25~35mm, 출현 7~8월

몸 빛깔은 남색이 도는 검은색이며 광택이 있다. 양옆에 뾰족한 돌기가 있다. 벚나무 주변에서 볼 수 있으며 만지면 사향 냄새가 난다. 애벌레는 벚나무와 살구나무, 복숭아나무 등을 먹고 산다.

참풀색하늘소
딱정벌레목 하늘소과
크기 15~30mm, 출현 6~8월

몸은 전체적으로 금녹색 광택을 띠고 있어서 빛깔이 매우 예쁘다. 몸에서 사향 냄새가 나며 밤에 상수리나무 등의 참나무 진에 잘 모인다. 애벌레는 오래된 참나무류의 줄기 속을 파먹고 산다.

 하늘소 암컷과 수컷 구별하기

벚나무사향하늘소의 암컷과 수컷

하늘소는 보통 긴 더듬이를 갖고 있지만 종류에 따라 짧은 경우도 있고 매우 긴 경우도 있다. 더듬이가 짧은 하늘소는 암컷과 수컷의 더듬이 길이 차이가 많이 나지 않아서 쉽게 구별하기 힘들다.
그렇지만 벚나무사향하늘소처럼 더듬이가 긴 하늘소 종류는 암컷과 수컷의 더듬이 길이 차이가 매우 심하게 나기 때문에 한눈에 수컷인지 암컷인지 구별할 수 있다.
벚나무사향하늘소 수컷의 더듬이 길이는 암컷에 비해 훨씬 길다. 반면에 암컷은 수컷에 비해 덩치가 훨씬 크다. 더듬이 길이와 덩치를 잘 비교하면 암컷과 수컷을 잘 구별할 수 있다.

꼬마긴썩덩벌레
딱정벌레목 긴썩덩벌레과
크기 5.3~13mm, 출현 5~7월

몸은 길쭉한 원통형이며 암갈색을 띤다. 어른벌레는 죽어서 쓰러진 나무에 생기는 버섯에서 볼 수 있다. 애벌레도 버섯을 먹고 자라기 때문에 버섯이 핀 죽은 나무에서 발견된다.

진홍색방아벌레
딱정벌레목 방아벌레과
크기 10~12mm, 출현 4~7월

딱지날개가 붉은색을 띠고 있으며 나무줄기나 나뭇잎에 붙어 있다. 초봄에 출현하여 알을 낳기 때문에 많이 관찰된다. 여름을 애벌레로 보내다가 어른벌레로 나무속에서 겨울나기를 한다.

길쭉표본벌레
딱정벌레목 표본벌레과
크기 2~4.5mm, 출현 2~9월

몸은 가늘고 길며 딱지날개의 가운데 부분은 평행하다. 곡식류와 마른 고기, 약초, 동식물 표본 등 저장물 등에 산다. 애벌레는 유백색을 띤다. 1년에 1~2회 발생하며 애벌레로 겨울나기를 한다.

네눈박이밑빠진벌레
딱정벌레목 밑빠진벌레과
크기 7~14mm, 출현 5~10월

몸은 검은색이며 광택이 있다. 나뭇가지처럼 뻗은 큰턱은 매우 강하다. 딱지날개에는 2쌍의 주황색 무늬가 있다. 참나무류의 나뭇진에 잘 모이며 나무껍질 속으로 잘 들어간다.

딱정벌레목

애완용 곤충 기르기

넓적사슴벌레 암컷

넓적사슴벌레 수컷

왕사슴벌레 암컷

왕사슴벌레 수컷

넓적사슴벌레
딱정벌레목 사슴벌레과
크기 20~84mm, 출현 6~8월

몸은 전체적으로 검은색을 띠며 납작한 모습이다. 참나무류의 나뭇진이나 썩은 과일에 잘 모여든다. 낮에 나무 줄기에 붙어 있는 모습도 볼 수 있다. 수컷끼리 경쟁이 매우 심하다.

왕사슴벌레
딱정벌레목 사슴벌레과
크기 25~76mm, 출현 6~9월

몸은 광택이 나는 검은색을 띤다. 큰턱이 멋있어서 인기가 높다. 어른벌레의 수명은 1~3년 정도로 매우 오래 산다. 톱밥에 버섯 균사를 넣어 기르면 덩치가 더 큰 사슴벌레가 나온다.

큰턱이 수사슴처럼 발달된 사슴벌레는 장수풍뎅이와 함께 애완용 곤충으로 인기가 높다. 수명이 길기 때문에 집에서 쉽게 기르며 관찰할 수 있다는 장점이 있다. 또한 알부터 어른벌레까지 사육할 수도 있다.

반질반질하고 단단한 딱지날개를 갖고 있으며 큰턱이 멋진 사슴벌레는 애호가들에게 인기가 매우 높다. 넓적사슴벌레는 사육하기가 쉽기 때문에 가장 많이 사육하고 있으며, 큰턱이 가장 멋지고 오래 사는 왕사슴벌레는 최고의 인기를 누린다.

사슴벌레를 기르면 자연과도 친해지고 알 – 애벌레 – 번데기 – 어른벌레로 모습을 바꾸며 성장하는 곤충의 한살이에 대해서도 배울 수 있다.

애사슴벌레
딱정벌레목 사슴벌레과
크기 12~53mm, 출현 5~9월

몸은 검은색을 띠며 넓적한 모습이 넓적사슴벌레와 닮았다. 넓적사슴벌레보다 크기가 훨씬 작고 큰턱의 모양도 달라서 구별된다. 나무속에서 어른벌레 또는 애벌레로 겨울나기를 한다.

톱사슴벌레
딱정벌레목 사슴벌레과
크기 22~74mm, 출현 6~9월

몸은 흑갈색 또는 적갈색을 띤다. 큰턱 안쪽에 톱날 같은 이빨이 빽빽해서 '톱사슴벌레'이다. 떡갈나무와 신갈나무, 졸참나무 등의 참나무 숲에 사는 사슴벌레 중 흔하게 볼 수 있다.

참넓적사슴벌레
딱정벌레목 사슴벌레과
크기 22~52mm, 출현 6~9월

몸은 검은색을 띠며 전체적인 모습이 넓적사슴벌레와 매우 비슷하다. 참나무 진에 잘 모여서 즙을 먹고 살며 불빛에도 날아온다. 애벌레는 참나무 속에서 참나무를 갉아 먹고 어른이 된다.

장수풍뎅이
딱정벌레목 장수풍뎅이과
크기 30~83mm, 출현 7~9월

몸은 흑갈색 또는 적갈색을 띤다. 단단하고 뚱뚱하며 우리나라 풍뎅이 중 가장 크다. 수컷은 뿔이 있지만 암컷은 뿔이 없다. 참나무 진에 모여서 수컷끼리 싸움을 하며 불빛에도 잘 날아온다.

딱정벌레목

사슴풍뎅이
딱정벌레목 꽃무지과
크기 21~35mm, 출현 5~7월

몸은 적갈색 또는 암갈색이지만 수컷은 회백색 가루가 몸을 덮고 있어서 회백색처럼 보인다. 수컷의 머리 앞쪽에 사슴뿔 모양의 돌기가 발달해서 '사슴풍뎅이'라고 불린다. 나뭇진에 모여든다.

📷 암수가 다른 곤충 비교하기

장수풍뎅이 암컷

장수풍뎅이 수컷

사슴풍뎅이 암컷

사슴풍뎅이 수컷

장수풍뎅이와 사슴풍뎅이는 모두 몸집이 매우 큰 곤충이다. 특히 수컷이 매우 특별한 형태를 지녀서 유난히 눈에 띈다. 수컷 장수풍뎅이는 코뿔소처럼 멋진 뿔을 갖고 있고, 수컷 사슴풍뎅이는 수사슴의 뿔을 지녔다.
그렇지만 암컷 장수풍뎅이는 뿔이 없어서 밋밋해 보이며, 암컷 사슴풍뎅이는 사슴뿔 모양이 없어서 보통의 풍뎅이처럼 보이고 빛깔까지 진한 갈색이어서 볼품이 없다.
멋진 모습을 지닌 수컷들도 모두 평범한 모습의 암컷 어미로부터 태어난다. 곤충의 세계에서는 자손을 번식시키기 위해 암컷에게 잘 보이려는 수컷의 모습이 더욱더 화려하다.

흰점박이꽃무지
딱정벌레목 꽃무지과
크기 17~22mm, 출현 5~10월

몸은 광택이 강한 녹갈색 또는 구리색이나 붉은색을 띤다. 녹색과 남색, 흑청색, 흑자색 등의 변이도 있다. 참나무의 진뿐 아니라 살구나무, 포도나무, 수박 같은 과일에도 잘 모인다.

📷 꽃무지 애벌레

흰점박이꽃무지 애벌레

풍뎅이류에 속하는 장수풍뎅이와 풍뎅이, 똥풍뎅이, 꽃무지, 사슴벌레 등의 애벌레는 모두 굼벵이형 애벌레이다. 동그랗게 말려 있으면 알파벳 C자 모양처럼 보인다.
특히 흰점박이꽃무지 애벌레는 초가지붕을 교체할 때 매우 많이 나오던 굼벵이로, 등으로 기어가는 모습이 매우 특이하다. 원통형의 몸에 짧은 발로 빠르게 기어갈 수 없어서 등 부분을 발전시켜서 빠르게 기어갈 수 있게 되었다.

우묵거저리
딱정벌레목 거저리과
크기 9~12.5mm, 출현 4~11월

숲속에 있는 참나무와 소나무, 물푸레나무의 목질부 사이에 들어가서 집단으로 겨울나기를 한다. 개체 수가 많아서 나무속을 헤집으면 쉽게 볼 수 있다. 손으로 잡으면 고약한 냄새를 풍긴다.

호리병거저리
딱정벌레목 거저리과
크기 14~16mm, 출현 4~11월

몸은 검은색을 띠며 광택이 있다. 전체적인 모습이 호리병이나 표주박처럼 생겼다. 나무속에서 겨울나기를 하며 산지의 활엽수가 많은 곳에서 초봄부터 활동하는 모습을 볼 수 있다.

금강산거저리
딱정벌레목 거저리과
크기 7~9mm, 출현 4~11월

몸은 검은색을 띠며 타원형이다. 딱지날개 윗부분에 빨간색 무늬가 대칭을 이룬다. 어른벌레는 버섯이 많이 핀 썩은 나무에서 버섯을 갉아 먹고 산다. 참나무 껍질 아래에서 겨울나기를 한다.

딱정벌레목

산맴돌이거저리
딱정벌레목 거저리과
크기 15~18mm, 출현 5~9월

썩은 나무 주위에서 흔히 볼 수 있다. 썩은 나무속에서 겨울을 난 애벌레는 초봄이면 나무속에서 번데기가 된다. 5월이면 어른벌레가 되어 썩은 나무를 뚫고 지상으로 나와 9월까지 활동한다.

보라거저리
딱정벌레목 거저리과
크기 14~16mm, 출현 4~11월

몸은 검은색이며 딱지날개에 보라색 광택이 난다. 숲의 고목이나 썩은 나무속에 산다. 애벌레로 나무속에서 겨울나기를 한다. 겨울이 지나면 어른벌레가 되어 초봄부터 활동을 시작한다.

거저리 이름 이야기

맴돌이거저리 애벌레 / 보라거저리 애벌레

단단한 딱지날개를 갖는 거저리는 구석으로 숨는 것을 매우 좋아한다. 그래서 '어두운 곳을 좋아하는 딱정벌레(Darkling beetle)'라고 불린다.

거저리 애벌레는 길고 둥근 막대기 모양이며 나무에 굴을 파고 살기 때문에 나무속에서 잘 발견된다. 나무속에서 겨울나기를 해서 사슴벌레와 하늘소 애벌레를 찾다 보면 함께 발견된다.

거저리는 보통 부패한 식물성 물질을 먹고 살지만 씨앗이나 곡류 제품, 버섯도 잘 먹는다. 옛날에는 '구룡충'이라 불리던 갈색거저리를 먹기도 했고, 외국산 거저리 애벌레인 '밀웜(Mealworm)'은 고슴도치나 파충류의 먹이로 이용되고 있다.

옻나무바구미
딱정벌레목 바구미과
크기 15~20mm, 출현 5~8월

몸은 적갈색 또는 암갈색을 띤다. 몸 전체에 불규칙한 점무늬가 있어서 오톨도톨하다. 상수리나무 수액에 잘 모이며 벌목장 주변의 풀에서도 발견된다. 건드리면 죽은 척 의사 행동을 매우 잘한다.

극동버들바구미
딱정벌레목 바구미과
크기 7~11mm, 출현 6~9월

몸 빛깔은 배자바구미와 닮았지만 앞가슴 전체가 흰색이며 주둥이가 더 길고 뾰족하다. 야산의 활엽수 지대에 서식하며 나무껍질 위에서 짝짓기를 한다. 어른벌레로 겨울나기를 한다.

나무나 버섯에 모이는 딱정벌레들

거저리 애벌레 / 사슴벌레 애벌레

하늘소 애벌레 / 홍날개 애벌레

죽은 나무에 버섯 등의 균류가 생기면 점점 더 썩는다. 나무껍질 밑에 사는 곤충과 나무속에 사는 곤충, 나무속에 사는 곤충을 잡아먹는 곤충은 먹이사슬에 의해서 '나무에 사는 곤충 사회'가 이루어진다.

① 죽기 시작했지만 아직 살아 있는 나무 : 하늘소, 나무좀
② 죽은 나무 : 사슴벌레, 비단벌레, 바구미, 긴썩덩벌레
③ 나무껍질 : 홍날개, 주홍머리대장
④ 나무속 : 거저리
⑤ 버섯 : 버섯벌레, 거저리
⑥ 버섯 먹는 곤충을 잡아먹는 곤충 : 반날개

사과곰보바구미
딱정벌레목 바구미과
크기 13~16mm, 출현 5~8월
몸은 갈색이며 딱지날개가 울퉁불퉁하여 곰보 같다. 딱지날개의 황색 털 뭉치가 황색 점무늬처럼 보인다. 밤나무와 신갈나무 등의 줄기에서 많이 발견되며 애벌레는 밤나무의 뿌리를 먹고 산다.

왕바구미
딱정벌레목 왕바구미과
크기 12~23mm, 출현 5~9월
몸은 전체적으로 검은색과 흑갈색이 섞여 있다. 올록볼록해서 곰보처럼 보인다. 밤에 불빛에도 날아오며 벌채목에 잘 모인다. 낙엽활엽수림에 살며 우리나라의 바구미 중에서 크기가 가장 크다.

나뭇진에 모인 곤충의 우선순위

나뭇진

나뭇진에 모인 넓적사슴벌레

나무에서는 달콤하면서도 신맛이 나는 맛 좋은 나뭇진(수액)이 흘러나온다. 나뭇진에는 나비와 꽃무지, 풍이, 사슴풍뎅이, 버섯벌레, 장수풍뎅이, 사슴벌레, 송장벌레, 딱정벌레, 왕바구미, 줄박각시, 반날개 등이 모여든다. 서로 나뭇진을 좋아하기 때문에 치열한 결투가 벌어지기도 한다. 나뭇진을 차지하는 우선순위는 힘과 덩치에 따라 결정된다. 순위에 따라 나뭇진을 먼저 차지하기도 하지만 대부분은 나뭇진을 함께 먹으며 더불어 산다.

나뭇진을 차지하는 우선순위 곤충
- 1순위 : 장수풍뎅이, 사슴벌레
- 2순위 : 장수말벌, 하늘소
- 3순위 : 딱정벌레, 풍이, 쌍살벌, 흰점박이꽃무지
- 4순위 : 밑빠진벌레, 왕바구미, 버섯벌레, 개미, 오색나비, 고려나무쑤시기

북방길쭉소바구미
딱정벌레목 소바구미과
크기 5~10mm, 출현 6~8월
몸은 검은색이며 흰색 또는 황갈색의 털 무늬를 갖고 있다. 주둥이는 매우 짧고 몸은 길쭉한 원통형이다. 딱지날개 가운데 부분에 거꾸로 된 하트 무늬가 있는 점이 특징이다.

소바구미
딱정벌레목 소바구미과
크기 3.7~6.2mm, 출현 6~9월
몸은 검은색이며 딱지날개는 얼룩덜룩한 점이 많다. 머리는 흰색 털로 덮여 있으며 뭉뚝하다. 더듬이는 몸 길이보다 길며 끝이 부풀어 있다. 주둥이가 길쭉한 바구미와는 다른 소바구미과에 속한다.

쌍점둥근버섯벌레
딱정벌레목 버섯벌레과
크기 4~4.5mm, 출현 6월~다음 해 3월
몸 빛깔은 전체적으로 검은색을 띤다. 딱지날개 가운데 부분에 있는 둥근 점무늬 1쌍이 특징이다. 더듬이는 끝 부분이 부풀어 오른 곤봉 모양이다. 썩은 나무에 핀 버섯류를 먹고 산다.

털보왕버섯벌레
딱정벌레목 버섯벌레과
크기 9~13mm, 출현 6월~다음 해 3월
딱지날개는 광택이 나는 검은색으로 주황색의 톱니 모양의 무늬가 있다. 몸은 기다란 타원형이다. 버섯류를 먹고 살며 죽은 참나무류 줄기의 나무속에서 여러 마리가 모여 겨울을 난다.

노린재목

 매미가 소리내는 방법은?

매미 발음기   참매미 날개돋이

애매미
노린재목 매미과
크기 43~46mm, 출현 6~10월

몸은 전체적으로 검은색을 띠며 녹색 무늬가 있다. 평지부터 산지까지 가장 폭넓게 분포하는 매미이다. 아까시나무와 벚나무, 버드나무, 감나무 등을 좋아한다. 흐린 날에도 아침부터 많이 운다.

참매미
노린재목 매미과
크기 56~60mm, 출현 6~9월

몸은 애매미에 비해 굵고, 검은색 바탕에 녹색과 황색, 흰색 무늬가 섞여 있다. '밈밈밈밈 미~~' 하는 참매미 소리를 듣고 '매미'라는 이름을 지었다. 진짜 매미라고 해서 '참매미'라고 불린다.

매미 애벌레는 땅에서 1~6년 정도를 살다가 땅 위로 올라와서 어른이 된다. 연녹색의 날개를 다 말리고 나면 본격적으로 울기 시작한다. 매미 소리가 울려 퍼지면 여름이 찾아왔다는 것을 알 수 있다.

매미는 소리 내어 계속 우는데, 이렇게 노래할 수 있는 매미는 발음기를 갖고 있는 수컷뿐이다. 암컷은 진동막과 발음근, 공기주머니로 구성된 발음기가 없어서 울지 못한다.

소리를 내는 발음 근육이 진동막을 빠르게 진동시키면 드디어 소리가 난다. 이때 배 부분의 공기주머니를 통해 소리 울림을 최대화하여 음량을 증가시키면 울음소리가 더 크게 울려 퍼진다.

 매미가 노래하는 사랑의 세레나데

애매미   참매미

매미는 종류에 따라 노랫가락이 각기 다르다. 만약 똑같은 노래를 불러서 암컷을 불렀다면 제대로 짝을 찾을 수 없을 것이다. 다행히 매미마다 울음소리가 달라서 제 짝을 만날 수 있다. 매미는 종류마다 노랫가락도 매우 특색 있지만 소리의 크기도 차이가 많다.

매미의 울음소리
- 애매미 : 씨우~ 쥬쥬쥬쥬~ 쓰와쓰와~ 쓰츠크츠크츠크~ 오~쓰크쓰크~ 씨오츠쒸오츠~ 츠르르르르
- 참매미 : 밈 밈 밈 밈....미~~~
- 털매미 : 찌~~~~
- 말매미 : 차르르르~~~
- 유지매미 : 지글~~ 지글~~ 지글
- 쓰름매미 : 쓰~~름 쓰~~름
- 풀매미 : 칫칫칫칫 치칫칫칫칫~~치칫칫칫칫칫~

말매미
노린재목 매미과
크기 65mm 내외, 출현 6~10월

몸 빛깔이 전체적으로 검은색을 띠어서 '검은매미'라고도 한다. 애벌레로 땅속에서 지내는 기간이 7년으로 가장 길다. '차르르르' 하며 강한 연속음을 낸다. 도심에서 가장 시끄럽게 울어댄다.

늦털매미
노린재목 매미과
크기 35~38mm, 출현 8~11월

털매미와 모습이 닮았지만 몸이 더 뚱뚱하고 털이 많다. 여름부터 늦가을까지 출현한다고 해서 '늦털매미'라고 불린다. 능수버들과 참나무, 버즘나무 등에 모여서 가을 무렵까지 운다.

노린재목

털매미
노린재목 매미과
크기 35~36mm, 출현 6~9월

몸과 날개에 불규칙한 무늬가 많아서 나무껍질에 앉아 있으면 눈에 잘 띄지 않는다. '찌찌~~'하며 약한 연속음으로 노래를 부른다. 가끔 떼로 모여 합창도 하며 밤에 불빛에 날아와 울기도 한다.

유지매미
노린재목 매미과
크기 55~58mm, 출현 7~9월

보통의 매미와는 달리 날개에 검은색 무늬가 있어서 투명하지 않다. 지글지글 기름 볶는 소리를 내기 때문에 '기름매미'라고도 불렸다. 마을 주변에서는 보기 힘들고 숲에서 볼 수 있다.

매미의 허물로 구별하기

말매미의 허물

애매미의 허물

참매미의 허물

털매미의 허물

뿌리의 즙을 빨아 먹고 사는 매미 애벌레는 '굼벵이'라고 불린다. 땅속에 굴을 파고 살기 때문에 앞다리가 두더지나 땅강아지처럼 크고 튼튼하다. 우리나라의 매미 애벌레는 5~7년 정도 살고 어른이 되지만 북아메리카의 주기 매미는 17년간 애벌레로 지내기도 한다.

매미는 도심지 근처에도 많아서 매미 허물은 공원이나 가로수에서 쉽게 찾을 수 있다. 매미의 종류에 따라 허물의 생김새가 각기 달라서 잘 살펴보면 어떤 매미인지 짐작할 수 있다.

말매미의 허물은 매우 크고 뚱뚱한 특징이 있으며, 애매미의 허물은 얇고 길쭉하다. 털매미의 허물은 타원형으로 진흙이 묻어 있다.

귀매미
노린재목 매미충과
크기 14~18mm, 출현 5~8월

몸은 전체적으로 암갈색을 띤다. 날개에 점무늬가 매우 많고 몸 아랫면은 갈색이다. 앞가슴등판 양옆에 귀 모양의 돌기가 톡 튀어나온 것이 특징이다. 떡갈나무와 졸참나무 등에 산다.

금강산귀매미
노린재목 매미충과
크기 11~14mm, 출현 7~9월

몸은 전체적으로 녹색을 띤다. 풀잎이나 나무에 앉아 있으면 나뭇잎 조각이 떨어진 것처럼 보일 정도로 모습이 곤충 같지 않다. 작은 충격에도 금방 톡 하고 튀어서 다른 곳으로 이동한다.

끝검은말매미충
노린재목 매미충과
크기 11~13.5mm, 출현 4~10월

매미충 중에서는 몸집이 크고 개체 수가 많으며 비행을 잘한다. 어른벌레로 겨울을 나기 때문에 초봄부터 쉽게 만날 수 있다. 주로 나뭇잎에서 관찰되지만 날아다니는 모습이 더 많이 관찰된다.

거북밀깍지벌레
노린재목 밀깍지벌레과
크기 3~4mm, 출현 6~11월

몸은 흰색의 두꺼운 밀랍 분비물로 덮여 있는데 거북의 등껍질과 비슷해서 이름이 붙여졌다. 감나무와 배나무, 사과나무 등의 즙을 빨아 먹어 피해를 주며, 배설물은 나무에 그을음병을 일으킨다.

 노린재목 벌목

나무에서 만나는 곤충

도롱이깍지벌레
노린재목 도롱이깍지벌레과
크기 3~5mm, 출현 6~10월

몸 등 부분에 솜털 모양의 흰색 가루가 뒤덮고 있다. 흰색 가루 모양이 도롱이벌레 같아 보여서 이름 지어졌다. 잎 뒷면에 살면서 국화와 쑥, 싸리 등의 즙을 빨아 먹으며 애벌레로 겨울나기를 한다.

꽃매미
노린재목 꽃매미과
크기 14~15mm, 출현 7~11월

앞날개는 연회색을 띤 갈색이며 뒷날개는 붉은색을 띤다. 야산이나 과수원의 나무에 모여 즙을 빨아 먹는다. 포도와 배, 복숭아, 사과, 매실 등의 과수원에 피해를 일으키는 해충이다.

🔍 꽃매미 피해와 귀화 곤충 이야기

나무에 피해를 주는 꽃매미

중국 열대 지역이 원산지인 열대성 곤충 꽃매미는 지구 온난화로 기후가 바뀐 우리나라에 2007년부터 살게 되었다. 꽃매미가 즙을 빨아 먹어 나무들은 시들시들 말라 죽었고, 꽃매미의 배설물이 묻으면 질병에도 걸렸다. 특히 포도나무에 발생한 피해가 가장 컸다. 2006~2007년 충청남도 지역의 포도나무를 시작으로 배와 복숭아, 사과, 매실 등 과수원에 피해가 가장 컸다. 피해 면적은 지금도 해마다 증가하고 있다.
다행히 최근에는 '벼룩좀벌'이라는 기생벌과 거미, 사마귀 등의 토종 포식성 천적들이 꽃매미를 사냥하면서 개체 수가 약간은 조절되었지만, 꽃매미가 일으킨 혼란은 쉽게 해결되지 않고 있다.

희조꽃매미
노린재목 꽃매미과
크기 12~14mm, 출현 7~10월

몸은 전체적으로 꽃매미와 닮았지만 회백색 바탕에 둥근 얼룩 점무늬가 매우 많다. 다리의 종아리마디마다 회색 줄무늬가 2개 있다. 꽃매미처럼 나무의 즙을 빨아 먹고 잘 튀어서 이동한다.

검정꼬리치레개미
벌목 개미과
크기 2.5~4mm, 출현 4~9월

풀밭이나 숲속에서 쉽게 볼 수 있으며 썩은 나무나 돌 밑, 땅속에 집을 짓고 산다. 진딧물과 노린재, 매미충 같은 즙을 빠는 곤충의 배설물에 모여든다. 나무 위를 오르내리는 모습이 흔히 보인다.

가시개미
벌목 개미과
크기 7~8mm, 출현 4~10월

숲의 나무에 둥지를 만들고 모여 있는 모습을 볼 수 있다. 나무 위를 줄지어 오르내리는 모습도 보이며 나무 밑동에 집을 잘 짓는다. 가시개미가 많이 모인 곳에 가면 개미산 냄새가 진동한다.

왕바다리
벌목 말벌과
크기 25~30mm, 출현 4~10월

쌍살벌 중에서는 몸집이 매우 큰 편에 속해서 말벌로 착각하기도 한다. 날아다니다가 하천의 풀밭이나 나뭇가지에 내려앉는 모습을 쉽게 볼 수 있다. 나비류 애벌레 등을 잘 사냥한다.

말벌
벌목 말벌과
크기 21~29mm, 출현 4~10월

몸은 흑갈색이며 적갈색 무늬가 많고 배 부분에 황색 줄무늬가 있다. 들이나 산에 있는 나뭇가지나 양봉장 주변에 살면서 꿀벌을 잘 사냥한다. 땅속이나 나무 구멍 속에 여러 겹의 집을 짓는다.

혹벌이 만드는 벌레혹

참나무잎혹벌

밤나무혹벌

참나무순혹벌

어리상수리혹벌

곤충이나 선충 등의 동물과 균류가 기생하면서 식물에는 벌레혹(충영)이 발생된다. 벌레혹을 일으키는 곤충으로는 혹벌류와 혹파리류, 진딧물이 있다.

혹벌이 식물의 줄기와 잎, 뿌리 조직에 알을 낳으면 식물은 위험이 닥쳤다는 것을 알아채고 세포 분열을 촉진한다. 그러면 식물이 변형되어 혹처럼 부풀어 오른다. 혹벌 애벌레는 불룩 나온 식물 조직을 먹으면서 어른벌레로 성장한다. 참나무잎혹벌과 참나무순혹벌, 밤나무혹벌, 어리상수리혹벌 등은 혹벌류가 일으키는 벌레혹이다.

혹벌류 외에도 쑥혹파리는 쑥에 벌레혹을 일으키고, 때죽납작진딧물과 사사끼혹진딧물 등도 벌레혹을 일으킨다.

날개알락파리
파리목 알락파리과
크기 10mm 내외, 출현 6~7월

몸에 비해 날개가 매우 기다랗게 발달된 파리이다. 나무에 앉아 있으면 얼룩덜룩한 몸 빛깔 때문에 눈에 잘 띄지 않는다. 보통의 파리와는 모습이 많이 달라서 쉽게 구별된다.

대벌레
대벌레목 대벌레과
크기 70~100mm, 출현 5~10월

몸과 다리가 대나무 줄기처럼 가늘고 길어서 '죽절충(대나무 마디를 갖는 곤충)'이라고 불린다. 주위 환경에 따라 녹색형과 갈색형이 있다. 활엽수에 살면서 나뭇가지처럼 위장을 잘한다.

흰개미
바퀴목 흰개미과
크기 4~7mm, 출현 1~12월

몸은 연한 흰색을 띠며 개미와 비슷하다. 병정흰개미는 원통형의 황갈색 머리가 두드러지며 큰턱이 크게 발달했다. 습기 찬 썩은 나무속에서 잘 발견된다. 개미처럼 사회성 곤충이다.

문화재 해충이 된 귀화 곤충 흰개미

흰개미집

흰개미는 황소개구리나 붉은귀거북처럼 우리나라에 정착한 귀화 생물이다. 수입 목재와 함께 들어온 흰개미는 '하얀 빛깔의 개미'라는 뜻으로 이름 지어졌다. 흰개미는 이름이 개미와 비슷하지만 벌류에 속하는 개미와 다르게 바퀴 무리에 속하는 곤충이다.

아열대 기후에 많이 사는 흰개미는 분해자 곤충으로 쓰러진 나무를 갉아 먹는 중요한 역할을 하지만 열대 지역에서는 흰개미가 목조 주택에 침입해서 피해가 크다. 우리나라에서는 유명한 목조 문화재에 흰개미가 침투했다. 통풍이 잘되도록 지어진 목조 문화재인데, 보수 공사를 미흡하게 하면서 습기가 차자 흰개미의 표적이 되고 말았다.

물에서 만나는 곤충

물에서 하루가 시작되면

졸졸 흐르는 맑은 시냇물 소리를 들으며 깨어난 곤충들은 기분 좋게 하루를 연다. 물속의 애벌레는 다 자라서 어른이 되면 드디어 날개를 달고 하늘로 날아오른다. 물을 생활 터전으로 삼아 다양한 곤충이 살고 있다.

대표 서식지

▲ 습지

▲ 시내

▲ 연못

물에서 만나는 대표 곤충

가는무늬하루살이

무늬강도래

큰줄날도래

꼬마줄물방개

물자라

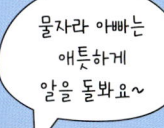

물자라 아빠는 애틋하게 알을 돌봐요~

나도 소금쟁이처럼 사뿐사뿐 걸어 볼테야!

애소금쟁이

참밑들이

아시아실잠자리

물잠자리

밀잠자리

하루살이목

동양하루살이
하루살이목 하루살이과
크기 20mm 내외, 출현 5~7월

앞날개 옆에 갈색의 세로줄 무늬가 있다. 해가 질 무렵 물가나 물 위에서 무리 지어 나는 습성이 있다. 야산 근처의 냇물이나 호숫가에 산다. 꼬리 길이가 몸 길이의 2배 정도로 매우 길다.

금빛하루살이
하루살이목 강하루살이과
크기 19mm 내외, 출현 5~8월

몸은 전체적으로 황색을 띠며 날개 앞가장자리에 적갈색의 띠가 뚜렷하다. 머리부터 가운데가슴 옆면까지 갈색 무늬가 있다. 눈이 매우 크게 발달했으며 우리나라에만 사는 한국 고유종이다.

하루살이의 군무

금빛하루살이

금빛하루살이의 무덤

거미줄에 걸린 금빛하루살이

하루살이는 천적으로부터 가장 안전한 해질녘에 한꺼번에 날개돋이를 하는 지혜를 발휘한다. 수많은 하루살이가 한꺼번에 날개돋이를 하면 번식에도 매우 유리하다. 차례대로 날개돋이를 하게 되면 수많은 천적의 쉬운 표적이 되기 때문이다.

힘없는 하루살이는 날개를 다 말리고 나면 하늘 높이 날아오른다. 수많은 하루살이가 한꺼번에 비행하는 모습이 춤추는 듯해서 '군무(群舞)'라고 한다. 하루살이가 군무를 하는 동안 수컷은 암컷 사이를 날면서 짝짓기를 마치고 짧은 일생을 마친다. 하루살이의 군무가 끝나면 거미줄에 걸려 죽은 하루살이와 생명을 다한 하루살이 무덤을 만날 수 있다.

무늬하루살이
하루살이목 하루살이과
크기 20mm 내외, 출현 4~7월

날개 가운데에 암갈색의 가로띠무늬가 있다. 배의 양옆 가장자리에 가로줄무늬가 있다. 하천의 중상류에 서식하는 하루살이 중에서 가장 흔하다. 애벌레는 물살이 완만한 깨끗한 물에 산다.

가는무늬하루살이
하루살이목 하루살이과
크기 20mm 내외, 출현 4~7월

전체적인 모습이 무늬하루살이와 비슷하다. 그러나 배마디 양쪽의 세로줄무늬가 약간 다르다. 상류 계곡의 맑은 물에 사는 대표적인 하루살이로 모래가 많이 쌓인 곳의 부식질을 먹고 산다.

하루살이의 수명과 생활

가는무늬하루살이 애벌레

네점하루살이 애벌레

뿔하루살이 애벌레

햇살하루살이 애벌레

하루살이는 정말 하루만 살까? 하루살이 어른벌레는 짝짓기를 마치면 하루에도 목숨을 다한다. 하지만 하루살이는 애벌레 시절도 있다. 하루살이의 애벌레는 보통 물속에서 1~2년 정도 살기 때문에 실제 하루살이의 수명은 1~2년이라고 할 수 있다.

하루살이 어른벌레는 입이 퇴화되어 아무것도 먹지 못하고 짝짓기를 위해서 하늘로만 날아오른다. 어른벌레가 사용하는 모든 에너지는 애벌레 시절에 열심히 먹어 쌓아 놓은 것이다. 우리나라에는 80여 종의 하루살이가 살고 있어서 종류에 따라 애벌레의 형태도 매우 다양하다. 또 종류에 따라 긴 꼬리의 개수도 다른데, 2개 또는 3개를 갖고 있다.

하루살이목 강도래목

하루살이와 날파리 차이점

봄처녀하루살이
하루살이목 납작하루살이과
크기 10~15mm, 출현 4~5월

초봄 계곡 주변에 일찍 출현하는 하루살이라고 해서 '봄처녀하루살이'라고 부른다. 두 눈이 매우 크게 발달했고 긴 꼬리가 2개 있다. 애벌레는 맑은 물에서 3년 이상 자라서 어른이 된다.

가는무늬하루살이

나방파리

떼를 지어 날아다니는 귀찮은 작은 파리를 우리는 보통 하루살이라고 부르지만, 이렇게 날아다니는 것은 말 그대로 날파리이다.
날파리는 날아다니는 소형 파리를 모두 일컫는 말로 깔따구와 나방파리, 모기붙이처럼 작은 파리가 해당된다. 날파리는 사람의 땀이나 호흡에서 나오는 이산화탄소 향을 좋아해서 사람에게 몰려든다.
반면 하루살이는 저녁 무렵에 떼로 발생한다. 날파리에 비해 덩치가 크고 날개는 삼각형이며 꼬리는 매우 길다. 날파리는 하천 하류처럼처럼 오염된 곳에서 주로 발생하지만, 하루살이는 상류나 중류의 비교적 깨끗한 곳에서 많이 발생하는 점도 다르다.

참납작하루살이
하루살이목 납작하루살이과
크기 10~15mm, 출현 4~6월

몸은 진한 갈색을 띠며 배마디는 검은색을 띤다. 꼬리는 2개로 길이가 몸 길이의 2배 정도이다. 계곡 주변에서 볼 수 있으며 빠르게 움직인다. 애벌레는 수온이 매우 낮은 숲의 시냇물에서 산다.

햇님하루살이
하루살이목 납작하루살이과
크기 10~15mm, 출현 4~7월

눈은 검은색이고 배마디에는 연갈색의 삼각 무늬가 있다. 유충은 배마디에 나뭇잎 모양의 기관아가미가 발달되어 있다. 수온이 낮은 산간 계류에 살며 기관아가미를 갖는다.

집게강도래
강도래목 꼬마강도래과
크기 7~9mm, 출현 4~6월

몸은 길쭉한 모양으로 갈색을 띤다. 주로 산간 계곡의 맑은 물가에서 출현하며 낙엽이나 이끼 등을 먹고 산다. 앉아 있을 때 날개를 몸과 평행하게 접어서 배 위에 덮고 있다.

꼬마강도래
강도래목 꼬마강도래과
크기 6~8mm, 출현 4~6월

몸은 얇은 막대 모양으로 갈색을 띤다. 몸집이 매우 작은 강도래여서 '꼬마강도래'라고 이름이 붙여졌다. 숲의 계곡 주변에서 날아다니는 모습을 보면 너무 작아 날파리로 착각하기도 한다.

녹색강도래
강도래목 녹색강도래과
크기 10~13mm, 출현 6~7월

몸 빛깔은 황색을 띠며 검은색의 큰 눈이 뚜렷하다. 자갈이 많은 맑은 계곡에서 이끼와 낙엽 등을 먹고 산다. 민물고기의 중요한 먹이가 된다. 애벌레로 2년 동안 자라서 어른벌레가 된다.

강도래목 날도래목

진강도래
강도래목 강도래과
크기 25~30㎜, 출현 4~8월

몸은 진갈색을 띠며 납작한 모양이다. 계곡 근처의 시냇가에서 볼 수 있다. 애벌레는 물속의 작은 곤충들을 잡아먹으며 2~3년 동안 자라서 어른이 된다. 우리나라에서 흔히 볼 수 있는 강도래이다.

무늬강도래
강도래목 강도래과
크기 20~25㎜, 출현 5~7월

몸은 전체적으로 암갈색을 띤다. 날개 가장자리에 갈색 테두리가 있는 것이 특징이다. 애벌레는 밝은 갈색을 띤다. 가슴에 비해 머리가 훨씬 크며 흐르는 물에서 작은 수서생물을 잡아먹는다.

깨끗한 물에 사는 강도래의 이야기

강도래 어른벌레

돌에 붙어 있는 강도래 애벌레

강도래는 차가운 물속에 잘 적응한 곤충이다. 그래서 금방 손이 얼어붙을 것 같은 시냇가에서도 거뜬히 산다. 쌀쌀한 초봄에 어른이 되기 때문에 이때 시냇가에 가면 볼 수 있다. 애벌레로 물속에서 2~3년 정도 자라면 어른벌레가 된다.

강도래는 날개를 배 위에 차곡차곡 쌓아 놓아서 '적시목(積翅目)'이라고 불린다. 날개 4장의 크기가 비슷해서 1장처럼 보인다. 강도래 애벌레는 몸 빛깔이 돌과 비슷해서 돌 위에 올려놓으면 잘 보이지 않는다. 그래서 돌과 닮았다는 의미로 '돌파리(Stonefly)'라고 부른다. 돌이 많은 물속에서 생활하기에 매우 좋은 보호색을 지닌 셈이다.

한국강도래
강도래목 강도래과
크기 25~30㎜, 출현 5~8월

몸은 전체적으로 황갈색을 띤다. 겹눈은 둥글고 홑눈은 3개가 있다. 연갈색의 투명한 날개를 포개어 접고 있다. 맑은 계곡이나 냇물에 살면서 하루살이, 날도래 등의 수서곤충을 잡아먹고 산다.

포식성 강도래의 애벌레

진강도래 애벌레

한국강도래 애벌레

무늬강도래 애벌레

사냥하는 한국강도래 애벌레

강도래 애벌레는 맑고 차가운 물에만 살아서 1급수 수질의 지표종이 된다. 차갑고 맑은 물에는 산소가 풍부한데, 강도래는 이런 물에서만 살 수 있다. 강도래가 사는 맑은 시냇물에는 가재와 플라나리아, 옆새우 등의 1급수 생물이 함께 산다.

시냇가에서 몸집이 가장 큰 가재는 두려워할 대상이 거의 없는 최고의 포식자이다. 강도래는 입이 튼튼하게 발달되어 하루살이와 날도래, 각다귀처럼 연약한 피부를 지닌 수서곤충을 잘 잡아먹는다. 강도래에게 한 번 물리면 꿈틀거릴 뿐 벗어나기 힘들다. 강도래는 하루살이와 날도래처럼 1차 소비자를 잡아먹기 때문에 2차 소비자가 된다.

주름물날도래
날도래목 물날도래과
크기 25㎜ 내외, 출현 5~8월

몸은 연갈색이고, 검은색 줄무늬가 많이 있다. 애벌레는 물속에서 털과 같은 기관 아가미로 숨을 쉬며 산다. 산지의 깨끗한 계곡에 자갈이 많은 곳에 살면서 수서곤충의 애벌레를 잡아먹고 산다.

굴뚝날도래
날도래목 날도래과
크기 45mm 내외, 출현 5~8월

더듬이와 몸통, 다리 등은 검은색이고 날개에는 검은색 점무늬가 많다. 뒷날개의 바깥 가장자리를 따라 검은색의 테가 둘러져 있다. 날아다니는 모습이 매우 둔하고 날도래류 중에서 매우 크다.

우리큰우묵날도래
날도래목 우묵날도래과
크기 20~26mm, 출현 8~10월

몸 빛깔은 전체적으로 붉은색이 도는 갈색이며 더듬이가 시작되는 부분은 검은색이다. 날개를 기왓장처럼 접고 있다. 물가 주변의 풀잎에 앉아 있는 모습을 관찰할 수 있다.

집 모양이 각양각색인 날도래 애벌레

바수염날도래 애벌레 집

가시우묵날도래 애벌레 집

띠우묵날도래 애벌레 집

둥근날개날도래 애벌레 집

날도래는 수생 생태계에서 물고기의 중요 먹이원이 되어서 그 존재가 중요하다. 또한 물이 오염되면 개체 수가 급격히 줄어들어 수질 오염의 정도도 파악할 수 있다. 집을 짓고 사는 날도래 애벌레는 종류에 따라 집 형태가 달라진다. 집 모양을 보면 대략 어떤 무리의 날도래인지 예측할 수 있다.

- 튜브형 집 : 날도래과, 우묵날도래과, 날개날도래과, 털날도래과, 나비날도래과
- 그물을 치는 무리 : 각날도래과, 입술날도래과, 통날도래과
- 안장형 집 : 광택날도래과
- 지갑형 집 : 애날도래과
- 자유 생활 무리 : 물날도래과

바수염날도래
날도래목 바수염날도래과
크기 10~14mm, 출현 5~8월

봄에 계곡 주변을 날아다니는 모습을 쉽게 볼 수 있다. 모습이 나방과 비슷해서 나방으로 착각하는 경우가 많다. 애벌레는 돌을 모아 원통형의 집을 짓고 산다. 물가에 올라와서 날개돋이를 한다.

깨알물방개
딱정벌레목 물방개과
크기 4.2~5mm, 출현 3~10월

몸 빛깔은 연갈색을 띠며 앞부분이 볼록한 타원형이다. 딱지날개는 황갈색이며 진한 갈색의 얼룩무늬가 있다. 몸이 작지만 작은 물고기와 수생 생물을 잡아먹는다. 웅덩이와 저수지, 논 등에 산다.

알물방개
딱정벌레목 물방개과
크기 4~5mm, 출현 5~10월

볼록한 알 모양으로 생겼으며 딱지날개에는 얼룩무늬가 있다. 유기물이 많은 웅덩이와 못, 저수지, 늪에서 매우 흔하게 발견된다. 물속에 사는 작은 곤충이나 어린 물고기를 잡아먹고 산다.

혹외줄물방개
딱정벌레목 물방개과
크기 5mm 내외, 출현 4~10월

몸은 기다란 타원형이며 황갈색을 띤다. 딱지날개에는 6~7개의 세로줄무늬가 있다. 시냇물과 하천의 물 흐름이 느린 곳이나 산간 저수지와 농수로에 산다. 작은 수생 생물을 잡아먹고 산다.

딱정벌레목

 물방개 이름 이야기

물방개

물방개는 '물+방+개'가 합쳐진 이름이다. 사는 곳인 '물'과 '둥글다'라는 뜻의 '방', 접미사 '개'가 합쳐진 '몸이 둥그런 벌레'이다. 숨 쉬러 올라와서 방구를 뀌듯 물방울을 만든다고 해서 '물방구'라고도 한다.
북한에서는 '기름(몸에 기름칠)+도치(몸이 뚱뚱한 타원형의 바닷물고기)'를 합쳐서 '기름도치'라고 부른다.
물방개는 유선형의 몸과 노처럼 변한 뒷다리를 갖고 있는 물에 가장 잘 적응하였고, 물속에 사는 딱정벌레 중에서 가장 오래된 곤충이다. 곤충은 육상에서 처음 출현했으며 그중에서 물에 적응하는 곤충이 생겨나기 시작했다.

물방개
딱정벌레목 물방개과
크기 35~40㎜, 출현 4~10월

몸은 타원형이며 녹색이 도는 검은색이다. 딱지날개를 따라서 황색 띠가 있어서 '선두리'라고도 불렸다. 옛날에는 밤에 집 안에도 잘 날아올 정도로 흔했지만 최근에는 개체 수가 많이 줄었다.

검정물방개
딱정벌레목 물방개과
크기 20~25㎜, 출현 3~11월

몸은 타원형으로 검은색을 띠고 광택이 강하다. 물웅덩이와 못, 늪, 저수지, 농수로, 논 등에 살면서 수서곤충이나 작은 물고기를 잡아먹고 산다. 뒷다리를 동시에 뻗는 평영으로 헤엄을 친다.

꼬마줄물방개
딱정벌레목 물방개과
크기 8~10㎜, 출현 3~11월

몸은 타원형이며 광택이 있다. 딱지날개에는 검은색 세로줄무늬가 있다. 평지의 못과 늪, 논에 고인 물에서 발견된다. 애기물방개와 함께 쉽게 볼 수 있으며 곤충이나 작은 물고기를 잡아먹는다.

 물방개의 호흡법과 물방개 애벌레

물방개 어른벌레가 만든 공기 방울

물방개 애벌레

물방개 어른벌레와 애벌레는 모두 물속의 작은 동물과 물고기를 잡아먹는 포식성 곤충이다.
물방개 어른벌레는 물고기처럼 아가미가 없어서 계속 물속에서 생활할 수 없다. 공기를 다 사용하면 반드시 물 위로 올라와서 공기를 얻어야 한다. 물방개는 꽁무니를 물 밖으로 쑥 내밀어 공기 방울을 달고 다시 잠수한다. 공기 방울을 달 때 배의 털이나 딱지날개의 빈 공간에도 공기를 저장한다.
반면에 물방개 애벌레는 공기 방울을 만들지 못해서 물 위로 올라올 필요가 없다. 꼬리 끝의 숨구멍을 통해서 숨을 쉬기 때문에 꼬리 끝을 물 밖으로 내밀어서 숨을 쉬면 된다.

애기물방개
딱정벌레목 물방개과
크기 11~13㎜, 출현 3~11월

몸은 볼록한 타원형으로 흑갈색을 띤다. 고인 물에서 가장 흔한 물방개로 밤에는 불빛에도 잘 날아온다. 물웅덩이와 못, 늪, 하천, 논 등 물이 고인 곳에서 작은 물고기나 수서생물을 잡아먹는다.

애물땡땡이
딱정벌레목 물땡땡이과
크기 9~11㎜, 출현 4~10월

몸은 타원형이며 검은색을 띤다. 밤에 불빛에도 잘 날아온다. 물풀을 잘 먹어서 물풀 근처에서 살며 소형 수서곤충 애벌레도 잡는다. 물웅덩이와 못, 저수지, 휴경 논 등의 고인물에 산다.

딱정벌레목 노린재목

무늬점물땡땡이
딱정벌레목 물땡땡이과
크기 2.6~2.8mm, 출현 4~10월

몸은 전체적으로 암갈색을 띤다. 타원형이지만 너무 작아서 둥그렇게 보인다. 다리가 짧아서 겨우 몸 바깥으로 나온다. 물속에서 둥둥 떠다니며 생활하고 밤에 불빛에도 잘 날아온다.

물맴이
딱정벌레목 물맴이과
크기 6~8mm, 출현 4~10월

몸은 타원형이며 검은색을 띤다. 더듬이는 물결을 잘 감지할 수 있도록 털이 발달되어 있다. 수면을 계속 맴돌며 헤엄치는 특징 때문에 '물맴이'라고 불린다. 고요한 물웅덩이에서 볼 수 있다.

 수서곤충이 수영하는 방법

물방개   물맴이

물에 사는 수서곤충은 자유형과 평영, 배영 등 각기 다른 방식으로 헤엄친다. 다양한 수서곤충은 자신에게 적합한 수영 방법을 발달시켜 생활하고 있다.
물방개는 뒷다리를 동시에 쭉 뻗는 개구리 헤엄인 평영을 한다. 뒷다리의 북슬북슬한 털은 오리발처럼 물갈퀴 역할을 한다.
물땡땡이는 가장 빠른 영법인 자유형을 한다. 하지만 아직 초보 수영 선수이기 때문에 허우적댄다.
물맴이는 모터보트처럼 원을 그리며 뱅글뱅글 돈다. 빙빙 돌다 보면 주변에 떠 있던 부유 물질이 자연스럽게 모여들어 먹을 수 있다.
송장헤엄치게는 거꾸로 뒤집어져서 배영을 하며 사체의 체액을 빤다.

물진드기
딱정벌레목 물진드기과
크기 4mm 내외, 출현 4~10월

몸은 전체적으로 갈색을 띠며 검은색 점무늬가 많다. 진드기처럼 몸집이 매우 작아서 '물진드기'라고 불린다. 깔따구의 알과 실지렁이, 작은 갑각류 등을 잡아먹는다. 고인물에서 쉽게 볼 수 있다.

게아재비
노린재목 장구애비과
크기 40~45mm, 출현 4~10월

몸이 가늘며 갈색을 띤다. 먹이 사냥용 앞다리는 집게처럼 생겼다. 배 끝의 숨관이 몸 길이만큼 매우 길다. 수서곤충과 갑각류, 작은 물고기, 개구리까지 사냥해서 체액을 빨아 먹는다.

메추리장구애비
노린재목 장구애비과
크기 16~23mm, 출현 3~11월

몸은 편평하고 먹이 사냥에 적합하게 발달된 앞다리를 갖고 있다. 배 끝의 숨관은 몸 길이보다 짧아서 장구애비와 구별된다. 얕은 물가에 살며 수서곤충과 갑각류 등의 체액을 빨아 먹는다.

장구애비
노린재목 장구애비과
크기 30~40mm, 출현 3~11월

몸은 흑갈색을 띠며 앞다리가 먹이 사냥용으로 굵게 발달했다. 발목마디는 낫처럼 날카로워서 사냥감을 잘 포획한다. 숨관이 몸 길이와 비슷할 정도로 길다. 숨관을 밖에 내놓고 공기를 저장한다.

노린재목

큰물자라
노린재목 물장군과
크기 25mm 내외, 출현 4~10월

물자라 중에서 가장 크며 생김새와 빛깔은 물자라를 닮았다. 앞가슴등판 가운데에 움푹 들어간 부분이 있는 것이 물자라와 다르다. 물벌레와 수서곤충, 물고기와 올챙이의 체액을 빨아 먹고 산다.

물자라
노린재목 물장군과
크기 15~22mm, 출현 4~10월

몸은 타원형으로 납작하며 갈색을 띤다. 모습이 자라를 닮아서 '물자라'라고 이름 지어졌다. 앞다리가 굵게 발달해서 사냥에 유리하다. 수컷이 알을 지고 다녀서 '알지기'라는 별명도 있다.

수재 대피 선수

알을 돌보는 물자라 수컷

물자라는 암컷 대신 수컷이 알을 돌본다. 암컷이 수컷 등에 알을 붙이고 떠나면 수컷은 알이 부화될 때까지 햇볕도 쬐어 주고 수분도 공급해 주며 정성껏 돌본다.
많은 비가 내려서 홍수가 나면 곤충의 80% 이상이 쉽게 죽는다. 그렇지만 물자라는 소중한 알을 위해 힘을 내서 가장 멀리 있는 높은 곳까지 피신한다. 홍수가 나도 20% 정도만 죽을 정도로 생존률이 높다. 자식을 사랑하는 마음은 모든 생물이 같음을 알 수 있다.

소금쟁이
노린재목 소금쟁이과
크기 11~16mm, 출현 4~10월

몸은 암갈색이며 은색 잔털이 빽빽하게 나 있다. 가느다란 더듬이는 몸 길이의 절반도 안 된다. 하천이나 저수지의 비교적 고요한 물에 산다. 애소금쟁이보다 크며 다리도 매우 길다.

애소금쟁이
노린재목 소금쟁이과
크기 8.5~11mm, 출현 3~10월

몸은 암갈색을 띠며 저수지와 하천, 수로 등에서 쉽게 볼 수 있다. 논에 살면서 물에 떨어진 멸구와 나방 등의 체액을 빨아 먹고 산다. 소금쟁이류 중에서 작아서 '애소금쟁이'라고 불린다.

등빨간소금쟁이
노린재목 소금쟁이과
크기 10~15mm, 출현 3~11월

몸이 붉은색을 띠고 있어서 소금쟁이나 애소금쟁이와 구별된다. 저수지와 하천, 수로, 산골짜기의 논에 산다. 물 위에 떨어진 곤충 체액을 빨아 먹고 산다. 환경이 나빠지면 다른 곳으로 날아간다.

물에 뜨는 소금쟁이의 먹이 사냥

소금쟁이의 그림자

소금쟁이의 짝짓기

나방의 피를 빠는 소금쟁이

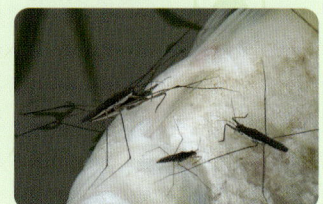
물고기의 피를 빠는 소금쟁이

소금쟁이는 물 위에서 스케이트를 잘 타는 곤충이다. 이렇게 물에 잘 뜨는 건 몸무게가 0.02g로 매우 가볍기 때문이다. 소금쟁이의 온몸과 다리에는 짧은 방수 털이 덮여 있고 가운뎃다리와 뒷다리 끝에는 기름이 나와서 물에 젖지 않는다.
소금쟁이는 앞다리와 뒷다리로 몸을 지탱하며 가운뎃다리로 노를 저어 이동한다. 이때 뒷다리는 방향을 바꾸는 역할을 한다. 소금쟁이는 표면 장력을 깨뜨리지 않고 이동하기 때문에 1초에 자기 몸 길이의 100배가 넘는 거리를 이동한다. 잔물결을 귀신같이 알아채는 소금쟁이는 먹이를 낚아채거나 사체에 모여 체액을 빨아 먹고 산다.

노린재목 밑들이목 풀잠자리목

광대소금쟁이
노린재목 소금쟁이과
크기 5~6mm, 출현 4~10월

몸은 타원형이며 길이가 짧고 황색 바탕에 검은색 줄무늬가 있다. 날개가 있는 경우와 없는 경우가 있다. 시냇가에서 작은 곤충이나 물고기의 체액을 빨아 먹고 산다. 어른벌레로 겨울을 난다.

방물벌레
노린재목 물벌레과
크기 5,7mm, 출현 3~10월

몸은 황갈색을 띤다. 머리는 황색이며 앞가장자리는 둥글고 겹눈은 황적색이다. 앞가슴 등면의 검은색 띠가 보통 8~9개 있다. 수면이 트인 논과 연못, 농수로 등에서 물풀의 즙을 빨아 먹고 산다.

진방물벌레
노린재목 물벌레과
크기 5,9mm 내외, 출현 3~10월

머리의 앞부분이 정사면체 꼭짓점처럼 강하게 솟아 있다. 가슴등판에 흑갈색 띠무늬가 7~8개 있다. 연못과 물웅덩이, 논 등에 산다. 물풀이 적어서 활동 공간이 넓은 곳에 산다.

송장헤엄치게
노린재목 송장헤엄치게과
크기 11~14mm, 출현 4~10월

사체를 먹고 몸을 뒤집어서 헤엄친다고 하여 '송장헤엄치게'라고 이름 지었다. 앞다리는 낫이나 갈고리 모양처럼 발달되어 먹잇감을 잘 잡는다. 물웅덩이와 늪, 저수지 등에 산다.

밑들이
밑들이목 밑들이과
크기 12~14mm, 출현 5~6월

따스한 봄에 시냇물이 흐르는 숲 길가에서 관찰된다. 나방류 애벌레와 잎벌레류 애벌레 등을 사냥하는 사냥꾼이다. 수컷은 좋은 먹잇감을 사냥해서 암컷에게 선물로 준 다음 짝짓기를 한다.

참밑들이
밑들이목 밑들이과
크기 12~15mm, 출현 5~8월

배 끝이 위로 들려 있어서 이름에 '밑들이'가 붙여졌다. 수컷의 긴 배는 검은색으로 들려 있고, 암컷의 배는 황색이 많고 들려 있지 않다. 작은 곤충을 잡아먹지만 꽃가루나 꽃잎도 먹고 산다.

대륙뱀잠자리
풀잠자리목 뱀잠자리과
크기 40~50mm, 출현 5~9월

머리와 가슴은 갈색을 띤다. 황갈색의 날개는 매우 크고 넓으며 흑갈색 무늬가 많다. 애벌레는 평지나 산지의 하천 주변에 산다. 애벌레는 수서곤충을 잡아먹으며 자라서 2~3년 후에 어른이 된다.

시베리아좀뱀잠자리
풀잠자리목 좀뱀잠자리과
크기 18mm 내외, 출현 4~5월

몸은 전체적으로 검은색이며 날개도 검은색을 띤다. 더듬이는 길고 겹눈이 크게 발달했다. 애벌레는 굵은 원통형이며 연못과 저수지, 하천가에 살면서 작은 동물을 잡아먹고 사는 육식성이다.

잠자리목

하트 모양의 사랑법

사랑을 나누는 참실잠자리

실잠자리는 수컷이 배 끝 부위로 암컷의 뒷머리나 목 부위를 잡으면서 사랑을 시작한다.

서로 연결되면 수컷은 배 제9마디에 보관된 정자를 제2~3마디의 정자 저장소로 옮긴다. 짝짓기를 하는 동안 정자는 암컷에게 이동된다. 정자를 받아들이려고 암컷이 배를 움직일 때 하트 모양이 만들어 진다.

노란실잠자리
잠자리목 실잠자리과
크기 38~42mm, 출현 6~9월

몸이 황색을 띠고 있어서 '노란실잠자리'라고 불린다. 수생 식물이 풍부한 연못과 습지에서 산다. 위험에 처하면 공중으로 날아가지 않고 하강 비행을 하여 풀숲으로 몸을 숨긴다.

참실잠자리
잠자리목 실잠자리과
크기 30~34mm, 출현 5~9월

몸은 청색을 띠며 배마디에 흑갈색 띠무늬가 있다. 수컷 배마디의 흑갈색 띠무늬가 암컷보다 좁다. 산지 주변의 수생 식물이 자라는 물웅덩이와 습지, 휴경 논 등에 산다. 식물 조직에 알을 낳는다.

아시아실잠자리
잠자리목 실잠자리과
크기 24~30mm, 출현 4~10월

가장 흔히 보이는 실잠자리로 갓 날개돋이한 암컷은 전체적으로 붉은색이며 성숙하면 녹색으로 변한다. 연못과 하천, 습지에서 관찰되며 수생 식물의 줄기 속에 알을 낳는다. 애벌레로 겨울을 난다.

겨울을 나는 실잠자리

묵은실잠자리

잠자리는 대부분 애벌레로 물속에서 겨울나기를 하지만 묵은실잠자리와 가는실잠자리는 어른벌레로 겨울을 난다. 그래서 흰 눈이 쌓인 겨울에도 햇볕이 내리쬐는 식물 밑에서 볼 수 있다.

'한 해를 묵은 실잠자리'라는 뜻의 묵은실잠자리는 초겨울이나 초봄에 양지바른 곳에서 만날 수 있다.

등검은실잠자리
잠자리목 실잠자리과
크기 28~32mm, 출현 4~9월

처음 어른벌레가 되었을 때 진한 검은색을 띠지만 성숙하면 회색 가루가 등과 몸에 나타난다. 습지와 하천, 연못 등 수생 식물이 많은 곳에 산다. 부유 식물에 알을 낳으며 애벌레로 겨울나기를 한다.

가는실잠자리
잠자리목 청실잠자리과
크기 34~38mm, 출현 1~12월

작은실잠자리, 묵은실잠자리와 함께 어른벌레로 겨울을 나는 실잠자리이다. 11월 초까지는 야산의 나뭇가지에서 관찰되지만 겨울나기 중에는 관찰하기 힘들다. 수생 식물의 조직에 알을 낳는다.

묵은실잠자리
잠자리목 청실잠자리과
크기 34~38mm, 출현 1~12월

몸은 전체적으로 갈색을 띠며 연못이나 습지에서 볼 수 있다. 습지 주변 식물의 줄기 속에 알을 낳는다. 부화된 애벌레는 숲속의 마른 가지 주변에 숨어서 성장한 후 어른이 되어서 겨울나기를 한다.

실잠자리류와 잠자리류 구별하기

실잠자리류(물잠자리)   잠자리류(고추좀잠자리)

방울실잠자리
잠자리목 방울실잠자리과
크기 38~40mm, 출현 5~10월

수컷의 가운뎃다리와 뒷다리의 종아리마디에는 방울이 달린 것처럼 둥글지만 암컷은 없다. 연못과 저수지, 물 흐름이 느린 하천 주위에서 흔히 관찰된다. 부유 식물의 줄기와 잎에 알을 낳는다.

검은물잠자리
잠자리목 물잠자리과
크기 60~62mm, 출현 5~9월

몸 빛깔은 청동색을 띠고 날개는 검은색이다. 물이 흐르는 하천에서 볼 수 있고 하천 식물에 알을 낳는다. 해질녘에 검은색 날개를 펄럭거리며 모습이 귀신 같아 보여서 '귀신잠자리'라고도 불린다.

잠자리목은 크게 실잠자리류와 잠자리류로 구분된다. 실잠자리류와 잠자리류는 생김새와 생활 습성이 달라서 쉽게 구별할 수 있다.
실잠자리류에는 물잠자리류와 청실잠자리류, 실잠자리류, 방울실잠자리류가 속한다. 잠자리류에는 왕잠자리류와 측범잠자리류, 장수잠자리류, 청동잠자리류, 잠자리류가 속한다.

실잠자리류 vs 잠자리류
① 날개 특징 : 실잠자리류는 앞뒷날개의 형태가 거의 같고, 잠자리류는 뒷날개가 앞날개보다 폭이 넓다.
② 풀잎에 앉을 때 : 실잠자리류는 대부분 나비처럼 날개를 접고 앉고, 잠자리류는 나방처럼 날개를 펴고 앉는다.

물잠자리
잠자리목 물잠자리과
크기 55~57mm, 출현 5~7월

몸 빛깔은 청동색을 띠며 검은색의 날개 끝에 흰색 점무늬가 있어서 검은물잠자리와 구별된다. 깨끗한 시냇가의 수생 식물이 풍부한 곳에 산다. 식물의 줄기에 알을 낳고 애벌레로 겨울나기를 한다.

여름좀잠자리
잠자리목 잠자리과
크기 36~42mm, 출현 6~10월

수컷은 성숙하면 몸 전체가 고추좀잠자리처럼 붉게 변한다. 주로 여름에 관찰되는 작은 잠자리라고 해서 '여름좀잠자리'로 불린다. 논이나 연못 등에 산다. 수생 식물의 줄기에 알을 낳는다.

애기좀잠자리
잠자리목 잠자리과
크기 32~36mm, 출현 6~11월

수컷은 성숙하면 얼굴은 흰색으로 바뀌고 배는 붉은색의 혼인색을 띤다. 좀잠자리류 중에서 매우 작은 편에 속한다. 논과 연못, 습지 등에 산다. 비행하면서 물이나 진흙에 알을 붙여서 낳는다.

두점박이좀잠자리
잠자리목 잠자리과
크기 32~38mm, 출현 6~11월

얼굴의 이마 부위에 검은색 점 2개가 뚜렷하다. 수컷은 날개 끝에 검은색 깃동이 없지만 암컷은 깃동이 있는 경우가 많다. 연못이나 하천에 살며 진흙이나 모래에 알을 낳는다. 알로 겨울을 난다.

잠자리목

잠자리 암컷과 수컷의 차이

고추좀잠자리 암컷

고추좀잠자리 수컷

고추잠자리
잠자리목 잠자리과
크기 44~50mm, 출현 5~9월
미성숙한 암수는 진한 황색을 띠지만 성숙한 수컷은 얼굴부터 배까지 빨간색으로 혼인색을 띤다. 연못과 습지, 저수지에서 관찰된다. 서울시에서는 개체 수가 줄어들자 보호종으로 지정했다.

고추좀잠자리
잠자리목 잠자리과
크기 38~44mm, 출현 6~11월
미성숙한 암수는 황색을 띠지만 성숙한 수컷은 붉은색으로 변한다. 우리나라의 산과 들, 연못과 하천 등에 사는 잠자리 중에서 개체 수가 가장 많다. 빨갛게 변해서 '고추잠자리'라고 불렸다.

잠자리는 보통 암컷보다 수컷이 화려한 빛깔을 갖는다. 사실 처음 어른벌레가 되었을 때는 암수의 빛깔은 비슷하며, 수컷 잠자리는 짝짓기 할 정도로 성숙해야 화려한 빛깔로 바뀐다. 잠자리의 암컷과 수컷을 정확히 구별하려면 생식기 부위를 봐야 한다.
암컷은 생식기 부위가 밋밋하고 구멍이 없다. 반면에 수컷은 암컷에게 정자를 전달해야 하므로 생식기 부위가 거칠게 튀어나와 있고 구멍이 나 있다. 또한 수컷은 짝짓기 할 때 암컷의 목덜미를 붙잡아야 해서 꼬리 끝이 3개의 갈고리로 되어 있는데, 암컷은 수컷을 잡을 필요가 없어서 꼬리 끝이 2개의 갈고리로 되어 있다.

태양을 피하는 방법

날개띠좀잠자리

고추좀잠자리

날개띠좀잠자리
잠자리목 잠자리과
크기 32~38mm, 출현 7~11월
미성숙한 암수는 모두 연갈색을 띠지만 성숙한 수컷은 몸 전체가 빨갛게 물든다. 날개 끝 부분에 갈색의 띠무늬가 특징이다. 물 흐름이 느린 냇가나 연못에 살며 알로 겨울나기를 한다.

잠자리에게도 여름의 태양이 너무 뜨거운 모양이다. 무더운 여름날 잠자리가 배 끝을 하늘을 향해 높이 치켜든 모습을 볼 수 있는데, 이는 태양을 피하기 위해서다.
잠자리는 뜨거운 햇볕을 조금이라도 덜 받으려고 배 끝 부분을 태양 쪽으로 향하게 애쓴다. 배 끝을 수직에 가깝게 세웠다면 한낮이 된다.

깃동잠자리
잠자리목 잠자리과
크기 42~48mm, 출현 6~11월
날개 끝에 깃동 무늬가 있어서 '깃동잠자리'라고 불린다. 미성숙한 암수는 황색을 띠지만 수컷은 성숙하면 적갈색으로 바뀐다. 습지와 연못, 논에 살며 깃동잠자리류 중에서 가장 흔하다.

된장잠자리
잠자리목 잠자리과
크기 37~42mm, 출현 4~10월
몸 빛깔이 된장 빛깔과 닮아서 '된장잠자리'라고 이름 지어졌다. 이동성 잠자리로 추위에 약해서 우리나라에서는 겨울을 지내지 못한다. 연못과 웅덩이 등에서 살며 35일이면 어른이 된다.

잠자리목

노란허리잠자리
잠자리목 잠자리과
크기 40~46mm, 출현 5~9월

미성숙한 암수는 모두 배 제3~4마디에 굵은 황색 띠무늬가 있지만 성숙한 수컷은 흰색으로 변한다. 연못과 하천 등에 살고 풀 줄기나 나뭇등에 알을 낳는다. 애벌레로 겨울나기를 한다.

큰밀잠자리
잠자리목 잠자리과
크기 51~53mm, 출현 6~9월

암수 모두 미성숙할 때는 황색을 띠지만 수컷은 진한 회청색으로 변한다. 수컷의 경호를 받으며 물에 부딪치며 알을 낳는다. 소규모 하천과 논두렁, 연못, 습지 등에서 쉽게 볼 수 있다.

배치레잠자리
잠자리목 잠자리과
크기 34~38mm, 출현 4~9월

배는 연황색과 검은색 줄이 교대로 나타나며 넓적하다. 밀잠자리류에서 소형 잠자리에 해당된다. 애벌레는 연못과 습지 등에 살며 새벽에 날개돋이를 한다. 웅덩이와 하천, 습지에서 보인다.

밀잠자리
잠자리목 잠자리과
크기 48~54mm, 출현 4~10월

미성숙한 어른벌레는 암수 모두 연갈색이지만 성숙하면 수컷의 배 부분이 청회색을 띤다. 하천과 연못, 습지, 논두렁 등 냄새가 심한 웅덩이에서 잘 살 정도로 적응력이 뛰어나다.

쇠측범잠자리
잠자리목 측범잠자리과
크기 40~44mm, 출현 4~6월

배에 기울어진 황색 줄무늬가 있어 '측범잠자리'라고 불린다. 애벌레는 1급수의 맑은 물에만 살기 때문에 수서 생태계의 지표 곤충이 된다. 청정한 계곡의 돌이나 나뭇잎, 풀잎에서 날개돋이 한다.

자루측범잠자리
잠자리목 측범잠자리과
크기 48~50mm, 출현 5~9월

배마디에 황색 띠무늬가 있으며 수컷은 배 제7~9마디가 자루처럼 굵어져서 '자루측범잠자리'라고 한다. 애벌레로 겨울을 나며 물에 부딪치며 알을 낳는다. 하천과 웅덩이, 저수지에서 보인다.

장수잠자리
잠자리목 장수잠자리과
크기 90~105mm, 출현 6~9월

양지바른 개울이나 숲이 우거진 계곡에 산다. 애벌레는 개울의 고운 퇴적층에 살며 3년 동안 곤충이나 올챙이 등의 작은 생물을 잡아먹으며 자란다. 국내에 사는 잠자리 중 크기가 가장 크다.

수억 년 살아남기

측범잠자리 애벌레

측범잠자리 날개돋이

잠자리 애벌레는 수생 식물의 주변과 진흙 속에 몸을 숨기므로 천적의 눈에 띄지 않는다. 단, 날개돋이를 할 때만 주의하면 되고, 어른벌레가 되면 비행술이 뛰어나서 걱정 없다. 잠자리는 애벌레 시절에는 숨기 대장으로, 어른벌레 시절에는 비행사로 뛰어난 생존력을 발휘해서 수억 년 동안 번성하고 있다.

도시에서 만나는 곤충

도시에서 하루가 시작되면

지지배배 우는 새처럼 부지런한 곤충들도 바삐 아침을 맞이한다.
정원에 핀 꽃에는 나비가 날아들고 나무 위의 매미들은
신나게 여름을 알리며 집 안에서도 많은 곤충이 움직인다.
사람들이 사는 복잡한 도시에는 다양한 곤충이 살고 있다.

대표 서식지

▲ 공원

▲ 주택가

도시에서 만나는 대표 곤충

암먹부전나비

참매미

수중다리꽃등에

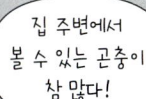

큰검정파리

썩덩나무노린재

귀뚜라미

고추좀잠자리

고마로브집게벌레

좀

알락꼽등이

나비목

애벌레 이야기

네발나비 애벌레

노랑나비
나비목 흰나비과
크기 38~50㎜, 출현 3~11월
몸은 황색을 띠며 풀밭의 개망초와 토끼풀, 엉겅퀴, 구절초, 민들레, 백일홍 등 꽃에 모여 꿀을 빤다. 애벌레는 자운영과 돌콩, 고삼, 아까시나무, 붉은토끼풀, 토끼풀, 싸리, 비수리 등을 먹는다.

배추흰나비
나비목 흰나비과
크기 39~52㎜, 출현 3~11월
몸은 전체적으로 흰색이며 황색을 띤다. 메밀과 무, 엉겅퀴 등의 꽃에서 꿀을 빨며 황색이나 보라색 계통의 꽃을 좋아한다. 겨울나기 하는 번데기는 기생벌에게 기생당한 경우가 많다.

네발나비
나비목 네발나비과
크기 41~55㎜, 출현 3~11월
들판이나 평지, 하천에서 쉽게 관찰할 수 있다. 어른벌레로 겨울나기를 해서 1년 내내 볼 수 있다. 뒷날개에 C자 무늬가 있어서 '남방씨알붐나비'라고도 불린다. 환삼덩굴에 알을 낳는다.

네발나비는 하천과 밭, 개울가, 낮은 산지, 해안 등에서 쉽게 만날 수 있으며, 엉겅퀴와 산초나무, 감국 등의 꽃에 모여 꿀을 빤다.
0.7㎜의 작은 알에서 깨어난 애벌레는 알껍데기를 모두 먹어 치운 다음, 환삼덩굴의 잎을 갉아 먹으며 자란다. 여러 번 허물을 벗으며 다 자란 애벌레는 32㎜ 정도가 된다. 몸은 검은색이고 등에는 황백색의 복잡한 가시 모양의 돌기가 많은 것이 특징이다.

다리가 퇴화된 다양한 네발나비류

네발나비

뿔나비

대왕나비

왕오색나비

작은멋쟁이나비
나비목 네발나비과
크기 43~59㎜, 출현 4~11월
날개 빛깔이 화려해서 멋진 옷을 입은 것처럼 보인다. 양지바른 풀밭이나 길가, 해안가 주변에 살며 매우 흔하게 관찰된다. 애벌레는 참쑥과 떡쑥, 쑥을 먹고 산다. 어른벌레로 겨울나기를 한다.

네발나비류에는 매우 다양한 나비가 포함되어 있다. 보통 날개 윗면은 화려하지만 날개 아랫면은 나뭇잎처럼 칙칙한 빛깔의 보호색을 띠는 경우가 많다.
뿔나비류와 뱀눈나비류, 줄나비류, 오색나비류 등 대형 나비와 중형 나비가 네발나비류에 속한다.
뿔나비는 주둥이가 뿔처럼 나와 있고, 뱀눈나비는 날개에 눈알 무늬가 있다. 오색나비는 알록달록한 빛깔이 예쁘고, 줄나비는 날개에 줄무늬가 있다.
네발나비류의 나비는 모습이 서로 달라 보이지만 앞다리가 짧아지거나 퇴화되어 4개의 다리로 기어가는 공통점이 있다. 퇴화된 앞다리는 맛을 느끼는 감각 기관으로 매우 중요하게 사용된다.

호랑나비
나비목 호랑나비과
크기 56~97㎜, 출현 3~11월
평지나 낮은 산지에 살며 마을 근처에서도 볼 수 있다. 수컷은 물가에 떼 지어 모인다. 암컷은 먹이 식물을 탐색하다가 새싹이나 잎 뒤에 30~400여 개의 알을 하나씩 낳아 붙인다.

나비목 　파리목

남방부전나비
나비목 부전나비과
크기 17~28mm, 출현 4~11월

도심의 공원과 논밭 주변, 정원에서 매우 쉽게 만날 수 있는 부전나비이다. 비행 속도가 빠르지 않은 편이다. 민들레와 개망초, 토끼풀 등의 꽃에 모여 꿀을 빤다. 애벌레는 괭이밥을 먹고 산다.

암먹부전나비
나비목 부전나비과
크기 17~28mm, 출현 3~10월

길가의 풀밭 사이를 활발하게 날아다니며 풀잎에 앉아서 짝짓기를 한다. 오전에는 체온을 올리려고 날개를 펴고 일광욕을 한다. 물을 먹기 위해 물가에 내려앉기도 한다. 번데기로 겨울을 난다.

화랑곡나방
나비목 명나방과
크기 12~18mm, 출현 5~9월

머리는 적갈색 비늘가루로 덮여 있고 더듬이는 가는 털 모양이다. 앞날개 윗부분은 흰색, 아랫부분은 갈색을 띤다. 어른벌레는 1년에 3~4회 발생하며 애벌레로 겨울나기를 한다.

과자를 갉아 먹어요

화랑곡나방

화랑곡나방은 보통 짚 가마니나 쌀통 주위에 200여 개의 알을 낳는다. 부화된 애벌레는 입에서 실을 토해서 쌀이나 곡식알을 얽어맨 다음, 갉아 먹으면서 8~10mm까지 자란다. 애벌레는 쌀과 콩, 고추 등에 살면서 농작물에 피해를 일으킨다. 곡식뿐 아니라 과자나 컵라면 같은 저장식품까지 뚫고 들어가는 해충이다.

유리주머니나방
나비목 주머니나방과
크기 18~21mm, 출현 5~9월

몸은 가늘고 기다란 도롱이 모양을 하고 있다. 도심의 길가 주변에 자라는 강아지풀에도 붙어 있을 정도로 쉽게 볼 수 있다. 나뭇가지나 인가의 담 근처에 붙어 있는 모습도 눈에 띈다.

푸른등금파리
파리목 검정파리과
크기 8~10mm, 출현 4~10월

몸 빛깔은 청록색을 띠는 금파리로 마을 주변에 잘 모여든다. 마을과 들판의 풀잎이나 땅 위에 잘 내려앉으며 배설물에도 잘 모여든다. 전염병까지 옮기기 때문에 날아들면 매우 귀찮다.

금파리
파리목 검정파리과
크기 6~12mm, 출현 4~10월

산과 들에서 자주 보이는 가장 흔한 파리로 배설물이나 사체에 잘 모이지만 썩은 과일에도 모인다. 오염된 물질에 모여 병균을 옮기는 위생해충이지만 최근에는 법의학 곤충으로 주목받고 있다.

큰검정파리
파리목 검정파리과
크기 10~13mm, 출현 3~11월

몸 빛깔이 검은색이고 덩치가 매우 큰 파리로 도시에서도 자주 목격된다. 초봄에 자취를 감추었다가 늦가을에 다시 나타나서 11월까지 활동한다. 배설물과 썩은 동물 사체에 잘 모여든다.

파리목

검정볼기쉬파리
파리목 쉬파리과
크기 7~13mm, 출현 4~10월

사람이나 동물의 배설물, 썩은 물질이나 쓰레기에도 매우 잘 모인다. 더러운 곳을 찾아다니며 병균을 옮기기 때문에 위생상 매우 좋지 않다. 음식을 먹을 때 음식에 앉지 않도록 주의해야 한다.

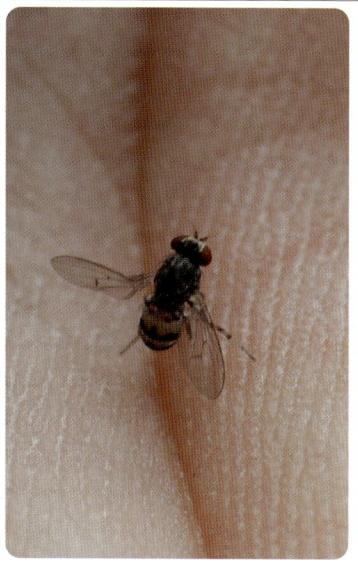

노랑초파리
파리목 초파리과
크기 2.5mm 내외, 출현 3~10월

과일에 쉽게 모여든다고 해서 '과일파리'라고 불린다. 과일을 그대로 놔두면 여러 마리가 한꺼번에 모여들어 알을 낳는다. 일주일 정도면 어른이 되기 때문에 개체 수가 금방 불어난다.

의학 연구용 곤충 초파리

초파리와 사람의 유전자 연구

과일을 먹을 때 귀찮게 날아드는 작은 초파리는 모든 사람이 싫어한다. 그러나 초파리에게는 숨겨진 비밀이 있다. 귀찮은 생물 초파리가 사람의 유전을 연구하는데 크게 공헌했기 때문이다.

초파리는 사람에게 질병을 일으키는 유전자의 70%를 동일하게 갖고 있다. 그러다 보니 사람의 질병을 초파리로 대신해서 연구할 수 있게 되었고, 그 연구 결과를 토대로 사람에게 필요한 신약을 만들거나 질병을 치료하는 기술 개발에 활용할 수 있게 되었다.

평소에 귀찮다고 소홀하게만 여겼던 초파리를 과연 해충이라고 불러야 하는 걸까?

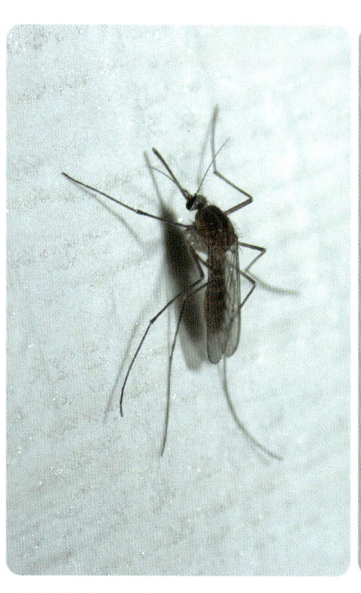

빨간집모기
파리목 모기과
크기 5.5mm 내외, 출현 4~11월

몸은 연갈색을 띠며 집 안에 주로 침입해서 사람의 피를 빤다. 밤에 흡혈하는 해충으로 가축의 피도 빤다. 집 안 구석진 곳과 동굴, 하수구, 지하실, 골방, 온실, 욕실 등에서 겨울나기를 한다.

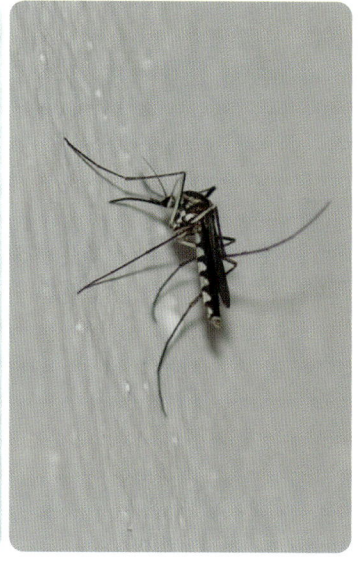

흰줄숲모기
파리목 모기과
크기 4.5mm 내외, 출현 6~9월

몸은 검은색이며 흰색 줄무늬를 가진 모기로 산에 많다고 해서 흔히 '산모기'라고 불린다. 최근에는 산 옆에 있는 인가에서도 많이 발생하고 있다. 물리면 집모기가 무는 것보다 매우 아프다.

모기로부터 건강을 유지하는 방법

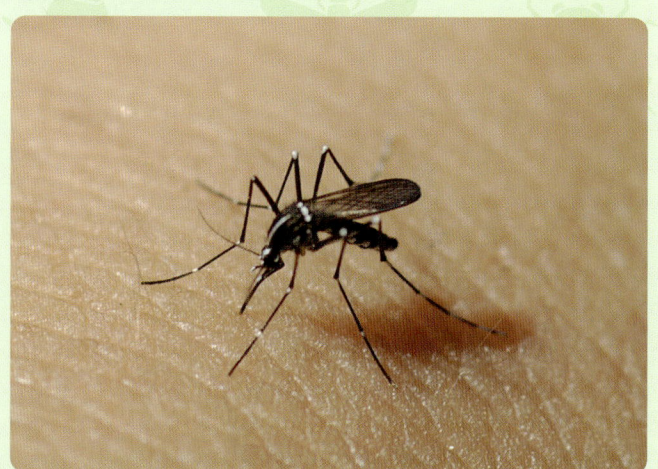

사람의 피를 빨고 있는 흰줄숲모기

말라리아와 뎅기열, 일본뇌염, 황열병 등의 질병을 옮기는 모기는 매우 무서운 해충이라서 모기로부터 건강을 지키는 것이 중요하다.

모기가 꼬이지 않게 하려면 우선 몸을 청결히 해야 한다. 모기는 우리 몸에서 땀과 호흡으로 나오는 이산화탄소를 가장 좋아하기 때문에 땀을 흘린 후에는 반드시 샤워를 해야 한다. 또한 모기 기피제와 모기향, 모기장을 이용하는 것도 좋은 방법이다.

무엇보다 모기가 계속 발생하지 않도록 사전에 차단하는 것이 중요하다. 모기 애벌레인 장구벌레가 살지 못하게 집 주변의 웅덩이를 없애고, 장구벌레를 잡아먹는 미꾸라지를 기르면 모기로부터 건강을 지킬 수 있다.

파리목

나방파리
파리목 나방파리과
크기 1.5~2mm, 1~12월 출현

날개는 회백색으로 반투명하다. 날개가 커서 소형 나방처럼 보인다고 해서 '나방파리'라고 이름 지어졌다. 화장실과 보일러실, 하수도 주변, 창고 등의 축축한 곳이나 물이 고인 곳에 산다.

장수깔따구
파리목 깔따구과
크기 6~7mm, 출현 4~9월

깔따구류 중에서는 크기가 매우 큰 편이다. 모기와 비슷해서 착각하는 경우가 많다. 마을 주변의 하천이나 풀밭에 많이 살며 한꺼번에 대발생해서 사람에게 몰려들어 피해를 주기도 한다.

 물의 지표종

맑은 물 지표종 – 진강도래 어른벌레

오염된 물 지표종 – 깔따구류

맑은 시냇물에는 강도래가 살지만 오염된 물에는 파리류 곤충이 살아서 물의 맑은 정도를 알 수 있다. 강도래는 수온이 낮고 산소가 풍부한 곳을 좋아하지만, 깔따구는 오염된 환경을 좋아해서 한꺼번에 대발생한다. 깔따구가 하루살이 떼처럼 대발생하면 그 주변을 걸어다니기 힘들 정도로 매우 심각하다.

줄각다귀
파리목 각다귀과
크기 12~16mm, 출현 5~10월

마을 주변의 풀밭이나 하천가에 많이 산다. 특히 하천가에 지어진 아파트에 많이 날아든다. 모기처럼 보이지만 피를 빨아 먹고 사는 곤충은 아니다. 하늘 위를 포르르 날아다닌다.

큰황나각다귀
파리목 각다귀과
크기 20mm 내외, 출현 5~7월

전체적인 모습이 큰 모기처럼 보여서 '왕모기'라고도 불린다. 집 근처의 풀밭에서 풀즙을 먹고 살기 때문에 집 안에 잘 들어오기도 한다. 다리가 매우 길어서 모기와 구별된다.

수중다리꽃등에
파리목 꽃등에과
크기 12~14mm, 출현 3~11월

초봄부터 일찍 날아다니며 활동하는 꽃등에이다. 산이나 들판뿐 아니라 도심지에서도 관찰된다. 주택가의 담벼락이나 화단의 꽃에 앉았다가 금방 훌쩍 날아가는 모습을 쉽게 볼 수 있다.

꽃등에
파리목 꽃등에과
크기 14~16mm, 출현 4~11월

마을 주변에 핀 꽃에 잘 날아든다. 꿀벌처럼 꽃가루를 옮겨 주기 때문에 꽃가루받이 곤충으로 중요하다. 애벌레는 썩은 오염 물질을 먹고 살며 다리가 없어서 '꼬리구더기'라고도 불린다.

배짧은꽃등에
파리목 꽃등에과
크기 10~13mm, 출현 4~10월

인가 주변의 풀밭이나 화단에 핀 꽃에 날아온 모습이 꿀벌처럼 보인다. 꽃에 잘 모여서 꽃가루를 옮기기 때문에 꽃가루받이 곤충으로 연구하고 있다. 애벌레는 식물성 유기 물질을 먹고 산다.

노린재목

참매미
노린재목 매미과
크기 56~60mm, 출현 6~9월

숲과 도시에서 가장 익숙하게 들을 수 있는 울음소리를 낸다. 벚나무와 참나무류, 아까시나무, 소나무 등에 모인다. 맑은 날 아침에 잘 울며 비가 조금씩 내리는 날에도 울음을 그치지 않는다.

말매미
노린재목 매미과
크기 65mm 내외, 출현 6~10월

몸은 검은색을 띠며 우리나라의 매미 중에서 몸집이 매우 커서 '말매미'라고 불린다. 외치듯 크게 울어대는 울음소리가 매미 중에서는 가장 크기 때문에 소음 공해의 원인이 된다.

도심에서 들리는 매미 소리

날이 흐려도 우는 애매미

최고 소음을 내는 말매미

매미의 울음소리는 시골보다 도심지에서 더 크게 들린다. 자동차 소리에 묻혀 울음소리가 잘 전달되지 않아서 더 크게 외치는 것이다.

도심에서는 애매미와 참매미의 울음소리를 잘 들을 수 있다. 애매미는 이른 아침부터 다양한 목소리로 노래를 부르며, 흐린 날과 불빛이 환한 한밤중에도 잘 운다. 참매미가 맴맴 우는 소리는 가장 흔하게 들을 수 있다.

도심에서 가장 시끄럽게 우는 매미는 말매미이다. 말매미의 울음소리는 공사장 소음과 비슷하다 보니 다른 매미의 울음소리가 말매미의 소리에 묻혀서 잘 들리지 않는다. 소리가 약한 참매미와 애매미는 말매미가 쉬는 틈을 타서 노래하여 짝을 부른다.

애매미
노린재목 매미과
크기 43~46mm, 출현 6~10월

매미 중에서 몸집이 작은 편에 속해서 '애매미'라는 이름이 지어졌다. 북한에서는 '애기매미'라고 부른다. 이른 아침부터 변화무쌍한 노랫가락으로 노래 부르는 소리를 들을 수 있다.

꽃매미
노린재목 꽃매미과
크기 14~15mm, 출현 7~11월

중국에서는 붉은색 날개를 펼치고 날아가는 모습이 예쁘다고 해서 좋아한다. 우리나라에 들어온 꽃매미는 가로수와 과일나무에 다닥다닥 붙어서 피해를 주기 때문에 사람들이 싫어한다.

귀화 곤충 꽃매미의 한살이

꽃매미 알

꽃매미 3령 애벌레

꽃매미 4령 애벌레

꽃매미 어른벌레

꽃매미는 애멸구나 벼멸구처럼 우리나라에 유입된 곤충이어서 추운 겨울을 견디지 못했다. 해마다 날아온 꽃매미는 겨울을 나지 못하고 모두 죽었고 다음 해에는 또 다른 꽃매미가 날아와서 살았다.

그런데 2006년부터는 꽃매미가 알을 낳으면서 귀화 곤충이 되었다. 나무에 진흙덩이처럼 보이는 알덩이를 낳고 겨울나기를 시작한 것이다. 알덩이 속에서 겨울을 보낸 꽃매미는 5월이 되면 부화하여 애벌레가 된다.

괴상망측하게 생긴 꽃매미 애벌레는 외계 생물처럼 보인다. 애벌레는 허물벗기를 4회하고 나서 7월이 되면 어른벌레가 된다. 어른벌레와 애벌레 모두 즙을 빨아 먹기 때문에 피해를 일으킨다.

노린재목 딱정벌레목

별노린재
노린재목 별노린재과
크기 9mm 내외, 출현 2~11월

땅속에서 겨울나기를 마치고 초봄에 나타난다. 마을 주변의 풀밭에서 땅 위를 천천히 기어 다닌다. 몸 빛깔이 암갈색을 띠고 있어서 땅에서 기어 다니면 눈에 잘 띄지 않는다.

썩덩나무노린재
노린재목 노린재과
크기 13~18mm, 출현 3~11월

몸은 진한 갈색을 띠며 적갈색과 검은색의 불규칙한 무늬가 흩어져 있어서 얼룩덜룩해 보인다. 썩은 나무에 많이 살아서 '썩덩나무노린재'라고 이름 지었다. 나무에 있으면 눈에 잘 띄지 않는다.

겨울나기를 하는 노린재

나무 틈의 썩덩나무노린재

나무껍질 속의 무시바노린재

팻말 뒤에 있는 썩덩나무노린재

노린재는 보통 1년에 2회 출현한다. 가을에 출현한 노린재는 얼마 지나지 않아 추운 겨울을 맞이한다. 그래서 대부분 어른벌레로 겨울나기를 한다.
노린재는 나무 틈이나 나무껍질 속, 땅속처럼 바람을 막을 수 있는 따뜻한 곳에 숨어서 추위를 이겨낸다. 몸이 납작해서 갈라진 틈새에도 잘 끼어 들어갈 수 있다. 죽은 나무의 껍질 아래나 나무에 걸어 놓은 팻말 뒤에도 매우 따뜻해서 겨울나기를 한다. 특히 팻말 뒤에는 노린재뿐만 아니라 고마로브집게벌레가 함께 숨어 있는 모습도 볼 수 있다.
추운 겨울 동안 따뜻한 곳에서 꼼짝않고 겨울을 난 노린재는 따뜻한 봄이 되면 가장 먼저 봄나들이 나와서 초봄부터 관찰할 수 있다.

북방머리먼지벌레
딱정벌레목 딱정벌레과
크기 15.1~17.9mm, 출현 7~8월

몸은 전체적으로 검은색을 띤다. 먼지벌레류 중에서는 머리 부분이 도드라지게 커서 이름에 '머리먼지벌레'가 붙여졌다. 놀이터나 공원 주변의 길가에서 매우 빠르게 기어가는 모습이 보인다.

우수리둥글먼지벌레
딱정벌레목 딱정벌레과
크기 7.5~8mm, 출현 4~8월

마을 주변의 풀밭이나 잔디밭 사이를 매우 빠르게 기어 다닌다. 잠깐 틈을 주면 어디로 이동했는지 모를 정도로 정신없이 다닌다. 위험이 감지되면 풀밭 사이를 비집고 들어가 숨어 버린다.

미륵무늬먼지벌레
딱정벌레목 딱정벌레과
크기 11.2~13.5mm, 출현 5~11월

몸은 햇볕을 받으면 풀색 광택이 흐른다. 다리가 길어서 마을 주변의 풀밭이나 잔디밭 위를 빠르게 기어 다닌다. 빨라서 관찰하기 힘들지만 쫓아가 보면 중간중간 멈춰 서서 쉬는 모습이 보인다.

검정빗살방아벌레
딱정벌레목 방아벌레과
크기 17mm 내외, 출현 5~7월

길쭉한 타원형의 방아벌레이다. 몸 전체가 검은색을 띠며 더듬이가 빗살 모양이어서 '검정빗살방아벌레'라고 이름 지어졌다. 마을 주변의 들판이나 나뭇잎에 앉아 있는 모습을 볼 수 있다.

딱정벌레목 잠자리목

적갈색긴가슴잎벌레
딱정벌레목 잎벌레과
크기 5~6mm, 출현 4~8월

몸 빛깔은 적갈색을 띠는 작은 잎벌레이다. 가슴 부분이 다른 잎벌레보다 길어서 몸이 매우 길쭉해 보인다. 공터나 놀이터, 공원, 정원 풀밭의 풀잎에 앉아 있거나 날아다니는 모습을 볼 수 있다.

배노랑긴가슴잎벌레
딱정벌레목 잎벌레과
크기 5~6.5mm, 출현 4~9월

몸 형태는 적갈색긴가슴잎벌레와 매우 비슷하지만 몸 빛깔이 청람색이어서 구별된다. 공원이나 주택가, 길가의 풀밭 사이를 날아다니는 모습을 볼 수 있다. 배 부분이 황색을 띠고 있다.

애우단풍뎅이
딱정벌레목 검정풍뎅이과
크기 7~8mm, 출현 3~10월

몸이 동그랗게 생긴 풍뎅이로 땅 부근의 풀밭에서 볼 수 있다. 보통의 풍뎅이와는 달리 광택이 없으며 털이 빽빽하게 나 있다. 불빛에도 날아들기 때문에 창문틀에 모여서 죽은 모습도 볼 수 있다.

야행성 곤충

가로등에 모인 곤충

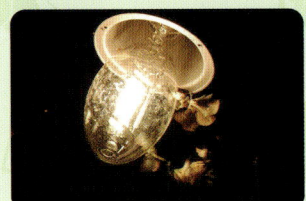
가로등에 날아온 나방

무더운 여름날 창문을 열어 놓으면 날벌레가 많이 날아 들어오는데 대부분은 곤충이다.
거실의 형광등이나 가로등 주변에 날아다니는 곤충이 많이 모이는데, 가로등에는 나방이 가장 많고, 먼지벌레와 우단풍뎅이, 검정풍뎅이 등도 관찰하기 쉽다. 문을 연 틈으로는 날아든 반날개도 보인다.

고추좀잠자리
잠자리목 잠자리과
크기 38~44mm, 출현 6~11월

수컷이 짝짓기 할 때가 되면 몸 빛깔이 붉게 변한다. 가장 흔하게 볼 수 있는 붉은색의 잠자리여서 '고추잠자리'라고 불렸다. 인가 주변의 풀밭에서 잘 날아다니는 모습을 볼 수 있다.

된장잠자리
잠자리목 잠자리과
크기 37~42mm, 출현 4~10월

붉은색을 띠는 보통의 잠자리와는 달리 된장 빛깔을 띠기 때문에 쉽게 구별된다. 동남아시아에서 우리나라 남부 지방으로 이주한 후 여러 차례 번식하면서 서서히 북쪽으로 이동한다.

바다 건너서 날아오는 된장잠자리

배 등쪽이 된장 빛깔인 된장잠자리

풀잎에 내려앉은 된장잠자리

놀라운 비행 실력을 갖춘 된장잠자리는 바다를 건너서 우리나라까지 날아오는 곤충이다. 장마가 끝나고 본격적인 무더위가 찾아올 무렵이면 잠자리를 쉽게 볼 수 있는데 그중 누런색을 띠는 것이 바로 된장잠자리이다.
된장잠자리는 적도와 열대 지방에서 태평양을 건너서 우리나라까지 오는 이동성 잠자리이다. 애벌레는 35일 정도면 어른벌레가 되기 때문에 1년에 4세대를 거칠 정도로 번식력이 왕성하다. 하천과 연못, 웅덩이 등 다양한 장소에서 알을 낳아 번식한다.
7월 말이나 8월 초가 되면 개체 수가 가장 많다. 그렇지만 추위에 약해서 우리나라에서 겨울나기를 하지 못한다.

잠자리목　메뚜기목　벌목

날개띠좀잠자리
잠자리목 잠자리과
크기 32~38mm, 출현 7~11월

고추좀잠자리보다 약간 더 작은 잠자리로 수컷은 짝짓기 철이 되면 붉게 변한다. 나뭇가지 끝에 잘 내려앉아 있는 모습을 볼 수 있다. 늦은 가을에도 날아다니는 모습을 볼 수 있다.

아시아실잠자리
잠자리목 실잠자리과
크기 24~30mm, 출현 4~10월

인가 주변의 작은 웅덩이나 연못 등에서도 쉽게 관찰되는 매우 흔한 실잠자리이다. 풀잎 사이를 날아다니는 모습이 연약해 보인다. 암수가 짝짓기 할 때 꼬리로 하트 무늬를 그리는 모습이 예쁘다.

알락귀뚜라미
메뚜기목 귀뚜라미과
크기 12~14mm, 출현 7~11월

농경지와 정원의 돌 밑이나 도시와 주택가 주변에서도 볼 수 있다. '리리리~~' 하는 울음소리를 들을 수 있다. 한쪽 날개를 수직으로 세우고 반대쪽 날개를 비벼서 소리를 낸다.

알락꼽등이
메뚜기목 꼽등이과
크기 12~18mm, 출현 1~12월

인가 주변의 땅에 산다. 낮에는 어두운 곳에 숨어 있다가 밤이 되면 활동한다. 문틈이나 좁은 공간을 비집고 집 안에 들어온다. 귀뚜라미라고 생각하는 경우가 많지만 날개가 없어서 울지 못한다.

꼽등이
메뚜기목 꼽등이과
크기 13~20mm, 출현 5~11월

반질반질한 갈색 광택을 띠며 다리가 길쭉하다. 집 안이나 야외의 어두운 곳에 숨어 있다가 밤에 활동한다. 화단이나 주변 풀밭에 살기 때문에 주택가나 아파트 현관에서 자주 마주친다.

 연가시로 유명 곤충이 된 꼽등이

주택 현관의 알락꼽등이

화단의 꼽등이

꼽등이는 꼽추처럼 등이 굽어서 '꼽등이'라고 불린다. 사람들은 귀뚜라미로 알고 있는 경우가 매우 많은데, 꼽등이는 귀뚜라미처럼 울지 못한다.
최근에 꼽등이는 대발생하면서 유명해졌다. 평소에 잘 보이지 않았던 꼽등이가 나타나자 사람들은 주목했다. 특히 꼽등이 몸속에서 나온 연가시가 사람 몸속에 들어간다는 괴담까지 퍼지고, 연가시를 소재로 삼은 영화와 꼽등이 노래까지 유행하면서 최고의 혐오 해충이 되었다.
꼽등이가 대발생한 것은 비가 많이 온 탓이다. 습기가 많아지자 번식하기 좋은 환경이 되어서 많이 출현한 것이다. 꼽등이의 몸속에서 나오는 연가시는 물론 사람의 몸속에서 살 수 없다.

곰개미
벌목 개미과
크기 5~9mm, 출현 5~10월

산지나 인가 주변의 양지바른 건조한 땅에서 집을 짓고 산다. 진딧물이 다닥다닥 붙어 있는 풀 줄기에서도 흔히 목격된다. 진딧물에서 나오는 단물을 받아 먹고 산다. 6~7월에 결혼 비행을 한다.

벌목 집게벌레목

일본왕개미
벌목 개미과
크기 7~14mm, 출현 3~10월

들판이나 마을의 양지바른 건조한 땅에서 흔히 볼 수 있다. 꽃과 진딧물이 있는 곳에서도 흔히 목격된다. 꿀벌처럼 여왕개미와 일개미, 수개미 등의 역할이 나뉘어져 생활하는 사회성 곤충이다.

양봉꿀벌
벌목 꿀벌과
크기 10~17mm, 출현 3~10월

인가 주변과 산지에 핀 꽃에 모여든다. 꿀을 얻으려고 양봉하는 벌로 인공적으로 만든 나무 상자에 집을 만들어서 사육한다. 꽃가루받이와 꿀을 얻기 위해 서양에서 들여 온 꿀벌이다.

양봉에서 얻는 중요한 생산물

양봉꿀벌과 재래꿀벌로 양봉하여 중요한 생산물을 얻는다. 양봉꿀벌은 고종황제 때 독일인 선교사가 이탈리안 종을 들여왔다. 활동력이 좋고 기르기가 좋아서 세계 각지에서 수입하여 사육한다. 재래꿀벌은 토종꿀을 생산하며 고구려 태조 때 인도에서 중국을 거쳐 들여왔다.

- 벌꿀 : 비타민과 단백질, 미네랄, 아미노산 등이 들어 있는 종합영양제로 피로회복 효과가 좋다.
- 로열젤리 : 수분과 단백질, 탄수화물, 아미노산 등이 들어 있고 생장 발육 촉진, 세포 생성, 신진대사 촉진 등의 효과가 있어 대표적인 장수 식품이다.
- 프로폴리스(봉교) : 강력한 살균력을 갖고 있는 천연 항생 물질이다.
- 화분(꽃가루) : 비타민 C와 섬유질이 많으며 인체에 필요한 미네랄 16종 중에서 12종이 들어 있다. 빈혈에 좋고 피부 노화를 방지하는 효과가 있다.

호박벌
벌목 꿀벌과
크기 12~23mm, 출현 4~10월

평지부터 산지에 걸쳐서 쉽게 관찰되는 벌이다. 암컷은 두더지나 들쥐 등이 땅속에 파 놓은 빈 공간에 집을 짓고 알을 낳는다. 꿀과 꽃가루를 모아서 집에 저장하여 애벌레의 먹이로 사용한다.

별쌍살벌
벌목 말벌과
크기 11~17mm, 출현 4~10월

인가 주변의 풀밭이나 집 근처에 집을 만든다. 나무껍질을 씹은 후 침과 나뭇진을 섞어 만든다. 나뭇가지와 나무줄기의 움푹 패인 곳에 집을 짓는 경우도 흔히 보인다. 나비류 애벌레를 잡아먹는다.

끝마디통통집게벌레
집게벌레목 민집게벌레과
크기 15~20mm, 출현 4~11월

길쭉한 배가 끝마디로 갈수록 볼록하게 부풀어 있어서 '끝마디통통집게벌레'라고 이름 지어졌다. 수컷의 집게는 비대칭으로 굽어 있다. 사람이 사는 주변에서도 흔하게 볼 수 있다.

좀집게벌레
집게벌레목 집게벌레과
크기 16mm 내외, 출현 5~9월

풀밭에 살면서 다른 곤충의 알이나 고치를 먹고 산다. 수컷의 집게는 둥글고 안쪽에 삼각형의 작은 이빨이 있으며, 암컷의 집게는 곧고 끝부분만 약간 구부러져서 차이가 있다.

집게벌레목 외

고마로브집게벌레
집게벌레목 집게벌레과
크기 15~22mm, 출현 4~11월

우리나라 집게벌레 중에서 집게 길이가 가장 길다. 축축한 지하실이나 도시에서 매우 쉽게 관찰된다. 나뭇잎이나 꽃에도 모인다. 이름은 '고마로브'라는 러시아 식물학자 이름에서 유래되었다.

바퀴
바퀴목 바퀴과
크기 11~15mm, 출현 1~12월

몸은 길쭉한 타원형이며 연갈색을 띤다. 바퀴 중에 진짜 바퀴라 해서 '참바퀴'로도 불리며 '독일바퀴'라고도 한다. 인가 주변에서 살아가는 해충이기 때문에 바퀴보다는 '바퀴벌레'라고 불린다.

우주 탐사의 연구 생물이 된 적응력 강한 바퀴벌레

바퀴벌레는 뛰어난 적응력을 갖고 있는 대표적인 곤충으로 꼽힌다. 어떤 먹이를 먹어도 살며 방사능 누출에도 사람보다 500배나 견딜 수 있다. 적응력이 강하기 때문에 우주 실험에도 이용되었다.

무인 캡슐에 바퀴벌레와 지렁이, 달팽이 등의 작은 생물을 태워 우주로 보냈더니 바퀴벌레만 살아남았다. 바퀴벌레는 중력이 바뀐 극심한 우주 환경까지 적응하면서 알을 배는 데도 성공했다. 우주에서 알을 밴 바퀴벌레는 인간이 우주에서 생활하는 데 중요한 힌트를 줄 거라고 여겨서 우주 실험 생물로 연구되고 있다. 최근에는 바퀴벌레보다 더 적응력 강한 곰처럼 생긴 타디그레이드도 우주로 보내서 실험하고 있다.

우주로 가는 연구 생물

바퀴벌레와 타디그레이드의 우주 적응력

좀사마귀
사마귀목 사마귀과
크기 36~63mm, 출현 8~10월

나뭇가지처럼 위장하고 있다가 지나가는 곤충을 포획하여 잡아먹는 육식성이다. 산지와 평지, 인가 주변에 널리 서식하는 사마귀로 크기가 작아서 '작은사마귀'라고도 한다. 알집은 길고 가늘다.

좀
좀목 좀과
크기 11~13mm, 출현 6~11월

몸은 납작하며 은색을 띠고 있어서 '실버피시(Silverfish)'라고 불린다. 인가 주변의 어둡고 습하며 따뜻한 곳에 산다. 천연 섬유로 만든 옷을 갉아 먹어 피해를 주던 의복 해충이다.

집 안에 사는 해충 이야기

모기

꼽등이

끈끈이에 붙은 바퀴벌레

집 안에서 피해를 주는 대표적인 해충으로는 바퀴벌레와 파리, 모기, 개미, 노린재, 꼽등이, 집게벌레, 좀 등이 있다.

바퀴벌레와 파리는 지저분한 곳을 좋아해서 병균을 옮긴다. 둘은 번식력이 좋기 때문에 막아 내려고 다양한 약을 판매하고 있다. 모기는 피를 빨 때 전염병을 옮겨서 문제가 된다.

집 안에 사는 개미는 사람을 물어서 피해를 주며, 좀은 천연 옷감을 갉아 먹어서 피해를 주는 의복 해충이었지만 화학 섬유를 사용하면서 개체 수가 급격히 줄어들었다. 노린재와 꼽등이, 집게벌레 등은 직접적인 피해를 주지는 않지만 모습이 혐오감을 준다.

논밭에서 만나는 곤충

논밭에서 하루가 시작되면

농작물을 먹고 사는 다양한 곤충이 함께 모여든다.
갉아 먹을 잎과 즙을 빨아 먹을 먹이가 풍부한 논밭은
곤충에게는 배부르게 지낼 수 있는 최고의 집이다.
정성껏 기른 작물이 가득한 곳에는 다양한 곤충이 살고 있다.

대표 서식지

▲ 논

▲ 밭

논밭에서 만나는 대표 곤충

등심무늬들명나방

화랑곡나방

구름무늬밤나방

배추흰나비

톱다리개미허리노린재

갈색날개노린재

검정오이잎벌레

큰이십팔점박이무당벌레

우리벼메뚜기

섬서구메뚜기

나비목

연보라들명나방
나비목 풀명나방과
크기 15~20㎜, 출현 5~8월

날개는 연보라색을 띠며 앞날개 안쪽은 흰색을 띤다. 수컷의 더듬이는 털 모양이며 암컷은 실 모양이다. 애벌레는 갈참나무와 떡갈나무, 개암나무 등의 잎을 먹는다. 우리나라 전역에 분포한다.

흰띠명나방
나비목 풀명나방과
크기 20~24㎜, 출현 5~10월

날개는 전체적으로 흑갈색을 띠며 앞날개에 뚜렷한 흰색 띠무늬가 있는 것이 특징이다. 어른벌레는 주로 낮에 활동하기 때문에 눈에 잘 띈다. 1년에 2회 이상 발생해서 피해가 계속된다.

분홍무늬들명나방
나비목 풀명나방과
크기 32~36㎜, 출현 5~8월

앞날개는 연황색을 띠며 분홍색 띠무늬가 뚜렷하게 발달되어서 구별할 수 있다. 애벌레는 마디풀과 식물의 잎을 잘 갉아먹고 산다. 풀잎 사이를 날아다니며 잎을 붙잡고 있는 모습을 볼 수 있다.

명나방 애벌레 이야기

흑명나방 애벌레

명나방은 대부분 밝은 빛깔과 다양한 무늬를 갖고 있는 예쁜 나방이다. 그렇지만 명나방 애벌레는 식물의 마디마다 들어가서 줄기를 파먹고 사는 해충이다.
애벌레의 생태 때문에 옛날에는 '마디명(螟)'과 '벌레충(蟲)' 합쳐서 '명충(螟蟲)'이라고 불렀다. '이화명충'은 벼의 잎을 갉아 먹어서 큰 피해를 주던 해충으로 이화명나방의 애벌레를 말한다.

등심무늬들명나방
나비목 풀명나방과
크기 25~27㎜, 출현 8~9월

앞날개는 황갈색을 띠며 흑갈색의 눈 모양이 있다. 애벌레는 적갈색을 띠며 마디풀과와 소나무과, 콩과 식물을 갉아 먹고 산다. 풀잎이나 꽃에 잘 모여들고, 밤에는 불빛에도 잘 날아온다.

구름무늬들명나방
나비목 풀명나방과
크기 18~23㎜, 출현 6~8월

몸은 연갈색을 띠며 날개 양 끝에 흰색 점무늬가 마치 구름처럼 보인다. 어린 애벌레는 풀색을 띠지만 다 자라면 갈색으로 변하면서 윤기가 흐른다. 먹이 식물의 잎을 말고 그 속에서 산다.

목화명나방
나비목 풀명나방과
크기 22~30㎜, 출현 5~8월

날개는 황백색으로 갈색 줄무늬가 많아서 그물처럼 보인다. 애벌레는 잎을 세로로 말고 갉아 먹어서 피해를 발생시킨다. 목화와 접시꽃, 무궁화, 부용 등을 갉아 먹고 산다. 1년에 2회 출현한다.

몸노랑들명나방
나비목 풀명나방과
크기 25~27㎜, 출현 5~9월

황색을 띠는 날개가 매우 아름다운 나방이다. 야행성이어서 밤에 불빛에 잘 날아온다. 애벌레는 감나무와 참오동나무, 벚나무 등을 갉아 먹고 살기 때문에 피해를 일으킨다.

복숭아명나방
나비목 풀명나방과
크기 23~29㎜, 출현 5~9월

애벌레는 소나무, 잣나무, 구상나무 등 침엽수 잎과 밤나무, 상수리나무, 벚나무 등 활엽수 잎을 갉아 먹는다. 사과나무와 감나무, 감귤나무의 열매까지 파고 들어가 피해를 주는 과수 해충이다.

포도들명나방
나비목 풀명나방과
크기 23~28㎜, 출현 6~9월

애벌레는 포도나 거지덩굴 등의 잎을 엮거나 크게 말고 그 속에서 생활한다. 밤에 불빛에도 잘 모여든다. 포도에 큰 피해를 주는 나방이라서 '포도들명나방'이라고 이름 지어졌다.

혹명나방
나비목 풀명나방과
크기 16~20㎜, 출현 6~10월

애벌레는 잎을 말고 나서 위 아래를 막지 않아서 건드리면 땅에 재빨리 떨어지는 습성이 있다. 벼와 보리, 밀 등 벼과 식물의 잎을 갉아 먹어서 피해를 일으키는 해충으로 유명하다.

조명나방
나비목 풀명나방과
크기 23~32㎜, 출현 7~9월

애벌레는 잎과 줄기, 가지, 열매 등 다양한 부분을 갉아 먹어 큰 피해를 일으킨다. 옥수수와 수수, 조, 삼, 목화, 토마토 등에 피해를 일으킨다. 먹이 식물의 줄기 속에서 애벌레로 겨울나기를 한다.

화랑곡나방
나비목 명나방과
크기 12~18㎜, 출현 5~9월

애벌레 시절에 큰 피해를 일으킨다. 애벌레는 쌀과 콩류, 건과물, 건채소, 과자 등에 피해를 주는 저장 곡물 해충으로 유명하다. 집 안에서 날아다니는 모습을 흔히 볼 수 있다.

복숭아유리나방
나비목 유리나방과
크기 25~30㎜, 출현 6~8월

사과와 매실, 살구, 자두, 복숭아 등에 피해를 주는 해충이다. 어른벌레는 나무 밑동에 알을 낳는다. 부화된 애벌레는 나무껍질을 파고 들어가서 나무를 약하게 만들고 질병에도 감염시킨다.

과일 이름으로 불려지는 나방 이야기

사과잎말이나방 　　　　　　　복숭아명나방

사과와 배, 복숭아, 감, 포도 등이 자라는 과일나무에 모여 살면서 피해를 일으키는 나방은 매우 다양하다. 사과나무에는 사과굴나방과 사과애모무늬잎말이나방, 사과무늬잎말이나방 등이, 복숭아나무에는 복숭아명나방과 복숭아유리나방, 복숭아심식나방, 복숭아굴나방, 복숭아순나방 등이 피해를 준다. 또한 감나무에는 감꼭지나방과 감나무굴나방 등이, 포도나무에는 포도박각시과 포도유리나방, 포도유리날개알락나방 등이 피해를 준다. 배나무에는 배명나방과 배선굴나방 등이 모여 산다. 특히 사과무늬잎말이나방은 이름 앞에 '사과'라는 이름이 붙었지만 배나무와 포도나무 등에도 피해를 주는데, 잎말이나방류 애벌레의 먹이 식물 범위가 매우 넓어서이다.

나비목

농작물에 피해를 주는 밤나방 애벌레

풀색톱날무늬밤나방 애벌레

회색쌍줄밤나방 애벌레

흰줄까마귀밤나방 애벌레

으름밤나방 애벌레

흰무늬박이뒷날개나방
나비목 밤나방과
크기 61mm 내외, 출현 7~8월

밤나방류에 속하기 때문에 전체적으로 어두운 빛깔을 띤다. 뒷날개 가운데에 흰색 무늬가 나타나는 것이 특징이다. 애벌레는 싸리나무를 먹고 살며 어른벌레는 상수리나무 숲에서 발견된다.

구름무늬밤나방
나비목 밤나방과
크기 40mm 내외, 출현 5~8월

날개는 갈색을 띠며 가운데에는 원 모양의 띠무늬가 있다. 앞날개의 무늬가 구름을 연상시킨다. 애벌레는 콩과 돌콩, 새콩, 도둑놈의갈고리, 싸리, 아까시나무 등을 갉아 먹고 산다.

밤나방류는 우리나라에 800여 종으로 나방 전체의 25% 이상을 차지할 정도로 종류가 많다. 밤나방은 빛깔이 칙칙해서 혐오감을 주고, 밤나방류 애벌레는 농작물에 큰 피해를 주어서 해충 전체의 40%를 차지한다.
밤나방류 애벌레는 털이 달린 나방류 애벌레와 다르게 털이 거의 없어 미끈하다. 몸집이 크고 개체 수가 많아서 농작물을 갉아 먹는 피해가 매우 크며 먹이 식물의 종류도 다양하다.
거세미나방류 애벌레는 채소류와 화훼류, 특용 작물, 과수, 사료 작물, 정원수, 잡초, 가로수 등 먹지 못하는 것이 없다. 담배거세미나방 애벌레는 무려 100여 종 이상을 먹이 식물로 삼을 정도로 아무 것이나 잘 먹는다.

세줄무늬수염나방
나비목 밤나방과
크기 27mm 내외, 출현 5~8월

몸과 날개는 황갈색을 띠며 전국적으로 널리 분포하는 나방이다. 애벌레는 버드나무와 자작나무, 사과, 산딸기나무 등을 갉아 먹고 산다. 특히 콩을 잘 먹고 살기 때문에 해충이 되었다.

산저녁나방
나비목 밤나방과
크기 34~38mm, 출현 6~8월

날개는 녹색으로 검은색 줄무늬가 있는 나방이다. 애벌레는 숲에 사는 나무의 잎을 갉아 먹어서 피해를 준다. 배저녁나방이나 사과저녁나방과는 달리 과수원에 주는 피해가 매우 적다.

쌍줄푸른밤나방
나비목 밤나방과
크기 32~41mm, 출현 5~9월

날개가 푸른색을 띠고 있어서 눈에 잘 띤다. 애벌레는 자작나무와 개암나무, 상수리나무, 물참나무, 졸참나무, 너도밤나무 등의 활엽수 잎을 갉아 먹고 살아가는 산림 해충이다.

큰쌍줄푸른밤나방
나비목 밤나방과
크기 38~40mm, 출현 3~8월

'쌍줄붉은밤나방'이라고도 불리며 한여름에 높은 산지에 출현한다. 애벌레는 상수리나무와 졸참나무, 굴참나무 등 참나무류 나뭇잎을 갉아 먹고 사는 산림 해충이다. 참나무 숲에서 발견할 수 있다.

나비목

무궁화밤나방
나비목 밤나방과
크기 82~95mm, 출현 5~8월

어른벌레는 감귤류와 배, 복숭아, 사과 등 과즙을 빨아 먹어 피해를 준다. 애벌레는 장딸기와 섬딸기, 거문딸기, 무궁화의 잎을 먹고 산다. 애벌레가 무궁화를 먹고 살아서 이름이 붙여졌다.

톱니태극나방
나비목 밤나방과
크기 54~61mm, 출현 5~8월

어른벌레는 자두와 복숭아, 포도, 사과 등 과즙을 빨아 먹는 과수 해충이다. 애벌레는 자귀나무의 잎을 갉아 먹고 산다. 1년에 2회 발생하기 때문에 피해가 지속적으로 발생한다.

흰줄태극나방
나비목 밤나방과
크기 55~63mm, 출현 6~8월

어른벌레는 자두와 포도, 감귤 등의 과즙을 빨아 먹는 과수 해충이다. 애벌레는 자귀나무와 청미래덩굴, 밀나물 등을 갉아 먹고 산다. 1년에 2회 발생하여 피해가 크며 번데기로 겨울나기를 한다.

흰눈까마귀밤나방
나비목 밤나방과
크기 51~62mm, 출현 7~10월

어두운 날개 빛깔이 까마귀를 닮았다고 해서 이름이 붙여졌다. 애벌레는 상수리나무와 졸참나무, 팽나무의 잎을 먹고 산다. 밤에 활동해도 몸 빛깔이 어두워서 눈에 잘 띄지 않는 장점이 있다.

꼬마노랑뒷날개나방
나비목 밤나방과
크기 75mm 내외, 출현 6~10월

애벌레는 황철나무와 버드나무류의 잎을 갉아 먹고 사는 산림 해충이다. 어두운 빛깔을 띠고 있어서 밤에 불빛에 날아와도 눈에 띄지 않지만, 뒷날개가 주황색이어서 날개를 펴면 눈에 띈다.

애기얼룩나방
나비목 밤나방과
크기 40~46mm, 출현 5~8월

머리는 검은색이고 날개에 흰색 점무늬가 많아서 얼룩덜룩해 보인다. 가슴과 배 끝부분은 진한 오렌지색을 띤다. 어른벌레는 보통의 나방과는 달리 낮에 잘 활동하며 꽃에 모인다.

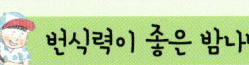

번식력이 좋은 밤나방 이야기

담배거세미나방 애벌레

도둑나방 애벌레

나방은 번식력과 생존 능력이 매우 좋다. 나방 1마리는 매우 약해 보이지만 개체 수가 많아서 매우 강한 곤충이 되었다. 나방은 보통 1년에 여러 차례 출현하며 한 번에 300~3000개의 많은 알을 낳는다.

특히 밤나방은 번식력이 매우 좋아서 한 번 발생하면 피해가 눈덩이처럼 불어난다. 밤나방은 대부분의 곤충처럼 알을 낳고 돌보지 않는 습성을 갖고 있어서 생존율을 높이기 위해 많은 알을 낳는다.

환경적인 조건과 먹이 조건이 모두 갖추어지면 한꺼번에 부화된 먹보 밤나방 애벌레들이 작물로 달려간다. 배고픈 애벌레들은 작물이 다 없어질 때까지 갉아 먹어서 큰 피해를 일으키는 것이다.

나비목

배붉은흰불나방
나비목 불나방과
크기 40mm 내외, 출현 5~8월

숲에서 흔하게 볼 수 있는 불나방으로 1년에 2회 출현한다. 애벌레는 숲에서 벚나무류와 단풍나무, 장미, 사시나무 등의 나뭇잎을 갉아 먹는다. 콩이나 배나무류의 잎도 갉아 먹어서 피해를 준다.

털이 많은 불나방 애벌레 이야기

미국흰불나방 애벌레

점박이불나방 애벌레

흰불나방 애벌레

흰제비불나방 애벌레

털이 복슬복슬한 나방 애벌레를 보는 것만으로도 소름이 돋는 사람들이 많다. 이렇게 털이 달린 나방 애벌레를 보통 '송충이'라고 부르지만, 진짜 송충이는 솔잎만 갉아 먹는 '솔나방 애벌레'를 뜻한다.
그런데 나방 애벌레 중에는 송충이보다 털이 더 많은 애벌레 종류가 매우 많다. 불나방 애벌레와 독나방 애벌레, 매미나방 애벌레가 털이 가장 많으며 불나방 애벌레는 진짜 털복숭이다.
나뭇잎에 앉아 있거나 나무 위를 올라가는 털복숭이 애벌레를 발견했다면 불나방 애벌레일 가능성이 매우 높다. 때로는 땅에 떨어져 꼬물거리며 기어가는 모습이 보이기도 한다.

뿔날개잎말이나방
나비목 잎말이나방과
크기 20~29mm, 출현 5~10월

앞날개는 연주황색을 띤다. 날개 가장자리가 뿔처럼 뾰족하게 튀어나온 것이 특징이다. 애벌레는 사과나무, 배나무, 벚나무 등을 갉아먹고 산다. 생김새가 종 모양을 닮아서 '종나방'이라 부른다.

사과잎말이나방
나비목 잎말이나방과
크기 19~34mm, 출현 5~9월

애벌레는 머리와 앞가슴등판이 갈색이고, 몸은 밝은 연두색을 띤다. 사과나무와 배나무 등 과수류와 참나무류의 잎을 말고 갉아 먹어서 피해를 준다. 사과나무의 주요 해충으로 연 3회 발생한다.

감나무잎말이나방
나비목 잎말이나방과
크기 20~25mm, 출현 4~5월

숲에서 흔히 볼 수 있는 대표적인 잎말이나방이다. 애벌레가 과수의 잎을 말고 갉아 먹기 때문에 과수원에서 자주 볼 수 있다. 사과나무와 배나무 등을 갉아 먹지만 피해는 적은 편이다.

잎말이나방 이름 이야기

잎말이나방의 집

실로 묶은 잎말이나방의 집

종 모양의 감나무잎말이나방

종 모양의 흰꼬리잎말이나방

나뭇잎에 붙어 있는 잎말이나방 어른벌레를 보면 경주에 있는 에밀레종이 떠오른다. 날개를 접고 있는 모습이 종 모양을 하고 있기 때문인데, 이런 잎말이나방을 '종나방(Bell moth)'이라고 부른다.
잎말이나방 어른벌레는 낮에 활동하기 때문에 나뭇잎에 잘 내려앉는다. 이 잎말이나방을 아무리 뚫어지게 쳐다봐도 이름이 왜 '잎말이나방'인지 전혀 알 수 없다. 잎말이나방 어른벌레는 거위벌레처럼 나뭇잎을 말아 올리는 재능이 없기 때문이다.
그렇지만 잎말이나방 애벌레를 보면 의문이 바로 풀린다. 잎말이나방 애벌레는 잎을 둥글게 말고 그 속에서 잎살을 먹으며 살기 때문이다.

과일나무 애호가 잎말이나방

나뭇잎 속의 잎말이나방 애벌레   잎말이나방의 집

잎말이나방 애벌레는 잎을 돌돌 마는 습성이 있어서 '잎을 마는 벌레'라는 뜻으로 '엽권충(葉捲蟲)'이라고 부른다. 이 애벌레는 실을 뿜어서 나뭇잎을 얽어맨 후 갉아 먹어서 피해를 일으킨다. 잎을 돌돌 말아 놓은 나뭇잎을 펼쳐보면 그 속에 숨어서 실을 뿜고 있는 잎말이나방 애벌레를 발견할 수 있다.
잎말이나방은 작물과 산림에 모두 피해를 주지만 **과일나무에 가장 큰 피해를 일으킨다.** 과일나무의 틈에서 애벌레로 겨울나기를 한 후 꽃봉오리가 피기 시작하면 숨어 있던 장소에서 나와 활동한다. 과일나무의 새순과 꽃을 뚫고 들어갈 뿐 아니라 새로 나온 잎을 세로로 말아서 갉아 먹기 때문에 사람들에게 주는 피해가 크다.

애모무늬잎말이나방
나비목 잎말이나방과
크기 14~24mm, 출현 5~9월

애벌레는 따스한 봄이 되면 꽃이 필 때부터 새로 나온 잎과 꽃받침 등을 갉아 먹는다. 개나리와 땅콩, 배, 복숭아, 사과, 진달래 등에 피해를 주는 해충이다. 1년에 3~4회 발생해서 피해가 크다.

흰꼬리잎말이나방
나비목 잎말이나방과
크기 20~24mm, 출현 5~6월

애벌레는 사과나무와 배나무 등의 잎을 말고 그 속에 들어가서 갉아 먹어 피해를 주지만 피해 규모가 크지 않다. 어린 애벌레로 낙엽 밑이나 나무껍질 밑에서 겨울나기를 한다. 1년에 3회 발생한다.

큰사과잎말이나방
나비목 잎말이나방과
크기 18~35mm, 출현 5~9월

애벌레는 배나무와 사과나무 등의 잎을 둘둘 말아서 잎살을 먹고 산다. 잎을 둘둘 말면 과일나무는 제대로 성장하지 못해서 피해를 입게 된다. 심하면 말라 죽을 정도로 피해가 심하다.

흰머리잎말이나방
나비목 잎말이나방과
크기 17~23mm, 출현 5~10월

날개와 몸은 전체적으로 황갈색을 띤다. 앞날개에는 작은 선들이 그물 모양으로 연결되어 있다. 애벌레는 사과나무 등을 먹어서 과수원에 피해를 일으킨다. 그 외에도 느릅나무, 버드나무류를 먹고 산다.

네줄애기잎말이나방
나비목 잎말이나방과
크기 11~15mm, 출현 4~8월

애벌레는 환삼덩굴과 대마, 홉 등 줄기 속에 파고 들어가 갉아 먹는다. 피해 부위가 부풀어서 벌레혹이 되기도 한다. 피해를 입은 줄기는 생장이 억제되고 열매가 잘 맺지 못하며 심하면 말라 죽는다.

꼬마홀쭉잎말이나방
나비목 잎말이나방과
크기 13~17mm, 출현 5~9월

소형 나방으로 머리와 가슴은 주황색을 띠고 앞날개는 황갈색을 띤다. 앞날개 끝 가장자리에 진한 갈색의 삼각형 무늬가 있다. 잎을 둘둘 말고 갉아 먹어 피해를 일으킨다.

나비목

비단을 만드는 누에 이야기

누에

누에고치

누에고치 속의 번데기

누에고치를 뚫고 날개돋이 한 누에나방

누에나방
나비목 누에나방과
크기 44~50mm, 출현 5~11월

몸과 날개는 회백색이며 더듬이는 빗살 모양을 하고 있다. 누에나방 애벌레인 누에는 고치에서 실을 얻기 위해 인공 사육되었다. 중국에서 야생 멧누에나방을 사육한 것이 시작이다.

누에는 누에나방의 애벌레로 중국에서 5000년~1만 년 전에 명주실을 뽑으려고 사육되기 시작했다. 누에고치에서 뽑은 명주실로 만든 비단은 동서양 무역의 통로가 된 실크로드를 열었기 때문에 '실크나방'이라고도 불린다.
알에서 부화된 1령 애벌레는 검은색이고 털이 많아서 '개미누에'라고 불린다. 뽕잎을 한참 먹고 나면 갑자기 먹는 것을 중지하는데 이를 '잠(眠)'이라고 부른다. 누에가 잠을 자는 건 허물벗기를 준비하기 위해서이며 잠을 다 자고 나면 몸집이 더욱 커진다.
2령, 3령, 4령 애벌레를 거쳐 다음 5령 애벌레 말기가 되면 입에서 실을 토해 고치를 만들고 번데기가 되며, 그 후 고치를 뚫고 누에나방이 나온다.

먹무늬재주나방
나비목 재주나방과
크기 42~56mm, 출현 6~9월

애벌레는 먹이 식물이 매우 다양하다. 숲에 사는 벚나무와 느릅나무, 버드나무, 상수리나무를 갉아 먹을 뿐 아니라 자두나무와 사과나무, 배나무, 매실나무, 복숭아나무처럼 과수도 갉아 먹고 산다.

흰독나방
나비목 독나방과
크기 25~42mm, 출현 5~8월

상수리나무와 느릅나무, 버드나무, 황철나무, 느티나무 등의 잎을 먹고 살아서 숲에서 흔히 볼 수 있다. 밤나무와 사과나무, 배나무, 복숭아나무, 감나무, 포도나무 등을 갉아 먹어 피해를 준다.

붉은매미나방
나비목 독나방과
크기 45~82mm, 출현 7~9월

애벌레는 갈참나무와 상수리나무, 밤나무, 벚나무 등의 나뭇잎을 갉아 먹어 피해를 주는 산림 해충이다. 털이 많이 달린 애벌레를 만지면 알레르기 반응을 일으키는 경우가 많아서 주의해야 한다.

매미나방
나비목 독나방과
크기 42~70mm, 출현 7~8월

모습이 유랑 민족 집시의 차림새를 닮아서 '집시나방'이라고 불렸다. 애벌레는 느릅나무와 참나무류, 감나무, 벚나무, 소나무류 등 100여 종의 나뭇잎을 먹고 살아서 과수와 산림에 피해를 준다.

매미나방 애벌레

매미나방 애벌레 암컷

매미나방 애벌레 수컷

온몸에 많은 털이 달린 매미나방 애벌레는 털 달린 애벌레 중에서 털의 길이가 유난히 길다. 또한 털의 돌기가 파란색과 붉은색을 띠고 있어서 매우 위협적으로 보인다.
낮에는 보통 나무줄기에 가만히 앉아 있는 모습을 볼 수 있지만 센털에 닿으면 알레르기 반응을 일으키므로 조심해야 한다.

나비목 노린재목

배추흰나비
나비목 흰나비과
크기 39~52mm, 출현 3~11월

배추나 무를 기르는 경작지에 살기 때문에 숲에는 개체 수가 적다. 배추벌레는 배추와 무, 양배추, 냉이 등의 십자화과 작물에 피해를 주는 해충이다. 농약을 뿌리지 않는 경작지에서 많이 보인다.

줄점팔랑나비
나비목 팔랑나비과
크기 33~40mm, 출현 5~11월

흑갈색 바탕에 흰색 점무늬가 줄지어 있어서 이름이 붙여졌다. 벼가 잘 자라는 늦여름부터 늦가을까지 참억새와 큰기름새, 강아지풀, 벼 등 벼과 작물의 잎을 갉아 먹어 피해를 준다.

아름다운 나비도 알고 보면 해충

배추벌레 애벌레

호랑나비 애벌레

보통 해충이라고 하면 나방을 떠올리지만 나비 중에도 농작물에 피해를 주는 해충이 있다.
가장 친근한 나비인 배추흰나비는 밭에 사는 대표적인 해충이다. 배추흰나비 애벌레인 배추벌레는 배추와 양배추 속으로 파고 들어가 갉아 먹어 피해를 일으킨다. 1년에 4~5회 출현하면서 피해가 지속된다. 배추나 양배추에 배추벌레의 배설물이 묻으면 상품 가치도 떨어진다.
또한 줄점팔랑나비 애벌레는 벼에 피해를 발생시키고, 산호랑나비 애벌레는 당근과 미나리를 갉아 먹는다. 호랑나비 애벌레는 귤나무에 피해를 일으키는 해충이다.

우리가시허리노린재
노린재목 허리노린재과
크기 9~13mm, 출현 4~11월

벼 이삭에 기다란 주둥이를 꽂아 즙을 빨아 먹는다. 주둥이를 꽂은 부위가 변하면서 쌀에 반점이 생겨서 품질을 크게 떨어트린다. 벼와 보리 등 식량 작물에 피해를 주는 해충이다.

시골가시허리노린재
노린재목 허리노린재과
크기 9~11mm, 출현 4~11월

모습이 우리가시허리노린재와 매우 비슷하다. 모습만큼 먹이도 비슷하다. 벼와 보리 등의 벼과 작물에 모여들어 기다란 주둥이를 찔러 즙을 빨아 먹는다. 풀밭에서도 많이 볼 수 있다.

넓적배허리노린재
노린재목 허리노린재과
크기 11~15mm, 출현 4~10월

배 부분이 매우 넓적하게 생긴 것이 특징이다. 허리노린재류 중에서 몸집이 큰 편에 속해서 쉽게 발견된다. 콩과 작물을 먹고 사는 해충이라서 콩밭에서 흔하게 관찰할 수 있다.

꽈리허리노린재
노린재목 허리노린재과
크기 10~14mm, 출현 5~10월

꽈리와 감자, 가지, 고추, 토마토, 고구마 등에 무리 지어 피해를 일으키는 해충이다. 나팔꽃과 갯메꽃, 뽕나무류에서도 살기 때문에 풀밭에서 볼 수 있다. 풀밭과 작물을 오가면서 살아간다.

노린재목

벼를 먹고 사는 노린재 이야기

먹노린재

흑다리긴노린재

벼에 피해를 일으키는 노린재는 벼에서 항상 생활하는 단식성 먹노린재와 벼와 들풀을 동시에 먹고 사는 다식성 노린재가 있다.

옛날에는 오로지 벼만 먹고 사는 먹노린재가 문제였지만 최근에는 벼와 잡초를 오가는 노린재가 더 문제이다. 잡초에 살던 노린재는 벼에 이삭이 패면 이삭의 즙을 빨기 위해 모여들고, 벼에 약을 치면 다시 잡초로 날아간다. 잠시 후 농약이 날아가면 즙을 빨기 위해 다시 모여든다.

흑다리긴노린재는 서해안 바다 매립지의 띠풀과 산조풀에서 번식하다가 벼 이삭이 패면 날아들어 피해를 일으킨다. 흑다리긴노린재가 모여든 쌀에는 검은색 반점이 생겨난다.

톱다리개미허리노린재
노린재목 호리허리노린재과
크기 14~17mm, 출현 1~12월

콩 꼬투리에 날아와서 즙을 빨아 먹는 최고 해충이다. 꼬투리가 떨어지거나 기형이 되어 잘 자라지 못하고 말라 죽는다. 다양한 작물에 피해를 일으키는 해충이지만 잘 날아다녀서 막기 어렵다.

흑다리긴노린재
노린재목 긴노린재과
크기 7~8mm, 출현 7~10월

몸은 연갈색이며 쇠보리와 갯쇠보리 등을 먹고 산다. 최근 서해안 지역의 매립지에 크게 번성했다. 벼 이삭이 패기 시작할 때 날아들어서 벼 알의 즙을 빨아 먹어 대규모의 피해를 발생시켰다.

더듬이긴노린재
노린재목 긴노린재과
크기 7~10mm, 출현 4~10월

산과 들의 들판이나 경작지 주변에서 쉽게 볼 수 있다. 벼 이삭에 주둥이를 꽂고 즙을 빨아 먹어 피해를 준다. 피해 부위의 쌀에는 반점이 발생된다. 다양한 벼과 작물에 살아서 쉽게 관찰된다.

먹노린재
노린재목 노린재과
크기 8~10mm, 출현 6~10월

몸 빛깔은 검은색을 띤다. 애벌레부터 어른벌레까지 벼에서만 생활한다. 산지에 가까운 논에서 볼 수 있는 해충이다. 우리나라에는 1971년에 보고된 후 2001년부터는 전국적으로 발생하고 있다.

알락수염노린재
노린재목 노린재과
크기 10~14mm, 출현 3~11월

산야의 풀밭에서 쉽게 만날 수 있는 노린재로 콩과 및 벼과 식물의 주요 해충이다. 강낭콩과 보리, 담배, 양파, 파, 밀, 참깨, 국화, 양벚나무, 매실나무, 귀룽나무 등의 다양한 작물을 먹고 산다.

무시바노린재
노린재목 노린재과
크기 8~9mm, 출현 5~11월

몸 빛깔은 적갈색을 띠며 검은색 점무늬가 많다. 더듬이는 흑갈색이다. 서양배나무와 참배나무, 갈참나무, 돌배나무, 산돌배나무 등 다양한 나무에 모여 즙을 빨아 먹어서 피해를 발생시킨다.

노린재목

깜보라노린재
노린재목 노린재과
크기 7~10㎜, 출현 4~11월

몸은 검은색으로 보라색 광택이 흐른다. 작은방패판 끝부분에 둥근 흰색 띠가 있다. 감나무와 사과나무, 능금나무 등 과일나무와 떡갈나무, 신갈나무, 상수리나무, 가시나무 등의 즙을 빨아 먹는다.

북방풀노린재
노린재목 노린재과
크기 12~16㎜, 출현 5~11월

몸이 전체적으로 녹색을 띠고 있어서 나뭇잎에 붙어 있으면 쉽게 눈에 띄지 않는다. 야광나무와 털야광나무, 아그배나무도 먹지만 사과나무도 먹기 때문에 과수원에서도 자주 발견된다.

텃밭 작물의 해충이 된 노린재

톱다리개미허리노린재 – 콩

썩덩나무노린재 – 과수

풀색노린재 – 과수

더듬이긴노린재 – 보리, 밀

열대성 곤충인 노린재는 무더운 날씨를 무척 좋아한다. 이미 무더운 동남아시아 지역에서는 노린재 피해가 심각하다. 우리나라도 1990년대부터 노린재의 번식률이 높아지더니 2000년대 들어서면서 주요 해충으로 부각되었다.
노린재는 변온동물이기 때문에 아침에는 행동이 둔하지만 체온이 올라가는 낮에 매우 활발하게 날아다닌다. 그래서 약을 뿌리려면 낮보다는 아침에 뿌리는 것이 더 좋다.
사실 노린재는 날아서 흩어지는 능력이 매우 좋기 때문에 농약으로 모두 없앨 수는 없다. 또한 노린재가 빨아 먹은 작물에는 바이러스와 세균까지 감염되어서 이중으로 피해를 입게 된다.

북쪽비단노린재
노린재목 노린재과
크기 6~9㎜, 출현 3~10월

배추와 무, 양배추 등의 십자화과 작물을 먹고 산다. 하지만 먹이 식물이 매우 다양해서 콩과 쌀보리, 호밀, 조, 기장, 밀, 냉이 등도 먹고 산다. 먹이 식물이 다양해서 번성하는 데 매우 유리하다.

홍비단노린재
노린재목 노린재과
크기 6~9㎜, 출현 3~10월

몸에 붉은색 무늬가 있어서 매우 예쁘기 때문에 '각시비단노린재'라고도 불렸다. 배추와 순무, 양배추, 꽃양배추, 무, 냉이 등을 먹고 산다. 북쪽비단노린재에 비해 먹이 식물이 적은 편이다.

한 해 동안 계속되는 노린재의 피해

썩덩나무노린재 애벌레

풀색노린재 애벌레

즙을 빠는 알락수염노린재

피해를 입은 콩 꼬투리

노린재는 어른벌레와 애벌레 모두 즙을 빨기 때문에 큰 피해를 주며, 애벌레 시절에만 피해를 일으키는 나방과는 다르다. 한 작물에 노린재 어른벌레와 애벌레가 함께 붙어 있는 모습도 볼 수 있다.
썩덩나무노린재와 풀색노린재, 갈색날개노린재, 알락수염노린재 등은 어른벌레와 애벌레 모두 과일나무의 과일에 주둥이를 꽂고 즙을 빨아 먹는다. 노린재가 즙을 빨아 먹은 과일 부위는 변형되어서 상품성이 떨어지고 바이러스나 세균을 옮겨서 질병에도 걸린다.
더욱이 보통 1년에 2회 출현하기 때문에 1년 내내 노린재가 없는 기간이 거의 없다. 지속적으로 피해를 주기 때문에 과수와 농작물 재배는 더욱 힘들다.

노린재목

썩덩나무노린재
노린재목 노린재과
크기 13~18mm, 출현 3~11월

숲이나 들판의 낙엽 근처뿐 아니라 마을 주변에서도 흔히 볼 수 있다. 작물이나 과수에 모두 모여들어서 피해를 일으킨다. 어른벌레뿐 아니라 애벌레까지도 피해를 일으킨다.

풀색노린재
노린재목 노린재과
크기 12~16mm, 출현 3~11월

풀밭뿐 아니라 경작지에서도 가장 흔하게 볼 수 있는 노린재이다. 먹을 수 있는 기주 식물이 매우 다양해서 여러 작물과 과수에 피해를 준다. 콩의 주요 해충이지만 다양한 작물에 피해를 준다.

 형태가 다른 쌍둥이 노린재 이야기

썩덩나무노린재 변이형 　　　풀색노린재 변이형

쌍둥이는 정말 닮았지만 자세히 보면 서로 다른 점을 발견할 수 있다. 노린재 중에서도 모습이 매우 닮은 쌍둥이 노린재가 있다.
사실은 같은 종류인데 빛깔과 무늬가 약간 다른 경우를 말한다. 얼핏 보면 서로 다른 종류의 노린재라고 오해하기 쉽지만 전체적인 생김새가 닮은 구석이 많아서 쉽게 구별된다.
썩덩나무노린재의 쌍둥이는 전체적인 생김새는 같지만 빛깔과 무늬가 조금씩 다른 두 가지 형태가 나타난다.
풀색노린재는 몸 전체가 녹색을 띠는 녹색형과 머리와 앞가슴등판의 앞부분 절반 정도에 황색 띠가 있는 두 가지 형태가 있다.

가시점둥글노린재
노린재목 노린재과
크기 4~7mm, 출현 3~10월

벼와 보리, 옥수수, 피, 조 등 작물의 즙을 빨아 먹어서 피해를 준다. 작물의 줄기나 잎에 알을 낳는다. 잡초 사이에서 어른벌레로 겨울나기를 한다. 1년에 2회 발생하기 때문에 피해가 계속된다.

배둥글노린재
노린재목 노린재과
크기 5~7mm, 출현 4~10월

벼과 작물이 살고 있는 들판이나 경작지에서 흔하게 볼 수 있다. 가시점둥글노린재처럼 벼과 작물의 즙을 빨아 먹어 피해를 일으킨다. 어른벌레로 겨울나기를 하고 초봄부터 활동을 시작한다.

갈색날개노린재
노린재목 노린재과
크기 10~12mm, 출현 3~11월

낙엽 속이나 풀뿌리 근처에서 어른벌레로 겨울을 난다. 감과 배, 복숭아 등 열매의 즙을 빨아 먹어 피해를 준다. 피해 부위에는 갈색 반점이 생기고 스펀지처럼 변형되어 심하면 열매가 떨어진다.

메추리노린재
노린재목 노린재과
크기 8~10mm, 출현 3~11월

몸이 전체적으로 연갈색을 띠고 있다. 콩과 보리, 호밀, 밀, 귀리 등의 벼과 식물과 콩과 식물의 즙을 빨아 먹고 산다. 경작지와 산야의 들판에서 흔하게 볼 수 있는 노린재이다.

네점박이노린재
노린재목 노린재과
크기 12~14mm, 출현 4~11월

먹이 식물이 다양해서 작물과 과수에 모두 피해를 일으킨다. 감나무와 사과나무, 살구나무, 복숭아나무, 매실나무, 자두나무 등의 과수와 콩, 칡, 벚나무, 떡갈나무, 귀룽나무 등도 먹고 산다.

변색장님노린재
노린재목 장님노린재과
크기 6~9mm, 출현 5~11월

작물 사이를 사뿐히 날아다니며 즙을 빨아 먹어 피해를 발생시킨다. 귀리, 콩 등의 콩류와 쌀보리, 보리류, 호밀, 밀 등을 먹고 산다. 산과 들에 있는 다양한 잡초의 즙도 빨아 먹고 산다.

말매미충
노린재목 매미충과
크기 8~10mm, 출현 6~9월

풀밭의 풀 줄기나 풀잎에 앉아 있는 모습을 볼 수 있다. 점프를 잘하며 잘 날아다닌다. 벼, 보리 등의 벼과 작물과 사초과의 풀을 먹고 산다. 때로는 나무에도 날아와서 피해를 일으킨다.

외뿔매미
노린재목 뿔매미과
크기 5~6mm, 출현 6~9월

풀밭에 사는 곤충이지만 크기가 워낙 작아서 쉽게 발견하기 힘들다. 작물에 직접적으로 피해를 일으키는 해충은 아니지만 작물 근처의 풀밭에 살기 때문에 해충과 함께 발견된다.

쑥잎벌레
딱정벌레목 잎벌레과
크기 7~10mm, 출현 4~11월

식물의 뿌리 근처에 숨어 있다가 식물을 갉아 먹을 때만 위로 올라온다. 어른벌레와 애벌레가 한꺼번에 대발생하면 쑥을 심하게 갉아 먹고 알을 낳는다. 천적으로는 침노린재가 있다.

좀남색잎벌레
딱정벌레목 잎벌레과
크기 5.2~5.8mm, 출현 3~5월

6월 말 소리쟁이에서 그 상태로 겨울나기를 한다. 소리쟁이 잎에 40~50개의 황색 알을 낳는다. 애벌레는 소리쟁이와 돌소리쟁이, 참소리쟁이, 대황, 토대황 등의 잎을 갉아 먹는다.

잡초를 제거하는 유익한 좀남색잎벌레

소리쟁이 잎을 마구 갉아 먹는 좀남색잎벌레 애벌레

좀남색잎벌레는 유난히 한 종류의 잎을 매우 좋아한다. 그러다 보니 먹이 식물에 대량으로 발생하면 매우 큰 피해를 준다. 잎이 매우 큰 소리쟁이에는 좀남색잎벌레가 한꺼번에 모여든다. 잎살을 계속 갉아 먹기 때문에 나중에는 잎맥만 앙상하게 남는다. 여러 마리가 함께 갉아 먹으면 순식간에 소리쟁이 잎에는 구멍이 뚫린다.

그런데 목초지에 자라는 소리쟁이는 세계적으로 유명한 잡초이다. 소리쟁이 때문에 방목하는 소와 양이 먹을 풀이 죽기 때문이다. 그래서 소리쟁이 잎을 갉아 먹는 좀남색잎벌레를 잘 활용하면 목초지의 골칫덩어리를 자연적으로 없앨 수 있어서 잡초 제거 연구를 진행하고 있다.

딱정벌레목

왕벼룩잎벌레
딱정벌레목 잎벌레과
크기 9~13mm, 출현 5~9월

4월 중순에 부화한 애벌레와 어른벌레는 개옻나무와 붉나무 등의 잎을 갉아 먹어 피해를 준다. 어른벌레는 위험이 감지되면 뒷다리로 튀거나 땅에 떨어져 죽은 척한다. 죽은 가지 사이에 알을 낳는다.

딸기벼룩잎벌레
딱정벌레목 잎벌레과
크기 3.5~4mm, 출현 4~8월

몸 빛깔은 흑청색 또는 녹청색을 띤다. 뒷다리가 매우 굵게 발달되어서 톡톡 잘 뛰어 이동한다. 딸기와 뱀딸기를 갉아 먹고 산다. 1년에 3회 출현하기 때문에 피해가 지속된다.

벼룩잎벌레
딱정벌레목 잎벌레과
크기 2~2.5mm, 출현 3~11월

몸은 전체적으로 검은색을 띠며 다리는 적갈색이다. 십자화과 식물의 잎과 잡초 지대에서 발견된다. 무와 겨자무, 미나리냉이, 배추, 양배추, 유채 등에 피해를 준다. 1년에 2~3회 발생한다.

중국청람색잎벌레
딱정벌레목 잎벌레과
크기 11~13mm, 출현 5~8월

대부분 잎벌레는 청색을 띠지만 녹청색인 잎벌레도 있다. 고구마와 박주가리, 덩굴민백미꽃, 토란 등의 잎을 먹고 산다. 애벌레는 박주가리의 뿌리를 먹는다. 종종 떼로 발생하여 큰 피해를 준다.

딸기잎벌레
딱정벌레목 잎벌레과
크기 3.7~5.2mm, 출현 4~11월

쑥갓과 대황, 수영, 소리쟁이, 여뀌, 고마리, 마디풀, 호장근, 딸기 등의 잎을 갉아 먹어 피해를 일으킨다. 어른벌레보다는 애벌레의 시절에 피해가 더 크다. 딸기의 주요 해충으로 매우 유명하다.

남방잎벌레
딱정벌레목 잎벌레과
크기 4.5~5.8mm, 출현 6~8월

밭이나 들에서 흔하게 발견되는 해충이다. 들깨와 소엽 등의 잎을 갉아 먹으면 구멍이 뚫린다. 잘 날아다니는 어른벌레는 한꺼번에 집단으로 발생하여 잎을 갉아 먹어서 피해가 크다.

검정오이잎벌레
딱정벌레목 잎벌레과
크기 5.8~6.3mm, 출현 4~11월

어른벌레는 오이와 여주 등 박과 작물의 잎을 갉아 먹어 성장을 둔하게 만든다. 애벌레는 뿌리를 갉아 먹어 시들게 한다. 나무 틈새나 산 근처의 임시 건물 등에서 집단으로 겨울나기를 한다.

벼룩잎벌레의 피해

잎벌레의 피해를 입은 양배추

벼룩잎벌레는 배추와 무, 양배추 등을 갉아 먹는다. 낙엽과 뿌리, 흙덩이에서 어른벌레로 겨울나기를 한 뒤 4월이 되면 땅속에 150~200개의 알을 낳는다. 알에서 부화한 애벌레는 배추와 무의 뿌리를 갉아 먹고 흑부병을 일으키며 어른벌레가 되어서도 피해를 준다. 늦은 봄부터 초가을까지 피해가 지속된다.

딱정벌레목

고구마잎벌레
딱정벌레목 잎벌레과
크기 5.3~6mm, 출현 5~8월

어른벌레는 고구마와 메꽃의 잎을 갉아 먹고, 애벌레는 땅속으로 들어가서 뿌리를 갉아 먹어 피해를 일으킨다. 고구마의 덩이줄기에 들어가 갉아 먹어 피해를 일으킨다. 1년에 1회 발생한다.

금록색잎벌레
딱정벌레목 잎벌레과
크기 3~4.5mm, 출현 6~8월

햇빛을 받으면 반짝거리는 광택을 갖고 있다. 쑥과 목향, 우엉, 국화, 금잔화, 여뀌, 딸기, 배나무, 사과나무, 신갈나무, 감초, 포도 등 다양한 작물의 잎을 갉아 먹고 사는 광식성 해충이다.

주홍배큰벼잎벌레
딱정벌레목 잎벌레과
크기 6~8.2mm, 출현 5~8월

겨울나기를 마친 어른벌레는 5월 중순에 알을 낳는다. 부화 된 1, 2령 애벌레는 함께 모여 생활하며 잎을 갉아 먹지만 3, 4령 애벌레는 독립생활을 한다. 애벌레는 마와 참마 등에 피해를 준다.

상아잎벌레
딱정벌레목 잎벌레과
크기 7.5~9.5mm, 출현 3~8월

가장 쉽게 만날 수 있는 잎벌레로 5~6월에 걸쳐 알을 낳는다. 다 자란 애벌레는 땅속에서 번데기가 된다. 소리쟁이류와 며느리배꼽, 호장근 등을 먹고 산다. 어른벌레로 겨울나기를 한다.

사시나무잎벌레
딱정벌레목 잎벌레과
크기 10~12mm, 출현 4~10월

겨울나기를 마친 어른벌레는 5월 말에 나타나서 등황색의 가늘고 긴 알을 잎 표면에 뭉쳐서 낳는다. 버드나무류와 미루나무, 황철나무, 일본사시나무 등에 피해를 주는 산림 해충이다.

오리나무잎벌레
딱정벌레목 잎벌레과
크기 5.7~7.5mm, 출현 4~8월

애벌레는 무리 지어 한꺼번에 몰려들어 나뭇잎을 모두 먹어 치우는 산림 해충이다. 오리나무와 물오리나무, 자작나무, 배나무, 사과나무 등 기주 식물의 잎을 갉아 먹어 피해를 일으킨다.

버들잎벌레
딱정벌레목 잎벌레과
크기 6.8~8.5mm, 출현 4~6월

딱지날개에 점무늬가 매우 많아서 무당벌레와 헷갈리는 경우가 많다. 개체에 따라 딱지날개 대부분이 검은색을 띠기도 한다. 버드나무류에 붙어서 살아가는 대표적인 잎벌레이다.

버드나무에 모이자!

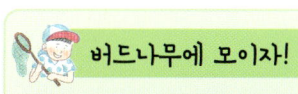

버들잎벌레

사시나무잎벌레

버들잎벌레와 사시나무잎벌레, 버들꼬마잎벌레, 점날개잎벌레, 반금색잎벌레 등은 모두 버드나무에 모이는 곤충이다.

그런데 버드나무에는 남생이무당벌레도 찾아온다. 잎벌레 애벌레가 모이는 사실을 알고 있는 남생이무당벌레는 잎벌레류 애벌레를 사냥하기 위해서 버드나무에 모인다.

딱정벌레목

모시금자라남생이잎벌레
딱정벌레목 잎벌레과
크기 6.2~7.2mm, 출현 4~11월

애벌레와 어른벌레는 모두 메꽃의 잎을 갉아 먹고 산다. 갉아 먹은 잎에는 많은 구멍이 생긴다. 애벌레는 천적으로부터 보호받으려고 허물을 몸에 쌓아 덮고 다닌다. 어른벌레로 겨울을 난다.

남생이잎벌레
딱정벌레목 잎벌레과
크기 6.3~7.2mm, 출현 4~7월

애벌레와 어른벌레 모두 서양메꽃과 명아주, 흰명아주, 시금치, 갯는쟁이, 근대, 사탕무, 비름, 우산물통이 등을 갉아 먹어 피해를 일으킨다. 애벌레는 5~7월에 명아주 잎에서 자주 발견된다.

큰남생이잎벌레
딱정벌레목 잎벌레과
크기 7.8~8.5mm, 출현 4~8월

겨울나기를 마친 어른벌레는 4월 중순에 작살나무에서 관찰된다. 잎 뒷면에 알을 낳는데 알은 1개씩 알집에 싸여 있다. 5~6월이면 애벌레가 발견된다. 연 1회 발생하며 어른벌레로 겨울을 난다.

크로바잎벌레
딱정벌레목 잎벌레과
크기 3.6~4mm, 출현 6~10월

몸집은 매우 작지만 작물을 갉아 먹는 해충이다. 애벌레는 식물 뿌리를 갉아 먹어 피해를 준다. 어른벌레는 대발생하여 배추와 싸리 등을 갉아 먹어 피해를 준다. 1년에 2회 발생한다.

청줄보라잎벌레
딱정벌레목 잎벌레과
크기 11~15mm, 출현 6~9월

물가 주변에 있는 식물 뿌리나 줄기를 갉아 먹고 산다. 갈대 주변에서도 관찰된다. 빛깔은 매우 아름답지만 들깨와 층층이꽃의 잎과 줄기를 갉아 먹어 피해를 일으키는 해충이다.

십이점박이잎벌레
딱정벌레목 잎벌레과
크기 8~10mm, 출현 5~7월

겨울나기를 마친 어른벌레는 5월 말부터 7월 초 돌배나무에 20개 정도의 암적색 알을 뭉쳐서 낳는다. 적갈색의 점액으로 알을 잎 표면에 잘 붙인다. 돌배나무의 잎을 갉아 먹어 피해를 준다.

열점박이별잎벌레
딱정벌레목 잎벌레과
크기 9~14mm, 출현 5~10월

동글동글한 몸과 점무늬를 갖고 있어서 큰 무당벌레처럼 보인다. 더듬이가 매우 길어서 무당벌레와 구별된다. 4월 초에 부화된 애벌레는 머루와 담쟁이덩굴 등의 잎에 피해를 준다.

노랑가슴녹색잎벌레
딱정벌레목 잎벌레과
크기 5.8~7.8mm, 출현 5~10월

5월 말에 흰색 알을 잎 표면에 뭉쳐서 낳는다. 쥐다래나무와 다래나무, 돌배나무, 머루, 개머루 등의 잎을 갉아 먹어 피해를 준다. 1년에 1회 발생하며 어른벌레로 겨울나기를 한다.

큰이십팔점박이무당벌레
딱정벌레목 무당벌레과
크기 7~8.5mm, 출현 4~10월

농작물 중 가장 많이 기르는 가지과 작물의 잎을 갉아 먹어 피해를 일으킨다. 가지와 감자, 토마토 등의 대표적인 해충이다. 잎을 갉아 먹으면 표피만 남아서 흰색으로 보이고 구멍이 생긴다.

작물을 잘 갉아 먹는 무당벌레 이야기

무당벌레의 피해를 입은 감자 잎

큰이십팔점박이무당벌레 어른벌레

큰이십팔점박이무당벌레 애벌레

무당벌레는 보통 진딧물을 잡아먹기 때문에 이로운 곤충에 속한다. 그렇지만 **큰이십팔점박이무당벌레와 이십팔점박이무당벌레는 어른벌레와 애벌레 모두 작물의 잎을 갉아 먹는다.**
두 무당벌레의 어른벌레는 초봄부터 활동하다가 5월이 되면 작물 잎을 갉아 먹어 그물 모양의 흔적을 남긴다. 황색에 가시가 돋아 있는 애벌레 역시 잎을 갉아 먹어서 피해를 준다. 애벌레는 2~3주 후면 번데기가 되고, 다시 1주일이 지나면 어른벌레가 된다. 1년에 3회 발생할 정도로 번식력이 매우 좋다. **감자와 가지, 토마토 등에 어른벌레와 애벌레가 함께 나타나서 갉아 먹는 모습을 볼 수 있다.**

무당벌레
딱정벌레목 무당벌레과
크기 5~8mm, 출현 3~11월

매우 쉽게 볼 수 있는 무당벌레로 진딧물이 많이 발생한 밭에서 볼 수 있다. 부지런히 활동하면서 해충인 진딧물을 잡아먹는 천적이다. 개체마다 몸 빛깔과 무늬가 매우 다양하게 발달했다.

칠성무당벌레
딱정벌레목 무당벌레과
크기 5~8.5mm, 출현 3~11월

농사에 큰 피해를 주는 진딧물을 잡아먹는 천적이다. 하루에도 200여 마리의 진딧물을 잡아먹기 때문에 '생물 농약'이라고 불린다. 진딧물을 매우 좋아해 작물 주변에서 쉽게 볼 수 있다.

꼬마남생이무당벌레
딱정벌레목 무당벌레과
크기 3~4.5mm, 출현 4~10월

산과 들판의 풀밭에 사는 매우 작은 무당벌레이다. 몸집은 비록 작지만 더 작은 진딧물을 잘 잡아먹는다. 농작물에 모여들어 진딧물을 잡아 먹기 때문에 농사에 도움을 주는 자연 천적이다.

농사에 도움을 주는 자연 천적 곤충

무당벌레 애벌레

칠성무당벌레 애벌레

풀잠자리 애벌레

작물에 약을 살포하면 해충을 막을 수 있지만 약은 작물뿐만 아니라 작물이 자라는 토양까지 오염시킨다. 최근에는 약을 살포하는 대신 다양한 친환경 방제법을 연구하고 있다.
자연 천적을 이용한 '천적 방제법'은 가장 좋은 친환경 방제법이다. 이 천적 방제법에 무당벌레와 풀잠자리를 이용하면 큰 피해를 주는 진딧물의 개체 수를 조절할 수 있다. 또한 해충의 몸속에 알을 낳아 번식하는 기생벌을 이용해도 해충의 수를 조절할 수 있다.
이처럼 천적 방제법은 생태계의 원리를 이용하기 때문에 토양과 작물을 보전하고, 건강에 좋은 친환경 농산물도 얻을 수 있다.

딱정벌레목

청동방아벌레
딱정벌레목 방아벌레과
크기 15mm 내외, 출현 5~6월

5~6월에 감자 꽃이 필 때 알을 낳는다. 알에서 깨어난 애벌레는 땅속에서 2~3년 동안 활동하며 감자와 다양한 식물의 뿌리를 갉아 먹고 산다. 땅속에서 번데기가 되고 어른벌레로 겨울을 난다.

방아벌레 이야기

방아벌레 애벌레

방아벌레 애벌레는 가느다란 원통형의 몸을 갖고 있다. 그 모습이 마치 철사처럼 보여서 '철선충' 또는 '철사벌레(Wireworm)'라고 불린다. 특히 청동방아벌레 애벌레는 감자에 구멍을 뚫고 들어가 파먹어서 피해를 일으킨다. 철사벌레가 파먹은 구멍에는 각종 병균이 감염되어 썩기도 하고 병도 발생한다.

빨간색우단풍뎅이
딱정벌레목 검정풍뎅이과
크기 8~9.5mm, 출현 5~10월

몸에는 푹신한 털이 빽빽하게 나 있다. 땅속에서 뿌리를 갉아 먹고 살기 때문에 밭의 흙 주변에서 볼 수 있다. 흙 빛깔과 비슷해서 눈에 잘 안 띈다. 잡초를 제거할 때 쉽게 볼 수 있다.

큰검정풍뎅이
딱정벌레목 검정풍뎅이과
크기 17~22mm, 출현 4~9월

애벌레는 전형적인 굼벵이 모양이다. 사과나무와 복숭아나무, 배나무 등의 뿌리를 갉아 먹어 나무가 성장하고 열매를 맺는데 피해를 준다. 심하면 나무가 죽기도 한다. 묘목장의 주요 해충이다.

황갈색줄풍뎅이
딱정벌레목 검정풍뎅이과
크기 11.5~14mm, 출현 4~9월

몸은 황갈색을 띤다. 어른벌레는 활엽수의 잎을 갉아 먹는다. 애벌레는 다양한 식물의 뿌리를 먹기 때문에 해충이 된다. 땅 근처에서 김매기를 할 때 쉽게 발견된다.

등얼룩풍뎅이
딱정벌레목 풍뎅이과
크기 8~13mm, 출현 3~11월

등에 얼룩덜룩한 점무늬가 많이 있으며 6~7월에 가장 많이 볼 수 있다. 어른벌레는 활엽수의 잎을 갉아 먹는다. 애벌레는 땅속에서 뿌리를 갉아 먹는 작물 해충이며 골프장 해충이기도 하다.

주둥무늬차색풍뎅이
딱정벌레목 풍뎅이과
크기 9~14mm, 출현 5~9월

어른벌레로 겨울나기를 하고 봄에 출현하여 잎을 갉아 먹는다. 애벌레는 식물 뿌리를 갉아 먹고 사는 해충이며, 골프장 해충이기도 하다. 밤에 활동하는 야행성이라서 불빛에도 잘 날아든다.

도토리밤바구미
딱정벌레목 바구미과
크기 5.5~15mm, 출현 4~10월

바구미류 중에서 주둥이가 매우 길어서 코끼리의 긴 코를 가장 많이 닮았다. 참나무류와 밤나무에 나타나서 어린잎을 갉아 먹어 피해를 일으키기 때문에 '도토리밤바구미'라고 이름 지어졌다.

딱정벌레목 메뚜기목

왕바구미
딱정벌레목 왕바구미과
크기 12~23mm, 출현 5~9월

6월 중순에 짝짓기를 마친 암컷은 소나무와 졸참나무, 떡갈나무 등의 쓰러진 나무나 나무껍질 밑에 알을 낳는다. 부화한 애벌레는 나무속을 파먹고 자란다. 어른벌레로 땅속에서 겨울을 난다.

국화하늘소
딱정벌레목 하늘소과
크기 6~9mm, 출현 4~5월

애벌레는 국화과 식물의 줄기 속을 파먹어 상처를 입히고 뿌리 근처까지도 먹는다. 피해를 입은 국화는 위쪽부터 말라 죽는다. 어른벌레는 줄기에 알을 낳는다. 먹이 식물의 뿌리에서 겨울을 난다.

팥바구미
딱정벌레목 콩바구미과
크기 3.5mm 내외, 1~12월 출현

저장 중인 팥 표면에 알을 낳아서 번식하는 저장 곡물 해충이다. 1년에 여러 차례 발생하며 꼬투리에도 알을 낳는다. 피해가 발생하면 이상한 냄새가 난다. 씨 속에서 애벌레로 겨울을 난다.

저장 곡물 해충

팥바구미

화랑곡나방

집에서 흔히 볼 수 있는 쌀바구미와 팥바구미, 화랑곡나방은 쌀이나 잡곡 등 저장 곡물을 매우 좋아한다. 특히 저장 곡물 해충은 높은 습도와 기온을 매우 좋아하기 때문에 건조하고 낮은 기온에 곡물을 보관하는 것이 좋다. 곡물을 자칫 잘못 관리하면 귀중한 양식이 해충들의 차지가 되기 때문이다.

갈색여치
메뚜기목 여치과
크기 25~33mm, 출현 6~10월

산지의 풀숲이나 산길에서 산다. 알로 겨울을 나고 봄에 태어난 애벌레는 5월 초가 되면 가까운 곳에 있는 과수원으로 내려와서 피해를 일으킨다. 복숭아와 자두, 포도 등 다양한 과수를 먹는다.

갑작스레 발생하는 돌발 해충

갈색여치

신부날개매미충

꽃매미

갈색여치는 아무거나 잘 먹는 잡식성 곤충으로 다양한 과일나무를 갉아 먹어서 큰 피해를 일으킨다.
갈색여치도 꽃매미와 날개매미충처럼 갑작스럽게 발생해서 피해를 일으키는 돌발 해충이다. 2006년 5월에는 충북 영동 지방에 발생했고, 2007년에는 영동과 보은, 상주 지역까지 피해가 늘어났다. **대규모로 나타나서 복숭아와 자두, 포도 등을 수확하는 과수원에 큰 피해를 입혔다.**
산에 번식하는 갈색여치는 5월 초부터 1~2마리씩 과수원에 내려온다. 5월 말부터 1달 동안은 피해가 심해지며, 7월 초부터는 다시 산으로 돌아가서 알을 낳는다.

베짱이
메뚜기목 여치과
크기 31~40mm, 출현 7~10월

풀밭에 살기 때문에 논밭 주변에서 볼 수 있다. 수컷은 높은 울음소리로 암컷을 유인한다. 잎사귀와 나무를 이동하면서 작은 곤충을 잡아먹고 산다. 밤에 활발하게 움직이는 야행성 곤충이다.

메뚜기목

섬서구메뚜기
메뚜기목 섬서구메뚜기과
크기 23~47mm, 출현 7~10월

논밭과 풀밭에서 흔히 볼 수 있으며 풀잎과 꽃잎 등의 식물을 먹어 피해를 준다. 고구마와 논벼, 들깨, 땅콩, 배추, 선인장, 우엉, 장미, 참당귀, 콩 등을 먹고 산다. 알로 겨울나기를 한다.

방아깨비
메뚜기목 메뚜기과
크기 42~86mm, 출현 6~10월

산이나 들판의 풀밭에 널리 사는 대표적인 메뚜기이다. 벼과 작물이 자라는 경작지 초원에도 산다. 강한 턱으로 벼과 식물을 잘게 씹어 먹어서 피해를 준다. 연 1회 발생하며 알로 겨울나기를 한다.

섬서구메뚜기와 방아깨비 구별하기

섬서구메뚜기　　　　　　　방아깨비

섬서구메뚜기는 방아깨비와 비슷하게 생겨서 혼동된다. 그렇지만 몸집과 뒷다리의 길이를 살펴보면 쉽게 구별할 수 있다.
어른벌레가 된 섬서구메뚜기와 방아깨비를 보면 방아깨비가 훨씬 더 크다. 섬서구메뚜기는 뒷다리 길이가 앞다리나 중간다리와 거의 비슷하다. 반면 방아깨비는 뒷다리가 앞다리와 중간다리에 비해 2~3배 이상 길다.
물론 방아깨비가 어렸을 때는 섬서구메뚜기와 비슷해서 구별이 힘들 수 있지만 방아깨비의 뒷다리만큼은 어릴 적에도 유난히 길어서 구별된다.

섬서구메뚜기 vs 방아깨비
① 크기 : 섬서구메뚜기는 몸집이 작고, 방아깨비는 몸집이 크다.
② 뒷다리 : 섬서구메뚜기의 뒷다리는 다른 다리와 비슷하지만, 방아깨비의 뒷다리는 다른 다리에 비해 매우 길다.

우리벼메뚜기
메뚜기목 메뚜기과
크기 23~40mm, 출현 7~11월

논이나 경작지 근처의 풀밭에 산다. 땅속에 100개 안팎의 알 무더기를 낳는다. 벼의 대표적인 해충이었지만 농약 사용으로 개체 수가 줄었다. 최근 농약 사용을 줄이면서 차츰 늘어나고 있다.

모메뚜기
메뚜기목 모메뚜기과
크기 8~13mm, 출현 1~12월

평지의 들판에서 흔히 볼 수 있다. 낙엽을 비롯한 각종 식물질을 먹고 산다. 농작물 근처의 풀밭에 살고 점프하며 이동하기 때문에 논밭에서도 관찰된다. 농작물에 주는 직접적인 피해는 없다.

줄베짱이
메뚜기목 여치과
크기 35~40mm, 출현 7~11월

평지와 야산의 풀밭이나 잎사귀에서 발견된다. 작물에 피해를 주지 않지만 경작지 주변에서 볼 수 있다. 수컷은 암컷을 유인하려고 날개를 비벼서 '찌찌찌' 하고 운다. 알로 겨울나기를 한다.

실베짱이
메뚜기목 여치과
크기 29~37mm, 출현 6~11월

초저녁부터 들판이나 산림의 숲에서 '찌이- 찌이-' 하고 연속해서 운다. 주로 활엽수의 잎이나 가지에서 생활하며 잎을 갉아 먹는다. 작물에 직접 피해를 주지 않지만 경작지 주변에서 볼 수 있다.

 메뚜기목  파리목  대벌레목

왕귀뚜라미
메뚜기목 귀뚜라미과
크기 17~24㎜, 출현 7~11월

풀밭의 그늘진 곳에 숨어서 생활한다. 공원과 밭, 농경지 주변에 흔해서 쉽게 관찰된다. 수컷은 땅에 구멍을 파고 울음소리를 내어 암컷을 부른다. 잡식성으로 인삼밭 해충이다.

땅강아지
메뚜기목 땅강아지과
크기 23~34㎜, 출현 1~12월

뒷다리가 짧아서 보통의 메뚜기처럼 점프하지 못하지만 애벌레는 뛸 수 있다. 경작지 주변의 풀밭과 습지, 논둑 등의 땅에 굴을 파고 산다. 풀뿌리뿐만 아니라 작은 곤충도 먹는 잡식성 곤충이다.

🔍 땅강아지 이름 이야기

땅강아지가 땅을 파기 시작한다.　　순식간에 몸 절반이 땅속으로 들어간다.

땅속에 몸을 거의 다 숨겼다.

'땅강아지'는 흙 또는 땅에 사는 강아지라서 붙여진 이름이다. 앞발이 게의 집게발처럼 보여서 '게발두더지'라고도 하며, 땅을 파는 습성이 있어서 '두더지 귀뚜라미'라고도 불린다. 그 외에도 돌도래와 도루래, 하늘강아지, 하늘밥도둑, 꿀도둑, 누고 등 이름이 다양한데, 땅강아지의 습성이 신기하기 때문이다.
땅강아지는 땅속에 만든 방에 알을 낳고 어린 새끼를 돌본다. 살충제에 약하기 때문에 농약 사용으로 개체 수가 줄었지만 최근 친환경 농업을 하는 곳이 늘면서 땅강아지도 늘고 있다.
땅강아지는 2년 근 인삼을 좋아한다. 그래서 인삼을 직접 먹지 못하는 사람이 땅강아지를 먹었고, 땅강아지는 약용 곤충으로도 등록되어 있다.

동애등에
파리목 동에등애과
크기 15~20㎜, 출현 5~10월

몸은 기다랗고 검은색을 띤다. 애벌레가 썩은 물질을 먹고 살기 때문에 배설물이나 거름 더미 주변에서 볼 수 있다. 밭 주변의 퇴비 등에서도 쉽게 관찰되며 특히 재래식 화장실 부근에 많다.

대벌레
대벌레목 대벌레과
크기 70~100㎜, 출현 5~10월

몸을 나뭇가지처럼 뻗은 모습이 대나무 줄기처럼 보인다. 천적의 습격을 받으면 다리를 떼어 내고 달아나거나 죽은 척한다. 상수리나무와 참나무 등 활엽수 잎과 가로수, 과수 등에 피해를 준다.

🔍 지구 온난화와 산림 해충 이야기

도토리거위벌레

대벌레

기후가 변하면서 숲의 모습이 달라지고, 숲이 변하면서 곤충도 변화한다. 지구 온난화로 기후가 변하자 열대성 곤충이 번성하면서 작물 해충과 산림 해충이 기승을 부리고 있다. 농작물에는 해충 노린재가 불어났고, 숲에는 도토리거위벌레와 대벌레 같은 산림 해충이 늘고 있다.
참나무류의 열매인 도토리에 알을 낳고 가지를 잘라서 떨어뜨리는 도토리거위벌레 때문에 도토리의 수확량이 줄어들었다. 도토리가 줄자 도토리를 먹고 사는 동물들도 힘겨워하고 있다.
남부 지방에만 살던 대벌레는 중부 지방까지 퍼져서 산림 해충이 되었다. 반면에 추운 기후에 적응해서 사는 곤충은 점점 줄어들고 있다.

밤에 만나는 곤충

밤이 찾아오면

캄캄한 밤을 좋아하는 곤충들이 부지런히 활동을 시작한다.
야행성 곤충들은 달빛과 별빛을 기준으로 날아다니지만
환한 가로등 불빛에 켜져 있으면 빛에 이끌려 날아온다.
어두운 밤하늘에는 다양한 곤충이 살고 있다.

대표 서식지

▲ 가로등

▲ 나뭇진

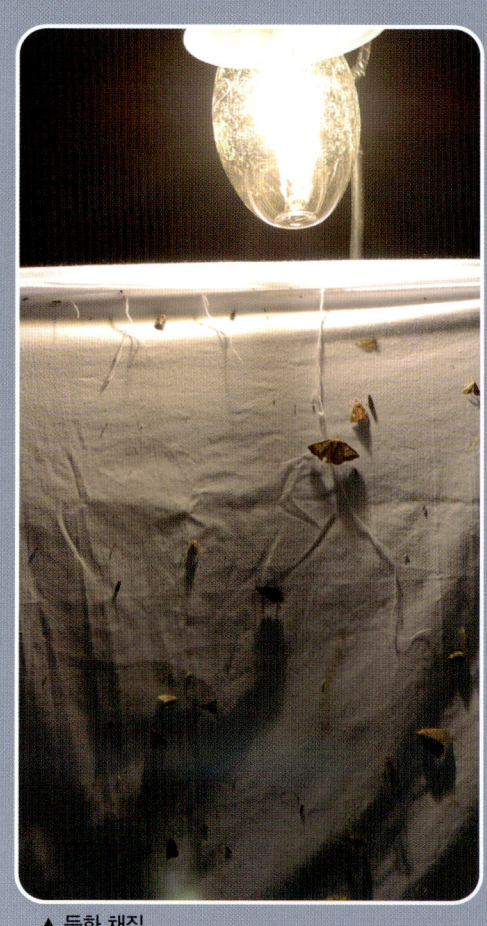

▲ 등화 채집

밤에 만나는 대표 곤충

흰줄푸른자나방

녹색박각시

콩독나방

다양한 나방을 관찰하려면 밤에 불을 켜 놓고 불러 들여야 해~

홍줄불나방

노랑눈비단명나방

톱사슴벌레

꼬마줄물방개

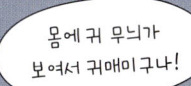

몸에 귀 무늬가 보여서 귀매미구나!

애반딧불이

나비잠자리

귀매미

나비목

쐐기나방 애벌레와 고치 이야기

노랑쐐기나방 고치

노랑쐐기나방 고치

극동쐐기나방 애벌레

장수쐐기나방 애벌레

털 달린 나방 애벌레는 조심해야 하지만 털이 많다고 무조건 독을 지니는 것은 아니다. 가장 조심해야 될 애벌레는 쐐기나방의 애벌레인 '쐐기'이다.
쐐기는 예로부터 쏘는 애벌레라고 해서 이름 지어졌다. 뾰족한 가시가 돋아 있는 것만 봐도 독이 있을 것만 같다. 가시털에 독이 있어서 피부에 닿으면 부어오르고 말벌에게 쏘인 것처럼 고통스럽게 아프다.
노랑쐐기나방은 고치 속에서 겨울나기를 한다. 회백색 바탕에 흑갈색의 세로 줄무늬를 지닌 고치가 나무의 가지에 붙어 있는 모습을 볼 수 있다. 나방의 단단한 고치는 추운 겨울을 따뜻하게 지낼 수 있게 도와주며 천적으로부터 보호해 준다.

뒷검은푸른쐐기나방
나비목 쐐기나방과
크기 22~30㎜, 출현 5~8월

날개는 전체적으로 녹색을 띠지만 날개 끝 부분이 검은색이다. 수컷의 더듬이는 빗살 모양이지만 암컷은 실 모양이다. 뾰족한 돌기를 갖고 있는 애벌레는 쏘일 수 있어서 주의가 필요하다.

노랑쐐기나방
나비목 쐐기나방과
크기 24~35㎜, 출현 6~8월

날개는 황색으로 앞날개 아랫부분은 갈색을 띤다. 애벌레는 배나무와 사과나무, 감나무, 버드나무, 뽕나무 등을 먹고 살며 고치 속에서 겨울나기를 한다. 어른벌레는 밤에 불빛에 모여든다.

애기담홍뾰족날개나방
나비목 뾰족날개나방과
크기 28~36㎜, 출현 6~8월

몸과 날개는 암갈색을 띠며 날개에는 연한 붉은색 무늬가 있다. 배 등면에 털 뭉치가 1개 있다. 평지에서 산지까지 흔하게 볼 수 있다. 애벌레는 국수나무를 갉아 먹고 산다.

알락굴벌레나방
나비목 굴벌레나방과
크기 40~70㎜, 출현 7~8월

수컷의 더듬이는 양빗살 모양으로 매우 특이하다. 가슴 등판에는 2~3쌍의 검은색 점무늬가 있으며 날개에는 검은색 점무늬가 흩어져 있다. 애벌레는 나무에 굴을 파는 해충으로 널리 분포한다.

더듬이가 다양한 나방 이야기

양빗살 모양

빗살 모양

실 모양

나방은 종류가 많은 만큼 더듬이의 모양도 다양하다. 나방의 더듬이는 모두 세 부분으로 구성되어 있는데, 밑마디와 흔들마디, 채찍마디로 나뉜다.
또한 채찍마디의 변화에 따라 실 모양과 톱니 모양, 빗살 모양, 양빗살 모양, 곤봉 모양, 깃털 모양, 옆편상 등 다양한 형태의 더듬이가 나타난다.

나방의 다양한 더듬이
① 실 모양 : 채찍마디가 고르게 굵고 가늘어져 있다.
② 톱니 모양 : 각 마디가 삼각형으로 돌출되어 있다.
③ 빗살 모양 : 각 마디에 하나 또는 2개의 긴 돌기가 있다.
④ 양빗살 모양 : 각 마디의 양옆에 긴 돌기가 있다.
⑤ 곤봉 모양 : 끝부분으로 갈수록 굵어진다.
⑥ 깃털 모양 : 긴 실 모양의 돌기가 있다.
⑦ 옆편상 : 각 마디에 폭넓은 돌출부가 있다.

창나방
나비목 창나방과
크기 19~25mm, 출현 5~8월

날개는 주황색을 띠는 갈색이다. 바탕에 그물 모양의 가는 선이 많다. 더듬이는 암수 모두 실 모양이지만 수컷이 더 굵다. 우리나라 전역에서 널리 분포하는 개체 수가 많은 나방이다.

뒤흰띠알락나방
나비목 알락나방과
크기 55mm 내외, 출현 6~8월

수컷의 더듬이는 빗살 모양이고, 머리가 앞쪽으로 돌출되었다. 가슴은 검은색 바탕에 청색 광택이 나고 긴 털로 덮여 있다. 날개는 흑갈색 바탕에 흰색 띠가 있다. 애벌레는 노린재나무를 먹고 산다.

참나무갈고리나방
나비목 갈고리나방과
크기 27~35mm, 출현 5~9월

날개는 황갈색을 띠며 끝 부분이 고리처럼 휘어져서 눈에 잘 띈다. 애벌레는 졸참나무 등의 참나무 잎을 갉아 먹고 살아서 '참나무갈고리나방'이라고 불리며 참나무 숲에 흔하다.

황줄점갈고리나방
나비목 갈고리나방과
크기 25~37mm, 출현 5~9월

날개에 갈색 가로줄무늬가 2개 있다. 날개 끝이 갈고리 모양으로 특이하며 밤에 불빛에 모이는 다양한 나방 중에서 눈에 잘 띈다. 수컷의 더듬이는 빗살 모양이지만 암컷은 실 모양이다.

붉은줄푸른자나방
나비목 자나방과
크기 25~32mm, 출현 6~8월

몸과 날개는 모두 녹색이며 2개의 흰색 줄이 선명하다. 날개 뒷부분은 흰색을 띤다. 수컷의 더듬이는 빗살 모양이고, 암컷은 실 모양이다. 밤에 불빛에 잘 날아오지만 개체 수가 많지 않은 편이다.

큰무늬박이푸른자나방
나비목 자나방과
크기 26~29mm, 출현 6~7월

날개 빛깔은 푸른색으로 4개의 점무늬가 뚜렷하다. 모습이 무늬박이푸른자나방과 닮았지만 앞날개 가장자리에 갈색 테두리가 없어서 구별된다. 애벌레는 까치박달을 먹고 산다.

톱날푸른자나방
나비목 자나방과
크기 43mm 내외, 출현 5~8월

몸과 날개가 암녹색을 띤다. 날개에는 흰색 무늬가 많이 있다. 앞날개 끝은 낫 모양으로 뾰족하다. 날개가 톱니 모양처럼 들쑥날쑥하게 생긴 자나방이라고 해서 '톱날푸른자나방'으로 부른다.

겨울에도 사는 자나방

겨울가지나방류 암컷

겨울자나방류는 곤충이 잘 활동하지 않는 겨울에 날개돋이를 해서 어른이 된다. 그래서 추운 겨울에도 산에 가면 날아다니는 모습을 볼 수 있다.

겨울자나방류 암컷은 날개가 퇴화되어 날지 못한다. 그래서 암컷은 수컷을 만나기 위해 '페로몬'이라는 특별한 화학 신호를 뿜어서 바람에 날려 보낸다. 냄새를 맡은 수컷은 암컷에게 날아온다.

나비목

별박이자나방
나비목 자나방과
크기 32~47mm, 출현 6~7월

날개 빛깔은 흰색을 띠며 더듬이는 암수 모두 톱니 모양이다. 어두운 숲에서는 낮에도 잘 날아다닌다. 애벌레는 쥐똥나무에 주는 피해가 크며 피해 부위는 가지만 앙상하게 남는다.

흰줄푸른자나방
나비목 자나방과
크기 40~45mm, 출현 5~8월

몸과 날개는 녹색을 띠며 날개에는 흰색의 가는 세로줄무늬가 있다. 수컷의 더듬이는 빗살 모양이고, 암컷은 실 모양이다. 한여름 침엽수 등에 앉아서 휴식을 취하는 모습을 볼 수 있다.

배노랑물결자나방
나비목 자나방과
크기 38~46mm, 출현 6~8월

날개에 검은색 줄무늬가 많아서 잔잔한 물결처럼 보인다. 뒷날개는 주황색 바탕에 여러 개의 검은색 점무늬가 있다. 더듬이는 암수 모두 실 모양이며 배는 황색을 띠고 있다.

점줄흰애기자나방
나비목 자나방과
크기 39~44mm, 출현 6~8월

날개는 전체적으로 흰색을 띠며 날개 가장자리에 얼룩덜룩한 점무늬가 있다. 날개 가운데는 둥그런 회갈색 무늬가 있다. 이 회갈색 무늬는 천적을 놀라게 만들어서 도망치는 데 이용한다.

네눈은빛애기자나방
나비목 자나방과
크기 28~42mm, 출현 6~8월

날개 빛깔은 흰색을 띠는데 은색처럼 보여서 이름이 지어졌다. 앞날개에 크고 둥근 무늬가 4개 있는 것이 특징이다. 비교적 흔하게 볼 수 있는 자나방으로 낮에는 풀숲에 앉아서 쉰다.

줄노랑흰애기자나방
나비목 자나방과
크기 20~23mm, 출현 5~10월

날개는 전체적으로 흰색을 띠며 연황색 물결무늬가 있다. 애벌레는 감나무와 국화, 장미, 참외, 철쭉, 진달래 등을 먹고 산다. 개체 수가 많아서 흔하게 볼 수 있으며 연 2회 출현한다.

노랑띠알락가지나방
나비목 자나방과
크기 50~58mm, 출현 6~8월

몸은 굴빛을 띠며 회백색 얼룩무늬가 있다. 더듬이는 수컷이 깃털 모양이고, 암컷은 실 모양이다. 저녁 무렵에도 흔하게 관찰되며 애벌레는 일본잎갈나무와 잣나무, 참나무류를 먹고 산다.

특별한 이름의 애벌레

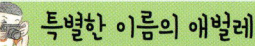

털이 많은 송충이

자벌레

종류가 다양한 나방은 애벌레의 모습도 독특하다.

털이 많이 달린 나방 애벌레는 보통 '송충이'라고 하며, 독특한 모습으로 기어가는 자나방 애벌레는 '자벌레', 뾰족한 가시로 쏘는 쐐기나방의 애벌레는 '쐐기'라고 부른다.

도롱이 모양의 집을 짓는 주머니나방 애벌레는 '도롱이벌레'이다.

날개물결가지나방
나비목 자나방과
크기 27~36mm, 출현 5~8월

날개 빛깔은 전체적으로 연갈색에 흑갈색 줄무늬를 갖고 있지만 개체마다 빛깔과 무늬에 변이가 많다. 수컷의 더듬이는 털 모양이고 암컷은 실 모양이다. 풀과 활엽수의 잎을 갉아 먹는다.

불회색가지나방
나비목 자나방과
크기 50~70mm, 출현 6~8월

몸은 회색빛이 도는 연갈색을 띠며 광택이 없다. 애벌레는 느릅나무와 아까시나무 등의 잎을 갉아 먹고 산다. 수컷의 더듬이는 빗살 모양이지만 암컷은 실 모양이다. 널리 분포하는 나방이어서 쉽게 볼 수 있다.

뿔무늬큰가지나방
나비목 자나방과
크기 48~56mm, 출현 5~8월

수컷의 더듬이는 깃털 모양이고 암컷은 실 모양이다. 날개에는 검은색 점무늬가 많고 가운데에는 검은색 줄무늬가 있다. 평지나 산지에서 보이며 애벌레의 먹이 식물은 사과나무이다.

소뿔가지나방
나비목 자나방과
크기 38~43mm, 출현 8월

몸과 날개는 연갈색을 띤다. 앞뒤 날개에는 점무늬가 흩어져 있다. 날개 가장자리 부분은 톱니 모양으로 구불구불한 것이 특징이다. 애벌레는 배나무를 먹고 살며 널리 분포한다.

알락흰가지나방
나비목 자나방과
크기 50~55mm, 출현 6~8월

몸과 날개는 모두 회백색을 띠고 있다. 수컷의 더듬이는 깃털 모양이지만 암컷은 실 모양이다. 날개에는 검은색 점무늬가 매우 많은 것이 특징이다. 애벌레는 감나무 등을 갉아 먹고 산다.

큰알락흰가지나방
나비목 자나방과
크기 58mm 내외, 출현 5~8월

날개는 회백색으로 검은색 점무늬가 매우 많다. 수컷의 더듬이는 톱니 모양이지만 암컷은 깃털 모양이다. 어디서나 쉽게 볼 수 있을 정도로 널리 분포한다. 알락흰가지나방과 매우 많이 닮았다.

배다리가 있는 애벌레와 없는 자벌레 구별하기

맵시곱추밤나방 애벌레(애벌레형)   잠자리가지나방 애벌레(자벌레형)

나방 애벌레는 가슴다리와 배다리, 꼬리다리를 갖고 있어서 다리가 매우 많아 보인다. 하지만 어른벌레가 되면 다리는 3쌍뿐이다. 가슴다리만 다리가 될 뿐 배다리와 꼬리다리는 없어진다.

그런데 나방 애벌레 중에는 배다리가 없어서 가슴다리와 꼬리다리로 기어가는 자벌레가 있다. 자벌레는 배다리가 없기 때문에 보통의 나방 애벌레처럼 꼬물꼬물 기어가지 못한다. 가슴다리와 꼬리다리로 기어가면 몸이 고리 모양으로 휘어지게 된다.

꼬물꼬물 기어가는 애벌레와 고리 모양으로 기어가는 자벌레는 기어가는 모습만 봐도 확실히 구별된다.

나비목

멧누에나방
나비목 누에나방과
크기 34~50㎜, 출현 5~9월

몸과 날개는 암갈색을 띤다. 뒷날개는 앞날개보다 진한 갈색이다. 암수 모두 더듬이가 빗살 모양이다. 애벌레는 뽕나무 등의 잎을 엮어서 고치 실을 만든다. 누에나방의 야생형이다.

누에나방의 원조

멧누에나방

누에나방

멧돼지와 멧비둘기의 이름 앞에 붙은 '멧'은 산을 의미한다. 멧돼지를 가축으로 개량한 것이 집돼지이고, 멧비둘기를 쉽게 기르는 것이 서양비둘기이다.
멧누에나방을 집에서 사육하려고 탄생한 종이 누에나방이다. 누에나방의 고치에서 명주실을 뽑아서 비단 옷감으로 사용한다.

참나무산누에나방
나비목 산누에나방과
크기 112~145㎜, 출현 6~8월

몸과 날개는 황갈색을 띠지만 빛깔에 변이가 심하다. 수컷의 더듬이는 깃털 모양이지만 암컷은 빗살 모양이다. 애벌레는 상수리나무와 졸참나무, 밤나무, 사과나무 등의 잎을 먹고 산다.

산누에나방 고치

산누에나방 고치

산누에나방은 몸집이 매우 큰 대형 나방으로 상수리나무와 밤나무, 사과나무, 졸참나무, 북가시나무 등의 잎을 먹고 자란다.
애벌레가 다 자라면 단단하고 질긴 실로 커다란 고치를 만들고 안전하게 겨울나기를 한다. 산누에나방 고치는 겨울에 풀숲에서 찾아보면 크기가 커서 눈에 쉽게 띈다.

옥색긴꼬리산누에나방
나비목 산누에나방과
크기 95~117㎜, 출현 5~8월

날개 빛깔은 옥색을 띤다. 몸집이 매우 큰 대형 나방으로 날개꼬리가 매우 길게 발달되어 있다. 애벌레는 처음에는 붉은색을 띠지만 허물벗기를 하면서 몸집이 자라면 녹색을 띤다.

녹색박각시
나비목 박각시과
크기 62~81㎜, 출현 5~10월

날개 빛깔이 녹색으로 아름다운 나방이지만 시간이 지나면 털이 떨어져서 색깔이 흐릿해지는 경우가 많다. 애벌레는 느릅나무와 느티나무, 참빗살나무, 피나무를 먹고 살며 1년에 2회 출현한다.

물결박각시
나비목 박각시과
크기 55~69㎜, 출현 6~8월

날개는 녹색빛이 도는 회색을 띠고 있다. 앞날개에 톱니 모양의 검은색 가로줄이 물결무늬를 이루며 흰색 점도 뚜렷하다. 애벌레는 물푸레나무와 광나무, 쥐똥나무 등의 잎을 먹고 산다.

우단박각시
나비목 박각시과
크기 47~62㎜, 출현 5~8월

날개는 흑갈색을 띠지만 때로는 적갈색을 띠기도 한다. 몸이 벨벳(우단)처럼 보인다고 해서 '우단박각시'라고 불린다. 애벌레는 봉선화와 흰솔나물 등을 갉아 먹고 산다. 밤에 불빛에 잘 모여든다.

점갈고리박각시
나비목 박각시과
크기 91~99mm, 출현 5~8월

몸과 앞날개는 황갈색을 띤다. 가슴의 양옆은 녹갈색이고, 배마디 등면에 녹갈색 무늬가 있다. 박각시류 중에서도 몸집이 매우 큰 대형 박각시이다. 밤에 활동하기 때문에 불빛에 잘 모여든다.

아시아갈고리박각시
나비목 박각시과
크기 105~117mm, 출현 8월

날개는 전체적으로 황갈색을 띠고 있다. 앞날개의 끝 부분이 낫 모양으로 돌출된 것이 특징이다. 애벌레는 호두나무류와 참나무류를 먹고 산다. 개체 수가 많지 않아서 쉽게 볼 수 없다.

박각시 이름 이야기

뿔 달린 박각시 애벌레

솔박각시 애벌레

작은검은꼬리박각시의 주둥이

낮에 날아다니는 꼬리박각시는 빛깔이 매우 곱다. '박각시'라는 이름은 박꽃에 오는 예쁜 각시 같다고 해서 지어졌다. 북한에서는 박꽃에 오는 나비라고 해서 '박나비'라 부르고, 일본에서는 참새 같은 나방이라고 해서 '작아(雀蛾)'라 부른다. 또한 매처럼 힘차게 날아오른다고 해서 '매나방(Hawk moth)'이라고도 불린다.

박각시 애벌레는 꽁무니 부분 배마디 위에 가시 같은 뿔이 돋아 있는 것이 특징이다. 애벌레를 건드리면 꿈틀거리는 모습이 꼬리에 뿔이 난 망아지 같아서 '깨망아지', '쥐망아지'라고 불렸다. 꼬리에 달린 뿔이 도드라지기 때문에 '뿔난 벌레(Horn moth)'라고도 불린다.

등줄박각시
나비목 박각시과
크기 95~110mm, 출현 5~8월

암컷은 회백색 또는 암갈색, 검은색이고 수컷은 적갈색에서 흑갈색을 띨 정도로 빛깔이 다양하다. 애벌레는 밤나무와 상수리나무 등의 잎을 먹고 산다. 풀숲에서 애벌레로 겨울나기를 한다.

주홍박각시
나비목 박각시과
크기 57~63mm, 출현 5~9월

날개가 주홍색을 띠어 매우 아름답다. 더듬이는 분홍색이며 갈고리 모양으로 구부러져 있다. 애벌레는 달맞이꽃과 봉선화, 물봉선, 흰솔나물, 토란, 부처꽃 등을 갉아 먹고 산다.

곱추재주나방
나비목 재주나방과
크기 65~80mm, 출현 5~8월

가슴 가운데에 높게 솟은 털 뭉치가 있어서 '곱추재주나방'이라고 이름 지어졌다. 수컷의 더듬이는 양빗살 모양이며 암컷은 실 모양이다. 애벌레는 졸참나무와 상수리나무, 가시나무 등을 먹는다.

배얼룩재주나방
나비목 재주나방과
크기 75~85mm, 출현 6~8월

암갈색을 띠는 날개가 풀숲과 비슷해서 눈에 잘 띄지 않는다. 배가 검은색이고 각 마디 끝에 황색 털의 테가 있어서 얼룩덜룩해 보인다. 널리 분포하지만 개체 수가 적어서 보기 힘들다.

나비목

꽃술재주나방
나비목 재주나방과
크기 75~78㎜, 출현 5~8월

날개는 검은색을 띠며 줄무늬가 많다. 앞날개 바깥쪽 가장자리에 큰 점무늬가 있다. 배 끝에 꽃술 모양의 털 뭉치가 나 있어서 '꽃술재주나방'이라고 이름 지어졌다. 1년에 2회 출현한다.

향으로 유혹하는 나방

꽃술재주나방 수컷

발향린을 뿌려서 암컷을 부른다.

나방류 수컷의 날개에 향내를 피우는 비늘가루를 '발향린(發香鱗)'이라고 부른다. 수컷 나방은 발향린에서 향기를 뿌려 암컷을 부른다.
발향린은 날개 전체에 흩어져 있거나 특정 부위에 밀집되어 있으며 종류마다 향기가 다르다.
꽃술재주나방은 배를 들어 올렸다 내리기를 반복하면서 향을 뿜는다.

검은띠나무결재주나방
나비목 재주나방과
크기 33~37㎜, 출현 5~8월

날개가 전체적으로 나뭇결처럼 보인다. 더듬이는 암수 모두 양빗살 모양이다. 애벌레의 먹이 식물은 오리나무와 황철나무, 자작나무, 버드나무, 사시나무 등이다. 1년에 2회 출현한다.

참나무재주나방
나비목 재주나방과
크기 43~65㎜, 출현 6~8월

날개는 회색을 띠며 검은색 가로줄무늬가 있다. 애벌레는 상수리나무와 졸참나무, 떡갈나무, 굴참나무, 신갈나무 등 참나무류의 잎을 먹고 산다. 여러 마리가 잎 하나에 모이는 습성도 있다.

주름재주나방
나비목 재주나방과
크기 49~62㎜, 출현 4~8월

날개는 연갈색을 띤다. 더듬이는 암수 모두 끝까지 양빗살 모양이지만 암컷은 빗살이 짧다. 애벌레의 먹이 식물은 황철나무와 등나무, 회화나무, 다릅나무 등이 있다. 1년에 2회 출현한다.

먹무늬재주나방
나비목 재주나방과
크기 42~56㎜, 출현 6~9월

날개에 검은색 무늬가 있어서 '먹무늬재주나방'이라고 불린다. 번데기로 겨울나기를 한다. 숲에서 볼 수 있지만 사과나무와 배나무 등의 과일나무도 먹고 살아서 과수원에서도 볼 수 있다.

은무늬재주나방
나비목 재주나방과
크기 38~45㎜, 출현 6~8월

날개 빛깔은 전체적으로 갈색을 띤다. 앞날개에는 삼각형의 은색 무늬가 뚜렷해서 '은무늬재주나방'이라고 이름 지어졌다. 애벌레는 신갈나무와 피나무 등을 갉아 먹고 산다.

재주 부리는 나방

꽃술재주나방 애벌레

재주나방 어른벌레를 자세히 관찰해도 재주를 부릴만한 특징이 전혀 보이지 않는데, 애벌레를 보면 이름에 '재주'가 붙은 이유를 알 수 있다. 나뭇가지에 거꾸로 매달려 있는 재주나방 애벌레의 모습은 묘기를 부리는 듯하다. 거꾸로 매달려서 몸을 꺾고 있는 애벌레의 이색적인 자세 때문에 '재주나방'이라고 한다.

매미나방
나비목 독나방과
크기 42~70mm, 출현 7~8월

수컷은 날개 빛깔이 흑갈색을 띠지만 암컷은 황백색을 띠고 있어서 확실히 구별된다. 수컷은 낮에 활발하게 날아다니는 편이지만 암컷은 꼼짝 않고 붙어 있는 경우가 많다.

붉은매미나방
나비목 독나방과
크기 45~82mm, 출현 7~9월

날개에 연한 붉은색이 있어서 '붉은매미나방'이라고 이름 지어졌다. 더듬이가 빗살 모양으로 매우 특이하다. 야행성이어서 밤에 불빛에 잘 모여드는 특성이 있다. 1년에 1회 발생한다.

물결매미나방
나비목 독나방과
크기 50~73mm, 출현 7~8월

날개 빛깔은 회색이고 검은색 줄무늬가 물결처럼 보여서 '물결매미나방'이라고 이름 지어졌다. 불빛에 잘 유인되어 날아온다. 애벌레는 신갈나무와 상수리나무 등의 참나무류를 먹고 산다.

흰독나방
나비목 독나방과
크기 25~42mm, 출현 5~8월

날개 빛깔은 전체적으로 흰색을 띠며 흑갈색 무늬가 있다. 배 끝과 꼬리털은 주황색을 띤다. 2령 애벌레부터 독이 있는 털이 생겨서 조심해야 한다. 날개의 털가루가 살에 닿으면 염증을 일으킨다.

콩독나방
나비목 독나방과
크기 34~53mm, 출현 6~8월

날개는 황갈색을 띠며 더듬이는 빗살 모양이다. 앉아서 쉴 때 더듬이를 뒤로 젖히는 자세를 취한다. 애벌레는 느티나무와 찔레나무, 등나무, 버드나무류, 벚나무류, 상수리나무, 산딸기 등을 먹는다.

 독이 있는 독나방과 쐐기나방 애벌레

황다리독나방 애벌레

무늬독나방 애벌레

독나방 애벌레의 집단

극동쐐기나방 애벌레

나방 애벌레의 털에는 독이 있는 경우가 많아서 손으로 직접 만지지 않는 것이 좋다. 특히 독나방과 쐐기나방 애벌레는 더욱 조심해야 한다.
독나방은 이름처럼 독이 있는 털을 지닌 나방이다. 독나방 애벌레뿐만 아니라 어른벌레의 몸에도 독이 있기 때문에 만지면 피부병이 생길 수 있다. 독나방 애벌레의 가시털이 조금만 스쳐도 독이 올라서 알레르기 반응이 일어나기도 한다.
쐐기나방 애벌레인 쐐기도 쏘이면 심한 통증을 일으키는 위험한 애벌레이다. 하지만 우리나라의 애벌레는 열대 지방의 독나방과 쐐기나방에 비해 독성이 약해서 큰 피해를 일으킬 위험은 적은 편이다.

목도리불나방
나비목 불나방과
크기 39~48mm, 출현 6~8월

앞날개는 흑갈색을 띠며 청람색 광택이 있다. 가슴 부분에 주황색 띠무늬가 목도리를 두른 듯하여 '목도리불나방'이라고 이름 지어졌다. 개체 수가 많아서 쉽게 관찰되는 불나방이다.

나비목

점박이불나방
나비목 불나방과
크기 42~47mm, 출현 6~8월

날개는 회백색을 띠며 검은색 점무늬가 많아서 '점박이불나방'이라고 이름 지어졌다. 애벌레는 배추와 사탕무, 아마, 토끼풀 등을 먹고 산다. 야행성이어서 밤에 켜 놓은 불빛에 잘 날아온다

🔸 불나방 이름 이야기

점박이불나방

홍줄불나방

밤에 켜진 불빛 주위를 빙빙 돌며 불빛 속으로 뛰어드는 건 불나방의 본능이다. 이렇게 불나방은 불빛에 잘 모여드는 나방이라고 해서 이름이 붙여졌다.
불나방을 종종 '불나비'라고도 하는데, 나방도 나비류에 속해서 완전히 틀린 말은 아니다. 그렇지만 정확히는 '불나방'이라고 부른다.

노랑테불나방
나비목 불나방과
크기 39mm 내외, 출현 5~9월

날개는 전체적으로 회황색을 띠지만 회갈색 또는 회흑갈색 등 개체에 따라 차이가 있다. 날개 가장자리에 테두리가 있는 것이 특징이다. 애벌레는 참나무류의 잎을 먹고 산다. 1년에 2회 출현한다.

교차무늬주홍테불나방
나비목 불나방과
크기 24mm 내외, 출현 5~8월

앞날개 빛깔은 진한 주황색을 띤다. 날개에 있는 검은색 줄무늬가 서로 교차되어 있어서 이름이 지어졌다. 애벌레는 지의류를 먹고 산다. 밤에 켜 놓은 불빛에 날아오면 눈에 매우 잘 띈다.

홍줄불나방
나비목 불나방과
크기 33~40mm, 출현 5~8월

앞날개는 전체적으로 황색이며 붉은색의 줄무늬가 있다. 더듬이는 실 모양이고 검은색을 띤다. 애벌레는 지의류를 먹고 산다. 1년에 2회 출현한다. 개체 수가 많아서 불빛에서 쉽게 볼 수 있다.

톱날무늬노랑불나방
나비목 불나방과
크기 16mm 내외, 출현 6~9월

머리부터 배까지 모두 회색 털로 덮여 있다. 앞날개는 흰색 바탕이며 가장자리 부위에 붉은색의 테두리가 있다. 붉은색 테두리 안쪽에는 검은색 줄무늬가 톱니 모양으로 나 있다.

🔸 나방이 불빛에 모여드는 이유

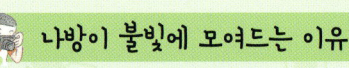

불빛이 없을 때

불빛이 있을 때

나방은 불빛에 왜 날아오는 걸까? 그 이유는 나방에게 불빛에 반응해서 모여드는 본능인 '양성 주광성'을 갖고 있기 때문이다.
보통 밤에 활동하는 나방은 달이나 별을 보고 움직이는 방향을 잡는다. 달빛은 멀리 떨어져 있어서 거의 평행으로 지구에 들어오기 때문에 나방은 평행한 달빛을 기준으로 90° 각도로 제대로 날아갈 수 있다.
그렇지만 가까운 곳에 켜진 불빛은 평행하지 않고 둥글게 퍼지기 때문에 문제가 된다. 둥글게 퍼지는 불빛을 기준으로 접선 방향으로 날다 보면 어쩔 수 없이 빙빙 돌게 된다. 나방 연구가는 양성 주광성의 원리를 이용한 '등화 채집법'으로 나방을 연구한다.

나비목

줄점불나방
나비목 불나방과
크기 38~44mm, 출현 5~8월

머리와 가슴은 회백색의 긴 털로 덮여 있다. 배 부분은 붉은색 바탕에 검은색 점무늬가 줄지어 있으며 더듬이는 실 모양이다. 애벌레는 편백나무와 벚나무류, 매실나무를 먹고 살며 1년에 2회 출현한다.

배붉은흰불나방
나비목 불나방과
크기 40mm 내외, 출현 5~8월

날개는 전체적으로 흰색을 띠며 배 부분이 붉은색을 띠고 있어서 '배붉은흰불나방'이라고 불린다. 앞날개의 뒤쪽 가장자리에 1~2개의 점무늬가 있다. 1년에 2회 출현하여 봄형과 여름형이 있다.

점무늬불나방
나비목 불나방과
크기 28~40mm, 출현 5~9월

앞날개와 머리, 가슴은 흰색이다. 날개에는 검은색 점무늬가 있는데 개체에 따라 차이가 많다. 더듬이는 검은색으로 빗살 모양이며 배는 붉은색을 띤다. 애벌레는 감나무와 뽕나무 등을 먹고 산다.

흰무늬왕불나방
나비목 불나방과
크기 75~85mm, 출현 5~8월

앞날개는 검은색 바탕에 타원형의 흰색 무늬가 잘 발달해 있다. 뒷날개는 주황색 바탕에 검은색 무늬가 잘 발달해 있다. 밤에 불빛에도 잘 모여들지만 낮에 날아다니며 꽃에서 꿀을 빨기도 한다.

얼룩어린밤나방
나비목 밤나방과
크기 25~32mm, 출현 7~9월

날개는 전체적으로 암갈색을 띠며 검은색과 갈색, 흰색이 어우러졌다. 날개에 줄무늬가 있어서 얼룩덜룩해 보인다. 애벌레는 풀색을 띠며 고사리 등을 먹고 산다. 땅속에서 번데기가 된다.

흰줄노랑뒷날개나방
나비목 밤나방과
크기 50mm 내외, 출현 7~8월

앞날개의 안쪽은 검은색이고 바깥쪽은 회백색을 띤다. 뒷날개에는 검은색 줄무늬가 있어서 '뒷날개나방'이라는 이름이 지어졌다. 연 1회 발생하며 개체 수가 적은 편이다. 밤에 불빛에 유인되어 날아온다.

천적을 놀래키는 나방의 호신술

흰줄노랑뒷날개나방

참나무산누에나방

옥색긴꼬리산누에나방

부엉이나방(외국종)

밤에 활동하는 나방은 어두운 빛깔을 띠는 경우가 많은데, 종종 뒷날개에 화려한 빛깔을 감추고 있는 나방도 있다. 흰줄노랑뒷날개나방은 뒷날개가 앞날개와 색깔이 달라서 붙여진 이름이다. 앞날개는 몸을 숨기는 보호색이 되지만 뒷날개는 천적을 놀라게 만드는 경고색이 된다.

날개에 눈알 무늬가 있는 나방도 있다. 이 눈알 무늬는 천적을 순간적으로 놀래켜서 도망치는 나방의 호신술이다. 참나무산누에나방과 옥색긴꼬리산누에나방은 몸집이 크기 때문에 새의 공격을 받기 쉬운데, 위험할 때 날개에 있는 커다란 눈알 무늬를 갑자기 노출시킨다. 눈알 무늬를 보고 천적이 놀라는 사이에 도망치면 살아남을 수 있다.

나비목

쌍줄푸른밤나방
나비목 밤나방과
크기 32~41mm, 출현 5~9월

앞날개는 연두색을 띠며 날개 끝 부분에 2개의 흰색 줄이 선명해서 '쌍줄푸른밤나방'이라고 불린다. 수컷은 뒷날개가 황색이지만 암컷은 흰색을 띤다. 애벌레는 자작나무류의 잎을 먹는다.

큰쌍줄푸른밤나방
나비목 밤나방과
크기 38~40mm, 출현 3~8월

수컷의 앞날개는 갈색 바탕에 굵은 황색 줄무늬가 있고 암컷은 연녹색 바탕에 회백색 줄무늬가 연속적으로 있다. 한여름 높은 산지에 출현한다. 애벌레는 상수리나무 등의 잎을 갉아 먹고 산다.

산저녁나방
나비목 밤나방과
크기 34~38mm, 출현 6~8월

날개는 녹색이며 검은색 줄무늬가 많다. 날개 가운데에 3개의 흰색 점무늬가 있다. 높은산저녁나방과 모습이 비슷하지만 앞날개 가장자리에 황갈색 띠를 이루는 점이 다르며 개체 수도 훨씬 적다.

꼬마봉인밤나방
나비목 밤나방과
크기 29mm 내외, 출현 7~8월

앞날개 빛깔은 흰색을 띠며 날개 끝 부분에 적갈색 무늬가 있다. 앞날개 가운데 부분에 비스듬한 황갈색 띠무늬가 있다. 모습이 매우 비슷한 봉인밤나방보다 크기가 작고 개체 수도 적다.

톱니태극나방
나비목 밤나방과
크기 54~61mm, 출현 5~8월

앞날개는 진한 흑갈색을 띠며 소용돌이처럼 보이는 태극 무늬가 있다. 뒷날개 가장자리 부분이 톱니 모양을 하고 있어서 이름 지어졌다. 자두와 복숭아, 포도, 사과의 과즙을 빨아 먹는 해충이다.

흰줄태극나방
나비목 밤나방과
크기 55~63mm, 출현 6~8월

앞날개는 갈색을 띠며 가운데에 태극 무늬가 있다. 수컷의 더듬이는 양빗살 모양이다. 애벌레는 자귀나무와 청미래덩굴, 밀나물 등을 먹고 산다. 1년에 2회 발생하며 번데기로 겨울나기를 한다.

태극나방 이름 이야기

태극나방은 날개에 태극 무늬가 그려진 특별한 모습을 갖고 있는 나방이어서 '태극나방'이라고 이름이 지어졌다. 우리나라를 대표하는 태극기의 태극 무늬와 무척 많이 닮아 모습이 특이하다. 그래서 일제 강점기 이후에 애국심을 높이기 위해 태극나방을 이용하기도 했다.

북한에서는 결코 태극나방이라고 부르지 않는다. 태극 무늬가 뱀눈처럼 보인다고 해서 '뱀눈나비'라 부른다. 일본에서는 태극 무늬도 뱀눈 무늬도 아닌 소용돌이 무늬라고 생각해서 '소용돌이 무늬를 갖는 나방'이라고 부른다. 이처럼 똑같은 나방을 보고도 문화적, 정서적 차이에 따라서 불리는 이름은 국가마다 각각 다르다.

무궁화밤나방
나비목 밤나방과
크기 82~95mm, 출현 5~8월

앞날개는 회갈색과 황갈색이 섞여 있다. 가로선은 암갈색을 띤다. 뒷날개의 바깥쪽 테두리는 넓게 붉은색을 띠며, 가운데는 검은색 바탕에 청백색 태극 무늬가 뚜렷하다. 몸집이 큰 밤나방이다.

큰갈색띠밤나방
나비목 밤나방과
크기 64~78mm, 출현 6~8월

앞날개 끝에서부터 뒷날개까지 진한 가로줄무늬가 매우 뚜렷하게 보인다. 애벌레는 자귀나무 등의 콩과 식물을 먹고 산다. 야행성 나방이어서 밤에 켜진 불빛에 잘 날아온다.

붉은무늬갈색밤나방
나비목 밤나방과
크기 21mm 내외, 출현 5~8월

앞날개 윗부분의 반은 황색 바탕에 갈색의 얼룩무늬가 있다. 그 아래쪽은 적갈색을 띠고 있다. 밤나방류 중에서 빛깔이 매우 화려한 편에 속한다. 밤에 불빛에 잘 날아오며 1년에 2회 출현한다.

꼬마노랑뒷날개나방
나비목 밤나방과
크기 75mm 내외, 출현 6~10월

앞날개는 나무 빛깔과 닮은 갈색을 띠지만 뒷날개는 주황색이다. 앞날개 가장자리 끝 부분에 흰색이 뚜렷하다. 뒷날개 가운데에는 검은색 띠를 갖고 있다. 야행성 곤충으로 불빛에 잘 날아온다.

흰눈까마귀밤나방
나비목 밤나방과
크기 51~62mm, 출현 7~10월

날개 빛깔이 전체적으로 어두워서 까마귀를 닮았다. 애벌레는 녹색을 띠며 뚱뚱하다. 연황색의 가로줄무늬와 물방울무늬가 있으며 배 뒤쪽은 사각뿔 모양으로 솟아 있는 점이 특징이다.

붉은띠짤름나방
나비목 밤나방과
크기 21~25mm, 출현 6~7월

앞날개는 회갈색을 띤다. 앞날개에 2개의 붉은색 가로띠 무늬가 뚜렷하다. 애벌레는 신갈나무와 상수리나무 등 참나무류를 먹고 산다. 땅속에서 번데기가 되어 겨울나기를 한다.

다양한 밤나방 애벌레 이야기

배저녁나방 애벌레

으름밤나방 애벌레

이른봄밤나방 애벌레

흰눈까마귀밤나방 애벌레

우리나라에 800여 종이 살고 있는 밤나방은 나방류 중에서 가장 종류가 많다. 어른벌레가 많다 보니 애벌레도 매우 다양하다.

뒷날개밤나방, 저녁나방, 곱추밤나방, 밤나방, 줄무늬밤나방, 흰무늬밤나방, 꼬마밤나방, 푸른밤나방, 짤름밤나방 등은 이름은 서로 다르지만 모두 밤나방류에 속한다.

- 배저녁나방 애벌레(저녁나방아과) : 독나방처럼 몸에 짧은 털이 많다.
- 으름밤나방 애벌레(짤름나방아과) : 몸에 눈알 무늬를 갖고 있다.
- 이른봄밤나방 애벌레(곱추밤나방아과) : 매끈한 몸에 털이 거의 없다.
- 흰눈까마귀밤나방 애벌레(흰무늬밤나방아과) : 배추벌레처럼 녹색을 띤다.

나비목

긴수염비행기밤나방
나비목 밤나방과
크기 42~45mm, 출현 6~8월

날개는 암갈색을 띤다. 더듬이는 앞날개 길이와 비슷할 정도로 길다. 앞날개는 폭이 좁고 길며 뒷날개에는 2개의 줄무늬가 겹쳐 있다. 앉아 있는 모습이 비행기를 빼닮았다.

비행기와 나방

밤나방 닮은 비행기

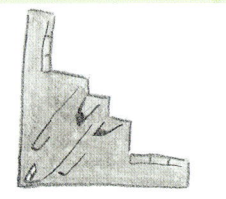

박각시 닮은 비행기

하늘을 날아다닌 최초의 생명체는 곤충이다. 곤충은 하늘을 날기에 적합한 구조를 갖고 있어서 새로운 비행체를 연구하는 사람들은 곤충의 비행 역학을 보고 배운다.
비행기밤나방은 비행기와 닮은 모습이 특이하다. 영국군은 비행 솜씨가 뛰어난 박각시를 보고 2차 세계대전에 사용할 전투기를 만들었다.

쌍복판눈수염나방
나비목 밤나방과
크기 46~56mm, 출현 6~8월

앞날개는 어두운 회갈색을 띠며 불규칙한 톱니 모양이 굽어 있다. 날개 가운데에는 V자 모양의 흰색 무늬가 있다. 애벌레는 상수리나무 등을 먹고 산다. 밤에 불빛에 모이며 1년에 2회 발생한다.

검은띠수염나방
나비목 밤나방과
크기 26~34mm, 출현 6~8월

앞날개는 자갈색이며 가운데에 넓게 진한 갈색 띠무늬가 있다. 날개 무늬는 가늘고 긴 초승달 모양이다. 수컷의 더듬이는 가느다란 털이 달린 모양이다. 밤에 불빛에 잘 날아오는 야행성 나방이다.

흰점멧수염나방
나비목 밤나방과
크기 29mm 내외, 출현 6~7월

앞날개에 2개의 흰색 점무늬가 뚜렷하다. 날개 가운데에 가느다란 흰색 줄무늬가 있다. 더듬이가 매우 가느다랗게 생겨서 '수염나방'이라고 불린다. 밤에 불빛에 잘 날아오는 야행성 나방이다.

노랑무늬수염나방
나비목 밤나방과
크기 23mm 내외, 출현 7~8월

날개는 전체적으로 연갈색을 띤다. 앞날개에 갈색의 가로 줄무늬가 2개 있고 황색 점무늬가 뚜렷하다. 수컷의 더듬이는 실 모양이며 가느다란 털이 나 있다. 불빛에 잘 날아온다.

뒷노랑수염나방
나비목 밤나방과
크기 30~32mm, 출현 5~9월

앞날개가 검보라색을 띠고 있어서 매우 화려하다. 가로 줄무늬는 회색을 띤다. 뒷날개는 황색을 띤다. 머리 부분에 비늘 모양의 잔털이 원뿔처럼 돌출되어 있다. 1년에 2회 출현한다.

큰칠점박이포충나방
나비목 풀명나방과
크기 18mm 내외, 출현 5~9월

크기가 매우 작은 소형 나방이다. 앞날개에 검은색 점무늬가 뚜렷하다. 날개에 주황색 띠가 많이 있으며 날개가 은색으로 빛난다. 몸이 매우 작아서 불빛에 날아와도 쉽게 찾기 힘들다.

나비목

말굽무늬들명나방
나비목 풀명나방과
크기 27~32mm, 출현 5~8월

날개는 진한 갈색을 띠며 뒷날개에 투명한 둥근 무늬가 있다. 가장자리는 흑갈색으로 물결 모양이다. 뒷날개는 황백색으로 반투명하고 가운데에 흑갈색의 말굽 모양 무늬가 특징이다.

포도들명나방
나비목 풀명나방과
크기 23~28mm, 출현 6~9월

날개는 암갈색이며 황백색 점무늬가 매우 많다. 더듬이는 실 모양으로 매우 가늘다. 야행성으로 밤에 불빛에 잘 모여든다. 애벌레는 포도의 잎을 갉아 먹어서 해충으로 잘 알려져 있다.

구름무늬들명나방
나비목 풀명나방과
크기 18~23mm, 출현 6~8월

뒷날개의 아랫부분은 황색이고 굵은 황색 무늬가 있다. 몸에 있는 흰색 무늬가 마치 구름이 둥둥 떠 있는 것처럼 보인다. 밤에 불빛에 매우 잘 날아오기 때문에 쉽게 볼 수 있다.

몸노랑들명나방
나비목 풀명나방과
크기 25~27mm, 출현 5~9월

날개는 황색을 띠며 앞날개에 3개, 뒷날개에 2개의 검은색 줄무늬가 있다. 앞날개의 가장자리 부분은 암갈색 띠를 이룬다. 개체에 따라 빛깔과 무늬의 변이가 거의 없는 점이 특징이다.

목화명나방
나비목 풀명나방과
크기 22~30mm, 출현 5~8월

앞날개는 황백색을 띠며 콩팥 모양과 가락지 모양의 무늬가 뚜렷하다. 밤에 불빛에 잘 날아온다. 목화에 피해를 일으키는 해충으로 매우 유명해서 '목화명나방'이라고 이름 지어졌다.

목화바둑명나방
나비목 풀명나방과
크기 28~30mm, 출현 6~10월

날개 빛깔은 흰색을 띠며 바깥쪽 테두리에 흑갈색 무늬가 뚜렷하다. 애벌레는 목화와 무궁화 등의 잎을 갉아 먹어 피해를 일으키는 해충이다. 옛날에는 '작은각시들명나방'이라고도 불렀다.

복숭아명나방
나비목 풀명나방과
크기 23~29mm, 출현 5~9월

날개는 황갈색이며 검은색 점이 흩어져 있다. 가슴과 배에는 검은색 점무늬가 있다. 밤나무와 상수리나무, 벚나무, 배나무 등 활엽수에도 살고, 소나무와 리기다소나무, 잣나무 등 침엽수에도 산다.

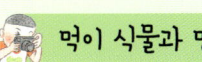
먹이 식물과 명나방

복숭아명나방

포도들명나방

명나방은 우리나라에 300여 종이 살기 때문에 명나방마다 먹이 식물이 다르다.

벼와 밀, 보리 등의 작물을 갉아 먹는 명나방으로는 혹명나방과 이화명나방이 유명하다.

복숭아명나방과 포도들명나방처럼 과일의 이름이 붙은 명나방은 과일나무의 해충이다.

나비목

혹명나방
나비목 풀명나방과
크기 16~20mm, 출현 6~10월
앞날개는 황색을 띠며 가장자리는 진갈색을 띤다. 낮에 벼의 잎이나 잡초 사이에서 배 끝을 들고 정지해 있다가 해질 무렵부터 짝짓기를 하고 알을 낳기 위해 활동한다. 불빛에도 잘 모여든다.

조명나방
나비목 풀명나방과
크기 23~32mm, 출현 7~9월
날개와 머리, 가슴, 배는 황갈색을 띤다. 수컷은 암컷에 비해 날개 빛깔이 진하다. 애벌레는 조와 옥수수, 수수, 생강, 목화, 콩, 팥, 토마토 등의 잎과 줄기를 갉아 먹어서 피해를 주는 해충이다.

흰띠명나방
나비목 풀명나방과
크기 20~24mm, 출현 5~10월
날개 빛깔은 흑갈색으로 흰색 띠무늬가 있다. 애벌레는 시금치와 맨드라미, 호박, 근대 등을 갉아 먹어 피해를 준다. 피해 부위는 그물 모양으로 변한다. 꽃 속에 침입하여 피해를 주기도 한다.

흰날개큰집명나방
나비목 명나방과
크기 32~34mm, 출현 6~8월
날개는 전체적으로 흰색을 띠며 앞날개의 아랫부분과 바깥쪽은 황록색을 띠는 흑갈색이다. 매우 흔하게 관찰되며 1년에 1회 발생한다. 집명나방아과에 속하는 나방 중에서 크기가 가장 크다.

줄보라집명나방
나비목 명나방과
크기 27~30mm, 출현 6~8월
앞날개 안쪽은 흑갈색이지만 바깥쪽은 황색과 주황색, 오렌지색 등으로 황색 띠를 이룬다. 가장자리는 붉은색을 띤다. 머리는 황갈색 털로 덮여 있고 더듬이는 갈색이다. 숲에서 흔히 볼 수 있다.

노랑눈비단명나방
나비목 명나방과
크기 26~33mm, 출현 6~8월
앞날개는 적황색을 띤다. 날개에 황색 점무늬가 뚜렷하게 나타나서 '노랑눈비단명나방'이라고 이름 지어졌다. 화려한 빛깔과 무늬를 갖는 명나방류 중에서도 가장 화려하다.

디자인에 활용되는 명나방의 무늬

구름무늬들명나방

노랑눈비단명나방

말굽무늬들명나방

목화명나방

곤충은 지구촌에서 가장 다양한 생물이라서 종류에 따라 빛깔과 무늬가 가지각색이다. 특히 나비와 나방은 화려한 빛깔과 무늬을 갖고 있어서 자연이 만들어 낸 무늬를 활용하는 디자이너의 관심을 받고 있다.

보통 사람들은 나비가 매우 화려하다고 알고 있지만, 명나방은 몸집은 작아도 밝은 빛깔과 화려한 무늬를 가져서 나비를 초월할 정도로 아름답다. 명나방 날개에 있는 대칭 무늬는 의상 디자인에 영감을 주고, 화사한 빛깔은 상품 디자인에 응용된다.

나방을 관찰하다 보면 어디선가 많이 본 듯한 느낌이 드는데, 우리가 입는 옷이나 지니고 다니는 가방에서 비슷한 빛깔과 무늬를 발견할 수 있다.

굵은띠비단명나방
나비목 명나방과
크기 26~30mm, 출현 7~8월

앞날개는 주황색을 띠고 굵은 황색 띠가 2개 있는 모습이 비단 같아서 '굵은띠비단명나방'이라고 이름 지어졌다. 애벌레는 녹나무와 옻나무를 갉아 먹어 피해를 일으킨다.

날개뽀족명나방
나비목 명나방과
크기 18~21mm, 출현 5~8월

앞날개는 붉은색을 띠며 개체에 따라 날개 무늬의 변화가 많다. 머리와 더듬이는 갈색을 띤다. 날개 가장자리가 뽀족하게 생겨서 이름 지어졌다. 밤에 불빛에 날아오는 소형 나방이다.

큰홍색뽀족명나방
나비목 명나방과
크기 18~21mm, 출현 6~9월

앞날개가 황적색을 띠고 있으며 날개 가장자리가 매우 뽀족해 보여서 이름 지어졌다. 머리는 다소 둥글고 흰색을 띤다. 가슴과 배 등면은 연갈색을 띤다. 밤에 불빛에 잘 날아온다.

노랑꼬리뽀족명나방
나비목 명나방과
크기 13~16mm, 출현 6~8월

앞날개는 적갈색을 띠며 날개 끝으로 갈수록 붉은색을 띤다. 앞날개 가장자리에 바느질로 한 땀 한 땀 수를 놓은 듯한 무늬가 있는 것이 큰 특징이다. 날개 가장자리는 뽀족하다.

사과잎말이나방
나비목 잎말이나방과
크기 19~34mm, 출현 5~9월

수컷은 앞가장자리가 구부러졌고 날개 끝이 약간 둥글다. 어린 애벌레는 나무껍질 또는 낙엽 속에서 겨울나기를 한다. 이름에서 알 수 있듯이 사과나무에 큰 피해를 입히는 해충이다.

큰사과잎말이나방
나비목 잎말이나방과
크기 18~35mm, 출현 5~9월

몸은 전체적으로 갈색을 띤다. 모습이 종 모양을 빼닮았다. 애벌레는 과수원의 배나무와 사과나무 등에 발생하여 피해를 일으키는 해충이다. 밤에 불빛에도 잘 모여드는 모습을 볼 수 있다.

찔레애기잎말이나방
나비목 잎말이나방과
크기 18mm 내외, 출현 5~6월

앞날개 윗부분은 회갈색을 띠고 아랫부분은 흰색을 띤다. 뒷날개는 갈색을 띤다. 애벌레는 야생 장미나 재배 장미의 잎을 둘둘 말아서 그 속에 살며 갉아 먹기 때문에 피해를 일으킨다.

 서로 다른 요람

잎말이나방의 집

거위벌레의 요람

잎말이나방과 거위벌레는 잎을 둘둘 마는 데, 잘 살펴보면 어떤 곤충인지 금방 알 수 있다.

- 잎말이나방 : 잎을 자르지 않고 애벌레가 잎을 둘둘 만다. 집에는 애벌레가 들어 있다.
- 거위벌레 : 대부분은 잎을 자르며, 어른벌레가 잎을 둘둘 만다. 요람에는 알이 들어 있다.

딱정벌레목

왕사슴벌레
딱정벌레목 사슴벌레과
크기 25~76㎜, 출현 6~9월

참나무에 모여 나뭇진을 먹는다. 밤에 불빛에 잘 유인되어 날아오는 야행성 곤충이다. 몸집이 매우 크지만 무거운 딱지날개가 있고, 비행 실력이 모자라서 불빛이 켜진 후 한참 만에 날아온다.

넓적사슴벌레
딱정벌레목 사슴벌레과
크기 20~84㎜, 출현 6~9월

참나무 숲에 가장 많이 살고 있는 대표적인 사슴벌레이다. 몸이 전체적으로 납작하고 편평해서 '넓적사슴벌레'라고 이름 지어졌다. 참나무 진에 모여 있다가 불빛이 켜지면 등불에 잘 날아온다.

애완곤충 사육하기

톱밥 매트에 낳은 장수풍뎅이 알은 애벌레가 되면 함께 자란다.

나무속에 낳은 사슴벌레 알은 애벌레가 되면 서로 물어 죽인다.

우람한 뿔이 있는 장수풍뎅이와 멋진 큰턱이 있는 사슴벌레는 다른 곤충에 비해 기르기가 쉬워서 사육을 가장 많이 한다. 두 곤충의 어른벌레는 모두 나뭇진을 먹고 살아서 먹이로는 곤충젤리나 설탕물, 과일을 주면 된다. 다만 애벌레 시절의 특성이 다르므로 주의를 기울이면 된다.

- 알 낳는 장소 : 장수풍뎅이는 땅에 알을 낳는 습성이 있어서 넣어 준 톱밥 매트에 알을 낳는다. 사슴벌레는 나무속을 파고 들어가 알을 낳기 때문에 산란목을 넣어 줘야 한다.
- 애벌레의 성격 : 장수풍뎅이는 좁은 공간에서 함께 있어도 서로 죽이지 않지만, 사슴벌레는 서로 물어 죽이기 때문에 한 마리씩 따로 길러야 한다.

참넓적사슴벌레
딱정벌레목 사슴벌레과
크기 22~52㎜, 출현 6~9월

전체적으로 납작한 모습이 넓적사슴벌레와 매우 비슷하지만 큰턱 바깥쪽이 둥글게 굽고 앞다리의 종아리마디도 굽어 있어서 구별된다. 참나무 진을 먹고 살며 불빛에도 잘 날아온다.

애사슴벌레
딱정벌레목 사슴벌레과
크기 12~53㎜, 출현 5~9월

몸집이 매우 작은 사슴벌레여서 '애사슴벌레'라고 불린다. 참나무 진에 모여들어 나뭇진을 먹고 산다. 짝짓기를 마친 암컷은 나무속에 들어가서 알을 낳는다. 나무속에서 겨울나기를 한다.

톱사슴벌레
딱정벌레목 사슴벌레과
크기 22~74㎜, 출현 6~9월

참나무 숲에 살면서 참나무 진을 먹고 산다. 큰턱 안쪽에 톱날처럼 뾰족한 돌기가 있다. 죽은 참나무에 알을 낳는다. 밤에 불빛에도 잘 날아온다. 1~2년 정도 애벌레 기간이 지나면 어른이 된다.

큰검정풍뎅이
딱정벌레목 검정풍뎅이과
크기 17~22㎜, 출현 4~9월

몸은 검은색을 띠며 딱지날개에 광택이 없다. 활엽수의 잎을 갉아 먹고 살며 5월에 가장 많다. 애벌레는 땅속에서 식물 뿌리를 갉아 먹고 산다. 밤에 켜 놓은 불빛에 매우 잘 날아온다.

딱정벌레목

왕풍뎅이
딱정벌레목 검정풍뎅이과
크기 26~33㎜, 출현 5~10월

몸은 적갈색을 띠며 몸에 가루가 많아서 '가루풍뎅이'라고도 불린다. 밤에 불빛에 잘 날아오는 대형 풍뎅이다. 참나무 등의 활엽수 잎을 갉아 먹는다. 땅속에 알을 낳으며 2년에 1회 발생한다.

검정하늘소
딱정벌레목 하늘소과
크기 12~25㎜, 출현 7~9월

몸은 원통형이며 검은색을 띤다. 더듬이가 매우 짧고 몸에 비해 턱이 크고 굵다. 소나무에 알을 낳는다. 애벌레는 소나무와 삼나무, 편백 등의 침엽수 뿌리에 구멍을 뚫고 살아간다.

하늘소
딱정벌레목 하늘소과
크기 34~57㎜, 출현 6~8월

더듬이가 긴 하늘소류 중 가장 대표적이다. 몸이 큰 대형 하늘소로 밤에 활동하는 야행성 곤충이라서 불빛에 잘 날아온다. 애벌레는 다양한 활엽수의 목질을 갉아 먹고 산다.

참풀색하늘소
딱정벌레목 하늘소과
크기 15~30㎜, 출현 6~8월

몸 빛깔이 화려한 녹색을 띠는 하늘소이다. 환한 불빛에 날아온 모습을 보면 빛깔이 매우 아름답다. 불빛에도 잘 날아오지만 참나무 진에도 모여서 나뭇진을 먹는 모습을 볼 수 있다.

깨다시하늘소
딱정벌레목 하늘소과
크기 10~17㎜, 출현 5~8월

몸은 검은색으로 황색 털이 나 있다. 다리에 날카로운 발톱이 있어서 나무를 잘 오르내릴 수 있다. 숲에서 나무를 베어 낸 곳에 많이 산다. 야행성이라서 밤에 불빛을 켜 놓으면 유인되어 날아온다.

풀색명주딱정벌레
딱정벌레목 딱정벌레과
크기 17~25㎜, 출현 4~9월

몸은 검은색이라서 밤에 발빠르게 움직여도 눈에 잘 띄지 않는다. 불빛에 날아온 다양한 곤충을 잡아먹기 위해서 불빛에 모여든다. 빠르게 기어갈 뿐 아니라 날아서도 이동한다.

폭탄먼지벌레
딱정벌레목 딱정벌레과
크기 11~18㎜, 출현 5~9월

밤에 활동하는 육식성 곤충이다. 빠르게 기어 다니며 사체나 썩은 고기, 부패한 음식을 먹고 산다. 밤에 켜진 가로등이나 등불 아래의 땅에서 빠르게 기어 다니는 모습을 볼 수 있다.

야행성 곤충

먹이 사냥을 떠나는 풀색명주딱정벌레

야행성 곤충이 불빛에 모여드는 이유는 종류에 따라 다르다. 양성 주광성을 갖고 있는 나방은 불빛에 이끌려 날아오지만, 일부러 불빛을 찾아 모여드는 곤충도 많다.
참새가 방앗간을 그냥 지나치지 못하듯 포식성 곤충인 딱정벌레나 먼지벌레는 먹잇감을 사냥하려고 다양한 먹잇감이 모이는 불빛에 온다.

딱정벌레목

큰수중다리송장벌레
딱정벌레목 송장벌레과
크기 15~28mm, 출현 6~8월

밤에 불빛에 잘 모여드는 곤충이다. 검은색을 띠고 있어서 밤에 활동할 때 눈에 잘 띄지 않아 사냥하기에 유리하다. 동물의 사체에 모여드는 곤충의 애벌레를 잡아먹고 산다.

수중다리송장벌레
딱정벌레목 송장벌레과
크기 15~20mm, 출현 6~8월

밤에 활동하는 야행성 곤충이다. 구더기를 먹기 위해 사체에 잘 모여들지만 사체를 파묻는 기술은 없다. 밤에 환하게 켜진 등불에 모여들어 불빛에 모인 작은 곤충을 잡아먹고 산다.

꼬마길앞잡이
딱정벌레목 딱정벌레과
크기 8~11mm, 출현 6~9월

길앞잡이 종류 중 크기가 매우 작아서 '꼬마길앞잡이'라고 이름 지어졌다. 몸집은 작지만 기다란 다리와 날카로운 입을 보면 길앞잡이라고 짐작된다. 밤에 불빛에 모여드는 모습을 볼 수 있다.

털보왕버섯벌레
딱정벌레목 버섯벌레과
크기 9~13mm, 출현 6월~다음 해 3월

몸 빛깔은 검은색을 띠며 광택이 난다. 딱지날개의 앞뒤에는 복잡한 모양의 주황색 무늬가 있다. 버섯을 잘 먹어서 이름에 '버섯벌레'가 붙여졌다. 환한 불빛이 켜지면 모여드는 모습이 종종 보인다.

도토리거위벌레
딱정벌레목 주둥이거위벌레과
크기 7~10.5mm, 출현 6~9월

주둥이가 매우 길게 발달된 거위벌레이다. 참나무류에 많이 살기 때문에 참나무 숲 주변에 켜진 불빛에 쉽게 모여든다. 최근 날씨가 따뜻해지면서 도토리거위벌레를 쉽게 볼 수 있다.

꼬마줄물방개
딱정벌레목 물방개과
크기 8~10mm, 출현 3~11월

밤에 불빛에 잘 모여드는 야행성 곤충이다. 물에서 생활하지만 비행도 잘한다. 논과 늪, 연못, 웅덩이 등에 매우 흔하게 사는 물방개이다. 가로등이나 주유소 불빛에 모여드는 모습을 볼 수 있다.

애기물방개
딱정벌레목 물방개과
크기 11~13mm, 출현 3~11월

물웅덩이에 흔히 살기 때문에 밤에 켜진 불빛에 모여든 모습을 볼 수 있다. 꼬마줄물방개와 함께 불빛에 잘 날아온다. 불빛 근처에 연못이나 웅덩이가 있다면 쉽게 볼 수 있다.

밤에 모인 수서곤충

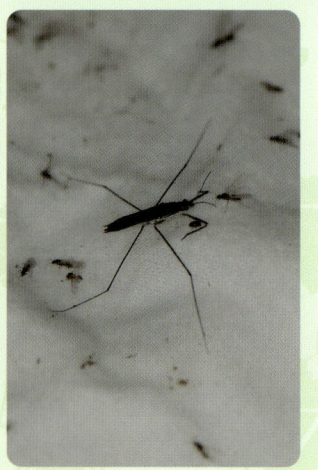

밤의 수서곤충

물속에서 헤엄치는 수서곤충도 날개를 갖고 있어서 날아다닐 수 있다. 날개 달린 수서곤충으로는 소금쟁이와 물방개, 물자라, 송장헤엄치게가 있다. 물속에서는 물고기가 되고 밖에서는 비행사가 된다.

밤에 연못과 웅덩이, 하천과 그 주변에서 등불을 켜면 다양한 수서곤충이 모여드는 모습을 볼 수 있다.

천연기념물 322호 반딧불이 이야기

천연기념물 곤충인 애반딧불이   반딧불이 먹이인 물달팽이

황가뢰
딱정벌레목 가뢰과
크기 9~22㎜, 출현 6~8월

연황색의 몸을 가졌으며 눈과 더듬이는 검은색이다. 더듬이는 가늘고 길다. 가뢰류에 속하는 여러 곤충 중에서 밤에 불빛에 가장 잘 날아온다. 낮에 풀잎이나 꽃에 앉은 모습도 볼 수 있다.

애반딧불이
딱정벌레목 반딧불이과
크기 7~10㎜, 출현 6~8월

딱지날개는 흑갈색을 띤다. 앞가슴등판은 주황색이며 가운데에 세로로 된 검은색 무늬가 있다. 애벌레는 논과 연못, 수로, 하천 등의 물 흐름이 느린 곳에 물달팽이나 다슬기를 먹고 산다.

반딧불이는 천연기념물이지만 멸종위기 동식물은 아니다. 반딧불이의 아름다운 불빛이 정서에 도움이 되기 때문에 심미적, 정서적 가치가 있어서 1982년 11월 4일 천연기념물 322호로 지정되었다.

반딧불이는 종이 아니라 서식지가 천연기념물로 지정되었다. 전라북도 무주군 설천면 삼공리 지역의 반딧불이와 반딧불이의 먹이가 되는 다슬기 서식지까지 함께 지정되었다. 물속에 사는 애반딧불이 애벌레는 다슬기나 물달팽이, 우렁이 등을 잡아먹어서 먹이가 되는 패류가 매우 중요하다.

현재 반딧불이는 전국적으로 볼 수 있어서 멸종위기 곤충은 아니지만, 환경오염과 서식지 파괴로 점차 사라지고 있어서 안타깝다.

반딧불이와 형설지공

발광마디   발광기작

늦반딧불이
딱정벌레목 반딧불이과
크기 15~18㎜, 출현 7~9월

딱지날개는 흑갈색을 띠며 앞가슴등판은 연황색을 띤다. 암컷은 앞날개가 퇴화되어 날지 못한다. 애벌레도 풀 줄기에 앉아서 빛을 낸다. 습지가 있는 숲에 사는 우리나라에서 가장 큰 반딧불이다.

운문산반딧불이
딱정벌레목 반딧불이과
크기 8~9㎜, 출현 5~7월

가슴등판은 주황색이지만 애반딧불이처럼 세로줄무늬가 없다. 해질 녘이나 해뜨기 전에 무리 지어 빛을 낸다. 산지나 평지에서 볼 수 있으며 우리나라 반딧불이 중에서 빛이 가장 밝다.

반딧불이는 '형설지공'이라는 고사로 매우 유명한 곤충이다. 진나라 차윤과 손강이 가난해서 공부를 하지 못할 상황에서 지혜를 발휘했다.

차윤은 반딧불이를 잡아서 명주헝겊으로 싸서 그 빛으로 공부를 했고, 손강은 겨울에 창문을 열어 눈빛으로 밝혀 공부해서 큰 벼슬까지 올랐다. 어려움이 있더라도 열심히 최선을 다하면 성공할 수 있다는 교훈을 주는 이야기의 주인공이 바로 반딧불이다.

반딧불이는 몸속에 루시페린이라는 효소를 갖고 있다. 루시페라아제라는 효소에 의해 루시페린이 반응하여 옥시루시페린이 되면 빛이 난다.

'형설지공'은 고생을 하면서도 부지런하고 꾸준하게 공부하는 자세를 이르는 말이다.

노린재목 풀잠자리목

갈색날개노린재
노린재목 노린재과
크기 10~12mm, 출현 3~11월

몸은 전체적으로 녹색을 띤다. 앞날개가 갈색을 띠어서 '갈색날개노린재'라고 이름 지어졌다. 날씨가 쌀쌀해지는 늦가을이 되면 겨울나기 장소로 이동한다. 밤에 불빛에도 잘 모여든다.

동해긴날개멸구
노린재목 긴날개멸구과
크기 5mm 내외, 출현 7~9월

몸에 비해서 날개가 매우 크기 때문에 몸집은 작지만 눈에 잘 띈다. 날개가 매우 길어서 '긴날개멸구류'에 속한다. 불빛을 켜 놓으면 사뿐히 잘 날아오는 모습을 관찰할 수 있다.

귀매미
노린재목 매미충과
크기 14~18mm, 출현 5~8월

암갈색의 몸이 나무껍질과 비슷하다. 참나무와 졸참나무 등의 참나무 숲에서 산다. 애벌레는 어디가 머리인지 구별하기 힘들고 만지려고 하면 튀어서 도망간다. 밤에 불빛에 잘 날아온다.

늦털매미
노린재목 매미과
크기 35~38mm, 출현 8~11월

인가 근처의 인공 구조물에 앉아서 울기도 한다. 맑은 날 오전에 가장 잘 울며 날씨가 흐려도 울음을 그치지 않는다. 해가 지고 어두울 때까지 계속 우는 경향이 있다. 밤에 불빛에도 잘 모여든다.

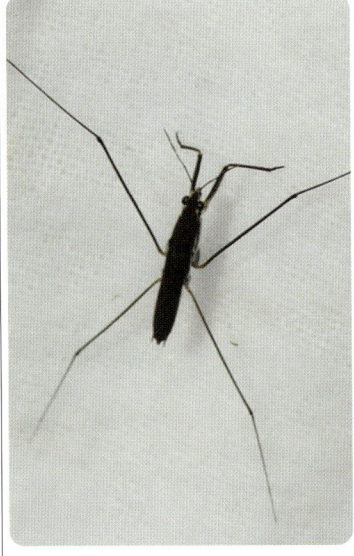

소금쟁이
노린재목 소금쟁이과
크기 11~16mm, 출현 4~10월

소금쟁이는 물이 고인 웅덩이에서 가장 쉽게 볼 수 있다. 웅덩이에 먹이가 없으면 날아서 다른 곳으로 이동한다. 밤에 켜 놓은 등불 주변에 웅덩이가 있으면 잘 날아온다.

진방물벌레
노린재목 물벌레과
크기 5.9mm 내외, 출현 3~10월

논과 연못, 물웅덩이 등에 많이 살고 있지만 크기가 작아서 쉽게 관찰하기는 힘들다. 소금쟁이처럼 밤에 켜 놓은 불빛에 잘 유인되어 날아온다. 물에 사는 벌레라고 해서 이름에 '물벌레'가 붙여졌다.

칠성풀잠자리
풀잠자리목 풀잠자리과
크기 14~15mm, 출현 5~8월

어른벌레와 애벌레 모두 진딧물을 잘 잡아먹기 때문에 풀밭에서 흔하게 볼 수 있지만 밤에 불빛에도 매우 잘 모여든다. 애벌레는 3번 허물을 벗은 후 번데기가 되고 어른이 된다.

대륙뱀잠자리
풀잠자리목 뱀잠자리과
크기 40~50mm, 출현 5~9월

얼룩덜룩한 모습이 뱀허물과 닮았다고 해서 '뱀잠자리'라고 이름 지어졌다. 하천 주변에 등불을 켜 놓으면 큰 몸집과 넓적한 날개를 갖고 있는 대륙뱀잠자리가 날아오는 모습을 볼 수 있다.

풀잠자리목   잠자리목 벌목

뿔잠자리
풀잠자리목 뿔잠자리과
크기 30㎜ 내외, 출현 5~9월

몸은 황갈색이며, 더듬이는 진한 갈색이고 날개 길이처럼 유난히 길다. 애벌레는 풀밭이나 돌 밑에 숨어서 다른 곤충을 잡아먹는다. 어른벌레는 밤에 불빛에 잘 날아온다.

명주잠자리
풀잠자리목 명주잠자리과
크기 40㎜ 내외, 출현 6~10월

얇고 길쭉한 몸과 넓은 날개가 잠자리처럼 보인다. 물가 근처에서 힘없이 날아다니는 모습을 볼 수 있다. 애벌레인 개미귀신이 물가 주변의 모래에서 살기 때문에 잘 발견된다.

풀잠자리류와 잠자리류 구별하기

풀잠자리류(명주잠자리)　　잠자리류(깃동잠자리)

풀잠자리류에 속하는 풀잠자리, 뱀잠자리, 뿔잠자리, 명주잠자리는 모두 이름에 '잠자리'가 들어 있지만, 풀잠자리류와 잠자리류는 완전히 다른 곤충이다. 몇 가지만 살펴보면 풀잠자리류와 잠자리류를 구별할 수 있다.

풀잠자리류 vs 잠자리류
① 풀잠자리류는 더듬이가 길지만, 잠자리류는 짧아서 거의 보이지 않는다.
② 풀잠자리류는 비행하는 데 서툴지만, 잠자리류는 비행을 매우 잘한다.
③ 풀잠자리류는 완전탈바꿈을 하지만, 잠자리류는 번데기 시기가 없는 불완전탈바꿈을 한다.

나비잠자리
잠자리목 잠자리과
크기 36~42㎜, 출현 6~9월

날개 대부분이 암청색 무늬를 띠고 있어 나비처럼 보인다고 해서 이름 지어졌다. 수생 식물이 풍부한 연못과 습지에 산다. 애벌레인 상태로 겨울나기를 하며 불빛에도 잘 날아온다.

말벌
벌목 말벌과
크기 21~29㎜, 출현 4~10월

밤에 나뭇진에 모인 사슴벌레와 함께 나뭇진을 먹는 모습을 볼 수 있다. 밤에 켜진 불빛에도 유인되어 잘 날아온다. 나방처럼 비행을 잘 하기 때문에 불빛에 매우 빠르게 잘 날아온다.

가을밤 불빛에 모이는 메뚜기류

좁쌀메뚜기　　왕귀뚜라미

귀뚜라미　　실베짱이

한여름 불빛에는 나방과 장수풍뎅이, 사슴벌레, 하늘소 등의 대형 곤충이 모인다. 나방은 밤이 되면 불빛에 가장 많이 모이는 곤충이지만, 주로 무더운 여름인 7~8월에 가장 많다.

8월 중순을 넘어 9월이 되면 여름에 모였던 대형 곤충은 점점 줄어든다. 여름이 가고 선선한 바람이 부는 가을이 되면 여름의 곤충이 줄어든 곳을 풀벌레가 차지하기 시작한다.

밤에 나타나는 곤충의 종류도 계절이 변함에 따라 서서히 달라진다. 가을밤 불빛에는 가을을 대표하는 곤충인 실베짱이와 여치, 귀뚜라미 등 풀벌레가 가장 많이 모여든다.

풀잎에 앉은 원산밑들이메뚜기

부록 곤충 지식사전

곤충은 어떤 동물일까?

곤충은 스스로 움직일 수 있어서 강아지나 고양이처럼 '동물'에 속한다. 그렇지만 포유동물은 등뼈가 있어서 '척추동물'에 속하지만, 등뼈가 없는 곤충은 '무척추동물'에 속한다. 곤충은 다리의 마디마다 관절이 있고 몸이 마디로 되어 있어서 '절지동물'이라 불린다. 곤충과 거미, 지네, 가재 등이 포함되는 절지동물은 동물계의 80% 정도를 차지할 정도로 종류와 개체 수가 가장 많다. 특히 곤충은 절지동물의 90% 정도를 차지하는 지구촌에서 가장 다양한 생물이다. 지금까지 약 120여 만 종이 밝혀졌지만 아직도 미지의 곤충이 무수하다. 그래서 학자들은 지구촌에 약 500만 종 이상의 곤충이 살고 있을 것으로 추정한다.

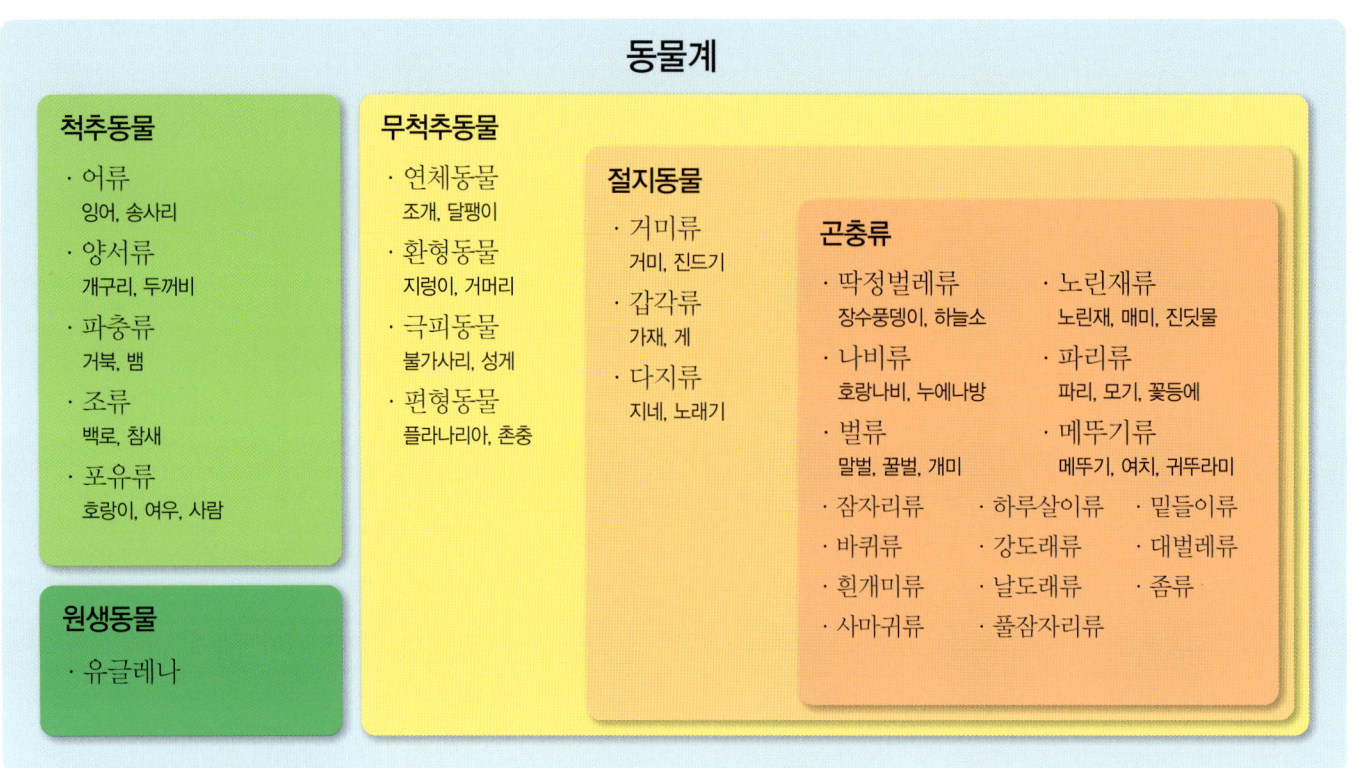

● 우리나라 동물의 종 수 비교

곤충은 현재까지 우리나라에서 17,000여 종이 밝혀졌다. 척추동물이 1,500여 종인 것과 비교하면 10배나 될 정도로 많다.

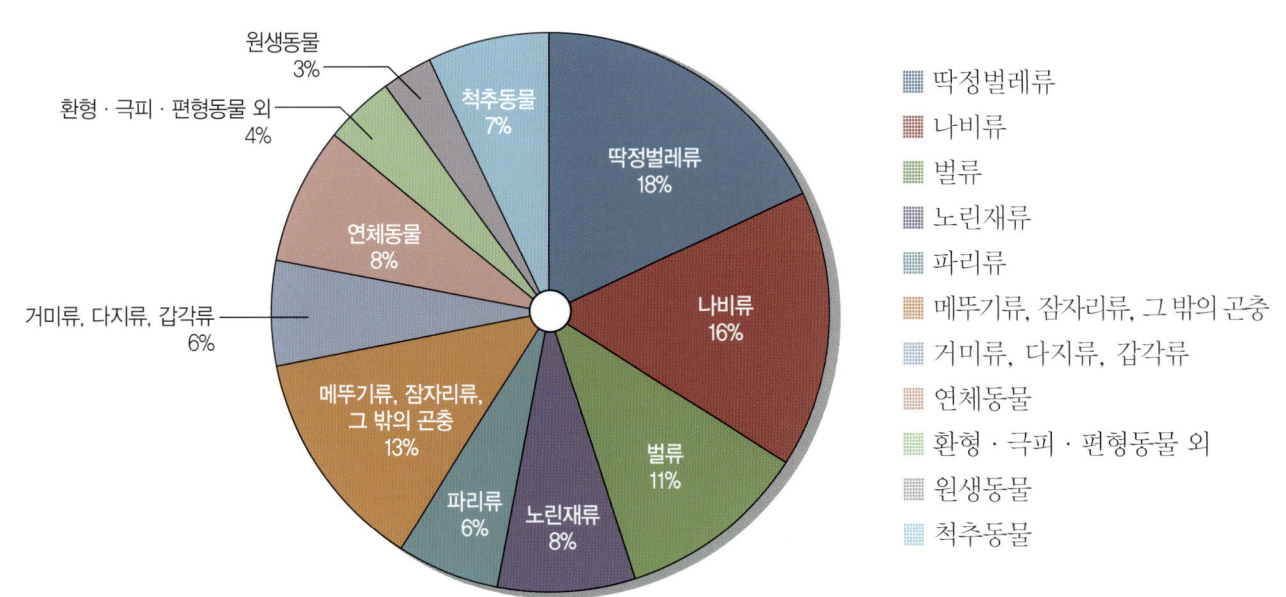

절지동물 무리

곤충류와 거미류, 갑각류, 다지류는 모두 절지동물이라서 생김새가 서로 비슷하다.
그렇지만 몸의 마디와 더듬이, 다리 수를 자세히 살펴보면 어떤 무리에 속하는지 쉽게 구별할 수 있다.

구분	곤충류	거미류	갑각류	다지류
대표종	네발나비	호랑거미	가재	왕지네
몸 마디	머리, 가슴, 배	머리가슴, 배	머리, 가슴	머리, 몸통
눈	겹눈, 홑눈	홑눈	겹눈	홑눈
더듬이	1쌍	없다	2쌍	1쌍
다리	3쌍	4쌍	5~8쌍	15쌍 이상~
날개	2쌍	없다	없다	없다
탈바꿈	한다	안 한다	한다	안 한다
종류	딱정벌레, 나비, 벌, 파리 등	거미, 전갈, 진드기, 응애 등	가재, 옆새우, 게, 공벌레 등	지네, 노래기, 그리마 등

① 곤충류

날개띠좀잠자리

애사슴벌레

② 거미류

아기늪서성거미

진드기

③ 갑각류

갯강구

공벌레

④ 다지류

면장땅지네

그리마

곤충의 역사와 발전 방향

● 역사

곤충은 약 4억 3천만 년 전부터 지구촌에 살고 있다. 고생대 실루리아기와 데본기 사이에는 현재의 좀류와 비슷한 곤충인 모뉴라(Monura)가 처음으로 탄생했다. 가장 오래된 곤충 화석은 4억 년 전 데본기 지층에서 발견된 톡토기류의 리니엘라 프레큘솔(Rhyniella praecursor)이다. 3억 5천 만 년 전 고생태 석탄기에는 날개 편 길이가 75㎝나 되는 거대 잠자리 메가네우라(Meganeura monyi)가 살았다.

선캄브리아기	6억 년 이전	원시무척추 동물(단세포 생물, 해조류, 해면류)
고생대	5억 4천만 년 전	지렁이(곤충의 조상)
	5억 2천만 년 전	삼엽충(절지동물의 조상 – 바다 지배), 동물 : 해파리와 조개, 식물 : 양치식물
	4억 2십만 년 전	노래기(육지에 사는 절지동물 출현), 거미, 전갈
	4억 년 전	최초의 날개 없는 곤충 출현(톡토기, 돌좀), 동물 : 어류시대, 양서류 출현
	3억 5천만 년 전	거대 절지동물 발달(노래기 2m, 전갈 1m), 동물 : 원시파충류 출현
	3억 2천만 년 전	최초의 날개 달린 곤충 비행(바퀴, 하루살이)
	2억 8천만 년 전	메가네우라(옛 잠자리 75㎝) 등장, 식물 : 겉씨식물 출현
중생대	2억 2천만 년 전	딱정벌레, 말벌 출현, 동물 : 최초의 공룡 출현과 시조새
	1억 7천만 년 전	나방, 파리, 개미 출현, 동물 : 최초의 조류, 식물 : 속씨식물 출현
	9천2백만 년 전	나비 출현, 동물 : 포유류와 영장류, 식물 : 현화식물
신생대	2백만 년 전	최초의 인간 , 속씨식물 번성

● 발전 방향

곤충은 4억 년 전에 지구에 나타나 분화 발전하면서 지구촌에서 최고로 번성한 생물이 되었다.

- 유시류 장점 : 곤충의 날개는 먹이를 찾고 천적으로부터 도망치는 데 유리하다.
- 신시류 장점 : 날개를 접으면 활동이 더 편하고 천적으로부터 도망치기 유리하다.
- 내시류 장점 : 애벌레와 어른벌레가 먹이 경쟁을 할 필요가 없다.

곤충의 번성 이유

산과 들판, 개울, 웅덩이, 연못, 습지, 바닷가, 도시 등의 다양한 환경에 적응하여 살아가는 곤충은 지구 상에서 최고로 번성한 생물이다. 빙하기의 추위도 이겨내고, 건조한 사막에서도 서식할 정도로 생존력과 적응력이 뛰어나다. 곤충이 전체 동물의 75% 이상을 차지할 정도로 번성한 이유는 다양한 장점을 갖고 있기 때문이다.

① **단단한 외골격** : 몸속의 연약한 기관을 보호해서 충격에도 목숨을 지킬 수 있다. 특히 몸속의 수분 증발을 막아주어 건조로부터 목숨을 지켜낼 수 있다.

② **생식 능력** : 뛰어난 번식력을 갖고 있다. 나방은 한 번에 2,000개 이상의 알을 낳으며, 진딧물은 1년에 23세대가 번식할 정도로 번식력이 왕성하다.

장수풍뎅이

하늘소

엉겅퀴수염진딧물

톱니태극나방

③ **유전자의 다양성** : 개체 수가 많아서 다양한 유전자 재조합이 발생한다. 암수가 짝짓기 해서 번식하는 유성 생식은 환경에 변화가 생겨도 쉽게 죽지 않는 장점이 있다.

④ **작은 크기** : 몸의 크기가 작기 때문에 천적이 나타나면 숨기 좋다. 조금만 먹어도 오랫동안 견딜 수 있어서 생존 능력이 좋다.

함께 모여 짝짓기하는 곤충

꽃벼룩

딸기벼룩잎벌레

⑤ **비행 능력** : 날개를 갖고 있어서 천적이 나타나면 도망치기 쉽다. 먹이 조건이 나빠지면 먹이를 찾아 이동하기도 쉽고, 멀리 날아가서 짝을 찾기에도 유리하다.

⑥ **몸 구조의 적응력** : 곤충은 갑작스런 환경 변화에도 잘 적응할 수 있다. 먹잇감에 따라 입의 구조가 다르며, 서식지에 따라 적응할 수 있게 몸이 발달되었다.

길앞잡이

톱다리개미허리노린재

사냥하는 다리무늬침노린재

땅을 파는 땅강아지

⑦ **탈바꿈** : 곤충은 알-애벌레-번데기-어른벌레로 탈바꿈(변태)하며 성장한다. 모습이 바뀌는 단계마다 먹이가 다르기 때문에 먹이 부족으로부터 살아남기에 유리하다. 더욱이 완전탈바꿈하는 곤충은 애벌레와 어른벌레의 먹이가 완전히 다르기 때문에 먹이 부족으로 인한 환경 변화를 슬기롭게 이겨낼 수 있다.

꿀을 빠는 호랑나비 어른벌레

잎을 먹는 호랑나비 애벌레

곤충의 형태와 기관

곤충은 등뼈가 없는 무척추동물이며 몸이 마디마디로 되어 있어서 절지동물에 속한다. 곤충의 몸은 머리, 가슴, 배의 세 부분으로 나누어진다. 머리에는 1쌍의 겹눈과 더듬이, 입이 있으며, 가슴에는 3쌍의 다리와 2쌍의 날개가 있다. 곤충은 몸속에 혈관계와 호흡계, 소화계, 생식계, 신경계를 갖고 있다.

● 외부 형태

곤충의 몸은 머리(뇌), 가슴, 배의 세 마디로 되어 있다.
① 머리 : 눈(겹눈 1쌍, 홑눈 0~3개), 더듬이(감각 기관) 1쌍, 입(먹이 섭식)
② 가슴 : 다리(보행 역할) 3쌍, 날개(비행 역할) 2쌍 또는 1쌍
③ 배 : 소화계, 호흡계, 생식기, 산란관(암컷)

딱정벌레류

나비류

벌류

노린재류

파리류

메뚜기류

잠자리류

● 내부 형태

⑤ 생식계 : 수컷의 생식계에는 정소와 수정관, 저장낭, 부속선, 사정관, 교미기가 있다. 암컷에는 수란관과 부속선, 산란관이 있다.

④ 소화계 : 전장, 중장, 후장으로 구성되며, 먹이를 먹고 소화시켜서 영양분을 흡수한다.

③ 호흡계 : 배마디 양옆에 있는 숨구멍으로 숨을 쉰다. 먹이를 먹는 기관과 숨 쉬는 기관이 분리되어 있다.

① 피부 : 갑옷처럼 단단한 뼈대인 외골격으로 이루어져서 몸이 건조해지지 않게 도와준다.

② 혈관계 : 혈림프(혈액+림프액)로 구성되며 혈관이 없다. 혈림프는 영양분과 노폐물, 호르몬을 이동시킨다.

⑥ 신경계 : 뇌가 있지만 각 마디마다 신경절로 구성된다.

● 감각 기관

시각	사람처럼 곤충에게도 감각 기관이 있다. 보는 역할은 겹눈과 홑눈이 한다. 특히 겹눈에는 시신경이 있어서 사물을 뚜렷하게 볼 수 있다. 홑눈은 겹눈을 보조하며 순간적으로 빛이 변하는 것을 감지한다.
청각	곤충은 소리를 듣는 기관이 있지만 종류마다 기관의 위치가 다르다. 대부분의 곤충은 듣는 기관이 넓적다리마디 부분에 있으며, 모기나 파리는 더듬이에 있다. 매미와 메뚜기, 나방은 소리를 듣는 기관이 발달해서 고막을 가지고 있다.
후각	후각은 대부분 더듬이에 집중되어 있다. 특히 꿀벌은 후각이 매우 발달해서 10억 개의 냄새 분자 중에 1개의 분자만 냄새를 풍겨도 그 냄새를 맡을 수 있다.
미각	곤충은 맛을 보는 미각을 가지고 있다. 짠맛과 단맛은 물론, 자기가 살고 있는 기주 식물의 맛도 구별해 낼 수 있다.
촉각	다리와 날개, 더듬이를 포함한 온몸에 나 있는 털을 통해서 곤충은 세밀한 감각까지 구별할 수 있다.

● 눈

곤충의 눈은 사물을 보는 기관이다. 수천 개의 낱눈으로 구성된 1쌍의 겹눈과 여러 개의 홑눈을 갖는다. 낱눈에는 시각 세포가 있어서 물체의 생김새를 볼 수 있지만 낱눈이 많아서 세밀하게 보기는 힘들다. 홑눈은 빛의 밝기를 감지해서 겹눈의 작용을 돕는다. 먹이에 따라서 겹눈의 크기가 다르며, 밤에 활동하는 야행성 곤충은 낮에 활동하는 주행성 곤충에 비해 겹눈이 더욱 발달되어 있다. 사냥하는 곤충은 겹눈이 크지만, 식물을 먹고 사는 곤충은 겹눈이 작다.

① 육식성 곤충

깃동잠자리

길앞잡이

왕파리매

소등에

② 초식성 곤충

등검은메뚜기

큰허리노린재

말매미

노랑나비

● 더듬이

곤충의 더듬이는 주로 냄새를 맡는 기관이다. 곤충은 더듬이를 이용해서 꽃꿀이나 먹이 식물의 냄새를 맡고 의사소통을 위해 내뿜는 페로몬도 감지한다. 낮에 활동하는 곤충은 시각이 발달되어서 더듬이가 짧지만, 밤에 활동하는 곤충은 주위를 살피려고 더듬이가 길다.

① 실 모양 : 실처럼 가느다랗다.

② 곤봉 모양, 갈고리 모양 : 더듬이 끝이 부풀어 있다.

왕귀뚜라미

북쪽비단노린재

거꾸로여덟팔나비(곤봉 모양)

멧팔랑나비(갈고리 모양)

③ 톱니 모양 : 톱날처럼 생겼다.

④ 빗살 모양 : 나뭇가지처럼 보인다.

크라아츠방아벌레

대유동방아벌레

살짝수염홍반디

검은띠나무결재주나방

⑤ 팔굽 모양 : 사람 팔을 구부려 알통을 자랑하는 듯하다.

⑥ 야구 장갑 모양 : 더듬이 끝이 3개로 나뉜다.

일본왕개미

사슴벌레

장수풍뎅이

등얼룩풍뎅이

● 입

곤충의 입은 먹이를 먹기 위한 기관이다. 곤충은 식물질이나 동물질을 먹고 살아서 먹이의 종류에 따라 다양한 입 구조가 발달되어 있다. 때로는 하루살이처럼 입이 퇴화된 경우도 있다.

① 씹는 입

② 빠는 입

③ 뚫어서 빠는 입

④ 핥는 입

⑤ 찌르는 입

사마귀, 메뚜기, 잠자리, 하늘소, 길앞잡이

나비, 나방

노린재, 매미충, 멸구, 진딧물

꽃등에, 파리, 사슴벌레

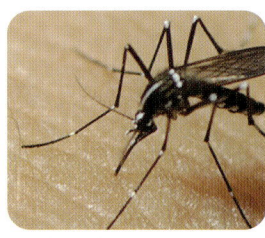
모기, 등에

● 다리

곤충의 다리는 활동하기 위한 기관이다. 곤충은 먹이를 찾거나 짝짓기를 위해서 부지런히 움직여야 하므로 곤충의 종류마다 다리가 알맞게 발달되어 있다. 보통 3쌍의 다리를 갖지만 1쌍이 퇴화된 경우도 있다. 파리와 나비는 앞다리로 먹이의 맛을 느낄 수 있다.

① 사냥감을 잡는 다리　② 빨리 걷는 다리　③ 뛰는 다리　④ 땅을 파는 다리

파리매, 사마귀, 물장군　　딱정벌레, 길앞잡이, 집게벌레, 개미　　메뚜기, 거품벌레, 벼룩　　땅강아지, 풍뎅이

⑤ 헤엄치는 다리　⑥ 잡는 다리　⑦ 나무를 오르는 다리

물방개, 물땡땡이, 물맴이　　잠자리, 나비, 각다귀　　하늘소, 장수풍뎅이

● 날개

곤충의 날개는 빠르게 이동하기 위한 기관이다. 먹이를 찾고 짝짓기를 하며 천적으로부터 도망치는 데에도 매우 중요하다. 보통 4장(2쌍)의 날개를 갖지만 종류에 따라 날개가 퇴화되거나 변형된 경우도 있다.

① **딱정벌레류** : 앞날개가 단단한 갑옷으로 변형되었다.　　② **나비류** : 날개가 비늘가루로 발달되었다.

사슴풍뎅이, 장수풍뎅이, 하늘소　　뒷날개가 퇴화된 혹바구미　　날개가 비늘조각인 나비류　　날개가 비늘털인 나방류

③ **파리류** : 뒷날개 1쌍이 퇴화(평균곤)되었다.　　④ **날개 없는 곤충**

황각다귀　　금파리　　돌좀　　좀

곤충의 한살이

곤충은 모습이 변하면서 어른이 된다. 알로 태어난 곤충은 발생을 마치면 알껍데기를 깨고 부화한다. 부화한 1령 애벌레는 열심히 먹고 허물벗기(탈피)를 하며 자란다. 여러 차례 허물을 벗으면 마지막 단계인 종령 애벌레가 된다. 종령 애벌레는 곧 번데기(용화)가 되어 새로운 변신을 준비한다. 번데기 시기에 극심한 변화를 겪은 곤충은 드디어 날개돋이(우화)를 한다. 날개를 달고 어른이 된 곤충은 애벌레와는 전혀 다른 어른벌레(성충)이다.

① 알

곤충의 알

왕거위벌레 알의 요람

곤충은 새끼를 낳는 포유동물과 달리 알을 낳는다. 개구리 알처럼 무리지어 낳기도 하고, 알을 보호하기 위해 거위벌레처럼 잎사귀로 요람을 만들기도 한다. 추운 겨울을 견디기 위해 사마귀처럼 알덩이로 낳기도 한다. 온도와 습도 등의 환경 조건이 적당하게 유지되면 알은 발생 과정을 무사히 마치고 부화하여 애벌레가 된다.

② 애벌레

유충(꼬물꼬물 애벌레)

약충(어른과 모습이 비슷한 애벌레)

알에서 부화된 애벌레는 어른이 되려고 오로지 먹는 데 온 힘을 기울인다. 열심히 먹고 자라는 애벌레는 옷이 작아져서 더 큰 옷으로 갈아입어야 한다. 이를 '허물벗기'라고 한다. 허물을 벗으면서 애벌레의 형태와 빛깔이 달라지는 경우도 있다. 완전탈바꿈하는 애벌레는 '유충'이라 부르고, 불완전탈바꿈하는 애벌레는 '약충'이라 부른다.

③ 번데기

번데기(완전탈바꿈)

허물(불완전탈바꿈 최종 허물)

다 자란 종령 애벌레는 번데기가 되어 큰 변화를 준비한다. 번데기 속에서 변화를 마치고 나면 애벌레와는 전혀 다른 어른벌레가 된다. 반면에 어른벌레와 비슷하게 태어난 불완전탈바꿈 곤충은 마지막 허물을 벗고 나면 날개 달린 어른이 된다.

④ 어른벌레

장수풍뎅이의 날개돋이

매미의 날개돋이

어른이 된 곤충은 비로소 애벌레 시절에 없었던 날개를 갖게 된다. 이렇게 번데기에서 어른벌레가 될 때 날개가 생기는 것을 '날개돋이'라고 부른다. 어른벌레가 된 곤충은 번식을 위해서 짝짓기를 하려고 온 힘을 다해 활동한다.

곤충의 탈바꿈

곤충이 모습을 바꾸며 성장하는 것을 '탈바꿈(변태)'이라고 한다. 곤충의 탈바꿈은 크게 '완전탈바꿈'과 '불완전탈바꿈'으로 구분된다. 완전탈바꿈하는 곤충은 애벌레 시절과 어른벌레 시절의 먹이가 다르지만, 불완전탈바꿈하는 곤충은 먹이가 똑같다. 그러다 보니 불완전탈바꿈 하는 곤충은 같은 종류의 애벌레와 어른벌레가 서로 먹이 경쟁을 하게 된다. 반면에 완전탈바꿈 하는 곤충은 애벌레와 어른벌레의 먹이가 달라서 생존하는 데 매우 유리하다. 그래서 우리나라의 딱정벌레류와 나비류, 벌류, 파리류 등의 완전탈바꿈 곤충이 전체 곤충의 70% 이상을 차지하고 있다.

● 완전탈바꿈 (알 - 애벌레 - 번데기 - 어른벌레)

딱정벌레류와 나비류, 벌류, 파리류 등의 곤충은 완전탈바꿈을 한다.
애벌레와 어른벌레의 모습이 전혀 다르며, 반드시 번데기 시기를 거친다.

장수풍뎅이의 알

애벌레

번데기

날개돋이 과정 1

날개돋이 과정 2

어른벌레

● 불완전탈바꿈 (알 - 애벌레 - 어른벌레)

메뚜기류와 노린재류 등의 곤충은 불완전탈바꿈을 한다. 애벌레는 어른벌레와
매우 닮았지만 날개가 완전히 생기지 않아 날지 못하며, 번데기 시기가 없다.

왕사마귀의 알덩이

애벌레

어른벌레

곤충의 집

곤충이 살아가는 생활 공간을 '서식지'라고 한다. 서식지에서 곤충은 먹이를 먹고 짝짓기를 하며 휴식을 취한다. 곤충 중에는 특별한 형태의 집을 짓고 사는 경우도 많지만 대부분의 곤충은 집을 짓지 않고 살아간다. 서식지가 곧 집인 셈이다. 곤충의 집은 몸을 숨기는 은신처이자 잠을 자고 쉴 수 있는 좋은 쉼터이다.

● 다양한 집

① 알이 살아가는 집

왕거위벌레 알의 요람 / 노랑배거위벌레 알의 요람 / 사마귀의 알덩이 / 꽃매미의 알덩이

② 애벌레가 살아가는 집

   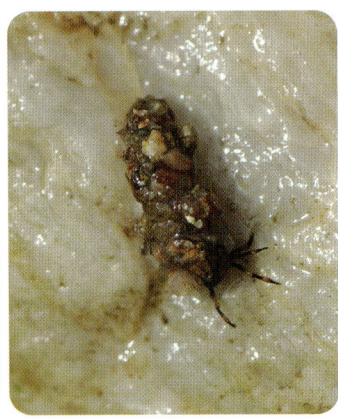

도롱이벌레의 집 / 잎말이나방 애벌레의 집 / 바수염날도래 애벌레의 집 / 가시우묵날도래 애벌레의 집

③ 어른벌레가 살아가는 집

일본왕개미의 집 / 뱀허물쌍살벌의 집 / 좀말벌의 집 / 흰개미의 집

곤충의 먹이

곤충은 종류가 다양한 만큼 각기 다른 식성을 갖고 있다. 식물의 다양한 부위를 먹고 살면 '초식성 곤충', 작은 생물의 동물질을 먹고 살면 '육식성 곤충', 식물질과 동물질을 가리지 않고 모두 먹으면 '잡식성 곤충', 배설물이나 썩은 사체를 먹고 살면 '부식성 곤충', 다른 동물에게 기생하며 살면 '기생성 곤충'이다.

● 초식성 곤충

① 갉아 먹기

② 풀 즙 빨기

③ 꽃꿀과 꽃가루 먹기

좀남색잎벌레

엉겅퀴수염진딧물

좀털보재니등에

풀색꽃무지

● 육식성 곤충

① 씹어 먹기

② 녹여 먹기

③ 빨아 먹기

칠성무당벌레

왕파리매

다리무늬침노린재

빨간긴쐐기노린재

● 부식성 곤충

① 배설물과 사체 먹기

② 죽은 나무 분해

금파리와 큰검정파리 · 큰넓적송장벌레

흰개미

산바퀴

● 잡식성 곤충, 기생성 곤충

① 잡식성 곤충

② 기생성 곤충

베짱이

곰개미

알락꼽등이

나방살이맵시벌

곤충의 의사소통

곤충은 화학 물질인 페로몬을 이용해 대화하거나 소리로 의사소통을 한다. 매미와 풀벌레는 소리로 의사를 표현하는데, 곤충은 입 대신 날개와 다리, 배를 이용하여 소리를 낸다.

● 페로몬 이용

① 집합 페로몬　② 길잡이 페로몬　③ 성 페로몬　④ 경보 페로몬　⑤ 계급 분화 페로몬

노린재 : 같은 무리끼리 모이려고 사용한다.　**개미** : 길을 잃지 않고 집으로 오는 이정표 역할을 한다.　**나방** : 암컷이 수컷을 불러서 짝짓기를 위해 사용한다.　**노린재** : 무리에게 위험을 알리는 역할을 한다.　**여왕개미** : 일꾼이 여왕으로 변하지 않게 한다. 여왕벌도 갖고 있다.

● 소리 이용

① **날개 비비기** : 좌우의 날개에 톱니 모양의 줄과 단단한 마찰판이 있다. 날개를 빠르게 비비면 소리가 난다.

② **다리와 날개 비비기** : 날개에 있는 맥에 뒷다리의 줄을 비벼 소리를 낸다.

여치　왕귀뚜라미　우리벼메뚜기　팥중이

③ **가슴에서 소리 내기** : 앞가슴과 가운뎃가슴의 가장자리를 비벼서 '끼이끼이' 소리 낸다.

④ **배에서 소리 내기** : 수컷은 발음 근육으로 소리를 내는 배 속의 판을 진동시켜서 소리를 낸다.

버들하늘소　털두꺼비하늘소　말매미　참매미

⑤ **귀로 듣기** : 귀는 다리와 가슴, 배에 붙어 있고, 때로는 더듬이와 몸의 감각 털로 소리를 감지한다.

㉠ 다리에 있는 귀로 듣기 : 귀뚜라미, 여치 등　㉡ 배에 있는 귀로 듣기 : 나비류, 매미류 등　㉢ 더듬이로 듣기 : 모기, 깔따구 수컷 등

곤충의 사랑

본능에 의해 움직이는 곤충은 종족을 유지시키려는 가장 큰 사명을 갖고 있다. 애벌레가 어른이 되기 위해 많이 먹는 것과 어른벌레가 자손을 많이 낳기 위해 최선을 다하는 것 모두 종족 번식을 위해서이다. 수컷 곤충은 자신이 갖고 있는 모든 재능을 총동원하여 짝짓기에 성공하려고 온 힘을 기울인다.

● 짝 부르기

① 소리형 : 귀뚜라미, 베짱이, 여치, 매미 등은 소리 내서 짝을 부른다.

② 불빛형 : 반딧불이류는 빛을 깜빡거려서 짝을 찾는다.

③ 향기형 : 나방 등의 암컷은 수컷이 좋아하는 페로몬을 내뿜는다.

알락귀뚜라미

늦반딧불이

누에나방

● 짝짓기

① 업기형 : 섬서구메뚜기 등은 수컷이 암컷 위로 올라탄다.

② 일자형 : 암컷과 수컷이 서로 반대 방향을 본다.

③ V자형 : 암컷과 수컷이 서로 반대 방향을 보지만 V자 모양으로 휘어진다.

섬서구메뚜기

넓적배허리노린재

십자무늬긴노린재

● 새끼 돌보기

① 모성애 : 에사키뿔노린재와 고마로브집게벌레 등은 엄마가 돌본다.

② 부성애 : 물자라는 아빠가 알을 정성껏 돌본다.

③ 요람형 : 잎사귀를 둘둘 말아 자식을 위한 최고의 요람을 만든다.

에사키뿔노린재

물자라

왕거위벌레

④ 지극정성형 : 알집을 지키며 날갯짓으로 알의 체온을 조절한다.

⑤ 보관형 : 알집을 붙이고 다니다가 알을 낳는다.

⑥ 안심형 : 알을 돌보지 않고 많이 낳아서 안심한다.

뱀허물쌍살벌

바퀴

꼬마노랑뒷날개나방

곤충의 관계

곤충은 공생과 기생, 천적 등 다른 생물과의 관계를 형성하며 살아간다. 같은 종류의 곤충뿐만 아니라 다른 곤충과도 관계를 형성한다. 주변에 사는 곤충이나 생물과 함께 잘 사는 것이 생존과 지속적 번성의 지름길이다. 곤충에게는 위험한 천적도 많고 경쟁할 친구도 많지만 모두 소중한 존재이다.

① **공생 관계** : 곤충끼리 서로 도움을 주고받는 관계를 형성하는 것이다. 개미와 진딧물은 공생 관계를 잘 보여 준다. 개미는 진딧물의 꽁무니에서 나오는 감로를 먹고 진딧물이 무당벌레에게 잡아먹히는 것을 막아 준다.

② **기생 관계** : 서로 관계를 맺지만 한쪽에만 이익이 되는 경우를 말한다. 기생벌은 나방류 애벌레의 몸에 바늘 침을 찔러서 알을 낳는다. 부화된 기생벌 애벌레는 나방 애벌레의 몸을 먹고 자라며 기생벌만 살아남는다.

개미와 진딧물

흰줄박이맵시벌

노랑털기생파리

③ **천적 관계** : 곤충을 잡아먹는 포식자가 천적이다. 침노린재와 사마귀 등의 육식성 곤충과 거미, 새 등의 천적 생물이 곤충의 천적이다.

배홍무늬침노린재

우리갈색주둥이노린재

별늑대거미

참새

④ **경쟁 관계** : 경쟁은 같은 종류 간의 종내 경쟁과 다른 종류 간의 종간 경쟁이 있다. 같은 먹이를 두고 경쟁하는 똑같은 종류의 잎벌레는 종내 경쟁을 한다. 나뭇진에 모이는 장수풍뎅이와 사슴벌레, 청띠신선나비, 말벌, 왕바구미, 개미 등의 다양한 곤충은 종간 경쟁에 의해 서열이 정해진다.

종내 경쟁 : 딸기잎벌레

종내 경쟁 : 좀남색잎벌레

종간 경쟁 : 넓적사슴벌레와 장수풍뎅이

곤충의 사냥과 방어

몸집이 작은 곤충은 연약하지만 뛰어난 적응력을 발휘하여 위기를 슬기롭게 벗어나는 방법을 터득했다. 물론 천적에 의해 죽게 되는 경우도 많지만 곤충은 자신에게 적합한 방법을 통해서 천적으로부터 살아남으려고 최선을 다한다.

● 포식성 곤충의 사냥법

① 함정형 : 함정을 파 놓고 사냥한다. ② 잠복형 : 숨어 있다가 단번에 사냥한다. ③ 공격형 : 두툼한 앞다리로 사냥한다. ④ 달리기형 : 빠른 걸음으로 사냥한다. ⑤ 낚아채기형 : 비행하는 먹잇감을 사냥한다.

개미귀신

왕침노린재

왕사마귀

길앞잡이

파리매

● 방어법

① 비행사형 : 날개로 날아서 도망간다. ② 달리기형 : 빠른 걸음으로 기어서 도망친다. ③ 추락형 : 위험이 감지되면 풀숲으로 추락한다. ④ 점프형 : 위험하면 폴짝 뛰어서 도망친다.

날개띠좀잠자리

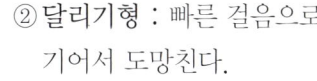
산바퀴

꽃벼룩

등검은메뚜기

⑤ 흉내내기형 : 힘센 벌을 닮아서 위기를 모면한다. ⑥ 숨바꼭질형 : 가지처럼 꾸미거나 풀잎 뒤에 숨는다. ⑦ 투명인간형 : 주변 빛깔과 닮아서 천적을 피한다. ⑧ 경고형 : 붉은색으로 천적에게 경고한다.

수중다리꽃등에

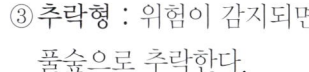
자벌레

털두꺼비하늘소

칠성무당벌레

⑨ 의사 행동 : 죽은 척하여 위기를 모면한다. ⑩ 놀래주기형 : 눈알 무늬로 위협하거나 놀래킨다. ⑪ 화학무기형 : 화학 물질을 이용해 적극적으로 싸운다. ⑫ 독침형, 독털형 : 독침이나 독털로 자신을 보호한다.

혹바구미

참나무산누에나방

폭탄먼지벌레

말벌

곤충과 환경

곤충은 지구촌 곳곳에 모두 살기 때문에 환경 변화가 생겨나면 가장 먼저 영향을 받는다. 깨끗한 환경에서 서식하는 곤충은 환경이 오염되면 멸종하고, 오염된 곳에 사는 곤충은 환경이 오염되면 갑작스레 대발생한다. 이렇게 곤충의 변화를 지켜보면 환경에 문제가 생겼음을 예측할 수 있다.

① 곤충과 바이러스

양봉꿀벌

오랜 세월 양봉으로 면역력이 약해진 꿀벌이 바이러스에 감염되어 대규모로 죽으면서(꿀벌 집단 실종 현상) 꽃가루받이에 문제가 생겼다. 이 때문에 식물이 열매를 맺지 못하자 생태계가 위협받고 있다.

② 곤충과 지구 온난화

꽃매미

지구 온난화로 기후가 변하자 중국 열대 지역이 원산지인 꽃매미가 귀화 곤충이 되어 국내에 살기 시작하였다. 외래종 꽃매미는 과일나무에 큰 피해를 일으키는 돌발 해충이 되었다.

③ 곤충과 환경 파괴

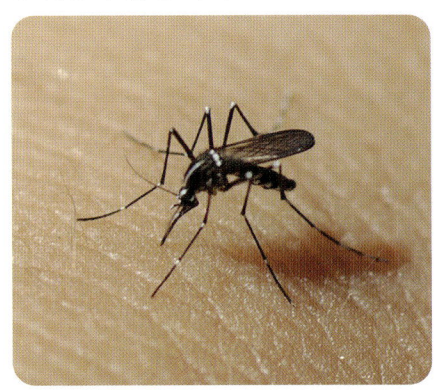

흰줄숲모기

도시와 산업 단지를 만들면서 자연환경이 파괴되고, 벌채로 웅덩이가 늘면서 모기의 세상이 되었다. 모기에게 적합한 무더운 날씨가 지속되면서 말라리아와 뎅기열 등의 열대 풍토병 발생에 비상이 걸렸다.

④ 천연기념물과 멸종위기곤충

특별한 가치가 있으면 '천연기념물'로, 멸종할 위험에 처해지면 '멸종위기곤충'으로 지정해 보호하려고 한다.

천연기념물 (4종)		장수하늘소 : 천연기념물 218호(광릉국립수목원, 소금강) 반딧불이 : 천연기념물 322호(전라도 무주군 설천면 지역) 비단벌레 : 천연기념물 496호(내장산국립공원 – 보호 구역) 산굴뚝나비 : 천연기념물 458호(한라산 – 1300m 이상)
멸종위기 곤충 (22종)	멸종위기곤충 Ⅰ급 (4종)	장수하늘소, 산굴뚝나비, 상제나비, 수염풍뎅이
	멸종위기곤충 Ⅱ급 (18종)	두점박이사슴벌레, 큰자색호랑꽃무지, 깊은산부전나비, 꼬마잠자리, 닻무늬길앞잡이, 물장군, 멋조롱박딱정벌레, 붉은점모시나비, 비단벌레, 소똥구리, 쌍꼬리부전나비, 애기뿔소똥구리, 왕은점표범나비, <u>대모잠자리</u>, <u>노란잔산잠자리</u>, <u>큰홍띠점박이푸른부전나비</u>, <u>창언조롱박딱정벌레</u>, <u>큰수리팔랑나비</u>(밑줄 친 종류는 신규 지정)

※멸종위기동식물 221종 → 245종 확대(2012년 기준)

▶멸종위기 곤충 해제 : 울도하늘소(인공 사육 성공), 주홍길앞잡이(국내 야생 절멸), 고려집게벌레(국내 서식 불분명)
▶멸종위기 곤충 등급 변경 : 두점박이사슴벌레(Ⅰ급 → Ⅱ급, 인공 사육 성공)

곤충과 인간

사람들은 피해를 일으키거나 도움을 주는 곤충을 '해충'과 '익충'이라고 부르지만 곤충은 지구 생태계의 구성원일 뿐이다. 곤충은 새와 도마뱀, 개구리, 거미, 육식성 곤충의 중요한 먹이로 생태계의 먹이 그물과 먹이 피라미드를 건강하게 유지시켜 준다. 그러므로 곤충을 보호하는 것이 우리가 살아가는 환경을 보호하고, 평안하고 행복하게 살 수 있는 길이다.

● 이로운 곤충

① 꿀벌

꽃가루받이 곤충으로 벌꿀과 로열젤리, 봉독 등의 부산물을 제공해 준다.

② 누에

누에고치로부터 얻은 명주실로 비단을 만들고, 비단으로 옷을 만들었다.

③ 초파리

인간과 비슷한 유전자를 갖고 있는 초파리 연구로 약을 만들었다.

④ 무당벌레

농작물의 골치 아픈 해충인 진딧물을 잡아먹는 자연 천적이다.

⑤ 송장벌레

자연계의 사체와 쓰레기를 청소하여 생태계 순환에 공헌한다.

● 해로운 곤충

① 모기
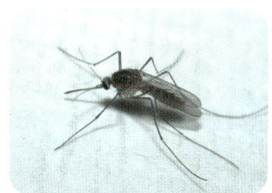
사람의 피를 빨아 먹어 불편을 주며 전염병까지 옮긴다.

② 파리

더러운 물질을 묻히고 다니다가 음식에 내려앉아 병균을 옮긴다.

③ 바퀴

지저분한 물질을 묻히고 집안 구석구석을 돌아다니며 병균을 옮긴다.

④ 개미

잠을 잘 때 사람을 물어서 피해를 준다.

⑤ 나방 애벌레

농작물의 잎을 갉아 먹어서 피해를 일으킨다.

● 곤충과 함께하는 사람들

① 곤충학자

곤충을 분류하고 곤충의 생태를 연구한다.

② 법의학 곤충학자

범죄 현장에서 발견된 곤충으로 사건을 해결한다.

③ 학예연구관

박물관의 전시물을 계획하고 전시물의 정보를 알려 준다.

④ 농업해충 연구원

작물에 피해를 주는 곤충의 생태와 방제법을 연구한다.

⑤ 양봉가

꽃가루받이를 하고 벌꿀을 생산하는 꿀벌을 기른다.

⑥ 해충 방제업자

사람에게 피해를 주는 해충을 방제한다.

⑦ 곤충 보호론자

멸종위기에 처한 곤충 종을 보호하기 위한 활동을 한다.

⑧ 곤충 사육사

가까이에서 곤충을 볼 수 있게 나비와 애완 곤충을 사육한다.

곤충 탐구와 채집 방법

곤충 탐구는 신비로운 자연의 세계를 직접 경험하는 계기가 되며 인간과 자연이 공존하며 함께 살아야 한다는 자연의 이치를 깨닫게 해 준다. 곤충은 크기가 작고 움직이기 때문에 관찰이 어려워서 우선 채집을 해야 된다. 채집한 곤충을 돋보기와 루페, 현미경 등으로 확대해서 보면 형태와 특징을 자세히 관찰할 수 있다.

①관찰 채집법

곤충은 매우 작고 틈새에 숨어 있어서 눈에 잘 띄지 않으므로 항상 잘 살펴야 한다. 발견한 곤충에 조심스레 다가서면 무엇을 하는지 관찰할 수 있다.

②쓸어 잡기

풀숲에 숨은 곤충은 보이지 않아서 빗자루로 쓸어 담듯 포충망으로 훑는다. 쓸어 잡기를 하면 눈에 보이지 않던 곤충을 쉽게 관찰할 수 있다.

③털어 잡기

나무 위에 사는 곤충은 포충망이 닿지 않는다. 나무 아래에 우산을 뒤집어 놓거나 흰색 천을 깔고 나무를 마구 흔들면 곤충이 아래로 떨어진다.

④함정 채집법

밤에 활동하는 육식성 곤충은 발견이 힘들어서 좋아하는 썩은 고기나 당밀(포도주 + 흑설탕)로 덫을 만들어 유인한다. 종이컵에 넣어 땅과 수평이 되도록 묻으면 밤에 활동하는 딱정벌레와 송장벌레 등을 쉽게 관찰할 수 있다.

⑤유인 채집법

나뭇진(수액)을 좋아하는 곤충은 비행을 잘해서 관찰이 힘들다. 관찰하기 좋은 장소에 바나나와 설탕물, 꿀물 등 인공 나뭇진을 발라 두면 사슴풍뎅이와 풍이, 나비, 나방, 장수풍뎅이, 사슴벌레 등의 다양한 곤충을 관찰할 수 있다.

⑥등화 채집법

밤에 활동하는 곤충은 어두워서 관찰이 힘들다. 야행성 곤충은 불빛에 모여드는 성질이 있으므로 수은 등을 켜거나 가로등이 켜진 곳을 찾아가 보면 나방과 풍뎅이, 하늘소, 사슴벌레 등을 쉽게 관찰할 수 있다.

⑦수서곤충 채집법

물속에 사는 곤충은 잘 보이지 않기 때문에 구멍 뚫린 뜰채나 반두로 물 밑을 헤집는다. 그러면 강도래와 날도래, 하루살이의 애벌레와 잠자리 애벌레, 물방개 등을 쉽게 관찰할 수 있다.

곤충 사육 방법

곤충이 어떻게 생활하는지 자세히 이해하려면 길러 보는 방법이 가장 좋다. 곤충을 기르면 좀 더 자세히 관찰할 수 있고, 이전에 알지 못한 새로운 사실도 발견하게 된다. 또한 곤충을 기르면서 생겨난 호기심을 해결하면서 좀 더 깊이 이해할 수 있는 기회가 생긴다. 곤충은 종류에 따라서 생활 방식이 다르기 때문에 곤충을 기를 때 원래 살던 서식지와 가장 비슷한 환경을 만들어 주고 적합한 먹이를 줘야 하는 점이 가장 중요하다.

① 장수풍뎅이

가장 손쉽게 기를 수 있는 애완 곤충을 손수 키우다 보면 자연스럽게 곤충의 한 살이 과정을 쉽게 관찰할 수 있다.

② 사슴벌레

장수풍뎅이와 함께 가장 좋아하는 애완 곤충으로, 수컷이 우람한 큰턱을 갖고 있어서 인기가 높다.

③ 흰점박이꽃무지

등으로 기어가는 애벌레인 굼벵이는 약재로 사용하려고 길렀고, 요즘에는 건강 식품으로 이용하려고 사육한다.

④ 귀뚜라미

소리를 듣기 위한 소리 곤충으로 기르고 있으며, 요즘은 파충류의 먹이로 사용하려고 대량으로 사육한다.

⑤ 누에

고치에서 명주실을 뽑으려고 대량으로 키웠지만, 인공 섬유가 있는 요즘은 건강 식품이나 체험 활동용으로 기른다.

⑥ 나비

정서 곤충인 나비를 가까이에서 언제든지 보려고 나비 하우스와 나비 정원을 운영하면서 기른다.

⑦ 동애등에

축산 분뇨와 쓰레기처럼 지독한 오염 물질을 친환경적으로 분해시키는 환경 정화 곤충으로 사육한다.

⑧ 무당벌레

농작물에 피해를 일으키는 진딧물을 잡아먹는 무당벌레를 자연 생물 천적으로 활용하려고 기른다.

251

찾아보기

ㄱ

가는무늬하루살이 160
가는실잠자리 168
가슴골좁쌀바구미 55
가시개미 35, 156
가시노린재 82, 143
가시점둥글노린재 81, 196
각시메뚜기 108
각시얼룩가지나방 100
갈구리나비 126
갈로이스등에 39
갈색날개노린재 196, 228
갈색무늬긴노린재 74
갈색여치 34, 203
갈색큰먹노린재 82
갈잎거품벌레 90
감나무잎말이나방 101, 190
강변거저리 20
개미붙이 71
거꾸로여덟팔나비 25, 127
거북밀깍지벌레 155
거위벌레 53
검은다리실베짱이 34, 104
검은띠나무결재주나방 214
검은띠수염나방 220
검은물잠자리 169
검정꼬리치레개미 35, 156
검정꽃무지 130
검정날개각다귀 110
검정날개잎벌 118
검정넓적꽃등에 136
검정녹색부전나비 92
검정띠꽃파리 117
검정무릎삽사리 109
검정물방개 164
검정볼기쉬파리 38, 176
검정빗살방아벌레 68, 179
검정뺨금파리 115
검정수염기생파리 116
검정오이잎벌레 46, 198
검정칠납작먼지벌레 13
검정큰날개파리 117
검정테광방아벌레 67
검정파리매 39, 112
검정하늘소 225
검털파리 38
게눈노린재 86
게아재비 165
고구마잎벌레 49, 199
고려홍반디 69
고마로브집게벌레 40, 183
고추잠자리 170

고추좀잠자리 170, 180
곰개미 35, 181
곰보날개긴가슴잎벌레 48
곱추남생이잎벌레 51
곱추무당벌레 66
곱추재주나방 213
광대노린재 77
광대소금쟁이 167
광대파리매 111
교차무늬주홍테불나방 216
구름무늬들명나방 186, 221
구름무늬밤나방 188
구리꼬마꽃벌 139
구리수중다리잎벌 118
구슬무당거저리 21
구주개미벌 37
국화하늘소 59, 203
굴뚝나비 95, 128
굴뚝날도래 163
굴뚝알락나방 98
굵은띠비단명나방 223
굵은수염하늘소 58
귀매미 155, 228
귤빛부전나비 92
그물무늬긴수염나방 96
극동가위벌 140
극동등에잎벌 118
극동버들바구미 152
극동좀반날개 19
금강산거저리 151
금강산귀매미 88, 155
금록색잎벌레 49, 199
금빛하루살이 160
금파리 38, 175
긴꼬리 105, 143
긴꼬리쌕쌔기 34, 105
긴꼬리제비나비 93, 125
긴날개밑들이메뚜기 107
긴날개쐐기노린재 84
긴날개중베짱이 103
긴다리범하늘소 59
긴배벌 142
긴수염비행기밤나방 220
긴알락꽃하늘소 60, 131
긴은점표범나비 127
긴조롱박먼지벌레 16
길앞잡이 12
길쭉바구미 56
길쭉표본벌레 149
깃동상투벌레 91
깃동잠자리 170
깜둥이창나방 98, 129
깜보라노린재 80, 195
깨다시하늘소 147, 225
깨알물방개 163
껍적침노린재 84
꼬리명주나비 124

꼬마강도래 161
꼬마검정송장벌레 17
꼬마긴썩덩벌레 149
꼬마길앞잡이 12, 226
꼬마꽃등에 136
꼬마남생이무당벌레 65, 201
꼬마넓적비단벌레 133
꼬마노랑뒷날개나방 189, 219
꼬마모메뚜기 106
꼬마방아벌레 68
꼬마봉인밤나방 218
꼬마좁쌀먼지벌레 17
꼬마줄물방개 164, 226
꼬마홀쭉잎말이나방 191
꼽등이 33, 181
꽃등에 134, 177
꽃매미 156, 178
꽃벼룩 132
꽃술재주나방 214
꽃하늘소 60, 130
꽈리허리노린재 73, 193
끝검은말매미충 87, 155
끝검정콩알락파리 113
끝마디통통집게벌레 40, 182
끝무늬녹색먼지벌레 14
끝빨간긴날개멸구 89

ㄴ

나나니 37
나방살이맵시벌 36, 120
나방파리 177
나비노린재 80
나비잠자리 229
날개띠좀잠자리 170, 181
날개물결가지나방 100, 211
날개뾰족명나방 223
날개알락파리 113, 157
날베짱이 104
남방노랑나비 94, 126
남방부전나비 92, 175
남방잎벌레 45, 198
남방차주머니나방 97
남색주둥이노린재 30, 79
남색초원하늘소 58
남생이무당벌레 65
남생이잎벌레 51, 200
남쪽날개매미충 89
납작돌좀 41
넉점각시하늘소 61
넉점박이송장벌레 17
넓은남방뿔노린재 78
넓은띠녹색부전나비 27
넓은홍띠애기자나방 99
넓은꽃무지 63, 130
넓적배허리노린재 72, 193
넓적사슴벌레 150, 224
네눈박이밑빠진벌레 149

네눈박이송장벌레 18
네눈은빛애기자나방 210
네발나비 23, 174
네점가슴무당벌레 64
네점박이노린재 80, 197
네줄박이장삼벌레 91
네줄애기잎말이나방 101, 191
노란실잠자리 168
노란점색방아벌레 67
노란줄긴수염나방 96
노란허리잠자리 171
노랑가슴녹색잎벌레 46, 200
노랑꼬리뾰족명나방 223
노랑나비 126, 174
노랑날개쐐기노린재 31
노랑눈비단명나방 222
노랑띠알락가지나방 100, 210
노랑무늬먼지벌레 14
노랑무늬수염나방 220
노랑무늬의병벌레 70
노랑무당벌레 64
노랑배거위벌레 54
노랑배불나방 102
노랑배허리노린재 30, 73
노랑뿔잠자리 121
노랑쐐기나방 208
노랑애기나방 102, 129
노랑점나나니 37
노랑줄어리병대벌레 69
노랑초파리 176
노랑털검정반날개 19
노랑털기생파리 116, 138
노랑테가시잎벌레 49
노랑테불나방 102, 216
녹색강도래 161
녹색박각시 212
녹색콩풍뎅이 62
녹색하늘소붙이 70, 131
녹슨반날개 19
녹슨은방아벌레 68
누에나방 192
눈루리꽃등에 135
느릅나무혹거위벌레 53
느티나무노린재 79
늦반딧불이 227
늦털매미 154, 228

ㄷ

다리무늬두흰점노린재 80
다리무늬침노린재 31, 83
단색둥글잎벌레 45
단색자루맵시벌 120
단풍뿔거위벌레 52
달무리무당벌레 64
달주홍하늘소 58
닮은줄과실파리 114
담색긴꼬리부전나비 92

대륙뱀잠자리　167, 228
대만흰나비　27, 126
대모벌　120, 141
대벌레　157, 205
대성산실노린재　143
대왕나비　23
대유동방아벌레　67
더듬이긴노린재　74, 194
덩굴꽃등에　135
도롱이깍지벌레　156
도토리거위벌레　52, 226
도토리노린재　29, 77
도토리밤바구미　54, 202
동애등에　113, 205
동양하루살이　160
동쪽알노린재　76
동해긴날개멸구　89, 228
동해참머리파리　114
된장잠자리　170, 180
뒷박털기생파리　116
두꺼비메뚜기　32, 108
두쌍무늬노린재　76
두점박이좀잠자리　169
두점배허리노린재　73
두점애기비단나방　97, 129
둘레빨간긴노린재　75
둥근머리각시매미충　87
둥글노린재　81
뒤흰띠알락나방　209
뒷검은푸른쐐기나방　208
뒷노랑수염나방　220
뒷노랑점가지나방　100
뒷창참나무노린재　76
등검은메뚜기　32, 108
등검은실잠자리　168
등검정쌍살벌　36
등노랑풍뎅이　22, 62
등빨간갈고리벌　120
등빨간거위벌레　53
등빨간긴가슴잎벌레　48
등빨간먼지벌레　13
등빨간뿔노린재　77
등빨간소금쟁이　166
등심무늬들명나방　186
등얼룩풍뎅이　62, 202
등점목가는병대벌레　69
등줄박각시　213
딱따기　109
딸기벼룩잎벌레　198
딸기잎벌레　45, 198
땅강아지　33, 205
땅노린재　28
땅딸보가시털바구미　56
땅별노린재　28
떼허리노린재　30, 73
똥파리　115
똥풍뎅이　21

똥보기생파리　116, 138
띠띤뿔매미　88

ㄹ
루리알락꽃벌　139
루이스큰남생이잎벌레　50

ㅁ
말굽무늬들명나방　221
말매미　154, 178
말매미충　87, 197
말벌　157, 229
매미나방　192, 215
매부리　104
먹귀뚜라미　34
먹노린재　194
먹무늬재주나방　192, 214
먹바퀴　40
먹부전나비　26
먹세줄흰가지나방　100
먹종다리　105
멋쟁이딱정벌레　13
메추리노린재　79, 196
메추리장구애비　165
멧누에나방　212
멧팔랑나비　27, 128
명주잠자리　229
모가슴소똥풍뎅이　21
모대가리귀뚜라미　34
모련채수염진딧물　91
모메뚜기　106, 204
모시금자라남생이잎벌레　51, 200
모시나비　94, 124
목대장　66, 133
목도리불나방　215
목도리장님노린재　84, 143
목화명나방　186, 221
목화바둑명나방　221
몸노랑들명나방　186, 221
무궁화밤나방　189, 219
무녀길앞잡이　12
무늬강도래　162
무늬소주홍하늘소　58
무늬점물땡땡이　165
무늬하루살이　160
무당벌레　65, 201
무당벌레붙이　71
무시바노린재　80, 194
묵은실잠자리　168
물결넓적꽃등에　134
물결매미나방　215
물결박각시　212
물맴이　165
물방개　164
물빛긴꼬리부전나비　92
물자라　166
물잠자리　169

물진드기　165
뭉뚝바구미　56
미디표주박긴노린재　75
미륵무늬먼지벌레　13, 179
민무늬콩알락파리　113
민장님노린재　86
밀감무늬검정장님노린재　85, 143
밀잠자리　171
밀검은하늘소붙이　132
밑들이　41, 167
밑들이메뚜기　32, 107

ㅂ
바수염날도래　163
바퀴　40, 183
발톱메뚜기　32
밤갈색꽃벼룩　132
밤나무잎벌레　45
방물벌레　167
방아깨비　109, 204
방울동애등에　113
방울실잠자리　169
배노랑긴가슴잎벌레　48, 180
배노랑물결자나방　99, 210
배둥글노린재　81, 196
배무늬콩알락파리　113
배벌　142
배붉은흰불나방　190, 217
배세줄꽃등에　135
배얼룩재주나방　213
배자바구미　57
배짧은꽃등에　135, 177
배추흰나비　94, 174, 193
배치레잠자리　171
배홍무늬침노린재　83
뱀허물쌍살벌　119
버드나무좀비단벌레　67
버들깨알바구미　133
버들꼬마잎벌레　44
버들잎벌레　44, 199
버들하늘소　146
벌꼬리박각시　129
벌붙이파리　114
벌호랑하늘소　59, 148
범부전나비　26, 125
벚나무사향하늘소　149
베짱이　103, 203
벼룩잎벌레　198
변색장님노린재　85, 197
별넓적꽃등에　39, 117
별노린재　179
별대모벌　37
별박이세줄나비　24
별박이자나방　98, 210
별쌍살벌　141, 182
별줄풍뎅이　63

별홍반디　69
볕강변먼지벌레　16
보라거저리　20, 152
보리장님노린재　84
복숭아거위벌레　52
복숭아명나방　187, 221
복숭아유리나방　97, 187
봄처녀하루살이　161
부전나비　125
부채날개매미충　88
부처나비　95
부처사촌나비　24, 95
북방거위벌레　54
북방길쭉소바구미　153
북방머리먼지벌레　16, 179
북방보라금풍뎅이　21
북방수염하늘소　147
북방풀노린재　82, 195
북쪽비단노린재　81, 195
북해도기생파리　115
분홍거위벌레　53
분홍무늬들명나방　186
불회색가지나방　211
붉은가슴방아벌레붙이　71
붉은꼬마꼭지나방　96
붉은날개애기자나방　99
붉은다리푸른자나방　98
붉은등침노린재　31, 83
붉은띠짤름나방　219
붉은매미나방　192, 215
붉은무늬갈색밤나방　219
붉은산꽃하늘소　60, 131
붉은잡초노린재　74, 142
붉은줄푸른자나방　209
빌로오도재니등에　39, 137
빨간긴쐐기노린재　31, 84
빨간색우단풍뎅이　22, 202
빨간집모기　176
빨간촉각장님노린재　86
뽕나비　25, 94
뽕나비나방　129
뽕날개잎말이나방　190
뽕들파리　38, 117
뽕매미　88
뽕무늬큰가지나방　100, 211
뽕소똥구리　21
뿔잠자리　229

ㅅ
사각노랑테가시잎벌레　49
사과곰보바구미　153
사과알락나방　98
사과잎말이나방　190, 223
사마귀　40, 121
사사키잎혹진딧물　91
사슴풍뎅이　151
사시나무잎벌레　44, 199

산각시하늘소 131
산녹색부전나비 27, 92
산맴돌이거저리 20, 152
산바퀴 40, 121
산알락좀과실파리 114
산저녁나방 188, 218
산제비나비 93
산줄점팔랑나비 128
살짝수염홍반디 69
삼하늘소 58
삽사리 109
삿포로잡초노린재 74, 143
상수리창나방 98
상아잎벌레 46, 199
새꼭지무늬장님노린재 85
새똥하늘소 148
석점박이방아벌레붙이 71
설상무늬장님노린재 85
설악거품벌레 90
섬서구메뚜기 106, 204
세줄나비 24
세줄무늬수염나방 188
소금쟁이 166, 228
소나무하늘소 148
소등에 112
소바구미 57, 153
소뿔가지나방 211
소요산잎벌레 47
솔거품벌레 90
송장헤엄치게 167
쇠측범잠자리 171
쇳빛부전나비 26
수염줄벌 140
수염치레애메뚜기 107
수중다리꽃등에 136, 177
수중다리송장벌레 18, 226
스즈키나나니등에 136
스코트노린재 82
시가도귤빛부전나비 92
시골가시허리노린재 72, 193
시베르스하늘소붙이 70, 132
시베리아좀뱀잠자리 167
신부날개매미충 88
실노린재 78
실베짱이 103, 204
십이점박이잎벌레 46, 200
십자무늬긴노린재 75, 142
쌍무늬알뾰족반날개 19
쌍무늬혹가슴잎벌레 45
쌍복판눈수염나방 220
쌍점동근버섯벌레 153
쌍줄푸른밤나방 188, 218
쌕쌔기 105
썩덩나무노린재 179, 196
쑥잎벌레 44, 197

ㅇ

아메리카동애등에 113
아시아갈고리박각시 213
아시아실잠자리 168, 181
아이누길앞잡이 12
알노린재 76
알락굴벌레나방 208
알락귀뚜라미 33, 181
알락꼽등이 33, 181
알락넓적매미충 87
알락무늬장님노린재 85
알락방울벌레 105
알락수염노린재 81, 194
알락풍뎅이 22
알락하늘소 146
알락허리꽃등에 135
알락흰가지나방 211
알물방개 163
알통다리꽃등에 134
알통다리꽃하늘소 131
암끝검은표범나비 94, 128
암먹부전나비 125, 175
앞노랑애기자나방 99
앞다리톱거위벌레 53
앞흰넓적매미충 86
애곱추무당벌레 65
애기노린재 82
애기담홍뾰족날개나방 208
애기물방개 164, 226
애기세줄나비 24, 94
애기얼룩나방 189
애기좀잠자리 169
애긴노린재 74, 142
애남생이잎벌레 51
애매미 154, 178
애모무늬잎말이나방 191
애물땡땡이 164
애반딧불이 227
애사마귀붙이 41, 121
애사슴벌레 150, 224
애소금쟁이 166
애알락수시렁이 133
애여치 34
애우단풍뎅이 22, 180
애청삼나무하늘소 146
애허리노린재 73
애호랑나비 124
애홍점박이무당벌레 64
약대벌레 41
양봉꿀벌 139, 182
어깨넓은거위벌레 53
어리노랑테무늬먼지벌레 14
어리대모꽃등에 39
어리별쌍살벌 119
어리호박벌 140
어리흰무늬긴노린재 28, 75
어리흰줄애꽃벌 138
억새노린재 78
얼룩대장노린재 29, 82
얼룩무늬가시털바구미 56
얼룩무늬좀비단벌레 67
얼룩어린밤나방 217
얼룩장다리파리 112
얼룩점밑들이파리매 111
엉겅퀴수염진딧물 91
엉겅퀴창주둥이바구미 57
엉겅퀴통바구미 54
에사키뿔노린재 29, 77
여덟무늬알락나방 98
여름좀잠자리 169
여치 103
연노랑목가는병대벌레 68
연노랑풍뎅이 61
연두금파리 38, 115
연보라들명나방 186
열두점박이꽃하늘소 148
열석점긴다리무당벌레 66
열점박이별잎벌레 47, 200
열점박이잎벌레 49
엷은먼지벌레 16
오리나무잎벌레 46, 199
옥색긴꼬리산누에나방 212
옻나무바구미 152
왕갈고리나방 101
왕거위벌레 53
왕귀뚜라미 33, 205
왕꽃등에 134
왕무늬대모벌 37
왕바구미 153, 203
왕바다리 156
왕벌붙이파리 114
왕벼룩잎벌레 50, 198
왕빗살방아벌레 68
왕사마귀 41, 121
왕사슴벌레 150, 224
왕쌍무늬먼지벌레 14
왕오색나비 23
왕자팔랑나비 27, 96
왕주둥이노린재 31, 79
왕주둥이바구미 56
왕침노린재 31, 83
왕파리매 111
왕풍뎅이 225
외뿔매미 88, 197
우단박각시 212
우대벌레 41
우리가시허리노린재 72, 193
우리갈색주둥이노린재 79
우리귀매미 87
우리목하늘소 60, 146
우리벼메뚜기 108, 204
우리큰우묵날도래 163
우묵거저리 20, 151
우수리둥글먼지벌레 14, 179
운문산반딧불이 227

원산밑들이메뚜기 107
유럽무당벌레 66
유리주머니나방 97, 175
유지매미 155
육점박이범하늘소 59, 131
윤납작먼지벌레 16
은무늬재주나방 214
은줄표범나비 94, 127
일본날개매미충 89
일본애수염줄벌 140
일본왕개미 35, 182

ㅈ

자루측범잠자리 171
작은검은꼬리박각시 129
작은넓적하늘소 146
작은멋쟁이나비 127, 174
작은모래거저리 20
작은주걱참나무노린재 29, 76
작은주홍부전나비 26, 93
작은청동하늘소 58
작은호랑하늘소 59
잔날개여치 34, 103
장구애비 165
장다리파리 112
장미가위벌 140
장미등에잎벌 118
장삼모메뚜기 106
장수각다귀 110
장수깔따구 111, 177
장수꼽등이 33
장수땅노린재 28
장수말벌집대모꽃등에 135
장수잠자리 171
장수풍뎅이 150
장수하늘소 147
장수허리노린재 72
재래꿀벌 139
쟈바꽃등에 136
적갈색긴가슴잎벌레 48, 180
점갈고리박각시 213
점날개잎벌레 50, 132
점무늬불나방 217
점박이길쭉바구미 55
점박이꽃검정파리 115, 137
점박이둥글노린재 81
점박이불나방 102, 216
점박이쌕쌔기 105
점박이큰벼잎벌레 49
점줄흰애기자나방 99, 210
점호리병벌 141
점흑다리잡초노린재 74
제비나비 93, 125
제일줄나비 24
제주거저리 21
조명나방 187, 222
조잔벌붙이파리 114, 138

좀 183
좀남색잎벌레 48, 197
좀사마귀 41, 183
좀송장벌레 18
좀집게벌레 39, 182
좀털보재니등에 137
좁쌀메뚜기 32, 107
주둥무늬차색풍뎅이 61, 202
주둥이노린재 30, 78
주둥이바구미 56
주름물날도래 162
주름재주나방 214
주홍긴날개멸구 89
주홍박각시 213
주홍배큰벼잎벌레 49, 199
주황긴다리풍뎅이 63
줄각다귀 110, 177
줄꼬마팔랑나비 96, 128
줄나비 24
줄남생이잎벌레 51
줄납작밑빠진먼지벌레 16
줄노랑흰애기자나방 210
줄먼지벌레 15
줄무늬감탕벌 119, 141
줄베짱이 104, 204
줄보라집명나방 222
줄우단풍뎅이 22, 63
줄점불나방 102, 217
줄점팔랑나비 128, 193
중국별똥보기생파리 116, 138
중국청람색잎벌레 44, 198
쥐머리거품벌레 91
지리산말매미충 87
진강도래 162
진방물벌레 167, 228
진홍색방아벌레 68, 149
질경이잎벌레 47
집게강도래 161
찔레애기잎말이나방 223

ㅊ
참검정풍뎅이 22
참고운고리장님노린재 84
참나무갈고리나방 101, 209
참나무노린재 29, 76
참나무산누에나방 212
참나무재주나방 214
참납작하루살이 161
참넓적사슴벌레 150, 224
참땅벌 36, 119
참매미 154, 178
참머리먼지벌레 16
참밑들이 167
참북방밑들이메뚜기 107
참실잠자리 168
참점땅노린재 28
참콩풍뎅이 62

참풀색하늘소 149, 225
창나방 209
청남생이잎벌레 51
청동방아벌레 68, 202
청딱지개미반날개 18
청띠신선나비 23
청줄보라잎벌레 45, 200
초록장님노린재 86
초록파리 115, 137
칠성무당벌레 64, 201
칠성풀잠자리 121, 228
칠주둥이바구미 56
칠흑왕눈이반날개 19

ㅋ
카멜레온줄풍뎅이 62
콜체잎벌레 47
콩독나방 215
콩중이 109
콩풍뎅이 62
크라아츠방아벌레 67
크로바잎벌레 47, 200
큰가시머리먼지벌레 15
큰갈색띠밤나방 219
큰검정파리 38, 175
큰검정풍뎅이 202, 224
큰남생이잎벌레 50, 200
큰넓적송장벌레 17
큰둥글먼지벌레 14
큰딱부리긴노린재 74, 142
큰뚱보바구미 55
큰멋쟁이나비 24, 95
큰무늬박이푸른자나방 209
큰물자라 166
큰밀잠자리 171
큰뱀허물쌍살벌 36
큰사과물말이나방 191, 223
큰수중다리송장벌레 18, 226
큰실베짱이 104
큰쌍줄푸른밤나방 188, 218
큰알락흰가지나방 211
큰이십팔점박이무당벌레 66, 201
큰자루긴수염나방 96
큰주홍부전나비 125
큰줄납작먼지벌레 15
큰줄흰나비 27, 126
큰집게벌레 40
큰칠점박이포충나방 220
큰허리노린재 72
큰홍색뾰족명나방 223
큰황나각다귀 110, 177
큰흰솜털검정장님노린재 85
큰흰줄표범나비 25, 127

ㅌ
탈장님노린재 86
탐라의병벌레 70

털두꺼비하늘소 60, 147
털매미 155
털보바구미 55
털보애꽃벌 139
털보왕버섯벌레 153, 226
털보잎벌레붙이 71
테수염검정잎벌 117
톱날노린재 28, 78
톱날무늬노랑불나방 216
톱날푸른자나방 209
톱니태극나방 189, 218
톱다리개미허리노린재 73, 194
톱사슴벌레 150, 224
통사과하늘소 61

ㅍ
파리매 111
팥바구미 57, 203
팥중이 32, 109
포도거위벌레 52
포도들명나방 187, 221
포도애털날개나방 97
폭탄먼지벌레 15, 225
표주박기생파리 116
표주박긴노린재 75
푸른등금파리 115, 175
푸른부전나비 25, 125
풀멸구 89
풀색꽃무지 63, 130
풀색노린재 29, 196
풀색명주딱정벌레 13, 225
풍뎅이 61
풍뎅이붙이 18

ㅎ
하늘소 146, 225
한국강도래 162
한국꼬마감탕벌 141
한국홍가슴개미 35
한서잎벌레 45
햇님하루살이 161
호랑꽃무지 63, 130
호랑나비 124, 174
호리꽃등에 136
호리납작밑빠진벌레 133
호리병거저리 151
호리병벌 36, 141
호박벌 140, 182
혹명나방 187, 222
혹바구미 55
혹외줄물방개 163
홀쭉귀뚜라미 33
홈줄풍뎅이 61
홍날개 70
홍다리조롱박벌 37
홍다리주둥이노린재 79
홍다리파리매 111

홍단딱정벌레 13
홍딱지반날개 19
홍띠애기자나방 99
홍배꼬마꽃벌 139
홍비단노린재 81, 195
홍색얼룩장님노린재 85
홍점알락나비 95
홍줄불나방 216
홍줄큰벼잎벌레 48
홍테무당벌레 64
홍테북방장님노린재 84
홍허리대모벌 37
화랑곡나방 175, 187
환삼덩굴좁쌀바구미 55
황가뢰 71, 227
황각다귀 110
황갈색잎벌레 47
황갈색줄풍뎅이 22, 202
황등에붙이 112
황녹색호리비단벌레 66
황머리털홍날개 70
황알락그늘나비 95
황알락팔랑나비 96
황오색나비 23
황줄점갈고리나방 101, 209
황호리병잎벌 118
회떡소바구미 57
회황색병대벌레 69
흑다리긴노린재 75, 194
희미무늬알노린재 76, 143
희조꽃매미 156
흰개미 157
흰깨다시하늘소 147
흰꼬리잎말이나방 191
흰날개큰집명나방 222
흰눈까마귀밤나방 189, 219
흰독나방 192, 215
흰등줄집파리 117
흰띠거품벌레 90
흰띠명나방 186, 222
흰머리잎말이나방 191
흰무늬박이뒷날개나방 188
흰무늬왕불나방 102, 217
흰입술무잎벌 118
흰점멧수염나방 220
흰점박이꽃무지 151
흰점박이꽃바구미 133
흰점호리비단벌레 66
흰줄꼬마꽃벌 138
흰줄노랑뒷날개나방 217
흰줄박이맵시벌 120
흰줄숲모기 111, 176
흰줄태극나방 189, 218
흰줄표범나비 127
흰줄푸른자나방 210

저자 한영식

지구에서 가장 다양한 곤충의 세상에 매료되어 곤충을 탐사하고 연구하는 곤충연구가로 현재 곤충생태교육연구소 〈한숲〉 대표로 활동하고 있다. 숲해설가 및 생태 안내자 양성 과정, 자연학교 등에서 이론 교육과 현장 교육을 진행하고 있으며, EBS TV 〈하나뿐인 지구〉 등의 다큐멘터리 방송 자문과 KBS 2TV 〈스펀지〉 프로그램의 곤충 자문 위원, 북새통 우수 도서(과학 부문) 선정 위원도 역임하였다.
저서로는 《봄·여름·가을·겨울 곤충도감》, 《봄·여름·가을·겨울 숲속생물도감》, 《봄·여름·가을·겨울 바닷가생물도감》, 《봄·여름·가을·겨울 숲 유치원》, 《어린이 곤충 비교 도감》, 《곤충 쉽게 찾기》, 《곤충 검색 도감》, 《딱정벌레 왕국의 여행자》, 《우리와 함께 살아가는 곤충 이야기》, 《우리와 함께 살아가는 작은 생물 이야기》, 《반딧불이 통신》, 《우리 땅 생물 콘서트》, 《작물을 사랑한 곤충》, 《파브르가 들려주는 자원 곤충 이야기》, 《곤충 없이는 못 살아》, 《곤충들의 살아남기》, 《와글와글 곤충대왕이 지구를 지켜요》, 《윌슨이 들려주는 생물 다양성 이야기》 등이 있다.

곤충생태교육연구소 〈한숲〉 : cafe.daum.net/edu-insect

곤충 학습 도감

1쇄 – 2012년 9월 25일
6쇄 – 2021년 1월 12일
지은이 – 한영식
그린이 – 김명곤
발행인 – 허진
발행처 – 진선출판사(주)
편집 – 김경미, 이미선, 권지은, 최윤선
디자인 – 고은정, 구연화
총무·마케팅 – 유재수, 나미영, 김수연, 허인화
주소 – 서울시 종로구 삼일대로 457 (경운동 88번지) 수운회관 15층
　　　전화 (02)720-5990 팩스 (02)739-2129
　　　www.jinsun.co.kr
등록 – 1975년 9월 3일 10-92

※ 책값은 커버에 있습니다.

ⓒ 한영식, 2012
편집 ⓒ 진선출판사, 2012

ISBN 978-89-7221-772-5 74400
ISBN 978-89-7221-771-8 (세트)

진선아이는 진선출판사의 어린이책 브랜드입니다.
마음과 생각을 키워 주는 책으로 어린이들의 건강한 성장을 돕겠습니다.